1970年代以降の高等学校工業科の実習

―制度と実態・担当教員養成―

長谷川 雅康
編著

学文社

目　次

序　章

1. 新制高等学校 70 年余りの推移

戦後わが国の教育システムは，アメリカの対日占領政策の一環として教育改革が実施された。それにより大きな変革がもたらされ，最大のポイントは義務教育の 6 年から 9 年への期間延長並びにそれ以降の中等教育・高等教育の男女共学化であった。

戦前の 1940 年，中学校・高等女学校・実業学校などの義務教育に接続する中等学校への進学率は，28%（男女計）であった。つまり，義務教育のみを修了して社会に出る児童が圧倒的多数であった。

戦後になり，高校進学率は新制高等学校の発足当時 1951（昭和 26）年に約 45%となり，その後 1955（昭和 30）年に 50%を超え，高度経済成長期に急増して，1970 年代半ばには 90%以上となった。その後は，横ばいを示し，近年 96%程度で推移している。学校基本調査の年次統計（e-Stat）から筆者が作成した図序.1 を参照されたい。

高度経済成長期とは，日本経済が飛躍的に成長を遂げた時期をいい，1954（昭和 29）年 12 月（第 1 次鳩山一郎内閣）から 1973（昭和 48）年 11 月（第 2 次田中角栄内閣）までの約 19 年間といわれている。この間「神武景気」「岩戸景

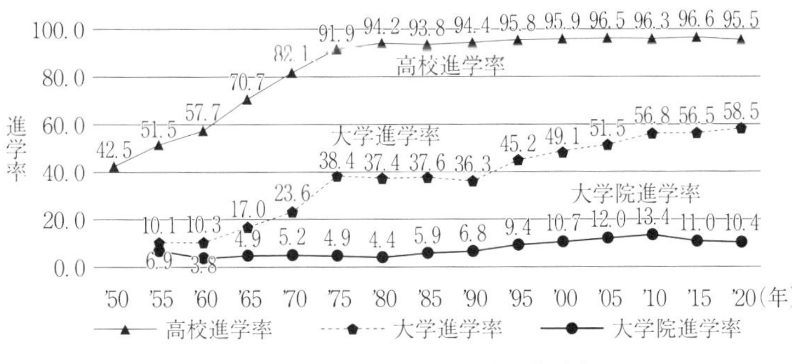

図序.1　高校・大学・大学院進学率

気」「オリンピック景気」「いざなぎ景気」「列島改造ブーム」と呼ばれる好景気が継続した。その成長期前期には中卒者が引っ張りだこといわれ，地方の中卒者らが卒業直後に集団就職列車と呼ばれる臨時列車で東京などの都市部に出てくる時代が 1975 年頃まで続いた。

わが国では，戦前以来義務教育修了者は現場作業員・現業員・工員，中等・高等教育修了者は職員という区分が継続し，戦後になっても製造業の場合，中学校卒業者は現場作業員・現業員，高校・大学卒業者は職員として採用されていた。しかし，高度経済成長期の間に，高校進学率が直線的な急勾配を示しており，この後半期には大学への進学率も 10%程度から 38%程に急増している。各家庭の経済状況が向上することに伴う必然的な動向とみられる。

1960 年代後半になると中卒現業者の採用が次第にむずかしくなり，高卒者を現業者として採用するケースが次第に増加した。こうした現象は，企業内秩序の在り方に大きな影響を及ぼすとともに卒業生を社会に送り出す中学校と高等学校の在り方にも大きな影響を与えることになった。とりわけ卒業生を職員ではなく現業員として送り出すようになった高等学校ではその教育の中身が厳しく問われ，社会との関係をいかに構築していくかが改めて問われた[1)]。

高等学校への進学率が 90%を超えた 1974 年以降のわが国の高等学校は，誰もがそこで学ぶことをごく当然のことと考え，進学するようになる段階，すなわちユニバーサル段階に入ったと教育学からみられている。高校進学率の上昇，さらに大学進学率の上昇に牽引されて社会の普通科高校志向が強まると，それまで中卒者を受け入れてきた職業高校，企業内養成施設，公共職業訓練施設，各種学校などはその存在意義が鋭く問われることになった。職業学科入学者の学力や意欲の問題などにより従来の教育が困難となる状況も生じ始めた。

これに対して文部省は，種々の方策を検討して，とくに職業学科の小学科（以下，学科と主に表記）を多様化させることによる後期中等教育の多様化を目指すことになる。しかし，関係の諸団体の支持が得られず，入学者の学力差拡大等の生徒の変化には教育課程編成の弾力化によって対応する方向に転換する。

1970（昭和 45）年の高等学校学習指導要領（以下，指導要領と略記）改訂では，教育課程編成の弾力化に向けて，普通教科の必修単位数を普通科 47，職業学科（男）42 に削減することにより，「共通性の原則」を不完全ながら復活させつつ，専門教科の必修についての「40 単位以上」とのなお書きの削除，普通科目における甲乙・AB の一部などが規定される。この時期には，より大きな変化が高校職業教育をめぐって生じている。生徒の「能力・適性等の多様化」にとどまらず，職業学科への低学力者の集中，入学志願者の減少，不本意入学者や中退者の増加，無気力・無関心，学校内外での荒れや非行等が注目されるようになった。

こうした状況の下，理科教育および産業教育審議会が職業教育の改善に関する委員会を設置し，審議経過報告（1974）を経て，最終報告（1976）を公表し，教育課程の基準として次の諸点からの検討を要請した。

職業に関する各教科に，第一に，主として初年次においてほぼ共通的に履修することができるような専門の基礎に関する科目の在り方についての検討。第二に，それぞれの科目の目標，内容について全般的に再検討を加え，可能な限りこれを整理統合する方向で，科目の再構成を図ること。

この報告を受けた 1978 年指導要領改訂は，高校進学率のいちじるしい上昇による「生徒の能力・適性・進路等」の一層の多様化に対応するため，教育課程編成を弾力化するとともに，職業学科では，「基礎的・基本的な知識と技術を習得させ」ることを目標として，卒業に必要な単位数の 80 単位への初めての引き下げ，普通教科の必修単位数のこれまでにない引き下げ，専門教科の必修単位数の 30 単位への引き下げ，実験・実習の授業時間の確保等に加えて，職業教育改善委員会の提案に沿う専門科目の一層の再編整理と各学科で共通して原則履修する基礎科目（工業科では「工業基礎」「工業数理」）の導入が行われた。

この改訂で最も重要な変更は，工業科全体の目標としてそれまでの「中堅技術者に必要な知識と技術を習得させる」と「工業技術の科学的根拠を理解させ，」が削除された。「工業の各分野の基礎的・基本的な知識と技術を習得させ，」に置き換えられた。この変更は改訂の本質を示しており，工業教育の転換点を象徴する事象と考えられる。その後の指導要領の改訂はこの路線の延長と考えられ，「基礎・基本の重視」と「専門性」の獲得をどのように折り合いをつけるかが課題とされてきた。この課題が学校現場の実践を支える教育内容として如何に体現されたかを，日々生徒たちと向き合う現場教員の立場から具体的に調査した結果を以下に紹介する。その現実を踏まえ，学校現場での実践の在り方の考察を進めた。

2. 実習内容調査の経緯と概要

編著者の長谷川は，1973 年 4 月東京工業大学工学部附属工業高等学校（当時）の機械科教諭に着任した。その時同校の教育課程は 2・3 学年が指導要領昭和 35 年版に，1 学年が指導要領昭和 45 年版に対応していた。同校では 1 学年に新たに選択制が導入された教育課程の初年度であった。

その 2 年後，機械科に川上（現，三田）純義教諭が着任して，教育課程について協議を始めた。同校は大学等に進学する生徒が 7 ～ 8 割おり，公立等の工業高校の進路状況とかなり異なっていた。選択制の導入も同校独自の取り組みであり，工業の専門必修単位数は 35 単位と指導要領の下限に抑えられていた。進学者が多いという状況に適応するものと思われたが，これが工業高校として適切なあり方であるかどうか考える必要を感じた。このため，全国の工業高校の状況を先ず把握することが先決と考えた。短期間の工業教員の経験からではあるが，教育課程の中核として位置づけられている「実習」に注目して調査することとした。

第 1 回は 1976（昭和 51）年に昭和 45 年改訂指導要領の下での状況を調査した。[2)]

その目的・ねらいは，以下の三項目とした。① 全国的に行われている工業科の各学科の実験・実習のテーマ・内容を集計し，基礎的かつ標準的テーマを明らかにする。② 標準的なテーマの中から特色ある実践を見出す。③ 地域の特性を活かした内容を見出す。

調査対象は，全国の工業高校から各都道府県 2 校以上を学校数に応じて選

表序.1　調査校数と回答状況

調査回	第1回	第2回	第3回	第4回	第5回
調査校数	165	106	105	100	93
回答校数	106	76	84	69	76
回答率（%）	64.2	71.7	80.0	69.0	81.7

び，平均して約3割にあたる165校を抽出し，それらの学校に設置されている学科すべてに調査票（質問紙）を送付して，回答を求めた。

調査項目は，① 各学科の実習の学年別の班編成，授業時数，実験・実習分野・テーマと内容，テーマ毎の時間数，使用する指導書など。② 教育課程表。その結果，依頼校の3分の2に近い106校から回答が寄せられた。延べ31学科から回答があり，その集計・分析は2年掛かりの作業を要した。そのため，第2回から対象学科を機械科，電気科，電子科，建築科，土木科，工業化学科，情報技術科，電子機械科の8学科に絞り，第1回の回答校に限定して調査を継続してきた。以後指導要領の改訂による各工業高校の教育課程編成と実施完了に合わせて，第2回は1987（昭和62）年[3]，第3回は1996（平成6）年[4]，第4回は2005（平成17）年[5]，第5回は2015（平成27）年[6]に実施してきた。表序.1に調査校数と回答校数・回答率を示す。

なお，その後指導要領の改訂により，実習と関連する工業基礎，課題研究，工業技術基礎，製図を調査科目として順次加えてきた。それらの調査結果については，第2章に具体的に集計・分析結果を述べる。

3. 学校における実習の歩み

実習は，「実地または実物について学習すること」と一般に理解されている。（『広辞苑』第3版～第7版）あるいは，「実習は実際に体験することによって，ある事柄について総合的に学習すること」ともいわれる。技術の教育における実習は，技能を身につけたり，機械の使用法を習得したり，知識を応用実践するために加工や処理という実際の物に働きかける教育方法の一形式である。学校内の施設の中で行う学校実習と社会における実際の職場に派遣して行う現場

（校外）実習とがある。学校実習の歴史について，斎藤健次郎は，次のように概説している[7)]。

近代における職業教育の前身である徒弟制度では，実習がほとんど職業教育のすべてであった。その徒弟制度の否定の上に近代学校職業教育が発足し，その中で学校における実習がスタートした。わが国の職業教育当初の教育課程における実習の位置づけは，一定の理論的学習の終了後，学習の総仕上げとして実習を課する「職業教育それ自体としての実習」という方式であった。

その後，明治20年代末から各地に設置された実業学校の教育課程においては全般的に理論学習と実習とを並行して学習させる「理論学習と並行した実習」という方式に移行した。この移行は，職業教育それ自体の変化がもたらした。すなわち，初期の先駆的職業教育機関では，教育課程が狭い専門的分野の職業人を育成する「単一専修型」というべきもので，予科として職業教育を受ける基礎教育があり，その上に実習的な職業教育が位置づけられていた。

近代的な学校職業教育が発足すると，普通教育の基礎が初等教育の充実で整えられたので，単一専修ではなく，「複数専修型」という学習の目標に拡大され，実習も低学年から積み上げる方式に変化した。単一の仕事をいくつか集めた複数の仕事に対して準備するため，実習も単一専修型の実習の組み合わせとなる。この変化は，1890年代の半ばといわれる。

1899（明治32）年公布の実業学校令は複数専修型の職業教育の教育課程を永続化し，いくつかの単一専修型の実習を組み合わせた実習は1943（昭和18）年の中等学校令の公布まで続いた。複数専修型の教育課程は，軽工業時代のものであって，専門学科（理論学習）も実習と一体化して教育するものであった。

第二次世界大戦後，複数専修型から「領域準備型」という教育課程に移行するが，そのとき実習の中に含まれていた教育内容が専門学科に移されるという変化が生じた。これによって仕事の寄せ集めであった実習は，ある特定の職業領域に対して共通的な実技を系統的に指導する科目になった。戦後は，実業学校から高等学校への転換により，教育課程の実習の比率を減少させたのであった。

「領域準備型」の教育課程は，1960年代後半の職業教育の多様化の帰結として，1978（昭和53）年の学習指導要領の改訂により「領域基礎型」というべき教育課程に移行した。実習の一部は基礎科目（「工業基礎」）として学科を超えた基礎的実技指導となり，その他の職業科目も基礎的，基本的性格をもつようになった。

こうした斎藤健次郎の実習の捉え方である「領域準備型」と「領域基礎型」という区分の内実を本書の各章で検討したい。とくに「工業基礎」等に関しては，本書第2章第10節に具体的な経緯を述べている。

4．本書の構成

第1章では，戦後の新制高等学校発足以降の教育政策の推移について工業学科を中心に詳細な分析・検討を行った。さらに，高等学校学習指導要領を基に教育課程の枠組みの変遷を工業学科について具体的に分析し，その中での工業科目としての実習と関連科目の推移について概観した。また，工業教育の物的条件整備としての施設設備等を安定的に確保するための財源確保を目的とする産業教育振興法の制定とその後の同法改正の経緯とその影響などについて考察した。

第2章では，本実習内容調査の結果を，1．教育課程，2．機械科・系，3．電気科・系，4．電子科・系，5．建築科・系，6．土木科・系，7．化学系学科，8．情報技術科，9．電子機械科，10．「工業基礎」・「工業技術基礎」，11．「工業基礎」導入の実習への影響の各節で述べた。各学科それぞれに特性があり，個々の変遷をみたが，実習全体として量的に縮小が際立ち，質的にも変化が認められる。卒業単位数の削減と「工業基礎」など原則履修科目の導入が強く影響していると認められる。

第3章では，実際の工業高校現場における実習教育の事例を4校について取り上げた。実習内容について教材研究を基に如何に展開し，工夫してきたか。歴史的な蓄積がどのように活かされてきたか。技能の習得をどのように指導してきたか等具体的な事例を基に検討した。

第４章では，工業科教員の養成問題について，制度に関する課題を検討するとともに，工業科担当教員の供給源の実態を，愛知県と岩手県の事例を歴史的に分析・考察した。さらに，現代の工業科教員養成を担う５大学工学部の実験・実習テーマ・実施時間等を機械系学科と電気系学科について調査し，工業高校における実習テーマ・実施時間等と比較検討して，実験・実習を担当する教員養成の視点で改善のための課題を考察した。

第５章では，工業高校卒業生の中で社会において技術に関する仕事をしている人々が工業高校で学んだ内容が実務に役立ったかどうかを調査した結果を考察した。[8)]1,689名から得た有効回答を分析して卒業生が必要と考える教育内容を把握し，現行の工業高校の教育内容とあり方の問題や改善点を検討した。とくに専門教育のあり方については，「体験を通して学べる実験や実習」「課題研究などによる課題解決能力の育成」「情報技術」の重要性を認めている。

このアンケート調査に続き，回答者から了解を得られた24名の卒業生に対して直接面接調査を実施した。[9)] 工業高校で各専門の教育を受けた卒業生が一般社会で技術に関わる実務をする中で実感した工業教育の有用性をどのように受け止めているか。生の声を聴くことで，工業教育の課題を考察した。工業高校で実習，製図，専門科目群を学ぶことによって，物事を考える時の考え方のベースを培われた。勉強の筋道，やり方を最も深く学ばされた等々方法論を具体的な学習を通して体得した。実際やってみることによって，知識が定着し，目でみて，耳から聴いて，手で触って，学習したことが頭の中ですべて繋がる。それでようやく使える頭になる。といった言葉が印象的であった。

第３節では，実習の教育的意義について１. 能動性，目的意識性の獲得，２. 本物の学習意欲の形成—学習観の転換—，３. 人・ものとのコミュニケーション，４. レポート作成による言語表現の自信，５. 実験による学び，の諸点から実習の意義を検討した。実習を中核とする工業教育による人間形成と技術を担う資質の育成の重要性を確認した。

終章では，第１章から第５章の内容を概覧した上で，本研究の総括をわが国の工業教育の充実・発展の要件を探り，纏めとしたい。

長谷川　雅康

注

1）沢井実『技能形成の戦後史　工場と学校をむすぶもの』名古屋大学出版会，2021年，第6章　変わりゆく工業高等学校 pp.129-155，終章 高校進学率の上昇と技能形成の変貌 pp.207-218。
2）文部省科学研究費補助金奨励研究(B)昭和52年度「工業教科（実験・実習）内容の調査研究」，代表者長谷川雅康　同報告書1977年　http://hdl.handle.net/10232/00030735，http://hdl.handle.net/10232/00030736（2024年7月11日最終閲覧）。
3）文部省科学研究費補助金奨励研究(B)昭和61年度「工業教科（実習・工業基礎）内容の調査研究」，代表者長谷川雅康　同報告書1987年　http://hdl.handle.net/10232/00030737　2024年7月11日最終閲覧。
4）長谷川雅康他「工業教科（工業基礎・実習・課題研究）内容に関する調査報告」，工業教科内容調査研究会，1997年3月。
5）文部省科学研究費補助金基盤研究(C)平成17～19年度「高校工業教育における実験・実習の内容とその教育効果に関する実証的調査研究」研究代表者長谷川雅康，研究分担者三田純義，佐藤史人，佐藤浩章，吉留久晴，丸山剛史 同『研究成果報告書』2008年　http://hdl.handle.net/10232/5137　2024年7月11日最終閲覧。
6）文部省科学研究費補助金基盤研究(C)平成27～29年度「高校工業科における実習教育の内容等の歴史的分析と教員養成に関する実証的調査研究」研究代表者長谷川雅康，研究分担者荻野和俊，丸山剛史，疋田祥人，三田純義，佐藤史人，坂田桂一，研究協力者石田正治，内田徹，辰巳育男，竹谷尚人，渡部容子　同『研究成果報告書』2018年　http://hdl.handle.net/10232/00030226　2024年7月11日最終閲覧。
7）斎藤健次郎「実習（英）practice」『新教育学大事典 第3巻』第一法規出版，平成2年，pp.463-464。
8）文部省科学研究費補助金基盤研究(C)平成12～14年度「高校工業教育の教育内容に対する工業に従事している卒業者の評価に関する事例研究」研究代表者長谷川雅康，研究分担者三田純義　同『研究成果報告書』2003年　http://hdl.handle.net/10232/00000512　2024年7月11日最終閲覧。
9）長谷川他，前掲書5）：pp.57-69。

第1章　高校教育と工業科，その中での実習

第1節　戦後の高校教育政策と工業科

高等学校教育政策史，特にその時期区分に関しては，児美川孝一郎が「外部環境（労働市場）との接続関係から見た戦後高校教育史の見取り図」を示し，次の4期に分けている。「Ⅰ　新制高校発足期」「Ⅱ　一九五〇年代から六〇年代末まで」「Ⅲ　一九七〇年代～八〇年代末まで」「Ⅳ　一九九〇年代～現在[1)]」。本節においてもこの時期区分を参考にしつつ，本書では3期に分けて高校工業科について形成と展開の過程を概観する。

1-1　新制高等学校発足期

（1）　新制高等学校の発足，特に旧学校教育法第41条への注目

1899年以来，日本の中等段階の諸学校は，中学校，高等女学校，実業学校等に分けられ，上級学校への進学等の点で差別的であった。1943年の中等学校令は，中学校，高等女学校ばかりでなく実業学校をも「中等学校」として括り，形式的にではあるが中等諸学校を一元化したことは画期的であった。しかし，中等学校令では中等学校は「高等普通教育又ハ実業教育ヲ施ス」ものとされ，差別を温存させた。

これに対し，1947年の学校教育法は，高等普通教育と専門教育を「及び」で結びつけ，「すべての新制高等学校で高等普通教育と専門教育を併せ施すべきことを規定することによって，かつての中等段階の諸学校間にあった差別的な種別化を廃棄することを企図した」。これは，「わが国の中等学校史上，画期的なものであった[2)]」。

（2）　普通科と職業学科との区別の始まりと工業学科

新学制実施準備のために発出された1947年4月7日付発学156号「新制高

等学校の教科課程に関する件」において，「新制高等学校の学科は，高等普通教育の内容を主とするものと，農業・工業・商業・水産・被服などの内容を主とするものとに分けることができる」とされ，「高等普通教育を主とする」学科と「農業・工業・商業・水産・被服などの内容を主とする」学科とに分けられた[3]。このときすでに，学科に関しては工業15学科，農業9学科，水産3学科，商業および被服は1学科が示され，学科ごとに教科名と授業時間数が掲げられていた。「工業」に関する学科（以下，工業学科）には，「機械科」「造船科」「電気科」「電気通信科」「工業化学科」「紡織科」「色染科」「土木科」「建築科」「採鉱科」「冶金科」「金属工業科」「木材工芸科」「金属工芸科」「窯業科」の15学科が設定されていた。

1948年1月27日，文部省令第1号により「高等学校設置基準」が制定された[4]。同基準により，高等学校の学科は「普通教育を主とする学科」及び「専門教育を主とする学科」とすることが定められた。工業学科に関しては，前記発学156号に掲げられた15学科が掲げられた[5]。

（3）「工業高等学校」という呼称

1948年，文部省学校教育局編『新制高等学校実施の手引』において，工業学科だけを置く新制高等学校を「工業高等学校」と呼ぶことが指示された[6]。同書は，1948年度から実施される新制高等学校「実施準備」に「万全を期するため」に作成された手引きであり，「基本的事項」や諸注意を記した冊子であったが，「新制高等学校の基本的事項」の中に「名称」について述べた節があり，「専門教育を主とする学科のうち，工業に関する学科だけを置く場合」に「川崎工業（新制）高等学校」と表記することが例示されていた。こうして「工業高等学校」（以下，工業高校と表記）という校名が用いられるようになった。

（4）　産業教育振興法の制定

1949年以降，男女共学制・通学区制・総合制を旨とする，いわゆる「高校三原則」が実施された。旧制中等学校から新制高等学校への転換に際し,「新制高等学校の総合制実施の再編成の方が大きな変革であった」といわれている。旧学制から新学制への移行に際し,公立工業学校266校から新制工業高校209校へと相当数減少したが,総合制実施により工業高校はさらに134校へと減少し,学校数でみれば半減した。[7)]

工業高校の学校数半減の背景には財政問題もあったと考えられている。シャウプ税制勧告により実業教育費国庫補助法が1950年度に打ち切られた。これに対し,高校等における産業教育振興を目的として,1951年6月11日,産業教育振興法が制定された。同法では,① 産業教育の振興に関する総合計画を樹立し,② 産業教育の内容・方法の改善を図るとともに,③ 産業教育に関する施設・設備を整備・充実させることなどが企図されたが,同法「最大の眼目」は財政援助であり,公立学校の産業教育施設設備で一定の基準に達していないものに国庫補助を行うこととされた。[8)] 産振法制定以後,総合制から単独制に復帰する学校が増加し,工業課程在籍生徒数も増加していった。[9)]

1950年代以降,高校進学率も上昇し,職業学科も伸張し,生徒数の割合は普通科6:職業学科4で推移した。[10)] 工業学科に在籍する生徒の数も1965年度まで一貫して増加した。

1-2 学科の多様化,普通科との分離傾向

(1) コースの細分化,学科の多様化の始まり

1956(昭和31)年改訂高等学校学習指導要領では,類型が設けられ,コースの細分化が進められた。[11)] 普通課程においても「生徒の個性や進路に応じ,学校の実情に即した教育課程の類型を設ける」こととされ,職業に関する課程についても必要に応じて「教育課程の類型」を設けることが指示された。工業課程に関しては,「機械課程」「機械工作課程」「自動車課程」「造船課程」「電気課程」「電力課程」「電気通信課程」「建築課程」「土木課程」「工業化学課程」「窯業課程」「色染課程」「紡織課程」「採鉱課程」「冶金課程」「金属工業課程」「木材工芸課程」「金属工芸課程」「図案課程」「印刷課程」「塗装課程」の21課程

が学習指導要領に掲載され，より細分化されるとともに，新たな内容も含まれるようになった。

1959年9月29日の中央産業教育審議会建議「高等学校における産業教育の改善について」は，いわゆる学科の多様化を促したとされる。同建議では，高等学校産業教育改善のために目標の明確化と内容・方法の改善等について述べたが，その一環として新課程（たとえば，女子農業教育のための「生活課程」（仮称）など）の設置も提案していた。ただし，工業について新課程は例示されていない。

1960（昭和35）年改訂高等学校学習指導要領は普通科と職業学科を分離させる傾向を強めた。また同学習指導要領より従来「課程」と呼ばれてきた呼称が「学科」へと改められた[12)]。工業学科に関しては，同学習指導要領において「おもな学科」として，「機械科」「自動車科」「造船科」「電気科」「電子科」「建築科」「土木科」「工業化学科」「化学工学科」「窯業科」「色染化学科」「紡織科」「採鉱科」「や金科」「金属工業科」「工芸科」「デザイン科」の17学科が示され，その中に電子科，化学工学科など従来存在しなかった学科が含まれ，「いわゆる学科多様化の動きを促進する出発点」となった[13)]。

その他，同学習指導要領改訂において，普通教育科目をA科目，B科目に分けるようになり，普通教育科目の大部分がA科目をとらざるを得ない職業学科は「大学入試の面で決定的に不利な位置に立つことにな」り，「中学校の進学指導や中学生の進路選択の面において，職業学科を普通科より一段低いものとみなす風潮が急速に広まった[14)]」。

（2）「国民所得倍増計画」による工業高校の増設，高等学校専門制度創設

1960年12月27日に閣議決定された「国民所得倍増計画」では，「人的能力の向上と科学技術の振興」という文脈において，「就業構造の近代化」に対応する「技術者」需要増大のための「工業高校程度の技術者の不足」が見込まれ，「工業高校の増設」が必要とされた[15)]。1960年度に工業学科の単独校は225校であったが，1965年度には413校となり，わずか5年間で倍増した。

他方で，1961 年の学校教育法一部改正により，高等専門学校という新たな校種が設けられ，中学校卒業者の進路に関する選択肢が増えた。また高校入学者選抜制度の改編が行われ，学力検査において「能力ある」と判定される者のみが高校へ入学すべきことを明らかにし，能力主義化が進められた。

(3) 「能力・適性に応じた教育」と学科の多様化

1966 年 10 月 31 日，中央教育審議会答申「後期中等教育の拡充整備について」において「高等学校教育の改善」方策の一つとして「普通教育を主とする学科および専門教育を主とする学科を通じ，学科等のあり方について教育内容・方法の両面から再検討を加え，生徒の適性・能力・進路に対応するとともに，職種の専門的分化と新しい分野の人材需要とに即応するよう改善し，教育内容の多様化を図る」ことが求められた。同答申を受けるかたちで，理科教育及び産業教育審議会が「職業教育の多様化」に関する答申を行い，学科新設を提案した。1967 年 8 月 11 日付答申「高等学校における職業教育の多様化について」では「森林土木科」「金属加工科」「電気工作科」「衛生工学科」「事務科」「経理科」「営業科（または販売科）」「貿易科」「秘書科」「調理科」「和裁科」「洋裁科」「手芸科」「商業家庭科」の新設を提案した。1968 年 11 月 29 日付「高等学校における職業教育の多様化について」では「建築施工科」「漁業経営科」「服飾デザイン科」が追加された。1969 年 12 月 3 日付建議「高等学校における情報処理教育の推進について」では，情報処理教育の「推進学科」として「情報処理科」（商業に関する学科），「情報技術科」（工業に関する学科）の設置が提案された[16)]。1970 年代には実際に金属加工科，電気工作科，情報技術科等が設置された。

1973 年頃から職業学科在籍生徒数は一貫して低下したとされる[17)]。より正確に記せば，職業学科在籍生徒数は 1961 年度にピークを迎え（41.7%），1972 年度以降一貫して低下した。代わって普通科と「その他」の学科が増加した（1980 年代に入ると中途退学者増加が注目されるようになった。1990 年代に入ると普通科の生徒数も減少に転じた）。

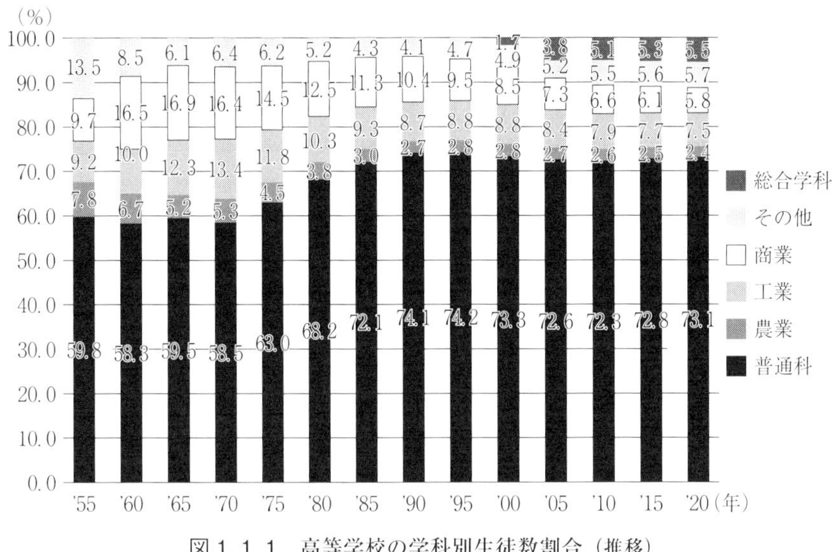

図1.1.1　高等学校の学科別生徒数割合（推移）

図1.1.1は，学校基本調査の年次統計（e-Stat）から作成した。この中の学科は，普通科と専門教育を主とする学科を農業・工業・商業・その他として区分し，加えて総合学科を集計した。

普通科は1970年まで59%前後であったが，その後1990年まで増加して74%余りとなり，近年まで横ばいを示している。その増分は，専門教育を主とする学科が縮小されてきた。加えて，総合学科が設けられ，その増加分も専門学科の削減で賄われている。

専門学科の中では，商業，農業などの削減が大きく，工業は相対的に削減幅が小さい。産業政策の反映とみられ，産業社会における工業の必要性が高いためと考えられる。

1-3 「専門高校」化の中の工業科

(1) コース制の拡大，総合技術高校，総合学科等の登場

1990年代には，「総合技術高等学校」などと称する学校が現れ，増加するとともに[18]，職業学科ばかりでなく，普通科においてもコース制が拡大した。京都

府立高等学校の「類」や，埼玉県・東京都・神奈川県の一部の公立高等学校のように主として普通科において，入学者選抜の段階から別枠で生徒を募集するコース制が登場した[19)]。

1993 年 3 月 10 日，文部省令第 4 号「高等学校設置基準の一部を改正する省令」において，「高等学校の学科」に「普通教育及び専門教育を選択履修を旨として総合的に施す学科」，すなわち「総合学科」が新たな学科として加えられた[20)]。1994 年度に総合学科が発足すると，以後，総合学科と「その他」の学科の生徒数が増加した。

（2）「職業高校」から「専門高校」へ，中等教育学校制度創設，産振法改正

1995 年 3 月，文部省初等中等教育局長の私的諮問機関「職業教育の活性化方策に関する調査研究協力者会議」は，『スペシャリストへの道 ―職業教育の活性化方策に関する調査研究会議（最終報告）―』をまとめた。同報告書においては，「従来の『職業高校』という呼称を『専門高校』と改め」るとともに，専門高校卒業者の大学入試特別選抜制度の導入，専修学校との接続のためのカリキュラム開発の必要性等が指摘された[21)]。その後，文部省は『産業教育』誌に「専門高校における生きる力の育成」という副題をつけるなどし（1998 年 4 月以降），1995 年以降，専門教育を主とする学科の単独校を「専門高校」と通称するようになった。

臨時教育審議会答申において「生徒の個性の伸長を継続的，発展的に図ることを目指す」として「六年制中等学校」設置が謳われると，その後，中等教育改革の推進に関する調査研究協力者会議が設けられ，同会議における検討を経て，1998 年の学校教育法一部改正により中等教育学校が設置された。高校段階に関する新たな校種が設けられた。

こうした状況において，1999 年，高校専門学科では工業学科が最も生徒数が多くなった。

2005 年 3 月 31 日，法律第 23 号「国の補助金等の整理及び合理化等に伴う義務教育費国庫負担等の一部を改正する法律」等では産振法も対象化された。

これらの改正により，公立高校の産業教育における「実験実習」に要する「施設」に対する国庫補助規定は削除された。[22] 公立高校職業学科のための財政措置は地方の判断にゆだねられることになった（本章第3節参照）。

そして現在，普通科と専門学科の生徒数は8：2となり，9：1に近づきつつある。専門学科の生徒数の割合は減少を続けており，工業科生徒数も減少している。「工業高校」の存在しない県も現れ，工業学科は縮小傾向にある。

（丸山　剛史）

第2節　高校工業科の教育課程，（特に）実習の位置づけ

本節では，先行研究に依拠しながら高等学校工業科の教育課程基準の変遷を，とくに実習の位置づけに留意して概観したい。

2-1　高校工業教育の形成期

1946年，高等学校職業教育を主とする学科の教科課程基準は実業教育振興中央会を中心に検討され始めた。普通教育に関しては，文部省内に設けられた教科課程改正準備委員会および教科課程改正委員会において検討されたが，職業教育（当時は実業教育）に関しては，CI&E（民間情報教育局：連合国軍最高司令官総司令部GHQ/SCAP幕僚部の部局の一つ。教育・宗教・文化財関連の施策を担当）の職業教育担当者の指導のもと実業教育振興中央会で検討された。同会では実業学校教育内容刷新委員会を設け，委員会内に職業コースごとの小委員会を組織し，教科課程基準を作成した。この教科課程基準は，アメリカの職業高等学校をモデルとしたといわれているが，実習を中核教科として位置づけ，その他の教科をすべて関係教科として配置していた。[23]

1947年4月7日，発学第156号「新制高等学校の教科課程に関する件」において教科課程基準が示され，単位制と大幅な選択制が採用された。新制高校の教科課程は必修教科と選択教科に大別され，必修教科は「国語」「社会」「体育」のみとされ，3年間の「総時数」は3,150-3,570時間とされ，そのうち必修は805時間，残りは選択教科とされた。生徒は「志望によってそれぞれ適切

な単位を選んで修める」こととされ，こうした選択制のために単位制が採用され，「単位を修めることを各生徒の志望によって定めて，これによって生徒が毎学年それぞれの教科を修めるようにすれば，もし志望が変わっても非常な困難なしにその課程を修めるように転じて行くことができるのである」とされ，選択制を基礎とした単位制が採用された[24)]。職業教科に関しては1年遅れで教科名と単位数が示された。

1948年10月11日，発学第448号「新制高等学校教科課程の改正について」において，それまで普通科と職業学科と分けられていた卒業に必要な単位数が，普通科と職業学科の別なく共通にされ，卒業に必要な最低単位数は85単位，そのうち普通教科は38単位と規定された[25)]。工業科を含む専門教育に関する学科に関しては，47単位以内であることが「高等学校教科課程表」に明記された[26)]。なお，職業課程の実習に関しては，「必要な場合に，適当な時間数の実習を八十五単位外に課し，又は，これを週三十四時間をこえて課することができる」とされ，実習は教育課程外でも課すことが必要な教科目とみなされていた[27)]。

1949年1月10日，発学10号「新制高等学校教科課程中職業教科の改正について」において，職業に関する教科の科目名と単位数が明らかにされた。工業科に関しては，次のとおり（カッコ内が単位数)。機械，電気，化学，紡織，木工に分けられた実習が最低でも10単位であり，最大37単位と重く位置づけられていた。

機械実習（10-37)，電気実習（10-37)，化学実習（10-37)，紡織実習（10-37)，木工実習（10-37)，製図（2-20)，電磁事象（3-10)，応用力学（2-10)，工業化学（3-15)，材料（2-10)，鉱物地質（3-5)，採鉱（2-15)，選鉱（2-10)，冶金（2-15)，炉燃料（2-10)，計画（3-10)，設計（3-15)，図案（3-10)，土木施工（3-15)，建築施工（3-5)，構造（3-10)，木材工作（3-15)，金属工作（3-15)，機械工作（2-15)，船舶工作（5-15)，紡績（3-15)，染色（3-15)，機織（5-15)，窯業（3-15)，印刷（3-15)，船舶艤装（3-5)，

化学機器（2-10），電気機器（3-15），通信機器（3-15），電力（3-15），電気通信（3-15），原動機（2-15），各種機械（2-15），機械一般（2-5），電気一般（2-5），工場経営（2-10），鉱山管理（2-5），工芸史（2-5），工業関係法規（2-5），工業に関するその他の教科

1949年4月30日発行の文部省学校教育局『新制高等学校教科課程の解説』において教科課程の基準が示された。同書は，「学習指導要領が出されるまでの，教育課程の基準」とされ[28]，高等学校の教育課程編成の具体的な手順が示され，「これによって戦後の新しい高等学校教育の制度と内容が確立された[29]」。

同書では，「工業に関する課程においては，工業に関する教科三十単位以上を必修とし，その中には実習を十単位以上，実習以外の工業に関する教科を十単位以上含まなければならない」と規定し[30]，実習に関する単位数が明記されるとともに，「現場作業」の単位化にも言及し，「実業課程の実習に割当てられた時間の七割迄は，現場作業にふりむけることが認められてい」[31]た。

2-2　中堅技術者の育成を掲げて

1951年7月30日，高等学校工業科初の学習指導要領，文部省『高等学校学習指導要領工業科編（試案）昭和26年（1951）版』が刊行された。同学習指導要領では，それまでの「技能の習得を主たる目的とし，また中等普通教育と別系列の工業教育」から「一般教養と科学的教養をそなえ，多面的な技術を習得した技術者を養成すべき，工業教育の目標」が設定されるようになった[32]。「高等学校における工業教育の一般目標」として，教育の目標が次のように示された[33]。

高等学校における工業教育の一般目標

高等学校における工業教育は，将来，日本の工業の建設発展の基幹である中堅技術工員となるべきものに必要な，技能・知識・態度を養成するもので，次の諸目標の達成をめざすものである。

⑴　工業のそれぞれの分野において，工業の基礎的な技能，すなわち，計画設計および製図の技能，材料の加工および組立の技能，工業製品の製造の技能，一般に使われる工具および機械の使用調整修理試験の能力を習得する。
⑵　工業技術の科学的根拠を理解し，これを科学的に高めるために必要な知識を習得する。
⑶　工業事業場の運営に必要な各種の知識技能を習得する。
⑷　工業の経済的構造と社会的意義を理解し，工業労務者の立場を自覚する。
⑸　計画的・合目的的・実験的な活動を行い，創造力を伸ばし，工業技術の改善進歩に寄与する。
⑹　集合的，共同的に，責任ある行動をとる態度を養う。
⑺　各自の個性・能力・適性を知り，職業選択の資をうる。

同学習指導要領で示された教育課程基準に関しては前出の発学10号に変更は加えられておらず，実習を重視した構成となっており，「実習を中心に据え，それ以外の科目を，その関係科目として位置づけるというやや特異な教育課程」といわれた[34)]。

1956年2月2日，文部省『高等学校学習指導要領　工業科編　昭和31年度改訂版』が発行された。この時期，普通課程に関しては，教科課程に類型を設け，コースが細分化された。また普通教育科目に関して社会科，理科の履修科目数が増加した。

工業課程に関しては，①大科目制を廃止して，中科目制を採用し，②学科の目標を定めてそれに必要な科目を学科別に示すようになり，③「実習が工業教育に必要欠くべからざる総合的な演練の場であることを確認して学科ごとに実習を設ける」などの改訂が行われた[35)]。そして，いずれの課程でも実習が最も単位数が多く，重く位置づけられた。各課程における「実習」の意義は，次のように説明された[36)]。

各課程の実習は，単にそれぞれの技能だけの実習ではなく，作業として有機的に行われる総合的な学習であって，関係する各科目の密接な関連のもとにそれぞれの工業分野の技術員として必要な知識・技能・態度を一体として身につけさせるもので，いずれの作業を行うにしても，その作業を通して現場における生産の研究・計画・実践・管理・改善などに関する技術を習得させるとともに，勤労に対する正しい体験や習慣を養うものなので，実習と関連する科目と遊離したり，実習相互の間の連けいを欠くことのないよう運営する必要がある。

なお，学校外において生徒が個々に行った「現場実習」についても，「教師の指導のもとで行われ，その成果の評価ができる」場合等に限定して学校が行う「実習」の単位として付け加えることができるとした[37)]。

1960（昭和35）年10月，「高等学校学習指導要領」が改訂された。同学習指導要領の特徴として，①「これまでと異なって，職業教育を主とする学科と普通科を分けて，生徒に履修させる教科・科目とその単位数を別々に指定したこと」，職業学科に関しては専門教育に関する科目の最低単位数が30単位から35単位に増加され，事情の許す場合には40単位以上にすることが望ましいとされた。

工業科に関しては，①「高等学校における工業教育の目標を『工業の各分野における中堅の技術者に必要な知識と技術を習得させる』こと」におくとともに，②「技術の進展にともなう多様な要請に対応するため，学科ごとに科目を定めることを廃止」し，③「技術革新」に対応するためとして，「電子工学，化学工学，工業計測などの新科目を設け，また，科目の内容を改善」するなどとした。こうした改訂については，工業学科の「新増設による量的増大に対処して，能力・適性・進路に応じた教育を行いうるような配慮が払われたもの」と考えられている[38)]。

実習に関しては，多い科目では「機械実習」（10–25），少ない科目でも「建築実習」（4–20）であり，単位数は少なくなく，「実習に関する科目の指導にあたっては，関係する各科目と密接な関連を図るとともに，実習をとおして現場における生産の技術を総合的に習得させ，勤労についての正しい観念や習慣を養うようにすること」とされ，専門教育において中心的な科目として位置づけられた。[39)]

2-3　工業高校卒業生の位置づけの変化：中堅技術者から技能工へ

1970（昭和45）年10月15日，「高等学校学習指導要領」が改訂された。同改訂は，「基本的には前回改定の特色をいっそう強化するものであり，履修させる単位数も多く」「教育課程の類型制を強化」し「いわゆる能力主義と高校教育の多様化を促進」させるものとされた。[40)]工業科に関しては，学科の目標が変更されるとともに，「とりわけ実習の最低単位数」が大幅に増加し，「工業高校が技能者養成の方向に転換しつつある現実を反映」させていたとされている。[41)]実習の単位数は，多いもの（「機械実習」（14-25）），少ないもの（「土木実習」（6-15））と下限が引き上げられた。ただし，この学習指導要領は「きわめて短命」であったとされる。

例　1956年・「機械課程」の「実習」　10～25単位
　　　→　1970年・「機械実習」　14～25単位
　　1956年・「土木課程」の「実習」　4～20単位
　　　→　1970年・「土木実習」　6～15単位

1978（昭和53）年8月30日，「高等学校学習指導要領」が改訂された。同改訂では，1970年改訂の「反動で『ゆとりと充実』を標榜し，全日制の週当たり授業時間数を『32時間を標準とする』とし，卒業に要する必修得単位を従来の85単位から80単位に切り下げた」。専門教育の修得単位数に関しても，従来35単位以上とされていたものを「30単位を下らないものとする」と改められ，必修得単位数の下限が引き下げられた。さらに5単位まで普通教育に関する各教科・科目の単位を含めることが可能となった。

工業科に関しては，①「工業技術の科学的根拠を理解させ，その改善進歩を図る」という1960年改訂学習指導要領以来の文言が削除され，②科目構成の面では「工業基礎」「製図」「実習」「工業数理」を工業に関するすべての学科の原則履修科目として設定した。「実習」は専門教育の核となる科目であるため，別に扱うとして，他の原則履修科目の導入に関しては「工業教育の専門性が弱体化したことは否めない」と指摘されている。こうした専門教育の弱体化ともいうべき改訂は「1973年に高校進学率の全国平均が90パーセントを超えるに至った状況に対応したものといえる」と要因分析がなされている[42)]。このほか，1970年改訂まで掲げられていた「中堅の技術者」の育成が工業科の教育目標から削除された。工業科の「目標」は次のとおり。

目標

工業の各分野の基礎的・基本的な知識と技術を習得させ，現代社会における工業の意義や役割を理解させるとともに，工業技術の諸問題を合理的に解決し，工業の発展を図る能力と態度を育てる。

実習に関しては，科目ごとに設定されなくなっただけでなく，単位数が明記されなくなり，「実験・実習に充てる授業時間数を十分確保するように配慮すること」と記されるに止まるようになった。「実習」の教育の目標および内容は次のように記された[43)]。

実習

1. 目標　各学科の専門科目に関する基礎的な技術を実際の作業を通して総合的に習得させ，応用と創造の能力及び望ましい態度を育てる。
2. 内容　各学科の専門科目の内容に関する実習及び総合実習

1989（平成元）年3月15日，「高等学校学習指導要領」が改訂された。同改訂に関しては，「重要な改訂点の一つ」として「教育課程を多様化するために，教科・科目を多様化した」ことが指摘されている。同学習指導要領では，「長く安定していた教科のうち，戦後の特色を代表するといわれてきた社会科を公民科と地理歴史科に分割」するとともに，「普通教育の教科に属する科目を総計43科目から60科目に細分化し」「普通教育科目についても学習指導要領に記載されていないものを開設し得るように」するなどした。

専門学科に関しては，衛生看護科を除くすべての学科において，新たに「課題研究」を履修させることとされた[44)]。工業科に関しては，原則履修科目の「製図」が削除され，新たに「情報技術基礎」と「課題研究」が設けられた。これにより「学科に固有の専門教育を深めることがいっそう困難になった」とされている。このほか，「家庭一般」「生活技術」「生活一般」のうち1科目を男女必修としたことも「工業科の専門教育を弱体化する傾向に拍車をかけた」といわれている[45)]。実習の位置づけはとくに変更されていない。

2-4　代替科目の拡大による専門教育の希薄化

1999（平成11）年3月29日，「高等学校学習指導要領」が改訂された。同学習指導要領では，卒業に必要な単位数が削減されるとともに，共通履修科目にも選択制が導入された。同学習指導要領改訂では卒業に必要な最低履修単位数が80単位から74単位に削減され，共通履修科目の単位数も31単位に削減され，共通履修科目にも選択制が導入された[46)]。

実習に関しては，「原則として工業に関する科目に配当する総授業時数の10分の5以上を実験・実習に配当すること」と記された。実習の位置づけや内容に関しては，実習の「内容」に「先端的技術」への対応が含まれるようになるなど，若干の変更はみられるものの，以後，大きな変化はない。

2009（平成21）年3月9日，「高等学校学習指導要領」が改訂された。同学習指導要領では，前回学習指導要領で削減された専門教育科目の単位数について，5単位までは別の科目で代替させることが可能とされた。これにより，専門教育が一層，希薄化する危険性があった。工業学科に関しては，科目「環境工学基礎」が新設され，「マルチメディア応用」に代えて「コンピュータシス

表 1.2.1　単位数一覧表

学習指導要領等改訂	卒業単位数	専門教科単位数	原則履修科目	備考
1948・49	85	47		
1951	85	30		30-35単位
1956	85	30		30単位
1970	85	35		40単位上が望ましい
1978	80	30	工業基礎，工業数理	普通教科・科目5単位代替可
1989 ＊	80	30	工業基礎，実習，製図，工業数理，情報技術基礎，課題研究	普通教科・科目5単位代替可
1999 ＊＊	74	25	工業技術基礎，課題研究	普通教科・科目5単位代替可
2009	74	25	工業技術基礎，課題研究	各学科の専門教科科目以外の教科科目5単位代替可
2018	74	25	工業技術基礎，課題研究	各学科の専門教科科目以外の教科科目5単位代替可

＊原則履修科目に実習，製図があがっている。
＊＊情報技術基礎は原則履修科目にあがっていない。
出所）筆者が，歴代高等学習指導要領を基に作成。

テム技術」が設置された。工業科の目標では，「エネルギー」への配慮が追記されるとともに，「工業技術の諸問題」に対応する者としての「倫理観」の育成が強調されるようになった。

2018（平成 30）年 3 月 30 日，「高等学校学習指導要領」が改訂された。同学習指導要領では，普通教育に関する教科として「公共」が新設された。工業科の目標では「職業人」という語が用いられるようになり，「職業人」としての倫理観が強調されるとともに，「社会の構築」に向けて「協働的に取り組む態度を養う」として「協働」性が強調されるようになった。「実習」の目標及び内容においても，上記の２点（「職業人」「協働」性）は盛り込まれるようになった。工業科に関しては，「工業数理基礎」及び「情報技術基礎」に代えて「工業情報数理」が設置されたほか，電気・情報系の科目に改編があった。また「船舶工学」のように新たに設置された科目もあった。

（丸山　剛史）

第 3 節　産業教育振興法改正による国庫補助の廃止

技術・職業教育は，その専門的な内容を実践するとすれば，実験・実習を伴うことは必然であり，これを実現する施設・設備，つまり物的教育条件整備はその本質に関わる重要事項といえる。また，これを担当する専門教員の養成・確保・処遇等の充実，人的教育条件整備についても同様である。技術・職業教育のこうした教育条件整備を進めるには，それを実現するための財源を安定的に確保することが必要である。戦後の国家的財政難の折りに，技術・職業教育に要する財源確保を目的の一つとして，産業教育振興法（昭和 26 年法律第 228 号，以下産振法とする。）が制定された。

産振法は戦後の技術・職業教育に対する国の助成を規定し（第 15 条），施設・設備の整備・充実に大きな役割を果たしてきた[47)]。とりわけ高校職業学科においては，戦中・戦後には劣悪な状況であった工作機械や実習船などが随時更新され，継続されてきた。産振法は高校職業教育における物的教育条件整備を進める上で不可欠な財政基盤を制度化する重要な法律だった。

ところが小泉内閣の行財政改革「三位一体の改革」は，聖域・例外のない国庫支出の見直しを強要し，産振法による国庫補助制度も対象となった。その結果，産振法は 2005（平成 17）年・2006（平成 18）年に法改正し，高校の施設・設備の国庫補助に関する規定が廃止された。

3-1　三位一体の改革と国庫補助負担金削減改革

行財政改革の実施に先立って，教育費の国庫補助・負担金等に関わる制度は，中教審でも審議対象となっていた。たとえば 2002 年 11 月の第 26 回総会では「地方分権推進会議の提言と義務教育費国庫補助制度関係の改革」をテーマとして，国庫負担金制度・教員給与制度・都道府県と政令指定都市間の県費負担教職員制度・学級編成基準の設定権限移譲等が検討された。また，2004 年 10 月の第 43 回総会では「文教科学関係補助金・負担金について」をテーマとして，義務教育費国庫負担制度・私立高等学校等経常費助成費補助金・幼稚園就園奨励費補助金・公立学校施設設備費補助金・負担金等が検討された。

こうした経緯の後，2004年11月の政府・与党合意に基づいて，国は「三位一体の改革」の名のもと，行財政改革の一環として国の補助金等の整理・合理化に着手した。三位一体の改革の具体的内容は，①国庫補助負担金の廃止・縮減（2006年度までに概ね4兆円程度），②地方交付税に関する財源保障機能の見直しと総額の抑制，③国から地方への財源移譲であった。

マスコミ報道などで取り上げられた「三位一体の改革」は，教育分野では義務教育に関わる国庫補助・負担金が多かった。これは，義務教育費国庫負担金はおおよそ8,000億円規模であるから，これを削減できれば三位一体の改革の第1期改革[48)]の全削減額約4兆円の相当程度を達成できるからだといわれていた。こうした義務教育国庫負担金への注目に隠れて，他の補助・負担金への影響には関心がもたれなかった。

また，中教審初等中等教育分科会において「産業教育の振興策があること自体をあまり認識していない教育現場もあるようであり，広くアピールしていくことが必要である」（2003.3.17第9回議事要旨）といわれたように，産業教育振興費国庫補助制度の意義・役割等は十分認識されていない状況もあった。

3-2　2005年の法改正

第162国会（会期2005年1月21日～6月19日）に文部科学省提案による「国の補助金等の整理及び合理化等に伴う義務教育費国庫負担法等の一部を改正する法律案」が提出され，審議の結果可決成立した（2005.3.31法律第23号）。この法改正の対象は義務教育費国庫負担法等の9法律[49)]で，産振法もこれに含まれていた。産振法では，第15条第1項第1号に補助対象として規定されていた「高等学校における産業教育のための実験実習の施設又は設備」から「又は設備」が削除された。同様に同第2号の「中学校又は高等学校が産業教育のため共同して使用する実験実習の施設又は設備」から「又は設備」が削除された。

法改正全体の趣旨は，国及び地方公共団体を通じた行財政改革のための国の補助金等の整理及び合理化に伴い，2005年度における暫定措置として公立の義務教育諸学校の教職員の給与等に要する経費の国庫負担額を減額するほか，経済的理由によって就学が困難な児童及び生徒について学用品等を給与する場合における国の補助対象を要保護者に限定する等文部科学省関係の補助金の整理及び合理化を図る必要がある，というものであった。

この法改正の内容をみると，たとえば「義務教育費国庫負担法等の一部改正」が2005年度の暫定措置であることとは異なり，産振法改正は恒久的な措置でありより厳しいものとなっている。この改正の直接的な目的は「補助金等の整理及び合理化」である。産振法の条文では国庫補助の対象は「施設又は設備」から「施設」となり，設備費がその対象から外されたことを示している。また，同様に高校・中学校が共同して使用する設備に関しても国庫補助が廃止された。ただし，私立学校は，第19条に「施設又は設備」と規定され，従来通りの国庫補助制度が維持された。

3-3　2006年法改正

第164国会（会期2006年1月20日～6月18日）に文部科学省提案による「国の補助金等の整理及び合理化等に伴う義務教育費国庫負担法等の一部を改正する等の法律案」が提出され，審議の結果可決成立した（2006.3.31法律第18号）。この法改正の対象は義務教育費国庫負担法等の15法律[50]で，産振法も含まれていた。法改正された第15条第1項は，以下の通り。

第15条　国は，公立学校の設置者が次に掲げる施設又は設備であって，審議会等（国家行政組織法（昭和23年法律第120号）第8条に規定する機関をいう。（次条において同じ。）で政令で定めるものの議を経て政令で定める基準に達していないものについて，これを当該基準にまで高めようとする場合においては，これに要する経費の全部又は一部を，当該設置者に対し，予算の範囲内において補助することができる。

1　中学校における産業教育のための実験実習の施設又は設備

2　中学校又は高等学校が産業教育のため共同して使用する実験実習の施設
3　中学校における職業指導のための施設又は設備
4　産業教育に従事する教員又は指導者の現職教育又は養成を行う大学における当該現職者又は養成のための実験実習の施設又は設備

この改正によって，公立高校の産業教育における「実験実習」に要する「施設」に対する国庫補助規定も削除されたことになる。ただし，今回も私立学校への補助規定は変わらない。以上の２回の法改正によって，高校職業教育における教育条件整備の財政基盤となっていた産振法による財政補助規定は「施設」「設備」とも廃止され，唯一中学校と共同して使用する「施設」のみが補助対象として残ったことになる。すなわち公立高校の財源はほぼ地方自治体へとゆだねられたこととなった。

その一方で，中学校の産業教育に対する国庫補助規定は「施設又は設備」の両方をそのまま継承されることとなった。しかし，中学校における国庫補助を実行させるために必要な「政令で定める基準」は制定されておらず，事実上機能しないままである。

3-4　安全・安心な学校づくり交付金交付要綱による国庫補助

上記の産振法改正によって公立高校の施設・設備に関する国庫補助制度は廃止された。これを実質的に引き継ぐ制度として「安全・安心な学校づくり交付金交付要綱」（2006.7.13　18文科施第186号文部科学大臣裁定）があり，翌07年度当初から適用された。

補助対象となる事業は「産業教育施設の整備」であり，具体的には「高等学校及び中等教育学校の後期課程の産業教育のための実験実習の施設の整備に必要な経費のうち，次に掲げる事業を実施するために必要な経費　ア一般施設　イ普通科等家庭科　ウ専攻科　エ産業教育共同利用施設　オ農業経営者育成高等学校拡充整備　カ特別装置　キ実習船」と定められていた（同要項の別表1）。この制度により，高額ゆえに要求が高い建築物・特別装置・実習船等は国庫補助が継続することになった。とはいえ，この制度は高校職業教育振興の観点からは逸脱しており，発展性は期待できない。

3-5　若干の考察

（1）　国庫補助廃止の意味

今回の産振法改正によって国庫による財政補助制度は廃止された。三位一体の改革ではこうして廃止された国庫補助は地方交付税による代替をもって維持することとなっているが，各都道府県では一般財源化予算が従来通り高校職業教育のための施設・設備に当てられる保障はない。またこの廃止は，施設・設備に関する全国的な財源補助「基準」の廃止をも同時に引き起こす。都道府県では施設・設備への財政支出の際に，これまで通り高校職業教育の質を高めるための教育条件整備が目指されるか懸念される。

また，財政補助の「基準」が機能しなくなったことは，教育現場からの要求に応える根拠を失ったことも意味する。産業教育に固有の教育内容・方法に合致する教材・教具を用意できる保障がなくなり，このことは逆に教育内容・方法の変更・改変を迫ることになり，教育現場では混乱と支障が生じかねない。施設・設備という物的教育条件＝外的事項の未整備は，教育の内的事項を悪化しかねない重大な影響をもつと考えられる。

今回の産振法改正は高校職業教育費の助成制度を根本的に揺るがす重大な変化である。高校設置基準の改定は全国的な教育条件の見直しを引き起こし，たとえば実習助手の配置数の削減など，それまで実施されていた実績を下回るような教育条件の低下を招くような基準化もある。こうした動向と合わせて，高校職業教育の教育条件整備の方策を検討する必要がある。

（2）　地方分権と助成制度

産振法制定の背景には，当時のシャウプ税制勧告に基づく地方財政平衡交付金制度があり，これは当時の緊縮財政の必要性と戦後の地方自治の理念を反映した制度であった。戦前の実業教育への助成は実業教育費国庫補助法（1914年法律第９号）によって制度化されていた。この法律は実業教育費という使途を限定した国庫支出を規定していたので，地方自治を確立するための地方財政平衡交付金制度のもとでは認められなかった[51)]。また，同法では毎年の補助額が予め決められ，その配分は文部省の采配に任されており，財政補助のための客観的な基準がなかった。こうした中央教育行政の恣意的采配による補助金配分は，地方自治の理念とは相反するものであり，戦後の教育行政では認められなかった[52)]。これに代わる産振法が認められたのは，財政補助の基準が明確にされ，配分における文部省の影響を排除できる民主的な制度であり，地方自治の理念に合致すると考えられたからである。

一方，今回の産振法改正のもとになっている「三位一体の改革」では，同じように「地方分権」の推進を目指している。そのための具体的施策として，国庫からの補助・負担金を廃止し，これを地方交付税として一般財源化し，各都道府県がその使途を采配できる権限を拡大することが企図されている。他の補助・負担金制度においても問題視されるように，ほとんどの地方自治体では財政に余裕がなく，こうした改革ではこれまでの助成実績を維持できないという不安がある。今回の産振法改正による国庫補助制度の廃止は，高校職業教育の弱体化を招く。こうした事態を引き起こす三位一体の改革は地方分権の推進を真の意味で進めているといえるのか，検討する必要がある。

教育関連諸経費に対する財政支援が後退することは教育の質的低下を招くのは明らかである。産振法による財政補助制度は高校職業教育には成果を上げてきたとはいえ，これを廃止してこれまで通りの教育が保証できるという確証はない。また，中学校におけるそれはいまだ緒にも就いていない。職業教育への国庫補助の必要性は依然として存在し，その後退を看過してはならない。

（佐藤　史人）

本節は『技術教育研究』No.67，2008 年 7 月，pp.20-23 に掲載されたものを転載した。

注

1）児美川孝一郎『高校教育の新しいかたち』泉文堂，2019年，pp.18-42。
2）斉藤武雄・田中喜美・依田有弘編『工業高校の挑戦』学文社，2005年，p.7。
3）日本科学史学会編『日本科学技術史大系　10　教育3』第一法規出版，1966年，p.400。国立教育研究所編集・発行『日本近代教育百年史　10　産業教育(2)』，1974年，p.273。発学156号に関しては便宜的に近代日本教育制度史料編纂会編『近代日本教育制度史料』（大日本雄弁会講談社，1957年）を参照した。
4）「高等学校設置基準」に関しては福嶋尚子の論考を参照されたい。福嶋尚子「高等学校設置基準の形成過程」（『日本教育政策学会年報』第23号，2016年，pp.138-151），同「資料及び解題　高等学校設置基準の諸草案」（『東京大学大学院教育学研究科教育行政学論叢』第35巻，2015年，pp.91-118）。
5）日本科学史学会，前掲書，pp.398-399。「文部省令第一号」（「高等学校設置基準」）『官報』第6307号，1948年1月27日，pp.123-127。
6）日本科学史学会，前掲書，p.399。文部省学校教育局編『新制高等学校実施の手引』，1948年，pp.13-14。
7）国立教育研究所，前掲書，pp.305-306。
8）原正敏・内田糺編『講座現代技術と教育　8　技術教育の歴史と展望』開隆堂出版，1971年，p.254。
9）国立教育研究所，前掲書，p.316。
10）佐々木享編『日本の教育課題　8　普通教育と職業教育』東京法令出版，1996年，p.16。
11）日本科学史学会，前掲書，pp.403-404。
12）佐々木，前掲書，p.483。
13）斉藤武雄・他，前掲書，pp.264-265。
14）佐々木享『大学入試制度』大月書店，1984年，p.90。
15）原，前掲書，p.256。「国民所得倍増計画」に関しては，武田晴人『「国民所得倍増計画」を読み解く』（日本経済評論社，2014年）等を参照。
16）1960年代後半の学科の多様化に関しては，山田宏「1960年代後半の職業高校における小学科の多様化　―政策をめぐる言説と多様化の実態―」（『産業教育学研究』第49巻第1号，2019年，pp.11-19）他を参照されたい。
17）佐々木，前掲書，pp.28-29。
18）斉藤武雄・他，前掲書，p.268。
19）佐々木，前掲書，pp.32-33。
20）「文部省令第四号」（「高等学校設置基準の一部を改正する省令」）『官報』第1111号，1993年3月10日，p.2。
21）「スペシャリストへの道　職業教育の活性化方策に関する調査研究会議（最終報告）」『産業教育』第539号，1995年，pp.40-56。
22）佐藤史人「産業教育振興法改正による国庫補助の廃止」『技術教育研究』第67

号，2008年，pp.20-23。

23）国立教育研究所編集・発行『日本近代教育百年史　10　産業教育⑵』1974年，pp.290-291。

24）「発学一五六号」「新制高等学校の教科課程に関する件」近代日本教育制度史料編纂会編『近代日本教育制度史料　23』大日本雄弁会講談社，1957年。

25）日本科学史学会編『科学技術史大系　10　教育3』第一法規出版，1966年，p.400。

26）佐々木享編『日本の教育課題　8　普通教育と職業教育』東京法令，1996年，p.255。

27）「発学四四八号」「新制高等学校教科課程の改正について」近代日本教育制度史料編纂会編『近代日本教育制度資料　23』講談社，1957年，p.400。

28）文部省『産業教育七十年史』雇用問題研究会，1954年，p.428。

29）日本科学史学会，前掲書，p.400。

30）文部省学校教育局『高等学校教科課程の解説』，1949年，p.82。

31）同上，pp.32-36。

32）文部省『産業教育七十年史』，1954年，pp.430-431。

33）文部省『高等学校学習指導要領　工業科編　（試案）昭和26年（1951）版』実教出版，1951年，pp.1-3。

34）斉藤武雄・田中喜美・依田有弘編『工業高校の挑戦』学文社，2005年，p.264。

35）日本科学史学会，前掲書，pp.403-404。国立教育研究所，前掲書，pp.362-363。

36）文部省『高等学校学習指導要領　工業科編　昭和31年度改訂版』実教出版，1956年，p.21。

37）同上。

38）国立教育研究所，前掲書，p.366。

39）文部省「高等学校学習指導要領」昭和35（1960）年，p.17。

40）斉藤武雄他，前掲書，pp.265-266。

41）国立教育研究所，前掲書，pp.371-372。

42）斉藤武雄他，前掲書，pp.266-267。

43）文部省『高等学校学習指導要領』昭和53（1978）年8月，p.91。

44）佐々木，『日本の教育課題　8』p.35。

45）斉藤武雄他，前掲書，p.267。

46）斉藤武雄他，前掲書，p.268。

47）原正敏「産業教育振興法」『現代教育学事典』1988年，p.336。

48）三位一体の改革の第1期改革は2006年度までで，削減目標は2004年度約1兆円，2005年度～2006年度は3兆円程度であった。

49）義務教育費国庫負担法・公立養護学校整備特別措置法・産業教育振興法・高等

学校の定時制教育及び通信教育振興法・学校給食法・就学困難な児童及び生徒に係る就学奨励についての国の援助に関する法律・学校保険法・スポーツ振興法・公立義務教育諸学校の学級編制及び教職員定数の標準に関する法律・構造改革特別区域法。

50）義務教育費国庫負担法・市町村立学校職員給与負担法・義務教育諸学校施設費国庫負担法など。

51）中島太郎『戦後日本教育制度成立史』岩崎学術出版社，1970 年，p.860。

52）平原春好『教育行政学』東京大学出版会，1993 年，p.121。

第2章　実習内容の歴史的変遷

第1節　調査対象校の教育課程

教育課程は，広義には教育目標を達成するために教育機関が計画し指導する一切の教育内容と，それに即して展開される児童・生徒のすべての活動を指すものといわれ，狭義には学校における各教科および教科外活動の組織と教育内容の編成を指すものとされている。（平原春好『日本の教育課程』1970年，国土新書）

本書が対象としている高等学校工業科の教育課程は，昭和26年版学習指導要領（以下，指導要領と略記）一般編（試案）に初めて示された。この中で，教育課程を児童や生徒がどの学年でどのような教科の学習や教科以外の活動に従事するのが適当であるかを定め，その教科や教科以外の活動の内容や種類を学年的に配当づけたものと規定された。前記の第1章第2節に工業科の教育課程の変遷を概観した。

そこでは，卒業に必要な単位数は，戦後指導要領の85単位を基盤としていたが，その後の指導要領改訂により80単位，74単位に削減された。一方，工業教科の単位数については，下限の単位数を30単位もしくは35単位とされたが，実際には，40単位を超える単位数を置く高校が多かった。それは「中堅技術者」の養成を目標としていたためである。しかし，卒業に必要な単位数の削減が進む中で，工業教科の下限の単位数も削減され，25単位とされ，しかもその中に5単位を普通科目あるいは専門教科・科目以外の教科・科目で代替えを可能としている。もしこの「代替え」がされると，工業教科は20単位となる。文部科学省はそれで専門教育が成り立つと考えているのだろうか。

しかし，全国の工業科には，「中堅技術者に必要な知識と技術」の習得が可能な生徒が一定数存在する。そのためのレベル・意欲に応えうる工業教育をある割合保持することが必要と考える。そうした問題意識が工業科全体のレベルを維持することに繋がると確信している。

1-1　本調査の教育課程の集計結果

本調査において各学校の教育課程の現状を把握するため，教育課程表の提供を依頼した。その回答を集計した結果の概要を表 2.1.1 に示す。なお，本調査は，第 1 回では調査対象校に設置する全学科を対象としたが[1]，第 2 回[2),3),4),5)]以降は機械科，電気科，電子科，建築科，土木科，工業化学科，情報技術科，電子機械科の 8 学科に絞り対象とした。

普通教科と工業教科の平均単位数と選択制の実施状況を整理した。なお，選択制を含む場合は，選択幅の中央値を用いて集計した。普通教科と工業教科の平均単位数の割合は，ほぼ 55：41 から 60：40 と普通教科の割合が次第に増えており，その一方で工業教科は減少している。選択制を実施する割合は第 4 回まで増加していたが，第 5 回で急減した。その要因は広く検討する必要がある。

表 2.1.1　教育課程の大枠の変遷

		第1回 (1976年)	第2回 (1987年)	第3回 (1996年)	第4回 (2005年)	第5回 (2015年)
普通教科	回答校数	*281*	76	92	73	77
	平均単位数	*54.6*	52.1	52.7	53.7	47.8
	選択制有　校数	*68*	30	60	62	5
	選択制有　割合	*0.24*	0.39	0.65	0.85	0.06
工業教科	回答校数	149	76	95	75	77
	平均単位数	41.4	42.0	37.9	35.9	33.7
	選択制有　校数	20	29	63	64	18
	選択制有　割合	0.13	0.38	0.66	0.85	0.23

出所）第 1 回の普通教科の数値（斜体）は，機械科対象の下記調査結果を引用。長谷川雅康「工業高校機械科の教育課程の変遷―高等学校学習指導要領 1978 年改訂の影響―」『工業技術教育研究』第 16 巻 1 号，2011 年，pp.1-10。

1-2　教育課程の事例

工業科の教育課程の表2.1.2～表2.1.5は，大阪府立今宮工業高等学校の電気科と建築科の1982（昭和57）年と1988（昭和63）年の卒業生対象のもの。1978（昭和53）年指導要領改訂前後の教育課程であり，原則履修科目「工業基礎」「工業数理」が導入される前後を示す。両学科の専門科目群はほぼ維持されているが，単位数はそれぞれ調整が行われている。それらの変化は次の1-4で特徴を述べる。

表2.1.2　電気科　1982（昭和57）年卒業生対象

教科		科目	単位数			
			1年	2年	3年	計
普通教科	国語	現代国語	2	3	2	
		古典Ⅰ甲			2	9
	社会	倫理・社会		2		
		政治・経済			2	
		世界史			3	
		地理A	3			10
	数学	数学Ⅰ	6			
		応用数学		3	(2)	9(2)
	理科	物理Ⅰ		4	2	
		化学Ⅰ	3			9
	保体	体育	3	2	2	
		保健		1	1	9
	芸術	音Ⅰ・美Ⅰ	2			2
	外国語	英語A	3	3	(2)	6(2)
	小計		22	18	14	56
専門教科	電気実習		2	6	6	
	電気実習				(2)	
	電気製図		2	2		
	電気工学Ⅰ		6	2		
	電気工学Ⅱ			2	6	
	電気工学Ⅲ			2	4	
	電気工学Ⅲ				(2)	40(4)
	小計		10	14	16	40
特別教育活動		(HR)	2	2	2	6
総時間数			34	34	34	102

() 選択教科2科目4単位を選択。

表2.1.3　電気科　1988（昭和63）年卒業生対象

教科		科目	単位数			
			1年	2年	3年	計
普通教科	国語	国語Ⅰ	3	3		
		国語Ⅱ			3	9
	社会	現代社会	2	2		
		世界史			3	
		政治・経済			2	9
	数学	数学Ⅰ	4			
		基礎解析		4		
		微分積分			(2)	8(2)
	理科	理科Ⅰ	4			
		物理		3		7
	保体	体育	3	2	2	
		保健		1	1	9
	芸術	音Ⅰ・美Ⅰ・工Ⅰ・書Ⅰ	2			2
	外国語	英語Ⅰ	3	3		
		英語Ⅱ			(2)	6(2)
	小計		21	18	11	50(2)
専門教科	工業基礎		3			
	工業数理		2			
	電気実習			6	6	
	電気製図			2	2	
	電気基礎		6	2		
	電気技術Ⅰ			2	6	
	電気技術Ⅱ			2	5	44
	小計		11	14	19	44
特別教育活動		HR・クラブ活動	2	2	2	6
総時間数			34	34	34	102

() 選択教科1科目2単位を選択。

表 2.1.4　建築科　1982（昭和 57）年卒業生対象

教科		科目	単位数			
			1年	2年	3年	計
普通教科	国語	現代国語	2	3	2	
		古典Ⅰ甲			2	9
	社会	倫理・社会		2		
		政治・経済			2	
		世界史			3	
		地理 A	3			10
	数学	数学Ⅰ	6			
		応用数学		3	(2)	9(2)
	理科	物理Ⅰ		4	2	
		化学Ⅰ	3			9
	保体	体育	3	2	2	
		保健		1	1	9
	芸術	音Ⅰ・美Ⅰ	2			2
	外国語	英語 A	3	3	(2)	6(2)
	小計		22	18	14	56
専門教科	建築実習		2	4	4	
	建築実習				(2)	
	建築実習				(2)	
	建築設計製図		4	4	4	
	建築計画		2	2		
	建築構造		2	2		
	建築構造設計			2	2	
	建築施工				3	
	建築法規				1	
	建築史				2	40(2)
	小計		10	14	16	40
特別教育活動		（HR）	2	2	2	6
総時間数			34	34	34	102

（）選択教科　普通教科 1 科目 2 単位選択。

表 2.1.5　建築科　1988（昭和 63）年卒業生対象

教科		科目	単位数			
			1年	2年	3年	計
普通教科	国語	国語Ⅰ	3	3		
		国語Ⅱ			3	9
	社会	現代社会	2	2		
		世界史			3	
		政治・経済			2	9
	数学	数学Ⅰ	4			
		基礎解析		4		
		微分積分			(2)	8(2)
	理科	理科Ⅰ	4			
		物理		3		7
	保体	体育	3	2	2	
		保健		1	1	9
	芸術	音Ⅰ・美Ⅰ・工Ⅰ・書Ⅰ	2			2
	外国語	英語Ⅰ	3	3		
		英語Ⅱ			(2)	6(2)
	小計		21	18	11	50(2)
専門教科	工業基礎		3			
	建築実習			4	6	
	建築実習				(2)	
	建築実習				(2)	
	建築製図		4	4	4	
	工業数理		2			
	建築構造		2	2		
	建築設計			2	2	
	建築施工				3	
	建築計画			2	2	42(4)
	小計		11	14	17	42(4)
特別教育活動		HR・クラブ活動	2	2	2	6
総時間数			34	34	34	102

（）選択教科　普通教科 1 科目 2 単位選択。
専門教科 1 科目または 2 科目選択。

1-3　工業教科の実習関係科目の単位数実施状況

表 2.1.6（pp.40-41）は実習とそれに深く関連する工業基礎・工業技術基礎・課題研究・製図の学科別単位数実施状況を示す。この表 2.1.6 を基に，実習，工業基礎・工業技術基礎，課題研究，製図の学科毎の特徴を考察したい。

(1)　実　習

実習の単位数の推移を図 2.1.1 に示す。学科による違いはあるが，実習の単位数は漸減傾向にある。ただ，一部に下げ止まりもみられる。

実習の指導内容は，量的な減少とともに質的な変容が危惧される。学科による相違がみられるが，具体的には次節以下の各学科についての記述を参照頂きたい。また，新技術に関するテーマの導入が一部みられるが，予算等の関係からか全体を動かすほどの影響はみられない。

なお，1999（平成 11）年版指導要領から実習の内容について，(1)要素実習，(2)総合実習，(3)先端的技術に対応した実習の 3 区分で示されている。本調査では，第 2 回から作成した分類の調査票を使用しているため，上記 3 区分が実施されているかの分析は定量的にはできていない。現場の実態から類推すれば，指導要領の新区分はあまり認識されていないように思われる。

(2)　工業基礎・工業技術基礎

工業技術基礎の単位数は，多くの学科において 3 単位前後を課している。ただし，建築科，土木科においては 2.6 単位前後としている。

実施形態は，第 2 回調査以降学科別に実施する形態が 90％弱と多数を占め

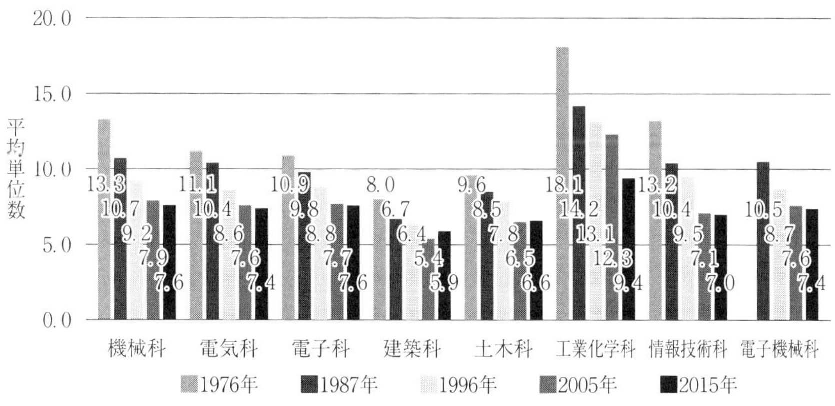

図 2.1.1　実習の平均単位数推移表

表 2.1.6　工業基礎・工業技術基礎・実習・課題研究・製図の学科別単位数実施状況

科目	単位数	機械科・系					電気科・系					電子科・系					建築科・系				
		第5回	第4回	第3回	第2回	第1回	第5回	第4回	第3回	第2回	第1回	第5回	第4回	第3回	第2回	第1回	第5回	第4回	第3回	第2回	第1回
工業基礎・工業技術基礎	0												1							1	
	1				1					1											
	2	10	7	10	3		5	4	9	4		2	1	3			21	16	23	3	
	3	57	49	57	63		64	47	64	57		19	11	19	24		25	17	19	36	
	4	2	3	2	8		2	2		5		2	1	1	5			1		2	
	5	1		1													1		1		
	6		1		1													1			
	平均値	2.9	3.0	2.9	3.1		3.0	3.0	2.9	3.0		3.0	2.8	2.9	3.2		2.6	2.7	2.5	2.9	
実習	2																		1		
	3						1										1	2	1		
	4												1				7	7	5	3	1
	5	3	1														6	8	7	7	1
	6	22	14	9			29	20	23			9	4	10			23	10	20	17	1
	7	7	12	9			9	7	9		1	3	1	1			6	5	3	5	10
	8	16	14	25	2		19	13	24		2	7	5	11	8	2	4	2	3	4	15
	9	15	11	10	7	4	7	7	10	6	4	1	1		7	3			1	1	2
	10	1	3	9	32	3	1	3	7	43	21	2	1	1	6	8			1	1	2
	11	1	2	4	15	4	3	3		6	19				4	12	1			1	3
	12		2	4	12	2	1	1		9	21				2	6			1		1
	13		1		2	7	1				3					3			1	1	
	14				4	46				1	3	1	1		1	2				1	
	15	1			1	8					1				1						
	16					2				1	1										
	17																				
	18																				
	19																				
	20																				
	21																				
	22																				
	23																				
	24																				
	平均値	7.5	7.9	8.4	10.7	13.4	7.4	7.6	7.6	10.4	11.1	7.6	7.7	7.2	9.8	10.9	5.9	5.4	6.1	6.7	8.0
課題研究	0			1					1												
	1																				
	2	9	18	50			10	17	66			3	4	19			7	10	36		
	3	54	39	18			57	34	6			20	9	4			36	23	6		
	4	5	2				2	2					1				4	1			
	5	2	1				1														
	6																				
	平均値	3.0	2.8	2.2			2.9	2.7	2.1			2.9	2.8	2.2			2.9	2.7	2.1		
製図	0	2					6					9									
	1																				
	2	1					52	35				13	7					1			
	3						5	10					1								
	4	8	5				7	6					2				3	2			
	5	6	5														5	1			
	6	33	30														9	4			
	7	10	13				1										16	7			
	8	9	4														6	13			
	9	1	1														6	3			
	10																	1			
	11																2	1			
	12																				
	13																				
	14																1				
	平均値	5.9	6.2				2.2	2.4				1.2	2.5				7.1	7.3			
合計校数		70	60	70	76	76	71	54	73	67	76	23	14	23	29	36	47	34	43	42	43

注）各学科欄の数字（平均値以外の数字）は実施校数を示す。

第5回：2015年　第4回：2005年　第3回：1996年　第2回：1987年　第1回：1976年

土木科・系					工業化学科・系					情報技術科					電子機械科					単位数
第5回	第4回	第3回	第2回	第1回	第5回	第4回	第3回	第2回	第1回	第5回	第4回	第3回	第2回	第1回	第5回	第4回	第3回	第2回	第1回	
																				0
																				1
16	10	14	2		10	4	8			3	2	2			1	2	5			2
24	14	20	32		28	23	26	42		24	17	19	12		23	17	31	4		3
1	1	1	3		1	1		3		1		1	1			2				4
																				5
																				6
2.6	2.6	2.6	3.0		2.8	2.9	2.8	3.1		2.9	2.9	3.0	3.1		3.0	3.0	2.9	3.0		平均値
1																				2
1					1					2										3
1	1	2	1	1						1										4
4	2	2		1							3									5
15	12	20	3	1	1		1			14	8	7			8	5	7			6
10	6	2	3		5					1	4	4			5	5	6			7
4	3	5	12	4	6		1			5	1	7	1		6	7	14			8
3		1	9	13	7	1	3			1		2	4		4	2	5	1		9
1		1	7	10	6	4	13	1		2	1	1	3	1		2	4	1		10
1		1	1	3	7	5	5	1			1		2		1			1		11
				5	5	6	7	7		1		1	2	2				1		12
				1		2	2	3	1					1						13
			1			7	2	13	1	1	1			3						14
				1		3		10	3				1	2						15
					1			5	6											16
								4	7											17
									10											18
									9											19
									8											20
									3											21
																				22
																				23
									1											24
6.6	6.3	6.5	8.5	9.6	9.4	12.3	10.7	14.2	18.1	7.0	7.1	7.5	10.4	13.2	7.4	7.6	7.8	10.5		平均値
																				0
																				1
5	9	31			6	13	31			2	5	14			1	6	22			2
29	14	4			30	15	3			22	13	8			20	14	14			3
5					2					4					3	1				4
1																				5
1	1				1						1									6
3.1	2.8	2.1			3.0	2.5	2.1			3.1	2.9	2.4			3.1	2.8	2.4			平均値
6					25					14										0
					1															1
12	4				11	11				14	8				4					2
2	3				1	1									1					3
13	14				1						1				8	8				4
2	2														4	4				5
4	2														4	6				6
															2	2				7
1																				8
1															1					9
																				10
																				11
																				12
																				13
																				14
3.2	3.8				0.8	2.1				1.0	2.2				4.6	5.1				平均値
41	26	35	37	40	39	28	34	45	53	28	19	22	13	9	24	21	36	4		

表 2.1.7 使用テキストの推移

	1997年	2006年	2015年
検定済教科書	99	92	188
自作テキスト	173	135	187

ている。第 5 回では学科構成が系やコース等の増加により，履修形態がこれまでになく多様かつ複雑になっている。

実施（学習）内容も複雑化している。また，学科による違いはあるが，検定済教科書の使用が増加して，自作テキストとほぼ同程度になった。表 2.1.7 参照。

第 5 回では，工業技術基礎の実態として教育課程上は実習の単位を置かず，工業技術基礎の単位のみを置く学校が大多数であり，実施内容は各学科の基礎的実習としている学校が多い。いわば，二重構造が増えており，多様かつ複雑である。こうした実態は，果たして学習効果にどれ程繋がっているか，検討が必要であると考える。

本章第 10 節に工業基礎・工業技術基礎の実態を歴史的に詳述している。

（3） 課題研究

課題研究は，当初の第 3 回には 2 単位余りで導入されたが，第 4 回以降 3 単位で実施する学校が多数となっている。これは，課題研究を総合的な学習の時間の代替科目として設定する学校がほとんどであるためである。すべての学科において 3 単位を課している学校が多い。課題研究の単位数は上限が高くなっており，他科目の減少傾向に反して増加傾向にある。

実施内容も，多様なテーマが増えて，かなり充実した学習活動が行われていると考えられる。その一方で，予算の不足や施設設備の充実が課題であり，さらに重要な問題は，教員の研修の充実をどう図るかが，課題研究の成否を分けると考えられる。教員が新しい技術を十全に習得することがきわめて重要である。

また，前段階の工業技術基礎や実習などと課題研究との関連性の分析を進め，専門科目を含めた工業教科全体としての整合性・統合性を増す努力が望まれる。

(4) 製　図

単位数は，学科により履修すべき単位数が大きく異なる。建築科が最も高く，7単位余りを課している学校が多い。次いで，機械科が高く，多くが6単位前後を課している。次に，電子機械科と土木科が4単位前後で続き，電気科，電子科，工業化学科，情報技術科は多くが1単位から2単位前後を課している。

なお，時代の趨勢でCADソフトを使用する学習も増加しているが，手書きによる製図学習の意義も脳科学の視点を踏まえ，製図学習を堅持することが肝要と考える。しかし，電子科，土木科，工業化学科，情報技術科では製図を課していない学校も現れ始めており，第4回調査ではみられない現象である。第5回調査の特徴として指摘できるが，全体的に第5回はそれまでと異なる様子がみられるため，以下に詳しく検討したい。

（長谷川　雅康）

1-4　第5回の結果について

教育課程に関して，機械科，電気科，電子科，建築科，土木科，工業化学科，情報技術科，電子機械科の8科の各科に対して，(1)普通教育に関する教科（以下，普通教科と略記，学習指導要領では共通教育に関する教科）及び専門教育に関する教科（以下，専門教科と略記）のちの工業科に関する教科目の単位数，(2)工業技術基礎の単位数，(3)実習の単位数，(4)課題研究の単位数，(5)製図の単位数，(6)学校設定科目の有無（有る場合は名称）の6点について質問した。

以下，第5回調査で得られた普通教科と専門教科に関する教科目の単位数の分布を表2.1.8に示す。なお，工業基礎，工業技術基礎，実習，課題研究，製図の各科目の学科別単位数の現状及び経年変化はpp.40-41の表2.1.6に示した。これらの表はアンケートとともに送付された各学校の教育課程表に記載された単位数を整理したものである。各学科の中でコース制が設定されている場合は，コースにかかわらず共通に履修する場合の単位数を記入した。

(1) 普通教科及び専門教科

履修・修得すべき教科目の単位数は，学科により単位数が異なるだけでなく，同一学科においても普通教科と専門教科を選択的に履修させる場合もあり，異なる。表2.1.8は必修の普通教科及び工業教科の単位数の一覧表である。「～」は同一の学校であっても学科やコースにより必修教科の単位数が異なり，幅があることを表している。

なお，第4回調査においてコース制導入に関して，「コース制を採り入れた学校も増え，コース間の単位数差を大きくしている。進学コースを設けた学校も増えている」と分析結果を記述していたが，第5回の調査でも，「進学」コースであることを明らかにしている学校を6校確認した。「進学」コースは，2年次からコースを選択させる場合が多い（4校)。その他は3年次から選択させている。いずれも進学コースを選択すると，専門教科の単位数が削減あるいは無くなり，普通教科の単位数が多くなる。

普通教科の単位数で最も多いのは65単位であり，60単位を超える学校が2校存在する。第4回調査では55単位（1校）が最高であった。最少に関しても38単位の学校が1校あり，第4回調査（最少は40単位）よりも単位数が減少している。その結果，普通教科の単位数の幅は，第4回調査よりも拡大している。また，単位数で最も多いのは47～49単位である。第4回調査が48～52単位であったため，単位数は減少傾向にあると考えられる。

工業教科の単位数で最も多いのは46単位であり，逆に最も少ないのは22単位である。第4回調査と比較すると，第4回で最多は47単位であり，第5回とあまり変わらないが，第4回は最少が24単位であったので，さらに単位数が減少していることがわかる。最多は，32～36単位である。第4回調査で39

表 2.1.8　第５回普通教科・工業教科実施単位数分布

普通教科			工業教科		
単位数	中央値	実施校数	単位数	中央値	実施校数
38		1	26		1
40		1	27		3
41		1	30		7
42		2	31		3
43		5	32		9
44		2	33		7
45		5	34		9
46		7	35		5
47		10	36		8
48		10	38		1
49		9	39		3
50		6	43		2
51		6	46		1
52		4	22～25	23.5	1
53		1	26～39	32.5	1
54		1	27～36	30.5	1
60		1	29～33	31	1
41～46	43.5	1	31～32	31.5	1
45～47	46	1	31～33	32	1
49～50	49.5	1	32～33	32.5	1
49～64	56.5	1	32～34	33	2
60～65	62.5	1	32～36	34	1
回答校数		77	32～39	35.5	1
平均単位数		47.8	33～34	33.5	1
選択制有　校数		5	33～36	34.5	1
選択制有　割合		0.06	33～41	37	1
			35～39	37	1
			37～38	37.5	1
			37～39	38	1
			41～45	43	1
			回答校数		77
			平均単位数		33.7
			選択制有　校数		18
			選択制有　割合		0.23

単位が多く，31 ～ 40 単位の間に多くの学校が入っていた。したがって，工業教科に関しても単位数は減少傾向にあると考えられる。

過去のデータと比較すると，単位数分布の幅は広がりながら，単位数は全体的に減少傾向にあると考えられる。

（2） 工業技術基礎・工業基礎

この科目に関しては，1978（昭和 53）年改訂指導要領より工業基礎が原則履修科目の一つに置かれ，1999（平成 11）年改訂より工業技術基礎と改められた。

第 5 回調査では，工業技術基礎は多くの学科で 3 単位を課している学校が多い。機械科 81.6％，電気科 97.0％，電子科 90.5％，建築科 55.6％，土木科 63.2％，工業化学科 72.5％，情報技術科 85.7％，電子機械科 95.8％の学校が 3 単位を課していた。一方，建築科，土木科では 2 単位を課している学校も少なくない（建築科 44.7％，土木科 39.0％）。

この科目については，本章第 10 節に工業基礎・工業技術基礎の実態を歴史的に詳述している。

（3） 実　習

実習は，製図とともに学科間の差が大きい科目の一つである。過去の調査との比較では看過できない傾向がみられる。

第 5 回調査では，工業化学科以外の学科は 6 単位を課す学校が多かった。機械科 34.1％，電気科 40.8％，電子科 31.9％，建築科 48.9％，土木科 36.5％，情報技術科 50％，電子機械科 33.3％の学校が 6 単位を課していた。工業化学科のみ，9，11 単位を課す学校が多く（それぞれ 17.9％），平均値も 9.4 単位で他学科より高かった（他学科は 5.9 ～ 7.6 単位）。

過去の調査と比較すると，いずれの学科においても毎回削減傾向にあることがわかる。平均値をみると，工業化学科や機械科では第 1 回調査と比較すると半減している。工業化学科は 18.1 → 9.4 単位，機械科は 13.3 → 7.6 単位に減っている。

実習は，工業科の教育課程改訂の影響を最も受けやすい科目であると考えられる。

（4）　課題研究

課題研究は，1989（平成元）年指導要領改訂により原則履修科目として位置づけられた科目である。1999（平成11）年改訂により総合的な学習の時間が新設されると，同領域との代替が可能とされた。

第5回調査でもほぼすべての学校が総合的な学習の時間との代替科目として設定している。いずれの学科でも3単位を課している学校が多い。

唯一，茨城県は例外的に総合的な学習の時間として，「道徳」を課していることが知られている。同県では，総合的な学習の時間に加えて課題研究も課されていた。

過去2回の調査と比較すると，他科目の単位数の減少傾向に反して課題研究だけは増加傾向にある。課題研究の内容が問われるところである。

（5）　製　図

製図は，前述のように実習とともに学科間の差が大きい。最も単位数が多いのは建築科である。建築科は7単位を課す学校が多く（34％），平均値は7.1単位であった。次いで，機械科（平均5.9単位），電子機械科（平均4.6単位）と続く。

少ないのは情報技術科，電子科，工業化学科であり，それぞれ1.0単位，1.2単位，1.4単位である。同3学科については2単位を課している学校も相当数ある中で，まったく課していない学校もあり，こうした措置の適否が問われることになろう。

紙幅の都合により詳述できなかったが，調査結果をまとめながら感じたことを次回調査の参考までに書き留めておく。

1）学校間の差が大きくなりつつあり，全体としては工業教科の単位数が減少している。進学コースを設けている学校も少なからずあり，それらの学校では工業教科の学習が軽視される傾向にある。

2）工業教科の中で最も変化が大きいのは実習であり，実習の単位数が減少傾向にあることが懸念される。

3）地域的な偏在もあると思われる。工業教科の単位数が多いのは愛知（A校：41-45単位，B校：43単位），岐阜（最低36単位），京都（最低35単位）であり，東海地域近辺である。進学コースは6校のうち2校が関東であった。今後は，地域差にも留意して分析する必要があるように思われる。いずれにしても，今後の動向に引き続き注目してゆきたい。

（丸山　剛史）

第2節　機械科・系の実習

本節では高等学校の機械に関する学科（以下，機械科と記す）における実験・実習の内容の変遷を明らかにする。すなわち，これまで5回行った実習内容に関わる質問紙調査[6)]を元に，機械科における実験・実習のテーマの変遷やその中で代表的かつ標準的なテーマを明らかにする。

その上で，実習内容の変化の特徴とその変化がもたらされた要因を検討する。その要因の第一は，高等学校学習指導要領（以下，指導要領と略記する）の改訂による影響である。筆者らはこれまで，機械工業とともに進展してきた機械科や電気科，電子科や情報技術科における「実習」の単位数や内容は「工業基礎」や「課題研究」などの原則履修科目の新設による影響が大きいことを明らかにしてきた[7)]。以下に，機械科を対象として，こうした科目の新設と実習内容の変化の関係について考察する。

ここでは，科目としての実習を指す場合は「実習」と記し，教育方法としての実習と区別する。

また，実社会における産業や技術のありようからも影響を受けることはいうまでもない。

表 2.2.1　調査対象校

調査回（調査年）	調査校数	回答校数	回答率［%］
第1回（1976年）	153	85	56
第2回（1987年）	103	74	72
第3回（1996年）	94	70	75
第4回（2005年）	84	60	71
第5回（2015年）	84	67	80

第 1 回から第 5 回までの調査校数，回答校数，回答率は表 2.2.1 の通りである。機械科については第 1 回の調査校数は 153 校，回答校数は 85 校，回答率は 56％であった。その後，学校の統廃合等を経て，第 5 回の今回の調査では調査校数 84 校となり，回答校数は 67 校，回答率 80％であった。

2-1　機械科・系の「実習」単位の変遷

「実習」の単位の変遷については，調査回毎の平均必修単位数を表 2.2.2 に示す。

第 2 回以降，全学年を通じて「実習」の単位数が減少傾向にある。第 2 回での減少幅が大きく，特に 1 学年の減少幅が 3.2 単位と大きい。これは，1978 年指導要領の改訂で新設された「工業基礎」「工業数理」が主に 1 学年に導入された影響と考えられる。「工業基礎」は平均 3.1 単位で導入された。また，この改訂では，表 2.2.3 に示すように，卒業単位数や工業教科の単位数の下限が 5 単位削減されるなど全体的に教育課程の軽量化が進められ始めたことも背

表 2.2.2 「実習」の平均単位数の推移

調査回（調査年）	1学年	2学年	3学年	全学年
第1回（1976年）	3.8	4.1	5.4	13.4
第2回（1987年）	0.6	4.5	5.7	10.8
第3回（1996年）	1.1	4.3	4.1	9.5
第4回（2005年）	0.1	3.9	4.0	8.0
第5回（2015年）	0.1	3.8	3.6	7.5

表2.2.3 学習指導要領における卒業単位数と工業教科単位数（下限）の推移

学習指導要領改訂年	1970年	1978年	1989年	1999年	2009年	2018年
卒業単位数	85	80	80	74	74	74
工業教科単位数	35	30※	30※	25※	25※	25※

※5単位を専門教科・科目以外の教科・科目で代替え可。

景にあった。

さらに，第3回の3学年の1.6単位の減少がかなり大きい。これは，1989年の指導要領改訂で新設された「課題研究」の3学年への導入のためと考えられる。同科目への単位数配当は全国平均で2.2単位であったので，その単位の多くを「実習」から移譲されたとみられる。

第4回でも「実習」単位が1.5単位削減されたが，これは「課題研究」が3単位程度に増えている影響が考えられる。同科目は，「総合的な学習の時間」との代替を考慮して，3単位程度に増単位する事例が多くみられた。平均で2.8単位となった。また，1学年の「実習」が平均0.1単位となっているが，これは原則履修科目「工業技術基礎」が3単位程度で維持されたため，教育課程上は同科目のみ計上し，内容は「実習」と棲み分けさせることが多くみられる。この傾向は，第5回でも強くなっている。

ところで，筆者は2009年に本調査とは別に社団法人全国工業高等学校長協会（当時，以下全工協と略記）所蔵の教育課程表（本調査に対応する年度分）を複写して，調査・分析した[8)]。その結果の要点を表2.2.4に示す。機械科の平均的教育課程の構成の推移が明らかになった。

すなわち，全国平均の卒業単位数，教科合計単位数，普通教科必修単位数がいずれも削減され，教科学習の単位数が削減された。工業教科は1978年改訂前「機械実習」「機械製図」「機械工作」「機械設計」「原動機」「計測・制御」「電気一般」が中軸であったが，改訂後原則履修科目として「工業基礎」「工業数理」「情報技術基礎」「課題研究」が加わり，「計測・制御」「電気基礎」が約5分の1削減，「原動機」も13％削減など専門科目が総じて減少し，とくに「実習」の削減が顕著であった。一方，選択制の導入が増加して，特色ある工

表 2.2.4　機械科の平均的教育課程の構成の推移

入学年度	1976年度	1987年度	1996年度	2005年度
調査回答校数	281校	297校	281校	252校
普通教科必修単位数	54.6	51.6	50.4	47.1
工業教科必修単位数	40.8	41.5	35.7	34.4
選択科目合計単位数	1.2	1.4	4.6	5.4
教科合計単位数	96.6	94.6	90.7	86.9
卒業単位数	102.1	100.8	96.3	90.5

業高校づくりに寄与する反面，学科の専門性維持がむずかしくなっている。地域間の差異も専門性に対する志向の差から生じているとみられる。

このような状況は，上述した学習指導要領における卒業単位数と工業教科単位数（下限）の削減傾向の反映とみることができる。

2-2　機械科・系の実験・実習内容の変遷

機械実習は製作技能を主に習得する実習的分野と理論等を検証する実験的分野に大別して実施されてきた。

実習的分野は，①鋳造　②手仕上　③切削加工(1)　④切削加工(2)　⑤塑性加工　⑥溶接　⑦精密工作　⑧総合実習　から構成されてきた。

実験的分野は，①材料試験　②工業計測　③熱機関　④流体機械　⑤電気実験　⑥自動制御　⑦生産管理　⑧電子計算機　⑨物理実験　から構成されてきた。

（1）　実習的分野の変遷

表 2.2.5 に，実習的分野の分類毎のテーマ数と実施校数及び一校当たりに実施されているテーマ数＝実施率を５回分併記する。図 2.2.1 には，これらの中で，実施率の５回分の変遷を分類毎に示す。

各分類のテーマ数は概ね維持されているが，実際の実施状況を示す実施率は，②手仕上，③切削加工(1)，⑥溶接はほぼ維持されているが，その他の分

表 2.2.5　実習的分野の実施率

実習の分類	項目	1976年 85校	1987年 74校	1996年 69校	2005年 60校	2015年 64校
① 鋳造	テーマ数	12	12	12	13	13
	実施校数	509	479	331	207	213
	実施率	5.99	6.47	4.80	3.45	3.33
② 手仕上	テーマ数	7	7	7	8	8
	実施校数	235	322	261	204	271
	実施率	2.76	4.35	3.78	3.40	4.23
③ 切削加工(1)	テーマ数	8	8	8	8	10
	実施校数	483	491	427	370	429
	実施率	5.68	6.64	6.19	6.17	6.70
④ 切削加工(2)	テーマ数	15	15	15	14	11
	実施校数	585	595	486	300	312
	実施率	6.88	8.04	7.04	5.00	4.88
⑤ 塑性加工	テーマ数	3	3	3	3	3
	実施校数	149	95	50	41	35
	実施率	1.75	1.28	0.72	0.68	0.55
⑥ 溶接	テーマ数	7	7	7	8	9
	実施校数	273	349	295	234	242
	実施率	3.21	4.72	4.28	3.90	3.78
⑦ 精密工作	テーマ数	5	5	3	2	4
	実施校数	59	47	16	7	11
	実施率	0.69	0.64	0.23	0.12	0.17
⑧ 総合実習	テーマ数					
	実施校数	45	48	321	14	20
	実施率	0.53	0.65	0.45	0.23	0.31
全 体	テーマ数	57	57	55	56	58
	実施校数	2,338	2,426	1,897	1,377	1,533
	実施率	27.51	32.78	27.49	22.95	23.95

※「平均」は小数点第三位以下を四捨五入した。

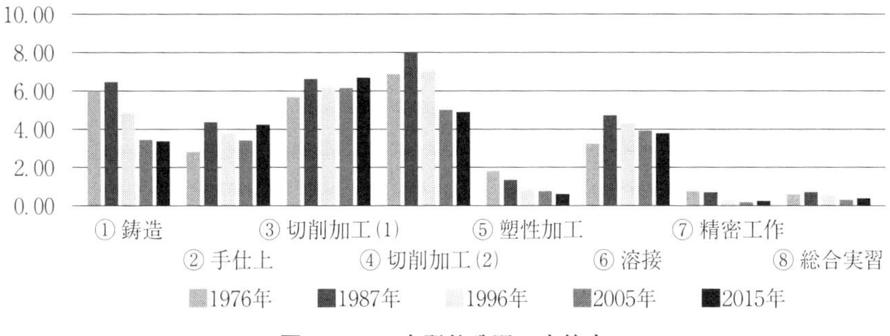

図 2.2.1　実習的分野の実施率

類は半減している。具体的なテーマの変遷については後に述べる。

(2)　実験的分野の変遷

次に実験的分野について述べよう。表 2.2.6 に実験的分野の分類毎のテーマ数と実施校数及び一校当たりに実施されているテーマ数＝実施率を 5 回分併記する。図 2.2.2 には，実施率の 5 回分の変遷をグラフで示す。

表 2.2.6 の実験的分野の分類ごとのテーマ数をみると，概ね減少している。特に ⑥ 自動制御 0.37，⑤ 電気実験 0.38，③ 熱機関 0.40，⑦ 生産管理 0.56，② 工業計測 0.67 などの順に減少している。なお，数値は第 5 回／第 1 回のテーマ数の比を示す。

一方，図 2.2.2 の実施率の変化をみてみよう。一部例外はあるが，各分類で大幅な削減を示している。とくに，第 1 回と第 5 回の比は，② 工業計測 0.16，④ 流体機械 0.22，⑦ 生産管理 0.37，⑤ 電気実験 0.41，③ 熱機関 0.43，① 材料試験 0.51 などほとんどの分類で激減しているといっても過言ではない。② 工業計測を始め，技術事象を定量的に表し，科学的に把握するというものづくりの基本を疎かにする危惧を禁じ得ない。座学で学ぶ理論の基礎と実際の諸技術との結合を弱める危険性を指摘したい。

こうした削減の傾向は 1996 年（第 3 回）以降顕著になっているとみられる。前述した 1978 年と 1989 年の指導要領改訂による原則履修科目の導入による「実習」などの専門科目の単位数の削減が，実習内容の削減，特に実験的分野

表 2.2.6　実験的分野の実施率

実験の分類	項目	1976年 85校	1987年 74校	1996年 69校	2005年 60校	2015年 64校
① 材料試験	テーマ数	22	21	21	15	16
	実施校数	589	462	308	221	225
	実施率	6.93	6.24	4.46	3.68	3.52
② 工業計測	テーマ数	39	35	28	27	26
	実施校数	773	593	301	123	91
	実施率	9.09	8.01	4.36	2.05	1.42
③ 熱機関	テーマ数	30	29	25	17	12
	実施校数	332	334	214	128	109
	実施率	3.91	4.51	3.10	2.13	1.70
④ 流体機械	テーマ数	24	23	20	15	21
	実施校数	520	408	241	102	86
	実施率	6.12	5.51	3.49	1.70	1.34
⑤ 電気実験	テーマ数	60	51	38	25	23
	実施校数	300	399	269	135	92
	実施率	3.53	5.39	3.90	2.25	1.44
⑥ 自動制御	テーマ数	24	21	10	21	9
	実施校数	62	115	84	127	48
	実施率	0.73	1.55	1.22	2.12	0.75
⑦ 生産管理	テーマ数	9	9	9		5
	実施校数	62	45	12		17
	実施率	0.73	0.61	0.17		0.27
⑧ 電子計算機	テーマ数	3	4	4	4	8
	実施校数	26	70	56	29	29
	実施率	0.31	0.95	0.81	0.48	0.45

※「平均」は小数点第三位以下を四捨五入した。

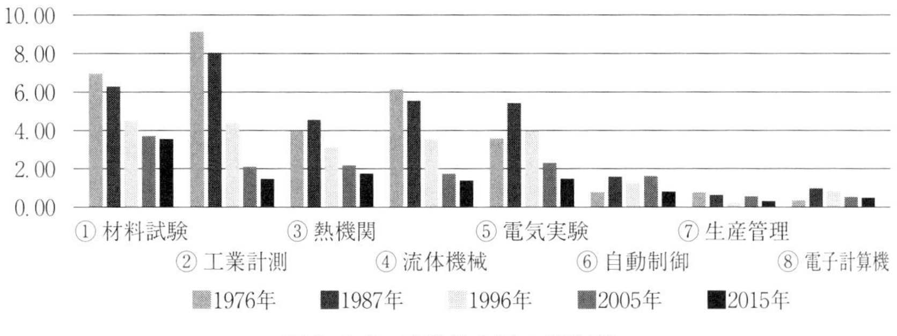

図 2.2.2　実験的分野の実施率

の量的質的縮減という形で表れていると考えられる。

(3)　実習的分野と実験的分野の配分

実習的分野（以下，実習）と実験的分野（以下，実験）の実施率はともに第 2 回で最大値を示し，回を追うごとに減少している。第 5 回の調査で合計実施率と実験の実施率が最小となった。全体の減少率は 38% である。

1978 年の指導要領改訂以降，「実習」の単位数の削減が進行する中で，実習の削減をできるだけ避けて，実験の削減を止むなしと考えられたとみられる。しかし，実験の縮減は機械科の学習内容全体に相当の影響があると思われ，生徒が将来技術者として仕事をする際に不利に作用することを危惧する。工業教

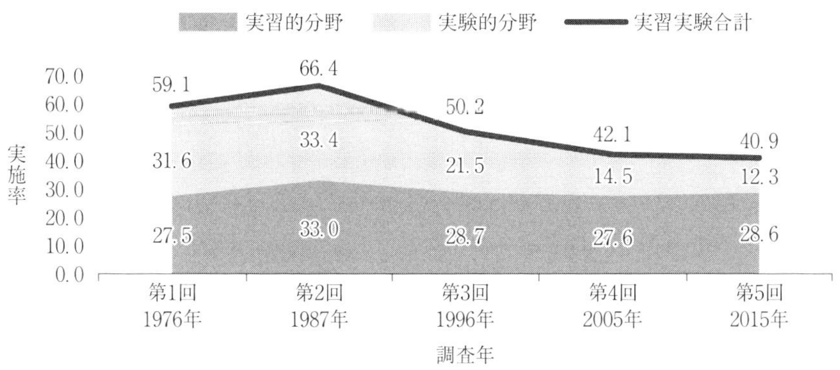

図 2.2.3　機械実習の実習的分野と実験的分野の実施率推移

育の存在意義が問われるのではなかろうか。

次に，実習の各分類についてテーマの実施状況を順にみてみよう。

代表的なテーマとして，全5回の平均実施率が0.5程度以上，つまり回答校の半数以上が実施しているテーマを挙げ，加えて第1回から第3回あたりまで多く実施されていたが，第4回以降急激に減少したテーマも挙げてみよう。以下，テーマ名に付した数値は平均実施率を示す。

（4） 実習的分野の分類ごとの実施状況

① 鋳 造

基本解説（導入）0.66，砂型の製作0.85，融解（るつぼ炉，キュポラ，電気炉）0.72，鋳込み0.72，砂落とし，鋳ばり，湯口除去0.48など鋳造の基本工程を学ぶテーマが多く実施されている。鋳型としては，砂型のほか，金型，ガス型，シェル型，中子があるが，シェル型が0.53から0.36に，第4回には0.13と急減している。鋳物砂試験も0.62から0.38の後，急減した。鋳造した製品を後の機械加工実習の工作物として利用する事例もあった。

② 手仕上

手仕上では，けがき作業0.89，やすり仕上0.89，ねじ立て作業（タップ，ダイスによる）0.79，弓のこによる切断0.43のテーマが主流で，初期にはきさげ作業が半数程度実施されており，組立・調整が第5回で急増した。何を製作するにも手仕上げは欠かせないので，1学年実施が非常に多い。

③ 切削加工(1)

旋盤を主とする切削加工(1)では，旋盤作業の解説1.51，旋盤・センタ作業1.49，旋盤・チャック作業1.64，旋盤・ローレットかけ0.61など機械実習の中で最も多く実施されている。普通旋盤を基本に，各種ねじ，各種丸棒，引張試験片などを製作，2015年では技能検定3級の課題が目立っている。ならい旋盤などは技術の進化により激減している。参考までに，この分類の全テーマの実施率の推移を表2.2.7に示す。実習テーマの変遷が伺われる。

表2.2.7　切削加工(1)の実施率の推移

	1976年	1987年	1996年	2005年	2015年
旋盤作業の解説	0.87	1.58	1.70	1.83	1.75
旋盤・センタ作業	1.58	1.35	1.41	1.52	1.56
同・チャック作業	1.15	1.70	1.74	1.88	1.84
同・ローレットかけ	0.52	0.76	0.81	0.60	0.36
タレット旋盤	0.45	0.47	0.19	0.13	0.06
自動旋盤	0.16	0.14	0.06	0.08	0.11
ならい旋盤	0.66	0.45	0.19	0.10	0.03
旋盤の精度検査	0.29	0.19	0.10	0.00	0.17
ねじ切り	0.00	0.00	0.00	0.02	0.81

④　切削加工(2)（平面加工，特殊機械加工など）

旋盤実習が1，2学年で多く実施されているのに対して，切削加工(2)は2，3学年で多く実施されている。立フライス盤作業1.09，横フライス盤作業0.87，ボール盤作業0.80などが中心であったが，第2回以降NC旋盤，NCボール盤，NCフライス盤などが0.77と急増しており，この他に歯切盤作業（ホブ盤・フェロース歯切盤）0.67，形削り盤作業0.59，平面研削盤作業0.57などは減少傾向にある。第1回では，上記のテーマの他に，万能フライス盤，円筒研削盤，万能研削盤，万能工具研削盤，平削り盤，中ぐり盤，ドリル研削盤，立削盤を加えた15種の工作機械のテーマがあったが，第5回では11種に減少している。実施率も減少気味である。なお，MC実習は別の分類で集計されているが，第4回以降1.07と急激に増えている。

⑤　塑性加工（鍛造，板金，転造）

鍛造（空気ハンマによるものを含む）0.53と多く，この他に板金加工0.36が根強く行われている。鍛造は1学年で多く行われ，熱処理と組み合わせて実施され，板金加工もスポット溶接と結び付けて行われる例もみられた。第3回からこれらが急減したが，生産現場での重要性と相反している。

⑥　溶　接

アーク溶接1.16，ガス溶接1.12と回答校すべてで，しかも学年を跨いで実施されている。機械実習の重要な柱の一つである。2学年で最も多く実施されたが，1学年でもかなり実施されている。これらに次いで，ガス切断 0.64 と相当程度実施されており，溶接と組み合わせる例が多い。製品としては実用的なものが多い。これらに加えて抵抗溶接 0.38 も第3回まで継続的に板金加工と合わせ実施されていたが，近年減少した。

⑦ 精密工作

放電加工 0.21 が穴あけに使われた程度で実施率は低い。近年存続がむずかしくなっている分類である。

⑧ 総合実習

上述の各種機械作業等を総合的に組み合わせて，一個の製品を完成するように考えられた実習で，平均 0.45 の実施率を示す。製品としては，豆ジャッキ，小型万力，歯車ポンプ，手巻ウインチ，トースカン，空気ポンプ，ダイヤルゲージ測定台，機構模型（遊星歯車模型），カットエンジン等々多種多様であった。この実習は，第4回以降「課題研究」が導入されてからかなり減少しているが，課題研究導入の足掛かりとして重要であったと考えられる。

⑨ その他

種々のテーマがみられるが，マシニングセンター（MC）実習 0.43 と CAD 実習 0.33 が第4回，第5回に特に3学年で急増している。一般社会の技術進化を鋭く反映していると考えられる。

（5） 実験的分野の分類ごとの実施状況

① 材料試験

引張試験 1.00，硬さ試験 0.96 がほぼ回答校すべてで実施されている。次いで，衝撃試験 0.76，金属組織試験 0.72 が多い。いずれも2学年が中心で1学年，3学年でもかなり実施されている。これらのほか熱処理も 0.55 と半数余り行われており，金属材料の性質の制御への重要性を学ばせている。火花試験は平均 0.2 と僅かではあるが，続いている。このほか，X 線透過試験，熱分析，鉄鋼中の炭素含有量分析，光弾性試験，曲げ試験，溶接試料の引張試験・

曲げ試験も5回を通じて，辛うじて継続している。これらのほか，11種類のテーマが途中まで実施されていた。

②　工業計測

従来3学年が中心で実施されていた。第1回，第2回まで平均9～8テーマを行っていたが，その後減少を続け，第5回では1.42テーマとなった。多く実施されてきたテーマは，外側マイクロメータの性能試験0.51，ダイヤルゲージの性能試験0.50，ブロックゲージの取扱い0.38，工具顕微鏡によるネジの測定0.37，空気マイクロメータによる長さの測定0.34，表面アラサの測定0.30など。「実習」の単位数が削減される中，独立して計測を扱わず，各加工実習において必要な個所で計測器の扱い方を教授する傾向が強まっているとみられる。しかし，実際作業を定量的に扱う訓練をすることは，技術の理論的基礎を培い，実際との連携を図る上で不可欠である。そのため，工業計測は是非とも確保する必要がある。

③　熱機関

第1回から3学年実施が圧倒的に多い。熱エネルギーを動力に変換する熱機関に関する実験は機械学習にとって重要であるが，実験の実施数は総体的に多いとはいえない。テーマとしては，ガソリン機関の性能試験0.68，ガソリンエンジンの分解，組立0.66，ディーゼル機関の性能試験0.39，ボイラ0.25などと減少傾向にある。とくに第4回以降は上記ガソリン機関の2テーマに絞られている。

④　流体機械

第1回から3学年実施がきわめて多い。水力学・流体力学の基礎理論を学ぶべく，水力実験や油圧実験や空気実験などを行い，流体に運ばれるエネルギーのあり方・扱い方を体得する。テーマとしては，三角せきによる流量測定0.60，うず巻ポンプの性能試験0.46，ベンチュリー計による流量測定0.43，オリフィスによる流量測定0.39，管路抵抗の測定0.29，油圧回路実験0.30などが挙げられる。実用的な応用例を扱いながら，理論の基礎を修得する重要な分野であるが，第3回以降急激に実施率が減少している。機械，自動車，航空機など流体内を運動する事象に携わる職種を目指す者にとって重要であるため，実施率の急減は深く憂慮される。

⑤　電気実験

機械実習における電気実験はかなり少数にとどまっている。5回の本調査で挙がったテーマは67種に及んだが，主流をなすテーマはあまりない。あえて挙げれば，電流計，電圧計の取扱い0.32，ホイートストンブリッジによる抵抗測定0.30，オームの法則実験0.29，電圧降下法による抵抗測定0.25，回路計の取扱い0.23など。第1回では3学年での実施が大多数であったが，第2回で1学年や2学年でもかなり実施され，実施数は最大となった。「工業基礎」の導入が影響したとみられる。第3回では1学年が最も多くなったが，実施数は全体として減少傾向を強めた。

将来機械を対象とする職業に就く場合，電気の基礎知識は必須となるであろうが，そのためには実験を伴う学習が不可欠と考えられる。

⑥　自動制御

自動制御に関する実験はきわめて少数にとどまっている。1校当たりの平均実施テーマ数は1.93が最高であり，テーマとしては，電気シーケンス回路0.41が最大で，次は空気圧シーケンス回路0.12である。3学年実施が主流である。産業界での自動化の趨勢は増すばかりとみられるが，工業科はどのように現実に向き合うべきか大きな課題が存在している。

⑦　生産管理

近年ほとんど行われていない。データのまとめ方，抜取検査，管理図などのテーマが当初行われた。

⑧　電子計算機

機械実習の中では，プログラミングの学習をBASIC0.26，フォートラン0.15のほかマシン語，C言語なども扱われているが，少数にとどまる。第3回以降，原則履修科目「情報技術基礎」「課題研究」が導入されたため，それらの中でパソコンなどが使用されるので，機械実習ではあまり行われなくなった。

なお，⑨物理実験は，第1回に1校が物理実験のテーマをまとめて実施していたが，その後は個別のテーマが散見されるにとどまっている。

(6) 代表的なテーマ

以上の各分類の実習テーマから，全5回の実施校数を合計して実施率を算出した結果を基に，平均実施率0.6（6割）以上を代表的な実習テーマとみなし，表2.2.8に抽出して示す。基礎的・基本的テーマとも考えられる。

この結果から，上位に挙がった実習テーマは，③切削加工(1)旋盤，⑥溶接，④切削加工(2)平面加工等　実習的分野が多く，実験的分野は①材料試験がそれらに続き，次にまた②手仕上という実習的分野が入っている。前述したように，実習的分野が主体の機械実習の実態が裏付けられている。

2-3 考　　察

以上のように5回にわたる全国調査の結果から，機械科・系の「実習」の実施状況について以下の諸点が明らかになった。

(1) 実習の量的変化

第一に，体系的かつ体験的に技術・技能を学ぶ実習の単位数が減少し続けており，第1回に比べ約半分の単位数（13.4→7.5）となっている。この間に，原則履修科目の「工業基礎」「工業技術基礎」や「課題研究」などの導入の影響が大きいと考えられる。「実習」を加えた3科目の平均単位数の推移を表2.2.9に示すが，3科目合計(b)はさほど減少していない。このため，これらの内容が如何に関連づけられるかが緊要である。

第二に，実習的分野と実験的分野の割合が大きく変化した。第2回までは，ほぼ1：1の割合で，両分野の合計実施率も高かった（66.4：第2回）が，合計実施率は第2回66.4から第5回40.9へ減少し，実習と実験の割合が2.3：1と変化した。実験的分野のいちじるしい削減により，技術の定量的・科学的な認識を育てることがむずかしくなっている。

表 2.2.8　代表的な実習テーマ

分　類	実習テーマ	実施校数	実施率	順位
① 鋳　造	基本解説（導入）	231	0.66	23
	鋳型（砂型）の製作	299	0.85	12
	融解（るつぼ炉，キュポラ，電気炉）	254	0.72	17
	鋳込み	252	0.72	19
② 手仕上	けがき作業	312	0.89	10
	やすり仕上	313	0.89	9
	ねじ立て作業（タップ，ダイスによる）	278	0.79	14
③ 切削加工 (1)	旋盤作業の解説	531	1.51	2
	旋盤・センタ作業	523	1.49	3
	旋盤・チャック作業	576	1.64	1
	旋盤・ローレットかけ	215	0.61	25
④ 切削加工 (2)	立フライス盤作業	383	1.09	6
	横フライス盤作業	305	0.87	11
	ボール盤作業	283	0.80	13
	歯切盤作業（ホブ盤・フェロース歯切盤）	236	0.67	21
	NC 旋盤，NC ボール盤，NC フライス盤等	270	0.77	15
⑥ 溶　接	アーク溶接	409	1.16	4
	ガス溶接	395	1.12	5
	ガス切断	227	0.64	24
① 材料試験	引張試験	351	1.00	7
	硬さ試験	338	0.96	8
	衝撃試験	269	0.76	16
	金属組織試験	253	0.72	18
③ 熱機関	ガソリン機関の性能試験	239	0.68	20
	ガソリンエンジンの分解，組立	234	0.66	22
④ 流体機械	三角せきによる流量測定	211	0.60	26

第三に，「課題研究」の実習関係科目に占める割合が，第 3 回と第 5 回を比較すると，15.1%から 22.4%に増加している。表 2.2.9 の(b)分の(a)。同科目の重みが増しており，生徒の主体的な学びが期待される。

表2.2.9　実習関係科目平均単位数

調査回	実習	工業基礎・工業技術基礎	課題研究 (a)	合計 (b)
第1回	13.4	—	—	13.4
第2回	10.8	3.1	—	13.9
第3回	9.5	2.9	2.2	14.6
第4回	8.0	3.0	2.8	13.8
第5回	7.5	2.9	3.0	13.4

（2）　実習の質的変容

第一に実験的分野の大幅な減少により，座学における理論の基礎の学習を裏付ける事象の定量的な扱いを危うくしている。特に「工業計測」「熱機関」や「流体機械」の減少がいちじるしく，技術を科学的に捉える技術者の養成が困難になっているのではないだろうか。第二に実習的分野に重点を置く傾向が強くなっている。一つの理由として3学年で「課題研究」を実施するために，限られた実習の時間をやりくりし，実習的分野に偏重する実習内容が構築されたと考えられる。「課題研究」自体は，課題はあるが，多くの長所を認め，意欲的に取り組まれている。

（3）　原則履修科目導入の影響

「工業基礎」「工業技術基礎」「課題研究」などが1978年，1989年の指導要領改訂で導入され，影響が大きいと述べた。この影響を「実習」の各分野のテーマの学年配分比の変化から考察したい。学年配分比とは，各分野の実施テーマ数を学年ごとに集計して，それらを3学年合計実施テーマ数で割った値をいう。たとえば，① 鋳造では1976年に実施テーマ数が1学年284，2学年162，3学年63であったので，合計509となり，学年配分比は各学年0.56，0.32，0.12となった。各調査回で同様に算出した結果を図2.2.4に示す。

この中で，まず1987年に1学年で半減し，2学年で倍近く増えた。これは「工業基礎」が1学年に導入された結果とみられる。次に1996年に1学年が増

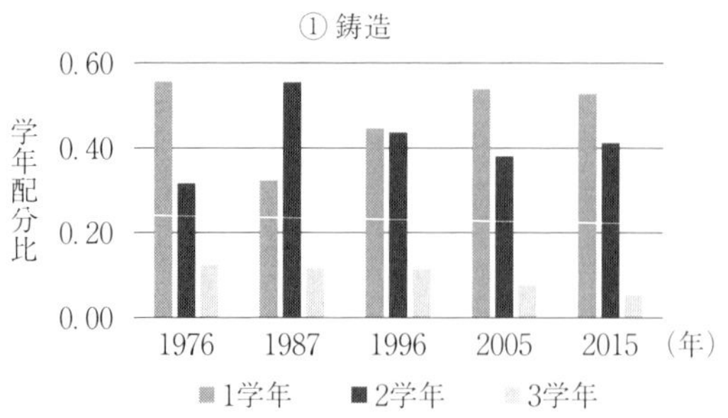

図 2.2.4　① 鋳造の学年配分比の変遷

え，2 学年が減って，同数近くになった。「工業基礎」のあり方が大きく変わり，90％近くの学校が各学科別の内容をするようなった[9)]。そのため，1 学年の内容が増えたと考えられる。さらに，2005 年には 1 学年がさらに増して，2 学年が減少して 1976 年にほぼ戻ったとみられる。ただ，① 鋳造の実施率は 1987 年以降段階的に半減近くになっている。

こうした「工業基礎」の導入により 1 学年の実施が半減する影響を受け，その次に回復するパターンは ⑤ 塑性加工にもみられた。② 手仕上は影響を受けたが，1 学年優位は変わらなかった。基本的な実習であるためと考えられる。

一方，旋盤作業の基本を学ぶ ③ 切削加工(1) について検討する。この分野は実施率が堅調に維持されている（図 2.2.1）。学年配分比の変遷を図 2.2.5 に示す。1987 年に 1 学年で半減近くとなり，2 学年が最大になり，3 学年も増えた。1996 年に 1 学年がかなり回復し，2 学年がさらに増え，3 学年が半減した。これは，3 学年に「課題研究」が新たに導入された結果と考えられ，以後も同様に推移している。この分野は 2 学年を中軸に 1 学年と 3 学年も確保しながら堅持されている。

⑥ 溶接は 2，3 学年主体で堅持されている。④ 切削加工(2) は 2，3 学年主体であるが，実施率が漸減している。

一方，実験的分野は前述したように，全般的に実施率が削減されているが，学年配分比はあまり変わっていない。① 材料試験は 2 学年中心，② 工業計測，③ 熱機関，④ 流体機械は 3 学年主体であるが，⑤ 電気実験だけは前 2 回は 3

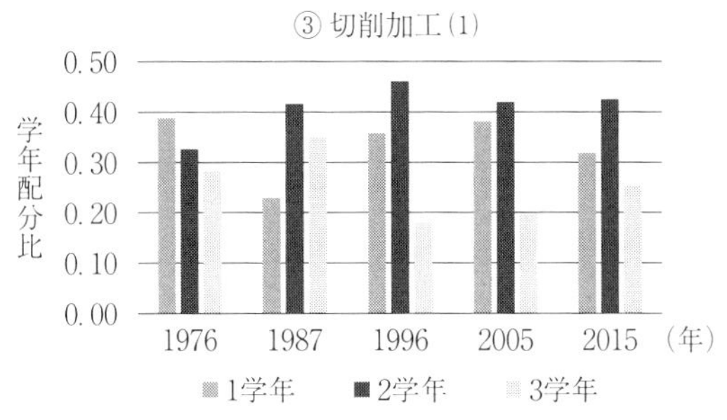

図2.2.5　③ 切削加工(1)の学年配分比

学年，後2回は2学年が主となっており，位置づけが不安定である。

総じて，日本の工業高校は永きに渡り，有為な人材を社会に送り出して来ている。その根源は確たる専門性を有する工業教育の実践である。その核心が実習教育であると考える。いかなる時代においても必要な要素と時代が要請する要素を巧に総合して，未来を担う世代を育成することが大切な課題である。そのためにも，原則履修科目「工業技術基礎」を「工業数理基礎」と同様「基礎科目」として，教育課程編成における学校現場の裁量の自由度を増す措置が望まれる。

（辰巳　育男・長谷川　雅康）

第3節　電気科・系における実験・実習の変化

ここでは高等学校の電気科・系（以下，電気科とする）における実験・実習の単位数や内容の変化を取り上げる。1976年から実験・実習の内容に着目し調査してきた長谷川らの調査[10),11),12),13),14)]を活用し，実験・実習に配当された単位数の変化を明らかにする。また「実習」の内容をいくつかの分野に分類し，重点分野の変化や，分野ごとの主要なテーマの変化等を明らかにする[15)]。

その上で，実験・実習の単位数や内容に変化をもたらしたと考えられる以下の2点について検討を行う。

第一は，高等学校学習指導要領（以下，指導要領とする）の改訂による影響である。すでに長谷川らによって指導要領の影響については述べられているが，さらに詳しく検討する。

第二に，電気主任技術者資格の認定基準による影響である。この資格は，電気工作物の工事・維持・運用に関する保安業務のための資格で，第１種，第２種，第３種があり，国家試験に合格するか，経済産業大臣が認定する学校を卒業し一定の実務経験を経ることで取得することができる。経済産業大臣が認定する学校とは，経済産業省公示に示された認定基準を満たした学校のことで，第３種の場合，高等学校電気科を中心に全国に約320校ある。この認定基準には，実験・実習の単位数や備えなければならない実験・実習の設備や器具が定められており，この認定基準が実験・実習に及ぼす影響について検討したい。

3-1　電気科における実験・実習の特徴について

第５回調査で集計した学科ごとの「実習」のテーマ数の総数とそれを回答校数で除した１校あたりのテーマ数を表2.3.1に示す。ここから電気科のテーマ数が他学科に比べひときわ多いことがわかる。これは，電気科の「実習」のテーマに「実験系」と呼ばれるテーマが多いことに起因すると思われる。

「実習」のテーマについて，人工的な条件下で理論や動作原理等を検証するために行う観察や計測等を「実験系」のテーマ，製作等それ以外を「それ以外」のテーマに分け，この区分に従って長谷川らの行った調査結果を分類し，図2.3.1の結果を得た。図2.3.1からは工業科の中でも学科ごとに違いがある

表2.3.1　学科ごとのテーマ数

学科・系	テーマ数	1校あたりのテーマ数
機械	2,560	38.2
電気	3,509	54.8
電子	743	39.1
建築	1,412	32.8
土木	1,092	30.3
情報技術	682	24.4

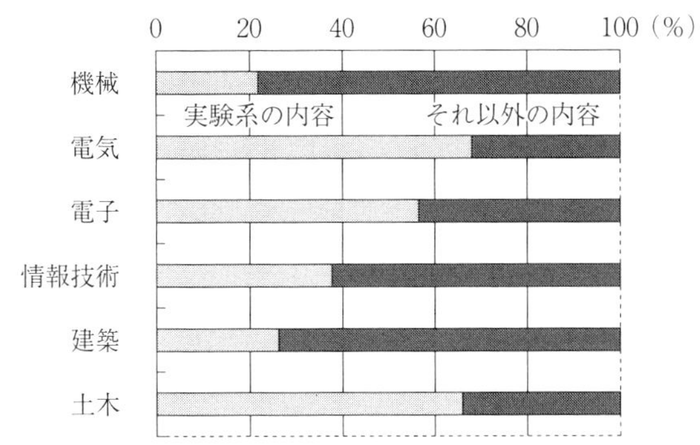

図 2.3.1　学科ごとの「実験系」と「その他」のテーマ数の比較

ことがわかる。電気科は他の学科と比べ，「実験系」のテーマの割合が約7割と多い。電気科では，実験・実習で扱う対象物である電気を直接人間が計測することができないため，計器等の手段を通してその量を把握することから，それぞれの場面ごとに計測法を学ばなければならず，「実験系」のテーマが多くなると考えられる。

3-2　電気科における実験・実習の単位数の変化

電気科の調査年ごとの回答校数と回答率を表 2.3.2 に，実習の学年毎の平均単位数の推移を表 2.3.3 に，全学年の合計単位数の分布を表 2.3.4 に示す。

表 2.3.3 の全学年の合計単位数の平均をみると，回を追うごとに単位数が減少している。とくに第2回と第3回の差が大きい。学年ごとの平均単位数では，1学年では第1回から第2回の間と，第2回から第3回の間で単位数の減少の割合が大きい。第1回から第2回の間の減少をみてみると，1学年での減少が大きく，逆に3学年では増加している。この原因は，1978 年告示の指導要領で実習を中心とした科目「工業基礎」（1999 年告示の指導要領で「工業技術基礎」と改称された。本節では「工業基礎」で統一する）が新設されたために，1学年での「実習」の単位数が減少したと考えられる。このとき全学年の「実習」の合計単位数がそれほど減少していないのは，この調査時点ではまだ電気

表 2.3.2　調査回ごとの回答校数と回答率

調査の時期	回答校数	回答率（%）
第1回（昭和51年（1976））	77	55
第2回（昭和62年（1987））	68	72
第3回（平成8年（1996））	74	80
第4回（平成17年（2005））	54	64
第5回（平成27年（2015））	62	76

表 2.3.3　学年ごとの平均単位数の推移

調査回	1学年	2学年	3学年	全学年
第1回	2.9	3.4	4.9	11.1
第2回	1.4	3.8	5.2	10.7
第3回	0.2	3.6	3.9	8.6
第4回	0.5	3.6	3.5	7.6
第5回	0.2	3.5	3.4	7.3

表 2.3.4　調査回ごとの単位数の分布と平均単位数

調査回＼単位	4	5	6	7	8	9	10	11	12	13	14	15	16	平均単位数（単位）
第1回（校数）				1	2	4	21	19	21	3	3	1	1	11.1
第2回（校数）			1		3	2	34	7	9	7	1	1	1	10.7
第3回（校数）			10	9	20	11	8	4	2	4				8.6
第4回（校数）			20	7	13	7	3	3	1					7.6
第5回（校数）	1		24	9	18	8		1		1				7.3

主任技術者認定基準の単位数に「工業基礎」は算入されていなかったため，「工業基礎」の導入に伴い1学年の「実習」の単位数は減少させたものの，「実習」の合計単位数は減少させられないことから，3学年の単位数を増加させたと考えられる。

第2回から第3回の間の減少をみてみると，1学年と3学年で減少している。これは第一には，以前より原則履修科目であった「工業基礎」「工業数理」に加え，1989年告示の指導要領で新設科目「課題研究」「情報技術基礎」が原

表2.3.5　工業基礎，実習，課題研究の合計単位数の推移

科目名	第1回	第2回	第3回	第4回	第5回
工業基礎		2.9	2.8	2.9	3.4
実習	11.2	10.9	7.8	7.6	7.2
課題研究			3.0	2.7	3.3
合計単位数	11.2	13.8	13.6	13.2	13.9

則履修科目となり，これらによって従来あった専門科目の単位数がしわ寄せを受けたと考えられる。第二には，1989年告示の指導要領を受けて制定された通産省告示（1992年6月）で示された電気主任技術者認定基準で，「工業基礎」の一部と「課題研究」が認定基準に算入されるようになったことから，1学年・3学年での単位数減少につながったと思われる。第3回から第4回の間の単位数の減少は，学校週5日制による単位数の減少（専門科目の最低単位数は30から25となった）による影響と考えられる。

このように電気主任技術者の認定基準には，「実習」だけでなく「工業基礎」や「課題研究」も算入されるので，電気科の調査校がすべて電気主任技術者の認定校であるということを考えると，「実習」のみの単位数の変遷を調べるだけでなく，「工業基礎」「課題研究」との合計単位数の推移をみる必要があると考える。表2.3.5にこれら3科目の合計単位数を含めた推移を示した。表2.3.5から，これら3科目の合計単位数はあまり変化していないことがわかる。合計単位数が約13単位になっているのは，「工業基礎」では3単位以上の履修のうち2単位が，「課題研究」では2単位以上の履修のうち2単位が電気主任技術者の認定基準の単位数に算入されるため，これらを含め10単位以上の「実習」の認定単位数が必要なためと考える。

3-3　電気科における実験・実習の内容の変化

電気科の「実習」のテーマは多岐にわたるため，2009年告示指導要領にある電気系科目の内容等を参考に，テーマを24分野に分類し，それぞれの実施テーマを集計したものを表2.3.6に示す。各分野にどのようなテーマが含まれ

表 2.3.6　テーマの分野別分類と実施校数

NO.	分野ごとのテーマ	第1回調査	第2回調査	第3回調査	第4回調査	第5回調査
1-1	直流回路の電圧・電流・電力	161	204	184	139	170
1-2	電気抵抗	265	206	149	97	226
1-3	電気の各種作用	92	54	23	28	23
2	磁気と静電気	168	130	97	68	79
3	交流回路	312	301	286	239	240
4	電気・電子計測	564	504	467	264	228
5-1	電子管と半導体	506	292	242	219	237
5-2	電子回路	395	348	273	189	192
5-3	音響・画像	21	11	6	3	5
6-1	直流機	270	280	238	195	206
6-2	変圧器	192	199	160	129	151
6-3	誘導機	103	128	106	134	114
6-4	同期機など	200	148	121	85	102
6-5	パワーエレクトロニクス	2	1	7	22	22
7-1	発電・送電・配電	129	113	100	94	113
7-2	その他の電力技術	250	179	161	124	133
8	通信技術	43	54	24	24	26
9-1	自動制御	152	165	114	88	117
9-2	コンピュータによる制御	0	13	30	139	122
10-1	ハードウェア技術	240	293	213	203	164
10-2	ソフトウェア技術	47	73	93	145	248
11-1	機械加工	60	36	36	30	62
11-2	電気・電子工作	196	262	263	279	327
12	その他	5	83	99	116	202

るかは調査報告書を参照されたい。「実習」の内容の変化を調べるにあたり，まず重点分野がどのように変化したかを示すために，各分野が「実習」全体に占める割合を算出し，それを図 2.3.2 に示した。図 2.3.2 から調査回を追うごとに，(1) 減少傾向にある分野，(2) 増加傾向にある分野，(3) あまり変化がない分野に分類し考察した。

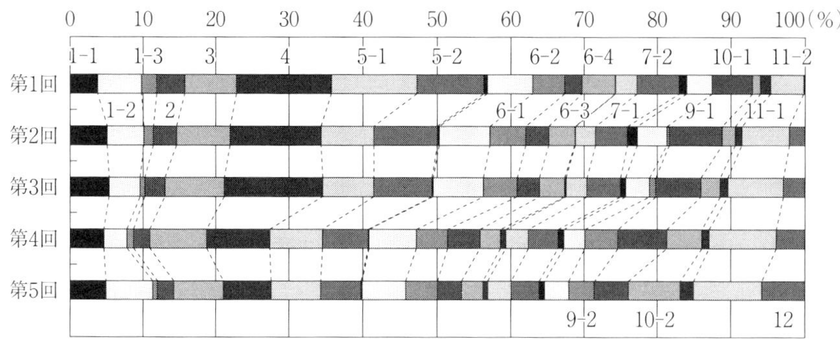

図 2.3.2　実習テーマの分野別割合の変化

（1）　減少傾向にある分野

「1-2 電気抵抗」「1-3 電気の各種作用」「2 磁気と静電気」「4 電気・電子計測」「5-1 電子管と半導体」「5-2 電子回路」「7-2 その他の電力技術」「10-1 ハードウェア技術」が減少傾向にある。

調査当初は高い実施率を示したテーマであっても，技術の進歩や，「実習」の単位数が減少する中で実施されなくなってきたものが散見される。標準抵抗を用いた測定，ダブルブリッジやコールラウシュブリッジ，エプスタイン装置，交流ブリッジ，反照形検流計，Q メータ，真空管の実験，検波回路の実験，光度・照度測定などがこれにあたる。

（2）　増加傾向にある分野

「9-2 コンピュータによる制御」「10-2 ソフトウェア技術」「11-2 電気・電子工作」「12 その他」が増加傾向にある。コンピュータやマイコンに関連したテーマが増加しているのは，社会の様々な分野でコンピュータやマイコンが活用されていることの反映と思われる。また，従来はソフトウェア分野についてはプログラミングが主であったが，近年はワープロ・表計算・プレゼンテーション等のソフトウェア利用が増えている。「その他」の分野で，社会人講師による講演や工場等の見学，現場実習が増加しているのは指導要領がいう「企業との連携」が進行しているためと思われる。

（3） あまり変化がみられない分野

「1-1 直流回路の電圧・電流・電力」「3 交流回路」「6-1 直流機」「6-2 変圧器」「6-3 誘導機」「6-4 同期機など」「7-1 発電・送電・配電」「9-1 自動制御」等にあまり変化がみられない。上記の分野の多くは電気主任技術者認定校の認定条件で実験・実習設備や器具の設置が必須となっている分野であり，「実習」の単位数の減少が進行しても認定を維持するためにはこれらの分野の保持が必要だったためと考えられる。

3-4 電気科における実験・実習の重点的なテーマ

「実習」の内容については，1970 年告示の指導要領までは「電気実習」という科目が存在し，その内容に，(1) 機械工作，(2) 電気工作，(3) 電気工事，(4) 計測，(5) 電気機器，(6) 電子工学，(7) 自動制御，(8) 電力設備，(9) 電力応用，(10) 電子計算機，と実施分野が示されていたが，1978 年告示の指導要領以降は学科名を冠さない「実習」という科目名称となり，内容について「各学科の専門科目の内容に関する実習及び総合実習」（1978 年告示指導要領），または「(1) 要素実習，(2) 総合実習，(3) 先端的技術に対応した実習」（1999 年告示指導要領）等となり，学科ごとの「実習」の分野が示されなくなった。

実験・実習の施設・設備については，産業教育振興法（1951 年法律第 228 号）に基づく施設・設備の基準があり，各校の施設・設備の充実に大きな役割を果たしてきたが，2005 年・2006 年の法改正による国庫補助廃止とともに基準はなくなった。したがって，現在の電気科の実験・実習の施設・設備に影響を与えているものは電気主任技術者資格の認定基準だけだといえる。

ところで「実習」のテーマについては，その高校が擁する施設・設備や器具とともに指導する教員の力量が大きく反映される。そのため多くの高校では，「実習」の指導のために自主編成したテキストを使用する。このことは，たとえ同じテーマの「実習」であっても，使用する設備や器具の違い，指導する教員（その所属する学科の伝承に影響を受ける場合が多い）により，学校ごとに内容に違いがあらわれることになる。「実習」の単位数が減少していく中で，どのテーマを残し，どのテーマをなくすかということについては，電気主任技術者の認定基準を考慮しつつも，それぞれの学科（学校）の事情が反映されるといえよう。その際，各学科（学校）の教育目標や，電気学習を効果的に行うために培われてきたノウハウ等が大きく影響していると考えられることから，多数の高校が実施しているテーマはこうした点を満たしていると思われ，これらを明らかにすることは有意義であると考えた。5割を超える実施率を基準として抽出したテーマと実施率を表2.3.7に示す。なお表で実施率100%超のものがあるが，これは複数の学年で同じテーマが実施されたことによる。

表2.3.7からは，時代の変化にあまり左右されない，いわば“定番”のテーマがみえる。ホイートストンブリッジによる抵抗測定，直並列共振回路，単相交流回路の電力・力率測定，電圧計・電流計の取り扱い，シンクロスコープの取扱い，ダイオードの特性，トランジスタの静特性，高圧実験，論理回路実習，電気工事と電気機器類の実験がそれである。

第一に，指導要領の改訂による「実習」の単位数の減少がみられた。「工業基礎」や「課題研究」，学校5日制による総単位数の減少などの影響が大きいと考えられる。「工業基礎」の新設は1年生における「実習」をほぼ代替する形となった。また「課題研究」の新設は3年生の単位数減少につながった。

第二に，電気主任技術者の認定基準が「実習」の単位数に影響を与えていることがわかった。「工業基礎」が認定基準に含まれない時は，「工業基礎」新設で1年生の「実習」単位数が減少したが，その分を3年生の「実習」単位数の増加で補う様子がみられた。その後，「工業基礎」「課題研究」の単位数が認定基準に一部含まれることになり，上記の補填分が解消された。また，「実習」テーマについても認定基準で示された施設・設備に関連する「実習」分野が維持される傾向がみられた。

（荻野　和俊）

表2.3.7　実施率が50%をこえるテーマ一覧

NO.	テーマ名	1回	2回	3回	4回	5回
1-1	オームの法則の実験	37	68	94	83	85
	キルヒホッフの法則の実験	36	66	85	78	74
	標準抵抗を用いた電流測定	72	54	37	0	6
1-2	抵抗の直並列回路実験	38	65	74	69	63
	電位降下法による抵抗の測定	64	62	67	35	23
	分流器，倍率器	0	0	0	2	74
	ホイートストンブリッジによる抵抗測定	82	91	98	74	84
	ケルビンダブルブリッジによる低抵抗測定	72	54	37	7	6
	メガによる屋内配線などの絶縁抵抗測定	55	53	70	52	40
	コールラウシュブリッジによる接地抵抗	67	44	39	26	15
1-3	直流電位差計による電池の起電力測定	53	32	7	26	16
2	磁束計によるB-H曲線の測定	74	66	56	24	21
3	交流の基本回路の実験	0	3	4	69	40
	交流ブリッジによるL，C，Rの測定	82	68	61	41	23
	直並列共振回路	74	78	100	74	69
	単相交流回路の電力・力率測定	68	78	117	83	74
	三相交流回路の電力・力率測定	66	76	93	59	40
4	電圧計・電流計の取り扱い	58	59	80	65	55
	回路計の取り扱いと倍率器	45	49	72	70	37
	検流計と分流器の取り扱い	43	38	63	59	16
	反照検流計の感度測定	64	62	67	0	0
	電位差計の原理	55	53	70	4	8
	直流電位差計による目盛定め実験	82	91	98	2	3
	電力量計の誤差試験	55	50	43	24	18
	Qメーターによる Q，L，R，εの測定	63	32	26	9	3
	シンクロスコープの取扱い	76	85	115	91	73
	シンクロスコープによる周波数，位相差測定	21	72	81	50	47
5-1	二極管の静特性	59	1	0	0	0
	三極管の静特性	82	4	0	0	0
	四・五極管の静特性	53	0	0	0	0
	ダイオードの特性	71	82	98	83	74
	サイリスタ（SCR）の特性試験	70	62	67	28	23
	トランジスタの静特性	83	99	109	98	87

	トランジスタｈ定数の測定	51	24	31	11	16
	オペ・アンプの特性	0	4	9	74	65
5-2	トランジスタの増幅作用	0	0	2	63	65
	低周波増幅回路の周波数特性	89	88	102	54	34
	整流回路の特性	53	40	39	43	42
6-1	直流分巻電動機の始動および速度制御	79	88	122	94	89
	直流分巻電動機の負荷特性	61	69	80	69	56
	直流分巻発電機の無負荷特性	83	79	100	80	69
	直流分巻発電機の負荷特性	62	85	91	65	53
6-2	単相変圧器の変圧比・極性試験	64	87	96	74	69
	単相変圧器の特性試験	78	88	104	85	81
	変圧器の三相・六相結線	63	60	65	46	45
6-3	三相誘導電動機の起動と無負荷特性	30	59	70	50	68
	三相誘導電動機の特性（円線図）	86	87	98	96	45
6-4	三相同期電動機の始動特性	61	59	74	46	44
	三相同期発電機の特性	79	76	94	74	56
	三相同期発電機の並行運転	66	59	54	33	16
	三相分巻整流子電動機の特性	55	22	2	2	3
7-1	誘導形過電流継電器の限時特性	51	57	69	37	29
	模擬送電線の実験	66	53	74	48	44
7-2	球形・長形光束計による光束測定	51	24	19	7	11
	高圧実験	53	53	59	74	63
9-1	シーケンス制御	38	91	126	63	77
	リレー・シーケンスの実験	0	0	2	65	71
9-2	ポケコンによる制御	0	3	19	54	16
	プログラマブルシーケンサ（PC）による制御	0	3	7	65	63
10-1	論理回路実習	64	93	124	61	79
	マルチバイブレータ	42	63	46	72	40
	波形整形回路	61	59	50	30	32
	微分積分回路	30	59	50	33	31
	パソコン実習	0	3	0	87	21
	アナログコンピュータ	55	16	2	0	0
10-2	プログラミング	62	97	157	41	18
	C言語	0	0	0	11	63
	市販ソフトの利用（CAD・ワープロ等）	0	0	7	56	16
	表計算	0	0	2	41	82

	ワープロ	0	0	2	39	56
	パワーポイント	0	0	0	2	74
11-2	電気工事	149	157	191	170	152
	テスターの製作	18	47	74	59	56
12	オリエンテーション	0	0	4	83	76
	発電所・変電所・工場見学	4	104	148	70	126

第４節　電子科・系における実験・実習の変化

電子科は，元々電気科の一分野であったものが工業技術の進展に伴い分離した学科である。電気通信分野が元になり，1957 年の学校基本調査で電子工業という分類があらわれ，電子という分類ができたのは 1965 年の学校基本調査からである。この時期に，電気科・電子科という分類が確定したと考えられる。

ここでは高等学校の電子科・系（以下，電子科とする）における実験・実習の内容の変化を明らかにする。1976 年から実験・実習の内容に着目し調査してきた長谷川らの[16),17)]調査を活用し，実験・実習に配当された単位数の変化を明らかにする。また，実験・実習の内容をいくつかのテーマに分類し，テーマの重点の変化を明らかにする。さらに各テーマの中でも実施率が高いテーマを取り上げ，検討する。

4-1　電子科における実験・実習の単位数の変化

電子科の調査年ごとの回答校数と回答率について表 2.4.1 に，実習の学年ごとの平均単位数の推移を表 2.4.2 に，全学年の合計単位数の分布を表 2.4.3 に示す。

表 2.4.2 から，全学年すなわち３年間の合計単位数が回を追うごとに減少していることがわかる。第４回までは毎回ほぼ１単位ずつの減少で，電気科のように大幅な単位減は生じていない。第３回から第４回の間が減少していることは，学校週５日制に伴う最低必修単位数減少の影響と思われる。

１学年の平均単位数が第４回，第５回で大きく減少しているのは，１学年に

表 2.4.1　調査回ごとの回答校数と回答率

調査の時期	回答校数	回答率（%）
第1回（昭和51年（1976））	36	72
第2回（昭和62年（1987））	29	71
第3回（平成8年（1996））	26	93
第4回（平成17年（2005））	14	70
第5回（平成27年（2015））	20	63

表 2.4.2　学年ごとの平均単位数の推移

調査回	1学年	2学年	3学年	全学年
第1回	2.8	3.6	4.7	10.9
第2回	2.0	3.7	5.0	9.8
第3回	2.1	3.4	3.4	8.8
第4回	0.5	3.7	3.5	7.7
第5回	0.2	3.5	3.8	7.3

表 2.4.3　調査回ごとの単位数の分布と平均単位数

調査回＼単位数	4	5	6	7	8	9	10	11	12	13	14	15	平均単位数
第1回					2	3	8	12	6	3	2		10.9
第2回					8	7	6	4	2		1	1	9.8
第3回			6		7	4	1	6	1	1			8.8
第4回	1		4	1	5	1	1				1		7.7
第5回			10	2	6	1					1		7.3

「実習」を配置しない学校が急増したためである。第４回では３校，第５回では１校が「実習」を配置したのみであった。この点は，電気科では第３回で大きく単位数を減少させているが，電子科では第４回が大幅減になるという時間差がみられた。第３回までは第１学年に「工業基礎」（1999 年告示の指導要領から「工業技術基礎」と改称されたが，ここでは「工業基礎」で統一する）と「実習」の併置を維持してきた学校がかなり残っていたが，1999 年告示の指導要領で学校週５日制に伴う専門科目の単位数減少が影響を与えたのではないかと推察される。

表2.4.4　工業基礎，実習，課題研究の平均単位数の合計

科目名	第1回	第2回	第3回	第4回	第5回
工業基礎		3.2	3.6	2.8	3.0
実習	10.9	9.8	8.9	7.7	7.2
課題研究			1.9	2.8	2.9
合計単位数	10.9	13.0	14.4	13.3	13.1

2学年の単位数はあまり変化がない。

3学年の平均単位数が第2回と第3回で大きく減少したのは，電気科のところでも述べたように「課題研究」の影響だと思われる。

3年間の「実習」の合計単位数と「工業基礎」及び「課題研究」の合計単位数の平均を算出したものを表2.4.4に示す。

第2回は第1回に比べ2.1単位増加しており，第3回は第2回に比べ1.4単位増加している。これらの単位増には「工業基礎」「課題研究」の増加分が反映されていると思われる。第4回が第3回に比べ1.1単位減となったのは学校週5日制による専門科目の単位数減少の影響と考えられる。3科目の合計単位数からは，「工業基礎」で3単位と「課題研究」で約3単位増加した分を，「実習」の単位数減少だけで収められなかったことがわかる。すなわちこれら3科目以外の専門科目の減少によって吸収されていると思われる。

4-2　電子科のテーマ数の変化

表2.4.5に，学年別の全テーマ数，（　）内に1校当たりの実施テーマ数を示した。第1回調査では53.0であったテーマ数が回を追うごとに減少し，第5回調査では37.2となった。電気科がテーマ数をほぼ維持しているのとは対照的である。回を追うごとに平均単位数が減少していることに連動するようにテーマ数が減少していったことがわかる。学年別に変化をみると，1学年では「工業基礎」導入時にテーマ数が減少しただけで，以後はあまり変化がない。しかし，2学年，3学年では単位数の減少がいちじるしい。特に3学年では第1回調査時と第5回調査時ではテーマ数が半減している。これは「課題研究」

表2.4.5　電子科の1校あたりの実施テーマ数の推移

調査回	1学年	2学年	3学年	全学年
第1回（1976年）	567	616	726	1,909
	(15.8)	(17.1)	(20.2)	(53.0)
第2回（1987年）	336	603	503	1,442
	(11.6)	(20.8)	(17.3)	(49.7)
第3回（1996年）	310	474	326	1,110
	(11.9)	(18.2)	(12.5)	(42.7)
第4回（2005年）	164	184	175	523
	(11.7)	(13.1)	(12.5)	(37.4)
第5回（2015年）	239	290	214	743
	(12.0)	(14.5)	(10.7)	(37.2)

導入の影響もあると思われるが，従来3学年で実施してきた専門的なテーマの内容がアナログ系からディジタル系に変化したことによる影響ではないかと推察する。

4-3　電子科における実験・実習の内容の変化

電子科の実験・実習のテーマも電気科と同様に多岐にわたるため，2009年告示指導要領上の電子系科目の内容等を参考にテーマを22分野に分類し，それぞれの実施数を集計したものを表2.4.6に示す。各分野にどのようなテーマが含まれるかは本書付表（pp.399-413）を参照されたい。「実習」の内容の変化を調べるにあたり，まず重点がどのように変化したかを調べた。そのためにそれぞれの分野が「実習」全体に占める割合を算出し，図示した（図2.4.1）。ここから調査回を追うごとに，(1)減少傾向にある分野，(2)増加傾向にある分野に分類し考察する。

(1)　減少傾向にある分野

「1-2 電気抵抗」「1-3 電気の各種作用」「5-1 電子管・半導体」「5-2 増幅回路・電源回路」「5-3 その他の電子回路」「8-2 無線通信」「9-2 フィードバック

表2.4.6　テーマの分野別分類と実施数

NO.	分野ごとのテーマ	第1回調査	第2回調査	第3回調査	第4回調査	第5回調査
1-1	直流回路の電圧・電流・電力	72	92	84	43	58
1-2	電気抵抗	173	100	70	31	33
1-3	電気の各種作用	64	27	16	0	2
2	磁気と静電気	49	41	26	16	22
3	交流回路	141	120	89	43	42
4	電気・電子計測	139	103	62	37	39
5-1	電子管・半導体	246	145	101	43	63
5-2	増幅回路・電源回路	150	140	129	31	45
5-3	その他の電子回路	188	144	98	40	35
5-4	音響・画像	32	25	12	4	4
6	電気機器	87	28	10	13	20
7	電力技術	15	5	2	4	5
8-1	有線通信	16	9	5	3	5
8-2	無線通信	141	81	26	12	7
9-1	シーケンス制御	18	21	32	11	29
9-2	フィードバック制御	59	14	10	2	3
9-3	コンピュータによる制御	1	1	20	25	46
10-1	ハードウェア技術	151	166	145	49	45
10-2	ソフトウェア技術	32	61	53	49	97
11-1	機械加工	27	12	10	2	9
11-2	電気・電子工作	105	107	107	58	84
12	その他	2	0	2	7	50

制御」「10-1 ハードウェア技術」が減少傾向にある。電子科の専門教育の中で重要な位置を占めていた電子管・半導体や電子回路，無線通信が減少し，コンピュータ関連のテーマが増加していることは，電子科の教育内容の変化を示している。こうした分野の減少は，「実習」単位数の減少がもたらしたものと考えられるが，他方でこれらの分野を指導できる教員が減少していることの反映ではないかとも思える。従来6割をこえる実施率だったが，近年減少がいちじるしいテーマに，ケルビンダブルブリッジや直流電位差計，磁束計，交流ブリッジ，Qメーターを使った実験・計測がある。また，発振回路やフィルター，

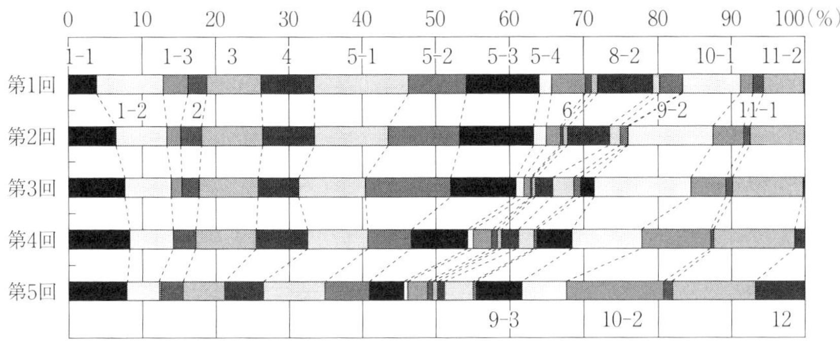

図 2.4.1　実習テーマの分野別割合の変化

変調・復調等の実験も減少した。

(2)　増加傾向にある分野

「1-1 直流回路の電圧・電流・電力」「9-1 シーケンス制御」「9-3 コンピュータによる制御」「10-2 ソフトウェア技術」「11-2 電気・電子工作」「12 その他」が増加傾向にある。コンピュータやマイコンに関するテーマが増加しているのは，技術の進展を適宜実習テーマに取り入れてきた学校現場の努力の反映と考える。このうち「10-1 ハードウェア技術」と「10-2 ソフトウェア技術」という枠組みで比較してみると，当初は圧倒的にハードウェア技術の方が高い割合を示していたが，今回調査ではこれが逆転している。この原因はワープロ・表計算等のアプリケーションソフトの増加である。「11-2 電気・電子工作」の中で，電気工事が高い割合を示しているのが興味深い。テスター製作は第4回調査までは6割をこえる実施率であったが，今回調査では4割となった。「12 その他」では，プレゼンテーションと工場見学が急増している。

4-4　電子科における実験・実習の重点的なテーマ

ここでは，数ある実験・実習のテーマの中で，多数の学校で実施されているテーマを抽出し，その変化を示す。表 2.4.7 にテーマの実施数を回答校数で除した値が 50%を超えているテーマについて示した。表中の数字は%を示す。

表2.4.7　実施率5割を超えるテーマ

NO.	テーマ名	1回	2回	3回	4回	5回
1-1	オームの法則の確認（抵抗の直並列回路）	50	62	85	86	90
	キルヒホッフの法則	53	69	77	79	75
	回路計による電圧，電流，抵抗の測定	28	55	46	57	45
1-2	電圧降下法による抵抗測定	75	34	42	21	10
	分流器と倍率器	47	72	65	64	50
	ホイートストンブリッジ（P.O.BOX）による抵抗測定	92	83	81	43	60
	ケルビンダブルブリッジによる低抵抗の測定	78	38	19	7	0
1-3	直流電位差計による電池の起電力測定	81	62	42		0
2	磁束計による磁心材料のヒステリシス特性	61	41	19	14	10
3	交流基本回路の電圧と電流	14	55	46	43	35
	交流ブリッジによるL，C，Rの測定	92	55	38		5
	共振回路（RLC 直並列回路）の特性	75	83	85	71	45
	単相交流電力及び力率の測定	47	38	54	50	45
4	配線練習			4	57	20
	電流計，電圧計の取扱い	31	69	46	64	50
	Q メータの使い方	89	59	23		0
	シンクロスコープの取扱い方	89	76	100	57	75
5-1	2極管の特性	53	7			0
	3極管の特性	72	10			0
	ダイオードの特性測定	67	90	73	71	85
	トランジスタの静特性測定	111	97	88	93	90
	トランジスタのｈ定数測定	61	31	35	7	15
	FET の特性測定	39	62	50	50	40
5-2	低周波増幅回路の特性測定	94	76	73	79	30
	トランジスタ増幅回路の設計と特性測定	42	59	62	21	40
	負帰還増幅回路の特性測定	44	45	62	21	10
	OP アンプの測定			8	14	55
	整流回路の特性	58	72	77	29	30
	安定化電源回路の特性	36	52	46	14	20
5-3	CR 発振回路の特性試験	67	55	42	21	25
	微積分回路	39	69	35	43	25
	AM 変調と復調	67	79	65	50	30
	FM 変調と復調	53	55	38	21	10

	フィルターの実験	78	59	27	29	0
5-4	スピーカーの特性	61	62	31	21	10
6	変圧器の特性測定	53	21	12	21	15
8-2	マイクロ波の測定（電力，インピーダンス）	86	52	12	14	0
	テレビジョン受像機	92	48		7	0
9-1	シーケンス制御の基礎（リレー，無接点回路）	14	41	50	50	65
9-3	マイコン制御			12	36	95
10-1	論理演算回路	61	110	138	129	45
	マルチバイブレータの特性	78	66	42	43	10
	波形整形回路	92	66	62	29	35
	アナログ電子計算機の使用法	86	28			0
10-2	プログラミング	75	200	154	93	10
	C 言語				21	110
	アプリケーションソフト			8	114	35
	表計算				7	100
	ワープロ				7	65
11-2	電気工事	36	59	58	71	75
	テスターの製作	72	90	100	79	40
12	ガイダンス				7	75
	プレゼンテーション				7	55
	工場見学			8	36	95

（1）　全調査で５割を超えたテーマ

全調査を通じて，キルヒホッフの法則，シンクロスコープの取り扱い方，ダイオードの特性測定，トランジスタの静特性測定の４テーマを，５割を超える学校が実施していた。この他にも，おおかた５割を超える実施数を示したテーマとして，オームの法則，分流器と倍率器，ホイートストンブリッジによる抵抗測定，共振回路の特性，論理演算回路，プログラミングがある。これらは，電子科のいわゆる「定番」の実験テーマといえる。

（2）　実施率が回を追うごとに増加しているテーマ

調査回を追うごとに実施率が増加しているテーマとしては，OP アンプの特性や，シーケンス制御の基礎，マイコン制御などの制御系のテーマ，表計算，ワープロなどのアプリケーションソフトの活用，これと関連したプレゼンテーションなどがある。制御系やソフトウェア系が増加しているのが特徴である。

(3) 以前は高い実施率だったが急激に減少したテーマ

初回調査，第2回調査，第3回調査あたりまでは高い実施率だったがその後急激に減少したテーマとしては，直流電位差計による電池の起電力測定，交流ブリッジによるL，C，Rの測定，Qメーターの使い方，フィルターの実験，スピーカーの特性，マイクロ波の特性，テレビジョン受像機などがある。これからみると，電子科のテーマが，アナログ系からディジタル系へと移行している様子がうかがえる。

以上に記したことから，まとめとして総じて2点を指摘する。

(1) 学習指導要領の改訂による影響が，単位数の減少や，テーマ数，テーマ内容にみられた。とりわけ「工業基礎」新設は，1学年の「実習」の単位数を大きく減少させ，ほとんどの学校が1学年に「実習」を設置しなくなった。また「課題研究」の新設は3学年の「実習」の単位数を減少させたと考える。学校週5日制に伴う専門科目の総単位数の減少の影響もみられた。これらは単位数だけでなく，テーマ数の減少にも影響を与えていると考えられる。

(2) テーマの内容の分析からは，従来の電子科の実験・実習の「定番」テーマともいえる電子管・半導体や電子回路，無線通信等の分野が減少し，コンピュータ関連のテーマが増加していることが特徴である。いわば電子科の教育内容がアナログ系からディジタル系に変化していることを反映しているように思われる。

（荻野　和俊）

第5節　建築科・系の実習

本節では高等学校の建築に関する学科（以下建築科とする）における実験・実習の内容の変遷を明らかにする。具体的には，これまでに5回行った実験・実習に関わる質問紙調査（長谷川他1976[18]及び1977[19]，1987[20]及び1988[21]，1997[22]，2006[23]，2017[24]，以下時系列順に第1回，第2回…と略す）をもとに，建築科における実験・実習のテーマの変遷及びその中でも代表的かつ標準的なテーマを明らかにする。

その上で，本研究はその変化がもたらされた要因と考えられる次の3点に着目し，実習の内容の変化との関連を検討する。なお，本節では科目としての実習を指す場合は「実習」と記し，教育方法としての実習と区別する。

第一に学習指導要領の改訂による影響である。長谷川らはこれまで，機械工業とともに進展してきた機械科や電気科，電子科や情報技術科における実習（「実習」）の単位数や内容は「工業基礎」や「課題研究」などの原則履修科目の新設による影響を多大に受けてきたことを明らかにしてきた。本節では建築科を対象として，こうした科目の新設と，実習内容の変化の関係について考察する。

第二に資格試験等による影響である。学校教育は，資格取得を目的とする機関ではないものの，工業科における小学科によっては公的職業資格と深い関わりを持ってきた[25]。建築科は平成18年の建築士法等の一部改正によって科目の編成は制限されることとなった。国土交通省は当時相次いだ耐震偽装の発覚に際して，建築士の資質，能力の向上を図るため，建築士に対する定期講習の受講義務づけや建築士試験の受験資格の見直しを行った。その結果，建築士法第十四条及び第十五条が改正された。この内，第十五条二ではそれまで学校教育法による高等学校（中略）において，「正規の建築または土木に関する課程を修めて卒業した（後略）」と定めていた二級建築士及び木造建築士試験の受験資格を「国土交通大臣の指定する建築に関する科目を修めて卒業した」者と改めた。この「国土交通大臣の指定する建築に関する科目」では「建築設計製図」に関する講義または演習から3単位以上など，必修もしくは選択必修となる科目を8科目（「以下，「必修科目」と略記する）にわたって指定している。加えて，それら「必修科目」，もしくはそれ以外の建築に関する科目の総単位数の合計が20単位となるよう指定されている。高等学校の建築科においてはこの改正以後，これら国土交通大臣が指定する必修科目を優先して設置していったと考えられる。ここで注視しておきたいのは，これら国土交通大臣が指定する必修科目には「実習」ないしは「建築実習」が指定されていない点である。この平成18年の建築士法一部改正は平成21年度入学生より適用されることとなった。その前後，つまり第4回から第5回にかけて「実習」の位置づけが弱まっていないかについて注視する必要がある。

第三に男女構成の変化である。学校基本調査[26)]によると他学科に比して，建築科に在籍する女子生徒の比率は増加傾向にある。筆者らが本調査を開始した1976（昭和51）年当時では，工業科全体で女子の比率は3.7%程，本調査の対象である8小学科（1976年時点では電子機械関係を除く）では2.0%，建築科では2.5%であった。このように，一連の調査の開始時は他学科と比較しても女子の比率は高くない。しかし1980年代後半から1990年初頭にかけてその割合は急激に増加し，建築科の生徒の約1割を女子が占めるようになった（当時，工業科全体の女子の割合は約5%，8科では約3%であった）。その後，全体としては徐々に増加し，現在は約2割を占める（平成28年時点で工業科全体では約1割，8科では約7%である）。建築科の他，比較的女子生徒が多い小学科としては情報技術関係や化学関係の学科が挙げられる。ただしそれらの学科はもとより女子生徒の比率が比較的高い。建築科は，いわゆるバブル経済期といわれる期間に急激に女子生徒が増加してきたという点に特徴がある。本研究はその急激な変化が起こった時期の前後における実習の内容の変化に注目する。

また，実社会における産業や技術のありようからも影響を受けることはいうまでもない。

第1回から第5回までの調査校数，回答校数，回答率は表2.5.1の通りである。建築科については第1回の調査校数は79校，回答校数は43校，回答率は

表 2.5.1　調査対象校

調査回（調査年）	調査校数	回答校数	回答率［%］
第1回（1976年）	79	43	54
第2回（1987年）	55	42	76
第3回（1996年）	55	43	78
第4回（2005年）	56	34	61
第5回（2015年）	56	40	71

54%であった。その後，学校の統廃合等を経て，第5回の今回の調査では調査校数56校となり，回答校数は40校，回答率71%であった。

5-1　建築科の実験・実習内容の変遷

建築科の実験・実習テーマについては，次の①～⑧に示す8つに分類し，調査・分析を行った。

① 測量実習

② 材料実習

③ 構造実習

④ 計画実習

⑤ 設備実習

⑥ 施工実習

⑦ 製図

⑧ その他

表2.5.2及び図2.5.1に，建築科における実験・実習テーマの全体と上記の分類ごとの実験・実習テーマについて以下の内容を示した。

- 実験・実習テーマの種類の数（「種類」とする）
- 回答校全体で実施されている実験・実習テーマの数（「テーマ数」とする）
- 一校あたりで実施されている実験・実習テーマの平均の数（「平均」とする）

全体的な傾向としては，まず第2回においてテーマ数が大幅に増加している（「平均」30.8→41.9）。一方，「実習」の単位数は減少していた。「実習」以外

表 2.5.2　実験・実習の種類及びテーマの数

実習の分類	項目	第1回	第2回	第3回	第4回	第5回
① 測量実習	「種類」	6	7	6	7	7
	「テーマ数」	168	226	204	141	146
	「平均」	3.9	5.4	4.7	4.1	3.7
② 材料実習	「種類」	30	31	31	19	28
	「テーマ数」	475	554	353	163	228
	「平均」	11.0	13.2	8.2	4.8	5.7
③ 構造実験	「種類」	24	22	15	15	12
	「テーマ数」	80	111	41	28	21
	「平均」	1.9	2.6	1.0	0.8	0.5
④ 計画実習	「種類」	18	21	20	23	28
	「テーマ数」	185	215	126	103	173
	「平均」	4.3	5.1	2.9	3.0	4.3
⑤ 設備実習	「種類」	10	9	4	4	7
	「テーマ数」	26	36	14	4	17
	「平均」	0.6	0.9	0.3	0.1	0.4
⑥ 施工実習	「種類」	30	31	27	23	34
	「テーマ数」	295	338	245	158	279
	「平均」	6.9	8.0	5.7	4.6	7.0
⑦ 製図	「種類」	18	18	26	30	29
	「テーマ数」	95	281	284	267	442
	「平均」	2.2	6.7	6.6	7.9	11.1
⑧ その他	「種類」			7	9	10
	「テーマ数」			12	38	106
	「平均」			0.3	1.1	2.7
全体	「種類」	136	139	136	130	155
	「テーマ数」	1,324	1,761	1,279	902	1,412
	「平均」	30.8	41.9	29.7	26.5	35.3

※「平均」は小数点第二位以下を四捨五入した。

の専門科目で行っていたものと考えられる。それまでは実験・実習の時間数について「理論と実際が遊離しない」と記すにとどまっていたのに対し，1978年改訂から「総授業時数の10分の5以上」と指定したことによる影響と考え

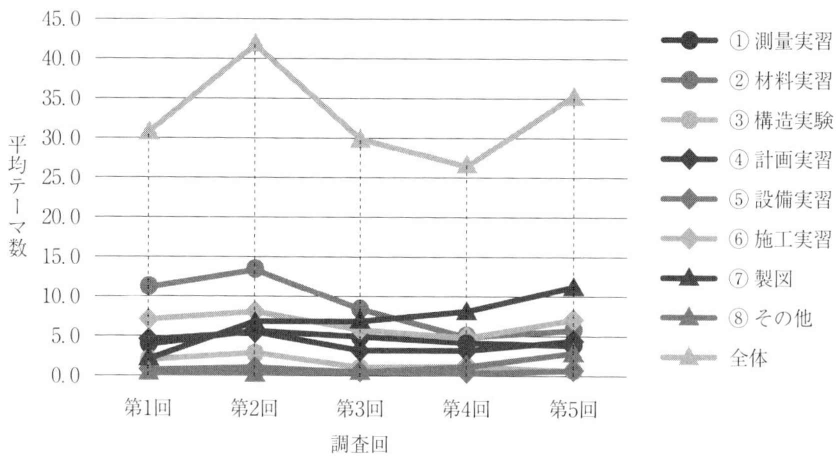

図２.５.１　実験・実習のテーマ及び種類

られる。

実習テーマの種類及びテーマ数ともに第５回では増加もしくは回復傾向にある。テーマ数が増加した要因としては，「実習」の単位数が増加したことが挙げられる。この単位数の増加は先にみた建築士法改正による影響と考えられる。ただし，平均でみると１校あたり９テーマも増加していることを考えると，それだけに要因があるとは考えにくい。一つのテーマにかける時間数の減少，もしくはその他の建築科に関連する科目での実施も増加しているものと考えられる。次項からは上記の実習の分類ごとにその変遷をみる。

①　測量実習

① 測量実習で最も多く行われているテーマは「水準測量」（平均は0.95）である。次いで「トランシット測量（トータルステーション）」（0.83）「距離測量」「平板測量」（ともに0.63）であった。

① 測量実習は第２回をピークとして減少傾向にある。表２.５.３に各学年における分類毎の実習テーマの「平均」を示す。建築科における ① 測量実習は第３学年で行われることの多い実習の分類であることがわかる。また，第３回

表2.5.3 各学年における分類毎の実習テーマの「平均」

分類	学年＼調査回	第1回	第2回	第3回	第4回	第5回
①測量実習	第1学年	0.8	0.9	0.9	0.9	1.1
	第2学年	1.0	1.7	1.6	1.8	1.4
	第3学年	2.1	2.8	2.3	1.5	1.2
	計	3.9	5.4	4.7	4.1	3.7
②材料実習	第1学年	2.3	1.1	1.0	0.5	0.3
	第2学年	6.4	7.6	5.0	3.4	3.4
	第3学年	2.3	4.4	2.2	0.9	2.0
	計	11.0	13.2	8.2	4.8	5.7
③構造実験	第1学年	0.4	0.7	0.2	0.3	0.2
	第2学年	1.4	1.9	0.7	0.5	0.4
	第3学年	0.4	0.1	0.0	0.5	0.9
	計	1.8	2.7	1.6	2.1	1.8
④計画実習	第1学年	2.1	2.3	1.3	0.4	1.6
	第2学年	4.3	5.1	2.9	3.0	4.3
	第3学年	0.0	0.0	0.0	0.0	0.0
	計	0.5	0.8	0.3	0.1	0.3
⑤設備実習	第1学年	0.6	0.9	0.3	0.1	0.4
	第2学年	1.9	1.3	1.2	0.7	1.5
	第3学年	2.2	2.8	1.7	1.3	2.3
	計	2.7	3.9	2.8	2.7	3.2
⑥施工実習	第1学年	1.9	1.3	1.2	0.7	1.5
	第2学年	2.2	2.8	1.7	1.3	2.3
	第3学年	2.7	3.9	2.8	2.7	3.2
	計	6.9	8.0	5.7	4.6	7.0
⑦製図	第1学年	1.3	2.5	2.6	2.4	2.6
	第2学年	0.4	2.8	2.3	1.9	2.8
	第3学年	0.4	1.8	1.8	2.2	2.9
	計	2.2	7.0	6.7	6.5	8.3
⑧その他	第1学年			0.0	0.9	2.2
	第2学年			0.1	0.8	1.8
	第3学年			0.0	0.8	1.5
	計			0.1	2.5	5.5

においていちじるしく減少している。これは1989年に主に3学年で行われる「課題研究」が新設されたことによる影響と考えられる。

②　材料実習

材料の引張，圧縮などの強度試験を行う実験的な内容である②材料実習は全体的に減少傾向にある。減少の契機は第3回にある。ただし，②材料実習は主に2学年にて行われることの多い実習であったことから，①測量実習でみられたような「課題研究」による影響というよりは「工業数理」や「情報技術基礎」等複数の原則履修科目が同時期に設定されたことによる影響であると考えられる。

次にその材料別の実施状況をみてみよう（表2.5.4）。その実施はコンクリートに集中している。実社会におけるコンクリート建造物の普及等に対応した結果と考えられる。ただし，多様な材料に触れる機会が減少していることには注意が必要である。一方で，木材に関しては第5回で若干の上昇がみられる。「公共建築物等における木材の利用の促進に関する法律」（平成22年法律第36号）などにみられる建築材としての木材利用の促進も影響していると推察される。

③　構造実験

②材料実習と同じく，接合部や骨組みなどの構造物の強度試験を行う③構造実験はもとより扱いの少ない実験・実習テーマではあったものの，さらに減

表2.5.4　②材料実習の材料別テーマ数（平均）

材料の種類	第1回	第2回	第3回	第4回	第5回
木材	1.2	1.5	0.5	0.4	0.7
セメント	2.3	2.6	1.6	0.7	0.6
骨材	3.3	3.5	2.2	1.0	1.0
コンクリート	3.0	3.9	3.0	2.1	2.5
鋼材	1.1	1.7	1.0	0.7	0.9

少の一途を辿っている。

学年別の実施状況についてみると，表2.5.3の通り ① 測量実習と同様に3学年で行われることの多い実習であり，第3回においていちじるしく減少している。② 材料実習と合わせて考えるならば，2学年で各個別の材料の強度等について学んだ後に，3学年にて構造物の強度や試験の方法について学ぶというカリキュラムを組んでいたものが，1989年の指導要領等の改訂時にあたる第3回の調査付近で大きく変化したと考えられる。

④ 計画実習

④ 計画実習は「建築計画」に関わる実習である。表2.5.3の通り，全体的な推移としては第3回の時点で大きく減少するものの第5回では回復傾向にあり，他の実験・実習の分類に比べて変化の少ない実習といえる。比較的取り組みやすい実習であることがその要因として考えられる。代表的な実習としては「騒音測定」(0.6) や「昼光率の測定」(0.4)，色彩に関わる「パース着色」(0.5) や ⑦ 製図とも関わる「透視図の作成」(0.5) 等が挙げられる。

⑤ 設備実習

⑤ 設備実習はもとより扱いの少ない実習テーマである。調査全体を通しても，平均が1テーマ以下の実施状況であった。そうした状況から第3回を契機にさらに減少している。また ⑤ 設備実習は ① 測量実習等と同じく3学年で扱われることの多い実習テーマであったことから当時の「課題研究」新設の影響と考えられる。

⑥ 施工実習

表2.5.3の通り ⑥ 施工実習は比較的3学年で行われることが多い実習である。そのためか ① 測量実習等と同様に ⑥ 施工実習は第3回より減少している。けれども，第5回においてそのテーマ数（平均），種類ともに増加している。

表 2.5.5　⑥ 施工実習の材料別テーマ数（平均）

材料による種別	第1回	第2回	第3回	第4回	第5回
木造	2.4	3.0	2.2	1.5	3.4
鋼構造	1.7	1.5	0.7	0.5	0.3
鉄筋コンクリート	1.0	1.0	0.6	0.5	0.5
ブロック	0.5	0.3	0.1	0.0	0.0

表 2.5.6　⑦ 製図実習の種類別テーマ数（平均）

実習テーマ	第1回	第2回	第3回	第4回	第5回
製図の基礎	0.2	0.6	0.7	0.5	0.5
造形	1.5	2.9	3.0	2.3	3.2
設計製図	0.4	3.0	2.6	2.2	2.6
CAD			0.2	1.9	3.5
自由設計	0.0	0.2	0.0	0.6	1.2

次に材料別のテーマ数についてみてみよう（表 2.5.5）。その実施状況は木造実習に集中している。その傾向は第 3 回以降いちじるしい。また，第 5 回においては木造実習の実施テーマ数がさらに増加している。ここにも木材利用の促進による影響がでていると考えられる。

なかでも多く扱われている個別の実習テーマは，木造実習における「加工（継手，仕口）」（1.0）や「墨つけ」（0.9）「工具の手入れ」である。その他，「見学」（0.7）も比較的多く行われている[27)]。

⑦　製図実習

⑦ 製図実習は建築科の中でも第 5 回目においてテーマ数が最も多い実習の分類である。⑦ 製図実習は用具や線の引き方を学ぶ「製図の基礎」，透視図法や建築模型製作を含む「造形」，手書きの「設計製図」，コンピュータを用いた設計である「CAD」，卒業製作等で行う「自由設計」に大きく分けられる。なかでもいちじるしく増加しているのは「CAD」である（表 2.5.6）。時代に対応した結果であると考えられる。ただし，手書きの「設計製図」も依然として

⑦製図実習の中心的なテーマとして位置づいている。手書きの「設計製図」において建築製図の基礎を学びつつ，発展的あるいは並行的に「CAD」による製図を学んでいるものと考えられる。

⑧　その他

⑧その他はコンピュータを用いた文書の作成やプレゼンテーションに関する実習を主にした分類である。第3回以降からその扱いは増加している（第3回から0.2→2.5→5.5）。1990年代を契機としたコンピュータの普及による影響である。第5回では表計算ソフトの使用が多くの回答校で行われている（各種の表計算ソフトを用いた実習を合わせた平均値は1.0）。実習などのデータ整理に表計算ソフトを用いているものと推測される。

代表的なテーマ

次に建築科において最も多く扱われている実習テーマ，すなわち代表的なテーマについて検討する。前掲の表2.5.1及び図2.5.1で示したように，第1回～第3回にかけては，材料の強度試験などを行う②材料実習が最も多く行われていた。しかし，第3回を契機に大きく減少し（8.2），第5回の調査では平均で5.7と，ピーク時である第2回（13.2）の半数以下となった。一方で第4回，第5回において最も多く行われている実習の分類は⑦製図である。前述のように卒業生からも評価の高い⑦製図は建築科の代表的な実習テーマである。

さらに第5回調査における個別の代表的テーマについて検討を行う。本書では建築科における代表的な実習テーマを検討するにあたって，回答校数40校の6割にあたるテーマ数24以上のテーマを抽出した。その結果，①測量実習　②材料実習　④計画実習　⑥施工実習　⑦製図の分類にわたって20のテーマが抽出された。なかでもテーマ数が最も多かったのは「木構造の設計製図」（テーマ数51）である。テーマ数が，回答校数である40を超えるテーマがある理由は，そのテーマを回答校が反復して行っていることによる。このように反

表 2.5.7　代表的な実習テーマ

分類	実習テーマ	テーマ数	実施校数	実施率	順位
① 測量実習	平板測量	25	24	60	11
	水準測量	38	35	87.5	1
	トランシット測量（トータルステーション）	33	32	80	2
② 材料実習	スランプ試験（コンクリート）	26	26	65	8
	圧縮強さ試験（コンクリート）	31	31	77.5	3
	調合設計（コンクリート）	26	26	65	8
	鉄筋の引張試験	30	29	72.5	5
③ 計画実習	騒音測定	24	24	60	11
⑥ 施工実習	工具の手入れ（木造実習）	31	24	60	11
	墨つけ（木造実習）	36	28	70	7
	加工（継手，仕口）（木造実習）	40	29	72.5	5
⑦ 製図	木構造の設計製図	51	30	75	4
	鉄筋コンクリート造の設計製図	34	25	62.5	10

復して行われるテーマは，工具の手入れや加工などを行う ⑥ 施工実習や ⑦ 製図などに多い。練習による技能の向上を目的としているものと考えられる。一方で，測量，測定の方法を学ぶ ① 測量実習　③ 計画実習や，実験的な内容にあたる ② 材料実習は比較的反復して行われることが少ない。そうした反復のテーマ数を除去し，そのテーマを実施している校数（実施校数）を数えた結果，約 6 割（24 校）の回答校で行われていた実習テーマは 13 あった（表 2.5.7）。これらの実習が建築科における代表的かつ標準的なテーマと考えられる。最も多くの回答校で行われていた実習は「水準測量」であり，その実施率は 88％であった[28]。

次いで多く行われていたのは「トランシット測量」（80％），「圧縮強さ試験（コンクリート）」（78％）であった。

① 測量実習及び ② 材料実習は分類全体としては減少傾向にある中で，これら個別のいわば基本的な実習については依然として高い割合で実施されており，建築科における基礎的・基本的な実習テーマとして位置づけられているこ

とがわかる。

以上のように5回にわたる全国的調査の結果から，建築科の実験・実習の実施状況について以下の内容が明らかとなった。

第一に実験・実習のテーマの量的な変化である。実験・実習のテーマ数は第2回に大きく増加し，第3回，第4回と漸減してきた。これらの増減は学習指導要領改訂に伴う実習の位置づけや専門教育に関する科目の最低単位数の減少，原則履修科目の新設が強く影響していたものと推測できた。

ただし，第5回においては，テーマ数が若干増加していた。これは平成18年の建築士法改正の影響による単位数増加に伴うものと考えられた。

全体的な傾向としては⑦製図や⑥施工実習といった設計，製作に関する技能を高める実習的分野が増加傾向にあった。一方で②材料実習や③構造実験といった実験的分野や，計測などを主にした④計画実習が減少傾向にあった。実験的分野が減少していることは，生徒の技術に対する定量的，科学的な認識を育てると意味で憂慮される。その要因については辰巳育男らによる機械科に関する指摘（本章第2節）が参考になる。辰巳は機械科の実験・実習テーマについて，実験的分野が減少する一方で実習的分野がほぼ維持されてきたという特徴を明らかにした。その上で辰巳はその要因として主に3学年において行われる「課題研究」による影響があることを指摘した。機械科の「課題研究」のテーマは作品製作が8割と大きく偏っており，そのことが機械科における実習的分野の重視につながっているとしている。ここでは取り扱うことができなかったが，建築科においても機械科ほどではないけれども，「課題研究」のテーマの7割が作品製作に関わるものであった。機械科と同様の傾向がうかがえる。また，コンピュータを用いるCADや⑧その他の実習が増加傾向にあったことは時代の要請による変化といえる。

第二に，これに関わって3学年で行われることの多かった実習が第3回，つまり「課題研究」が新設された1989年学習指導要領改訂後に減少している点である。このことからも「課題研究」等，原則履修科目の新設は建築科の実習の内容及び編成に大きく影響を持っていると考えられる。

第三に建築科における代表的な実習テーマについてである。第3回までは②材料実習が最も多く行われていた。しかし，回を追うごとにその取扱いは減少している。一方で増加してきた⑦製図が，建築科における代表的な実習の分類となった。また，個別のテーマとしては，水準測量やトランシット測量，コンクリートの圧縮強さ試験など，多くの回答校（6割）で行われていた実習を本調査から抽出した。これら13の実習が建築科における基礎的かつ基本的な実習テーマといえる。

第四に②材料実習や⑥施工実習において扱われる材料が，コンクリート等に集中している点である。多様な材料に触れる機会が少なくなっているものと考えられる。また，第5回において木材の扱いが増加している。これは行政等による建造物の木材利用の推進が影響していると考えられる。

その他，本研究では建築科において女子生徒が急増した時期（いわゆるバブル経済期とおおよそ一致）の前後での実習内容の変化に注目した。確かに同時期の第3回において，実習内容は質的にも量的にも変化していた。けれども第3回の変化については女子生徒の増加よりも学習指導要領等の改訂による影響が強いものと考えられた[29)]。

付記

本節は拙稿「工業高校建築科における実験及び実習の変化とその要因」（鹿児島大学教育学部教育実践研究紀要，鹿児島大学教育学部附属教育実践総合センター，第26巻，pp.125-134）の内容を一部改め掲載した。単位数と合わせた分析はそちらを参照されたい。

（坂田　桂一）

第6節　土木科・系の実習

本節では高等学校の土木に関する学科（以下土木科とする）における実験・実習の内容の変遷を明らかにする。前節の建築科と同様の方法や手順をとりつつ，土木科における実験・実習のテーマの変遷及びその中でも代表的かつ標準

表 2.6.1　調査対象校

調査回（調査年）	調査校数	回答校数	回答率（%）
第1回（1976年）	66	40	60.6
第2回（1987年）	47	33	70.2
第3回（1996年）	45	34	75.6
第4回（2005年）	39	26	66.7
第5回（2015年）	50	34	68.0

的なテーマを明らかにする。その上でそれら土木科の実験・実習の変化がもたらされた要因について検討を行う。なお，本節では前節と同様に，科目としての実習を指す場合は「実習」と記し，教育方法としての実習と区別する。

実験・実習の変化がもたらされた要因として大きな影響をもつと考えられるのは，前節の建築科や他の学科と同様に学習指導要領の改訂と関連する資格試験等による影響である。土木科に強い関連をもつ資格試験は測量士・補試験及び2級土木施工管理技術検定（学科試験）である。とりわけ測量士・補試験については平成20年度より問題が大きく変更されるなどの変化があった。そうした資格試験からの影響に注視しつつ，土木科の実験・実習の変化をみていく必要がある。

また，当然のことながら社会における土木技術の変化からも大きな影響を受けているものと考えられる。

第1回から第5回までの調査校数，回答校数，回答率は表 2.6.1 の通りである。土木科については第1回の調査校数は 66 校，回答校数は 40 校，回答率は 60.6%であった。その後，学校の統廃合等を経て，第5回の今回の調査では調査校数 50 校となり，回答校数は 34 校，回答率は 68%であった。

6-1　土木科の実験・実習内容の変遷

土木科の実験・実習テーマについては，次の ① ～ ⑦ に示す 7 つに分類し，調査・分析を行った。

① 測量実習
② 材料実験
③ 構造実験
④ 土質実験
⑤ 水理実験
⑥ 施工実習
⑦ 情報処理

表 2.6.2 及び図 2.6.1 に，土木科における実験・実習テーマの全体と上記の分類ごとの実験・実習テーマについて，以下の内容を示した。

- 実験・実習テーマの種類の数（「種類」とする）
- 回答校全体で実施されている実験・実習テーマの数（「テーマ数」とする）
- 一校あたりで実施されている実験・実習テーマの平均の数（「平均」とする）

全体的な傾向としては，第 2 回と比較して第 3 回の調査時に大きくテーマ数が減少している。これは 1989 年学習指導要領改訂に伴う「情報技術基礎」及び「課題研究」の原則履修科目の導入による影響であると考えられる。第 2 回調査当時にあたる 1978 年学習指導要領改訂では，工業科目の最低履修単位に加え，「工業基礎」等の原則履修科目が新設されたことがその特徴であった。そうした大きな変化があった一方で，第 2 回の調査ではテーマ数はほぼ変化はなかった。これは当時，「工業基礎」が原則履修化されながらも，それまでに 1 年次で行っていた実習のテーマをそのまま「工業基礎」として実施していたという実態があったからと推測できる[30)]。一方で 1989 年学習指導要領改訂において原則履修科目とされた「課題研究」では，その目的と性格上それまでの実習や授業計画の編成が必要となり，結果的に実習テーマの数が減少したものと考えられる。

全体的には第 3 回以降，特筆すべき量的な変化はないようにみえる。ただし，第 3 回までは最も多かった ② 材料実験が，第 4 回以降に ① 測量実習とその立場を入れ替えている。これは後述するように，② 材料実験の扱いがいち

表 2.6.2　実験・実習の種類及びテーマの数

実習の分類	項目	第1回	第2回	第3回	第4回	第5回
① 測量実習	「種類」	14	14	15	19	21
	「テーマ数」	343	382	352	243	355
	「平均」	8.6	11.6	10.4	9.3	10.4
② 材料実験	「種類」	48	40	34	29	32
	「テーマ数」	632	498	378	234	285
	「平均」	15.8	15.1	11.1	9.0	8.4
③ 構造実験	「種類」	18	14	17	10	16
	「テーマ数」	62	73	32	15	34
	「平均」	1.6	2.2	0.9	0.6	1.0
④ 土質実験	「種類」	24	20	20	20	18
	「テーマ数」	424	303	246	151	144
	「平均」	10.6	9.2	7.2	5.8	4.2
⑤ 水理実験	「種類」	20	19	19	17	15
	「テーマ数」	125	120	84	53	48
	「平均」	3.1	3.6	2.5	2.0	1.4
⑥ 施工実習	「種類」	24	13	15	19	21
	「テーマ数」	58	63	67	70	114
	「平均」	1.5	1.9	2.0	2.7	3.4
⑦ 情報処理	「種類」	不明	4	10	10	12
	「テーマ数」	14	39	29	64	112
	「平均」	0.4	1.2	0.9	2.5	3.3
全体	「種類」	148	124	130	124	135
	「テーマ数」	1,658	1,478	1,188	830	1,092
	「平均」	41.5	44.8	34.9	31.9	32.1

※「平均」は小数点第二位以下を四捨五入した。

じるしく減少してきたことによるものである。

次からは，上記の実習の分類ごとにその変遷をみる。

①　測量実習

土木科における①測量実習の扱いは表 2.6.2 のとおり第 1 回の調査時と比べてあまり変わらないか増加傾向にある。他の実験・実習テーマの扱いが減少

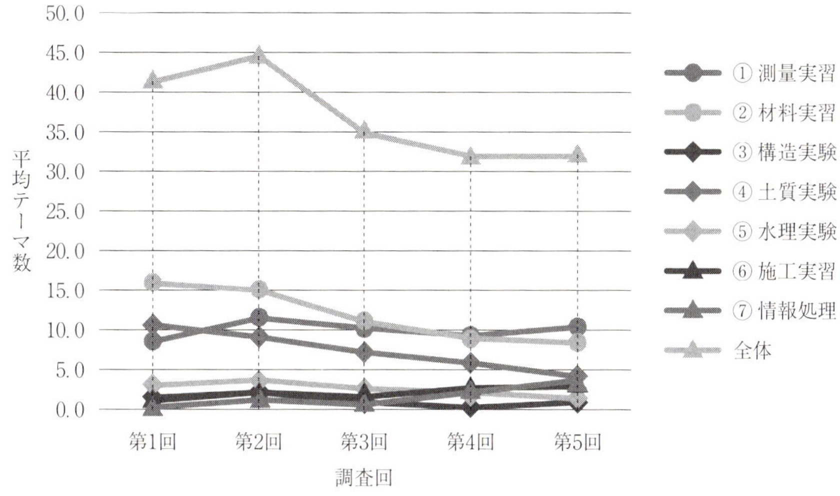

図 2.6.1　実験・実習のテーマ及び種類

する中で，その比重を高めており，土木科の代表的な実習テーマとなっている。

土木科における ① 測量実習の扱いに関する特徴は，多学年にわたって同じ実習を複数行う場合が多いことである。「水準測量」や「トラバース測量」など基本的な測量にその傾向が強い。これは測量技能を高めるために反復練習する必要があるためと考えられる。また，土木科における ① 測量実習は全学年で行われている点も特徴といえる。表 2.6.3 に各学年における分類毎の実習テーマの「平均」を示す。

測量実習においていちじるしく増加しているのは「トータルステーション測量」である。これは実際の職業現場において「トータルステーション測量」が普及したことが背景にあると考えられる。また，関連して「トラバース測量」も増加している。また，少ないながらも「GPS 測量」や「電子平板」などの測量機器を使用する学校もみられる。これらの新しい測量機器の増加によって測量実習の種類も増加している。

一方，前回の調査では延べ 30 校が行っていた「平板測量」が相対的に大き

表2.6.3　各学年における分類毎の実習テーマの「平均」

分類	学年＼調査回	第1回	第2回	第3回	第4回	第5回
①測量実習	第1学年	3.6	3.3	3.1	3.3	3.3
	第2学年	3.0	4.1	4.5	3.6	3.9
	第3学年	2.0	2.9	2.4	2.5	3.2
	計	8.6	10.3	10.1	9.3	10.4
②材料実験	第1学年	3.1	2.3	1.6	1.5	0.7
	第2学年	5.9	5.9	5.0	5.6	4.5
	第3学年	6.9	5.3	4.3	1.9	3.2
	計	15.8	13.5	10.8	9.0	8.4
③構造実験	第1学年	0.0	0.0	0.0	0.0	0.0
	第2学年	0.2	0.4	0.4	0.3	0.6
	第3学年	1.3	1.6	0.5	0.2	0.4
	計	1.6	2.0	0.9	0.6	1.0
④土質実験	第1学年	0.0	0.4	0.4	0.3	0.1
	第2学年	4.1	3.1	3.0	3.3	2.0
	第3学年	6.6	4.6	3.6	2.2	2.1
	計	10.6	8.2	7.0	5.8	4.2
⑤水理実験	第1学年	0.0	0.0	0.2	0.0	0.0
	第2学年	1.1	0.9	0.7	1.1	0.4
	第3学年	2.1	2.4	1.5	0.9	1.0
	計	3.1	3.2	2.4	2.0	1.4
⑥施工実習	第1学年	0.1	0.1	0.4	0.5	0.4
	第2学年	0.1	0.3	0.6	0.7	0.5
	第3学年	1.3	1.3	0.9	1.5	2.4
	計	1.5	1.7	1.9	2.7	3.4
⑦情報処理	第1学年	0.0	0.2	0.4	1.2	1.1
	第2学年	0.1	0.2	0.2	0.7	1.0
	第3学年	0.2	0.6	0.3	0.5	1.2
	計	0.4	1.1	0.8	2.5	3.3

く減少している。その理由としては「トータルステーション」の普及や，測量士および測量士補試験において「平板測量」の問題が削除されたことが考えられる。

ただし，「平板測量」は第5回の調査においては第1学年でその扱いが大きく，依然として基礎的な実習として位置づけられている。加えて第1学年での扱いが多い実習は「距離測量」「トランシット測量」「水準測量」である。これらの実習は土木科において測量の基礎的な実習と位置づけられているといえよう。その上で第2，3学年において「トータルステーション測量」「トラバース測量」などの「トータルステーション」を用いた測量実習や「路線測量」「体積・面積測量」「曲線設置」などの応用的な測量実習が行われている様子がうかがわれる。

②　材料実験

材料の引張，圧縮などの強度試験を行う実験的な内容である②材料実習は全体的に減少傾向にある。表2.6.3の通り，土木科における②材料実験は主に第2，第3学年で行われることの多い実習テーマである。第5回の調査時では第1，第2学年での扱いが減少しているものの，第3学年での扱いは増加している。②材料実験の実施学年の移行がみられる。

材料実験は大きく「セメント」「骨材」「コンクリート」「鉄筋」「アスファルト」に分けられる（表2.6.4)。第5回調査の結果，②材料実験は「コンクリート」とその材料である「骨材」に関する実験・実習に集中していることがわかった。「コンクリート」の「スランプ試験」(88.2%)「圧縮強度試験」(圧縮強度試験)「配合の設計」(76.5%) は7割以上の回答校が行っており，「骨材」に関しても「ふるい分け試験」(85.3%)「細骨材の比重・吸水率試験」(67.6%)「粗骨材の比重・吸水率試験」(64.7%) に関してもおよそ7割の回答校が行っている。骨材はコンクリートの材料であり，材料間の関係は深い。そのためこれらの材料に関わる試験を合わせて行っているものと考えられる。セメントもコンクリートの材料であるが，セメント単体での試験は行う回答校は少な

表 2.6.4　② 材料実験の材料別テーマ数（平均）

材料の種類	第1回	第2回	第3回	第4回	第5回
セメント	2.2	2.4	1.5	1.1	0.8
骨材	5.4	5.0	3.4	3.1	3.0
コンクリート	3.9	4.4	3.9	3.8	3.9
鉄筋	0.5	0.6	0.6	0.5	0.4
アスファルト	3.8	2.7	1.8	0.5	0.3

い。第 1 回から第 5 回調査までを比較すると第 1 回調査では 6 ～ 7 割弱の回答校がセメントの「比重試験」および「強さ試験」を行っていたものの，徐々に減少し，第 5 回調査では 3 割程度となっている。セメント（モルタル）は外壁材等で使用されるけれども，それ単体で利用されることが少なくなっていることが減少の理由と考えられる。

③　構造実験

③ 構造実験に関する実験・実習は，第 1 回調査から比較的取り扱いの少ない実習であった。さらに第 3 回の調査を境に割合としては大きく減少し，これらに類する実習テーマは各学校で 1 回程度に止まっている。

表 2.6.3 をみると，第 1 回，第 2 回までは第 3 学年で行うことが多かった実習テーマであったことがわかる。それが第 3 回で減少していることを考えると，この時期に原則履修科目と「課題研究」の影響が大きいと考えてよいだろう。

④　土質実験

④ 土質実験は 5 回の調査を通して大きく減少傾向にある。比較的大きく減少している実習テーマは「突き固めによる土の締固め試験」や「室内 CBR 試験」などの土の締固め試験や「土の一軸圧縮試験」や「一面せん断試験」などのせん断試験であった。第 5 回の調査において比較的多く取り組まれていた④ 土質実験は，「土粒子の比重試験」（61.8%）「土の含水量試験」（67.6%）「土

の液性限界試験」(64.7%)「土の塑性限界試験」(64.7%)「突き固めによる土の締固め試験」(52.9%) である。これらのテーマが「土質実験」における代表的なテーマといえよう。

表2.6.3をみると第2学年と第3学年で扱われることの多いテーマであることがわかる。また，理由は不明であるが，第5回の調査では他の実習テーマの分類に比して減少の割合が大きい。注視する必要がある。

⑤　水理実験

全体的に ⑤ 水理実験も大きく減少傾向にある。第4回までの調査において「直角三角せきの検定の実験」「ベンチュリメータの実験」「層流と乱流（レイノルズ数)」「マノメータの実験」といった実験・実習テーマは比較的多くの学校で行われていた。しかし今回の調査では「直角三角せきの検定の実験」以外の実験は大きくその扱いが減少している。水理実験の扱いがより限定的になっている。

また表2.6.3より比較的，第3学年において実施されることが多い実習のテーマである。

⑥　施工実習

⑥ 施工実習は全体を通して増加傾向にある。今回の調査においても若干の増加がみられた。ただし，その内訳としては「現場見学」や「やり形設置」「土木施工技術者試験対策」に集中している。

テーマ数としては「現場見学」が21件と多いものの，2学年ないしは3学年と複数学年で実施する回答校が多く，実際には10校の回答校が当該実習を行っている。実際に最も多くの学校で行われていた当該内容分野に関わる実験・実習は資格試験に向けた「土木施工技術者試験対策」であり，約6割20校の回答校が行っていた。次いで多くの回答校が行っていた実習は「やり形設置」であり約4割強にあたる15校が行っていた。またこれらの比較的多くの回答校で取り組まれている ⑥ 施工実習のテーマは，第5回調査時に第3学年で取り組まれていた。

⑦　情報処理

⑦情報処理に関する実験・実習の実施状況は第4回を境に増加している。多く行われている実習テーマは「CAD」「ワープロ，表計算」「プレゼンテーション」で約6割の回答校で行われている。なかでも「CAD」および「プレゼンテーション」は前回の調査より増加がいちじるしい。CADソフトの普及や成果の発表を奨励する傾向が影響していると考えられる。また全学年にまたがって行われている。

代表的なテーマ

第1回調査においては表2.6.2及び図2.6.1に示したように②材料実験（平均15.8）が最も多く扱われ，次いで④土質実験（平均10.6）が多かった。しかし，両者ともに調査を重ねるごとに漸減し，若干ではあるが増加してきた①測量実習とその立場が逆転している。現在は①測量実習が土木科の代表的な実習テーマとなっている。

前節に記した建築科の場合と同様に，第5回調査における個別の代表的テーマについてみる。土木科の回答校数は34校であり，その6割に当たるテーマ数20以上のテーマを抽出した。その上で複数の学年にまたがって反復して行われるテーマ数を除き，そのテーマを実施している校数（実施校数）を計数し，約6割（回答校数34校に対し20校）以上の回答校で行われる実習テーマを表2.6.5にまとめた。その結果，①測量実習②材料実験④土質実験⑦情報処理の分類に関して19のテーマが抽出された。

土木科において最も多くの回答校で行われていた実習テーマは②材料実習の「圧縮強度試験（コンクリート）であった。34校中33校（97%）とほぼすべての回答校で行われていた。次いで多かったのは①測量実習の「水準測量」（94%）である。「水準測量」は複数の学年にまたがって行う回答校が多かった。技能の習熟を計る意図があると考えられる。その他「トラバース測量」

表2.6.5　代表的な実習テーマ

分類	実習テーマ	テーマ数	実施校数	実施率	順位
① 測量実習	距離測量	25	25	73.5	7
	平板測量	28	25	73.5	7
	トラバース測量	45	31	91.2	3
	トランシット測量	33	24	70.6	9
	水準測量	52	32	94.1	2
	曲線設置	22	22	64.7	13
	トータルステーション測量	31	21	61.8	17
② 材料実験	ふるい分け試験（骨材）	29	29	85.3	5
	細骨材の比重・吸水率試験（骨材）	23	23	67.6	10
	粗骨材の比重・吸水率試験（骨材）	22	22	64.7	13
	スランプ試験（コンクリート）	30	30	88.2	4
	圧縮強度試験（コンクリート）	34	33	97.1	1
	配合の設計（コンクリート）	28	26	76.5	6
④ 土質実験	土粒子の比重試験	21	21	61.8	17
	土の含水量試験	23	23	67.6	10
	土の液性限界試験	22	22	64.7	13
	土の塑性限界試験	22	22	64.7	13
⑦ 情報処理	CAD	31	21	61.8	17
	ワープロ，表計算	29	23	67.6	10

(91%）も回答校の9割で行われていた。

② 材料実験については分類全体としては減少傾向にあるが，個別のテーマをみると，「圧縮強度試験（コンクリート）」(97%）や「スランプ試験」(88%）は依然として高い実施率にあった。

土木科の実験・実習テーマの変遷について，以下5点の特徴が挙げられる。

第一に ② 材料実験や ③ 構造実験 ④ 土質実験 ⑤ 水理実験といった実験的なテーマが減少している点である。とりわけ，第1回においては最も多く行われていた ① 材料実験はその後，大幅に取扱いが減少していった。これら実験的テーマは，材料や技術に対する科学的，定量的な認識を育てるという重要な意義を持っていると考えられる。本調査で明らかとなったこれらの実験的テーマの減少は，生徒の技術学的認識の育成に対し，憂慮される結果となった。

また，実験的テーマが減少した理由はさまざま考えられるものの，その一つとして実験装置等の老朽化が挙げられる。財源の厳しい地方の工業高校では，設備の老朽化による安全確保の観点から大規模な実験は削らざるをえなくなったという声もある。そうした物的条件整備，財源確保は喫緊の課題である。

一方で，技能の習得等を目標とする①測量実習や⑥施工実習⑦情報処理といった実習的分野については比較的増加傾向にあった。特に①測量実習については複数学年にまたがって行われ，測量に関する技能の習熟を図る意図があると推察された。

第二に②材料実験が特定の材料に集中している点である。回を重ねるごとに，その扱われる材料がコンクリートとその材料である骨材に集中する傾向にあった。現代のコンクリート建造物の多さを考えれば妥当とも考えられるものの，多様な材料に触れる機会が減少していることが懸念される。

第三に③構造実験④土質実験⑤水理実験等の第3学年で扱われることの多かった実習が第3回以降，減少している点である。第3回において原則履修科目として「課題研究」が新設されたことによる影響であると考えられる。教育現場としてはやむを得ずの対応であると考えられるものの，当該内容の希薄化が危惧される。また第一の点にも関わって，これら削減されたテーマが実験的テーマに集中している点も特徴的である。

第四に⑦情報処理等コンピュータ関係の実習が増加している点である。時代に対応した結果といえる。また，①測量実習においてもGPS測量や電子平板トータルステーション測量等，コンピュータを用いた測量が増加している。そうした新しい技術に対応すべく機器や設備を整備していくことが重要である。また各学校の教育条件に格差が生まれないよう整備していくことが求められる。[31)]

第五に測量士・補試験の問題の変更による影響があった。より具体的には平板測量が同資格試験の問題から削除されたことに伴い，土木科における平板測量の実習の実施率も減少した。一方で，トータルステーション測量の実施が増加する等の影響もみられた。

また代表的なテーマをみると「圧縮強度試験（コンクリート）」や「水準測量」など19のテーマが挙げられた。② 材料実験に関しては前述のようにその実施が減少傾向にあるものの，「圧縮強度試験（コンクリート）」や「スランプ試験」などの代表的なテーマは依然として高い実施率にあった。

三浦基弘は，土木科の教育内容が広範囲にわたるとし，生徒にこれだけは教えたいという土木のミニマムエッセンシャルズを精選することを提案した[32)]。そして三浦は土木科のミニマムエッセンシャルズは「測量」と「構造力学」にあるとしている。この一連の調査結果は三浦のいうミニマムエッセンシャルズの考え方を突き詰めた結果のように思われる。三浦の挙げた「測量」は実社会や資格試験等から影響を受けつつも，依然として多くの学校で実施されている。また，第1回調査から重要とされてきた ② 材料実験については実習テーマの数が第1回調査時と比べて第5回では半分程度にまで減少した。その中で代表的なテーマともいえるコンクリートの「圧縮強度試験」や「スランプ試験」などは多くの回答校で扱われていた。教える内容が極限にまで精選されてきているように考えられる。質量ともの削減により土木科の今後が憂慮される。

（坂田　桂一）

第7節　化学系学科の実験・実習

本節では高等学校の化学系学科における実験・実習の内容の変遷を明らかにしたい。本調査は1976年より，全国の工業高校に対しておよそ40年にわたり5回の質問紙調査を行ってきた[33),34)]。その結果から，化学系学科における実験・実習のテーマの変遷状況や代表的かつ標準的なテーマを明らかにする。

化学系学科における調査対象校は表2.7.1の通りである。第1回の調査以降，全国的に化学系学科は減少傾向にあるが，回答率をみると第2回から第4回までの調査では70%台を維持し，第5回の調査では回答の督促を丹念に行ったこともあり，大幅に回答率が上昇し93%となった。なお，第2回以降は，

表 2.7.1 調査対象校の推移

調査回（調査年）	調査校数	回答校数	回答率（%）
第1回（1976年）	85	53	62
第2回（1987年）	68	49	72
第3回（1996年）	50	38	76
第4回（2005年）	40	29	73
第5回（2015年）	41	38	93

第 1 回の回答校に限って調査してきた。回答をいただいた工業高校に感謝したい。

さらに，実験・実習内容の変化の特徴とその変化の要因を検討する。その要因の第一は，高等学校学習指導要領（以下，指導要領と略記する）の改訂による影響である。とりわけ，1978（昭和 53）年の指導要領改訂以降の原則履修科目導入の影響を注視して，検討する[35)]。

ここでは，科目としての実習を示す場合は「実習」と記し，教育方法としての実習と区別する。また，内容を示す場合は，実験を用いることもある。

7-1 化学系学科の「実習」関係科目の単位の推移

表 2.7.2 に，「実習」と関連する「工業基礎」「工業技術基礎」及び「課題研究」の平均単位数の推移をまとめて表す。

まず，「実習」については，第 1 回で 3 年間合計 18.1 単位であったが，第 2 回で 4 単位近く削減されて，14.2 単位となった。この要因は 1978 年指導要領改訂により，「工業基礎」等が原則履修科目のとして導入されたため，主に 1 学年の「実習」単位を半減させて，「工業基礎」を平均 3.1 単位導入している。第 3 回では，さらに 1989 年指導要領改訂により，原則履修科目「課題研究」と「情報技術基礎」が導入されて，「実習」は 1 学年と 3 学年で多く削減され，平均 13.1 単位として，「課題研究」が平均 2.1 単位導入された。当該 3 科目の合計単位数はほぼ維持された。

1999 年指導要領改訂では，完全学校 5 日制の下，「ゆとり」の中で「特色あ

表 2.7.2 「実習」関係科目単位数の推移

調査回	「実習」	「工業基礎」 「工業技術基礎」	「課題研究」	合計
第1回	18.1	―	―	18.1
第2回	14.9	3.1	―	18.0
第3回	13.1	2.8	2.1	18.0
第4回	12.3	2.9	2.5	17.7
第5回	9.6	2.8	3.0	15.4

る教育」により，「生きる力」を育成することを基本的なねらいとした。「総合的な学習の時間」が設定され，創意工夫を生かした教育活動の実施が求められ，「課題研究」はその代替として認められた。教科「情報」の新設や必履修教科・科目の最低単位数を縮減し，卒業単位数の下限が 80 単位から 74 単位に大幅に削減された。この削減が各教科・科目の単位数配分に縮減効果をもたらした。「工業基礎」を改称した「工業技術基礎」と「課題研究」が原則履修科目として残され，「工業数理」を改称した「工業数理基礎」などその他は各学科の共通的な基礎科目に位置づけられた。

こうした改訂を受けて，第 4 回では「実習」単位が減り，3 科目合計もわずかながら減少した。内容的にも後述するようにかなりの後退がみられる。

2009 年改訂を受けての第 5 回では，「実習」がさらに削減され，3 科目合計も 2 単位以上削減された。その中で「課題研究」は「総合的な学習の時間」の関係もあり，平均 3 単位となっているので，「実習」の内容は相当削減された。75％以上の学校が 1 学年で「実習」を置かず，「工業技術基礎」のみとしたため，「実習」がさらに希薄化すると危惧される。化学系学科では，実験・実習の準備に時間がかかるため，2 時間で実習を行いにくいため，「実習」と「工業技術基礎」とを接続して，実験・実習を行っているとみられる。

7-2　化学系学科の実験・実習内容の変遷

本調査では第 1 回から，① 基礎実験，② 定性分析，③ 定量分析，④ 製造化

表 2.7.3　分野別実施テーマ総数の変遷

	第1回	第2回	第3回	第4回	第5回
① 基礎実験	131	191	142	135	84
② 定性分析	216	263	145	134	112
③ 定量分析	569	554	314	188	189
④ 製造化学他	309	287	187	173	167
⑤ 物理化学	598	462	257	161	151
⑥ 機器分析	324	285	199	123	150
⑦ 化学工学	360	343	172	124	120
⑧ 工業分析他	201	163	88	63	114

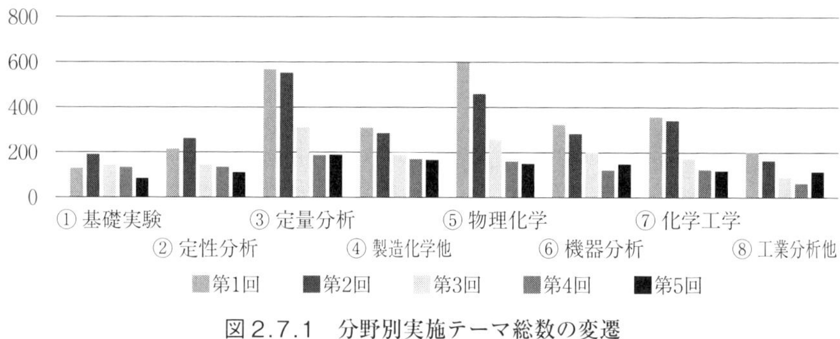

図 2.7.1　分野別実施テーマ総数の変遷

学（無機合成，有機合成），⑤ 物理化学，⑥ 機器分析，⑦ 化学工学，⑧ 工業分析・その他　の 8 分野に分類して集計・分析している。

内容の変遷の全体的特徴をみるため，各分野別の実施テーマ総数を表 2.7.3 に示す。削減の大きい分野は，⑤ 物理化学，③ 定量分析，⑦ 化学工学，⑥ 機器分析が半減以下となり，最大の ① 基礎実験でも 64％と相当減少している。

①　基礎実験

1 学年において化学分野で基本的な作業を基礎実験で先ず学ぶ。その実習テーマの平均実施率（1 校あたりの実施テーマ数）は，天秤の取り扱い 0.73，ガラス細工，バーナーの取り扱い 0.62，試薬調製方法 0.47 の順で実施され，次いで沈殿の生成，濾過，洗浄，溶解 0.35，物質の精製 0.34 と続く。この分野の学年配置は，第4回まで1学年が主流であったが，第5回では2学年が1学年を超え，3学年も増え，分散した。

一方，「工業技術基礎」で検定済教科書が発行され，その使用が徐々に増えている。2005年版以降の基本作業編に「化学実習の基本操作について学ぼう」という作業項目が設定され，以下のテーマが収められている。

「加熱の方法，かきまぜ棒・駒込ピペットの製作，質量・容量の測定，鏡の製作，温度計測，食塩水の質量パーセント濃度と密度の測定，固形燃料の製造，酸性とアルカリ性，pHの測定，食酢のpHの測定，とんぼ玉の製作」

これらのテーマは，従来の基礎実験や定性分析の分野で多く実施されていた。前述したように，「実習」の単位数削減が続く中で，「工業技術基礎」の内容を「実習」の基礎的内容と位置づける傾向が強まった。

2005年版では65％の学校が，2015年版では69％の学校が「化学実習の基本操作について学ぼう」を実施している。また，2015年版では「実験・実習報告書の作成」や「事故防止と安全作業の心がまえ」も過半数の学校で実施されている。第5回では，76％の学校が1学年で「実習」を置かず，「工業技術基礎」のみ置いている。このため，「化学実習の基本操作について学ぼう」の学習が，「実習」の①基礎実験の代替となっているとみられる。

②　定性分析

定性分析は第1回から1学年で実施が主流であったが，第2回では2学年実施が30％程度となったが，第3回では実施数全体が減り，2学年が23％程度となった。第4回以降全体数が減りつつ，学年配分も1，2学年の差が無くなった。主要な実験テーマと実施率は，第1属陽イオン定性分析0.67，第2属陽イオン定性分析0.64，第3属陽イオン定性分析0.59，分析基礎実験0.43，第4属陽イオン定性分析0.47などである。

③　定量分析

定量分析は，表2.7.3，図2.7.1にみるように本学科の代表的な分野である。第1回，第2回で実施校数が，物理化学と並んで500校後半と最多であった。また，実施学年は第1回で1学年が主であったが，第2回以降2学年が主体となり，第5回も同様である。しかし，第3回に実施総数が急減し，第4回以降第1回の約3分の1となっている。

主要な実験テーマと実施率は，炭酸ソーダ標準溶液の調製0.66，$KMnO_4$標準溶液の調製0.63，結晶硫酸銅中の結晶水の定量0.60，塩酸溶液の調製0.59，結晶硫酸銅中の銅の定量0.57，苛性ソーダ溶液の調製0.50，第1鉄塩中の鉄の定量0.48などであるが，この他のテーマが40弱あり，多様なテーマが各種実施されている。比較的新しい分析法を実験・実習に導入している学校がみられる。

④　製造化学他

製造化学として，無機化合物の製造と有機化合物の合成に二分されて実施されてきた。前者は化学に興味を持たせる意味もある。2，3学年実施が主体である。主要な実験テーマと実施率は，ニトロベンゼン0.75，アニリン0.67，アセトアニリド0.48など有機化合物の合成が主流である。

⑤　物理化学

物理化学とは，物理学的方法を利用して，物質の構造・性質・化学変化などを研究する学問であるので，かなり広範な現象を扱う。当初50近くの実験テーマが行われ，第1回では実施校数が最大であったが，回を追う毎に急減した。その状況の中，堅実に実施されてきたテーマ・実施率は，粘度測定0.70，密度（比重）測定0.67，表面張力測定0.50，屈折率測定0.49，溶液のPHの測定0.44，旋光度測定0.41などの他，分子量測定（凝固点降下法），電位差（起電力）測定，分解電圧の測定などもかなり行われていた。

⑥　機器分析

化学分析操作の主要な部分を機器による分析法を学ぶ分野で，第1回から3

学年実施が主体。また回を追うにつれて2学年実施が漸増して，3学年の半数程度になっている。主な実験テーマ・実施率は，吸光光度測定による分析0.98，ガスクロマトグラフィー0.93，原子吸光0.68，電位差滴定0.52，赤外線吸収スペクトル0.50，伝導度（導電率）滴定0.48が抜きん出ている。

第4回までにはないテーマを挙げる学校がいくつかみられた。これは分析機器・実習設備の更新が一部の学校で進んできており，比較的新しい分析法を実験・実習に導入した学校が増えたためと考えられる。

⑦　化学工学

化学工業における諸工程や機械・装置の設計や運用などを扱う分野であるが，工業科では，次の実験テーマ・実施率が主流である。3学年実施が主体であり，流量，流動測定0.76，精留0.62，熱伝導，熱交換0.66，単蒸留0.43の他，粒度分析，サイクロン試験，粉砕などが続く。プラント実習も第2回以降根強く行われている。総じては第1回，第2回はかなり多く実施されていたが，第3回以降急減している。

⑧　工業分析他

この分野には一般社会で行われている各種分析法を集計している。排水基準に用いられ，海域と湖沼の環境基準に用いられている化学的酸素要求量CODの測定0.42，水の硬度測定0.39，油脂の分析0.38のほか水の分析，燃料の発熱量，食品分析（タンパク質，糖分）など実社会の課題に関するテーマが取り上げられている。

代表的なテーマ

以上の各分野の実験テーマから，全5回の実施校数・実施率を加味して代表的であり，基礎的・基本的テーマと考えられるテーマを表2.7.4に示す。

表 2.7.4　代表的な実験・実習テーマ

分類	実験・実習テーマ	実施校数	実施率	順位
① 基礎実験	天秤の取り扱い	148	0.73	5
	ガラス細工，バーナーの取り扱い	127	0.62	15
	試薬調製方法	95	0.47	30
② 定性分析	第1属陽イオン定性分析	136	0.67	10
	第2属陽イオン定性分析	131	0.64	13
	第3属陽イオン定性分析	120	0.59	18
	第4属陽イオン定性分析	96	0.47	29
③ 定量分析	炭酸ソーダ標準溶液の調製	135	0.66	11
	$KMnO_4$標準溶液の調製	128	0.63	14
	結晶硫酸銅中の結晶水の定量	123	0.60	17
	塩酸溶液の調製	120	0.59	18
	結晶硫酸銅中の銅の定量	117	0.57	20
	苛性ソーダ溶液の調製	103	0.50	22
	第1鉄塩中の鉄の定量	97	0.48	28
④ 製造化学他	ニトロベンゼン	153	0.75	4
	アニリン	137	0.67	8
	アセトアニリド	98	0.48	26
⑤ 物理化学	粘度測定	143	0.70	6
	密度（比重）測定	137	0.67	8
	表面張力測定	103	0.50	22
	屈折率測定	100	0.49	25
⑥ 機器分析	吸光光度測定による分析	199	0.98	1
	ガスクロマトグラフィー	190	0.93	2
	原子吸光	139	0.68	7
	電位差滴定	106	0.52	21
	赤外線吸収スペクトル	102	0.50	24
	伝導度（導電率）滴定	98	0.48	26
⑦ 化学工学	流量，流動測定	155	0.76	3
	精留	126	0.62	16
	熱伝導，熱交換	134	0.66	12

7-3　課題研究

課題研究は指導要領により原則履修科目とされ，すべての回答校で実施されている。単位数は，表2.7.2に示すように，第3回から平均2.1単位，2.5単位，3.0単位と推移してきた。総合的な学習の時間の代替科目とする学校が多い。課題研究を行う長所としては，「自主性」や「問題を解決する姿勢」を挙げる学校が多かった。一方問題点としては，「予算や設備」を挙げる学校が回答校の約半数あり，担当教員の計画もしくは生徒の希望通りに実施できないことが指摘されている。

しかし，第5回の調査では，表2.7.5に示すように，多様なテーマに取り組んでいる。これらの中で，作品製作のテーマが60％強と多数を占めており，調査，実験，研究は35％程であった。環境測定，エコエネルギーなど環境に対する取り組みなど，最近の科学・技術事情を反映したテーマも多くみられ

表2.7.5　課題研究のテーマの分野・内容

テーマの分野	実施班数	主な内容（テーマ）
食品研究	37	ブドウ糖の利用，食品の味の変化の研究，コーヒー豆のリサイクル，飲料水に含まれるCa, Mg，牛乳に含まれるCa
食品製造	27	味噌づくり，アロエ，ヨモギを利用してものづくり
環境に関する研究	27	エコエネルギー，環境測定，地下水を利用する自然エネルギー，川・湖の水質調査，水棲生物による水質検査
有機化学に関する研究・製造	38	糸づくり，液体糊の製造，アロマキャンドル，ケミカルライト，透明石鹸，遮熱塗料，香料，スーパーボールの作成と性質
ガラス製造，加工	19	ステンドグラスの製造，ガラス細工，トンボ玉，陶芸
植物の利用，研究	15	植物から紙を作る，バイオマス，植物の利用，植物無菌培養
その他の製造	36	電池の製作，複合材料，消しゴム，お面，エンジン付きリアカー，モータ付き車いす，アーク溶接の恐竜制作，3Dプリンタの利用，色素増感太陽電池の作製
資格取得	11	公害防止管理者試験，危険物取扱者，ボイラー取扱者，計算技術検定，情報技術検定
その他	11	PCの組立
合　計	221	

る。課題研究の充実にはとりわけ教育条件整備が必須である。

7-4 考　察

これまで述べてきたように，5回の調査の間に「実習」の単位数が半減近く削減された。1978年指導要領改訂で工業の目標が転換されたことにより，結果として各小学科の専門性の弱体化が進行してきた。また，1999年の指導要領改訂における，完全学校5日制による「ゆとり」の中での「生きる力」の育成が基本的なねらいとされた。その結果，卒業単位数の相当の削減が強制され，各教科・科目の単位数の削減が余儀なくされた。とりわけ，工業教科・科目の単位数の削減が漸次進んだ。

化学系学科は，準備や反応時間の都合から他の学科以上に実習時間の確保が必要であるにもかかわらず，実習時間が削減され，実験・実習が十分保証されない学校があることは問題である。

1978年改訂の際に新設された原則履修科目「工業基礎」「工業数理」の導入は，「実習」など専門科目にかなりの影響を与えた。「実習」の基本を学ぶ①基礎実験，②定性分析，③定量分析などの分野は従来1学年が主体であったが，1学年での実施テーマが減り，2学年に回された。とくに③定量分析は1学年と2学年で実施テーマ数が逆転して，2学年が主体となった。

1989年改訂では，原則履修科目として「課題研究」「情報技術基礎」が加わり，さらに各教科・科目の単位数を削減せざるを得なくなった。また，「工業基礎」の検定済教科書が初めて発行されて，それを用いた実験テーマと学校の自作テキストの実験・実習テーマが混在する事態となった。

この結果，「実習」「工業基礎」「課題研究」の単位数合計はほぼ維持されたが，内容の系統性・連繋性の確保が特に重要になった。化学系学科では，第1回の調査より各学校が実習内容を系統的に構築していることが示されている。学校現場の教育内容（実習内容）編成力を最大限生かし，実習時間の確保，教育条件整備を進めることが，化学系学科のこれからを支えることに死活的に重要と考える。

最後に，本調査に調査校が半減する中，回答頂きました第 1 回の 53 校から第 5 回の 38 校まで多くの学校関係者の皆様に改めて感謝申し上げる。本調査を手掛けてから 40 年余り，高校工業科の置かれた状況は厳しくなっているが，それに抗して授業実践に精励されている先生方に敬意を表する次第である。入学生に化学技術の基礎基本を教授しつつ，順次生徒たちの発想を活かしながら新たな課題に挑み，先生も生徒も成長し続ける。そうした前向きな循環が続けられるよう，教育条件整備の進展を期待して止まない。

（竹谷　尚人）

第 8 節　情報技術科の実習

情報技術科は，高等学校学習指導要領の 1970（昭和 45）年改訂で標準的な学科とされた。その際，商業科にも情報処理科が採用された。学校基本調査で設置数が記録されたのは 1975 年以降であり，その推移を図 2.8.1 に示す。1990 年代に急増した後，2000 年代初期に 190 校前後を推移して，2010 年代に下降傾向にある。

その目標は，「電子計算機に関する知識と技術を習得させ，電子計算機を利

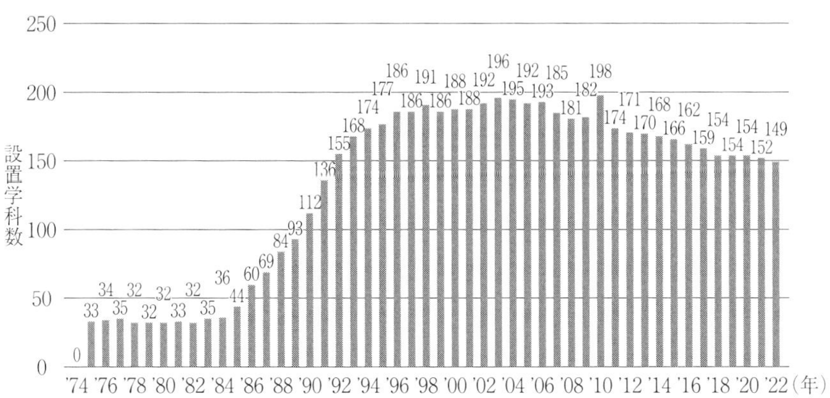

図 2.8.1　情報技術科の設置状況

出所）文部科学省「学校基本調査」年次統計 e-Stat から作成。

用する工業生産，電子計算機の製造などの諸分野において，情報処理，製造，管理，運用，保守などの業務に従事する技術者を養成する。」とされた。近年は，一般的に「プログラミングやソフトウェアなどの知識や技術を習得させる学科とされ，プログラミング技術，ハードウェア技術，ソフトウェア技術を中心に学ぶとしている。

以下に，第1回から第5回の調査結果を総括的に述べる。

8-1　実験・実習の単位数

情報技術科の調査回ごとの回答校数と回答率を表2.8.1，調査回ごとの実習の平均単位数を表2.8.2に示す。なお，以下では第1回調査を第1回のように略記する。

これらによると，情報技術科における実習は，減少傾向にあり，3年間（全学年）の平均単位数をみると，第5回では，第1回と比べると約6単位減少している。

表2.8.1　回答校数と回答率（情報技術科）

調査回（調査年）	回答校数	回答率（%）
第1回（1976）	9	56
第2回（1987）	12	80
第3回（1996）	23	82
第4回（2005）	19	59
第5回（2015）	27	84

表2.8.2　実験・実習の平均単位数（情報技術科）

調査回（調査年）	1学年	2学年	3学年	全学年
第1回（1976）	3.0	4.2	6.0	13.2
第2回（1987）	2.5	3.7	6.1	12.3
第3回（1996）	1.8	3.8	3.7	9.3
第4回（2005）	0.3	3.6	3.1	6.9
第5回（2015）	0.1	3.6	3.5	7.3

とくに，減少の幅が大きいのが，第2回から第3回，第3回から第4回の間である。

第2回から第3回では全学年平均で3単位，とりわけ3学年の単位数が減少している。これは，1989（平成元）年改訂の高等学校学習指導要領（以下，指導要領と略記）により，3学年に「課題研究」が原則履修科目として導入されたことによるものと思われる。

また，第3回から第4回では全学年平均で2.4単位減少しており，とりわけ1学年での単位数の減少が注目される。これは，1999（平成11）年に改訂された指導要領により最低必履修単位が減少し，実習中心の内容で構成されることが少なくない「工業技術基礎」と「実習」を同じ1学年に課すことが困難になったことによる影響であると考えられる。

8-2　実験・実習の内容

表2.8.3は，情報技術科で行われている実験・実習のテーマを，①直流回路，②磁気と静電気，③交流回路，④電気・電子計測，⑤半導体と電子管，⑥電子回路，⑦電気機器，⑧電力技術，⑨通信技術，⑩自動制御，⑪コンピュータの電子回路とハードウェア，⑫コンピュータ・ソフトウェア，⑬製作実習，⑭その他，の分野に分類したものである。

これによると，情報技術科で行われている実験・実習は，第1回から第5回までを通して，1）減少傾向にある分野，2）増加傾向にある分野，3）変化の少ない分野，に大別することができる。

以下，情報技術科における実験・実習の内容を，これらの3つの分野に分けて概観してみたい。

（1）　減少傾向にある分野

減少傾向にある実験・実習のテーマは，①直流回路，②磁気と静電気，④電気・電子計測，⑦電気機器，⑬製作実習に関するものである。

これらのうち，①直流回路，④電気・電子計測，⑬製作実習については，

表 2.8.3 実験・実習のテーマの分野別内訳（情報技術科）

分野＼調査回	第1回（1976年）	第2回（1987年）	第3回（1996年）	第4回（2005年）	第5回（2015年）
① 直流回路	16（14%）	14（14%）	9（8%）	13（10%）	9（7%）
② 磁気と静電気	5（4%）	5（5%）	5（5%）	2（2%）	1（1%）
③ 交流回路	10（9%）	7（7%）	6（6%）	8（6%）	7（5%）
④ 電気・電子計測	13（11%）	11（11%）	7（7%）	6（5%）	8（6%）
⑤ 半導体と電子管	15（13%）	10（10%）	11（10%）	8（6%）	14（11%）
⑥ 電子回路	8（7%）	6（6%）	6（6%）	8（6%）	9（7%）
⑦ 電気機器	5（4%）	2（2%）	0（0%）	0（0%）	0（0%）
⑧ 電力技術	0（0%）	0（0%）	0（0%）	0（0%）	0（0%）
⑨ 通信技術	2（2%）	0（0%）	2（2%）	2（2%）	2（2%）
⑩ 自動制御	7（6%）	6（6%）	9（8%）	12（9%）	15（11%）
⑪ コンピュータの電子回路とハードウェア	6（5%）	9（9%）	11（10%）	14（11%）	16（12%）
⑫ コンピュータ・ソフトウェア	7（6%）	11（11%）	16（15%）	28（22%）	35（27%）
⑬ 製作実習	23（20%）	20（20%）	22（21%）	26（20%）	14（11%）
⑭ その他	0（0%）	0（0%）	2（2%）	2（2%）	2（2%）
計（全テーマ数）	117	101	106	129	132

注 1)（ ）内は，全テーマ数に占める割合を表す。
注 2) 複数分野に関連するテーマについては，各 1 とカウントしている。

第1回の時点では，情報技術科で行われている実験・実習のテーマの中で，他の分野に比べて多かった分野であり，同科の実験・実習の中で主要なテーマであったといえる。

①直流回路については，オームの法則やキルヒホッフの法則の実験，抵抗の合成，倍率器や分流器の実験，ホイートストンブリッジによる抵抗測定，が第1回から第5回まで継続して行われている。

しかし，ケンビルダブルブリッジ，置換法，コールラウシュブリッジによる抵抗測定，設置抵抗や絶縁抵抗の測定といった主として抵抗測定に関する実験・実習が年々行われなくなっている。

こうしたことにより，直流回路に関する実験・実習は，第1回では16テーマ（全テーマの14%）行われていたが，第5回では9テーマ（全テーマの7%）に減少している。

②磁気と静電気については，第1回から第5回まで継続して行われているのが，コンデンサの実験のみである。

また，そのほかにも，第1回から第4回までに，フレミングの左手の法則の実験，円形コイルの磁界測定，自己インダクタンスの実験，磁束計によるB-H曲線の測定，電位分布の測定も行われていたけれども，これらの実験・実習を行う学校は年々減少し，第5回では皆無となっている。

そして，第1回では5テーマ（全テーマの4%）行われていた磁気と静電気に関する実験・実習は，第5回では1テーマ（全テーマの1%）のみとなった。

④電気・電子計測については，第1回から第5回まで継続して行われているのが，シンクロスコープによる波形・周波数測定，電圧計・電流計の取扱い，抵抗器の使用法で，とくに多く実施されているのが，シンクロスコープによる波形・周波数測定である。

しかし，第1回において行われていた検流計の取扱いや内部抵抗と感度測定，直流電位差計の目盛り定め試験，Qメーターによる測定，X-Yプロッタ，カウンタによる周波数測定，などが年々行われなくなり，第5回では行われなくなった。

そして，電気・電子計測に関する実験・実習は，第 1 回では 13 テーマ（全テーマの 11%）行われていたが，第 5 回では 8 テーマ（全テーマの 6%）に減少した。

⑦ 電気機器については，第 1 回では，直流機の特性実験，直流電動機の速度制御，単相変圧器の特性試験，三相および単相誘導電動機の実験，同期機の特性実験の 5 テーマ（全テーマの 4%）が行われていたが，第 2 回では，直流電動機の速度制御と三相および単相誘導電動機の実験の 2 テーマ（全テーマの 2%）のみとなり，第 3 回以降は，この分野に関する実験・実習は行われなくなった。

⑬ 製作実習については，第 1 回から第 4 回まで情報技術科の実験・実習のテーマのうちの 20%以上を占める分野であり，特に第 3 回までは情報技術科の実験・実習のテーマの中では最も多かった分野であった。

その内容は多岐にわたるけれども，とくに実施の多かったのが，第 1 回では論理回路の製作，第 2 回ではデジタル IC の工作，第 3 回では論理回路の製作，はんだ付け，低周波増幅回路の製作と特性測定，エンコーダ・デコーダの製作，およびインターフェイスの製作，第 4 回ではデジタル IC の工作と引っ張り・曲げ試験であった。

しかし，第 5 回では，第 4 回までの調査で行われていた引っ張り・曲げ試験，シャーシ・プリント基板の製作，電卓の製作，発振回路の設計と製作，カレントスイッチの設計と製作，論理回路の製作，表示回路・入出力回路の製作，加算器の設計と製作が行われなくなり，この分野をテーマとする実験・実習は 14 テーマ（全テーマの 11%）に減少した。

（2） 増加傾向にある分野

他方で，増加傾向にある実験・実習のテーマは，⑩ 自動制御，⑪ コンピュータの電子回路とハードウェア，⑫ コンピュータ・ソフトウェアに関するものである。これらは，第 1 回の時点では全テーマ数に占める割合が小さかった分野であるけれども，第 2 回以降徐々にその割合が大きくなり，第 5 回の時点では，情報技術科で行われている実験・実習のテーマの中で最も多い分野となっている。

⑩ 自動制御については，第2回までは，自動制御やサーボ機構の実験，シーケンス制御，SCRによるモーターの制御，差動変圧器の特性，ステッピングモーターの制御，NCプログラミングなどの6～7テーマ（全テーマの6%）が行われているのみであった。

しかし，第3回以降は，これらに加えて，リレーによる制御，C言語やアセンブラによるコンピュータ制御，ポケコンやPICによる制御，アームロボットやLEGO（Mindstorm）ロボットの制御，FAシステムなどの実験・実習が行われるようになり，第5回ではこの分野に関する実験・実習は15テーマ（全テーマの11%）に増加した。

なかでも，リレーによる制御，シーケンス制御，C言語によるコンピュータ制御，PICによる制御を行う学校の増加がいちじるしい。

⑪ コンピュータの電子回路とハードウェアについては，第1回では，パルス回路，のこぎり波・波形整形回路，マルチバイブレータ，ミニコンピュータ，マイクロコンピュータ，アナログコンピュータの6テーマ（全テーマの5%）の実験・実習のみであったが，第2回からはD-A変換およびA-D変換，パソコン通信，さらに第3回以降は，PICの基礎，インターネット，Windowsによるネットワーク実習，Linuxによるネットワーク実習といった様々なテーマが加わり，第5回では，16テーマ（全テーマの12%）の実験・実習が行われるようになった。

そして，近年では，特に，論理回路，D-A変換およびA-D変換，PICの基礎，WindowsやLinuxによるネットワークをテーマとした実験・実習を行う学校が急増している。

⑫ コンピュータ・ソフトウェアについては，第4回以降，情報技術科の実験・実習テーマのうちの20%以上を占め，この時期の情報技術科の実験・実習のテーマの中では最も多かった分野である。

第1回では，機械語，アセンブラ，FORTRAN，COBOL，BASIC，OS（オ

ペレーティングシステム），数値計算法の7テーマ（全テーマの6%）の実験・実習が行われていたのみであったが，これらに加えて，第2回では，C言語，ワープロ，CADなど，第3回では，Visual Basic，表計算，データベースなどの実験・実習も行われるようになった。

さらに，その後，Java，HTML，画像処理，グラフィックス，マルチメディアなどが加わり，第5回の時点では，第1回のテーマ数の5倍にあたる35テーマ（全テーマの27%）の実験・実習が行われるようになった。

そして，これらのテーマの中で，とくに，第2回以降，毎回実施する学校が増加したのは，Visual BASIC，C言語，HTML，ワープロ，表計算，データベース，画像処理，グラフィックス，マルチメディア，CADに関する実験・実習であり，これらは，第5回では，この分野の実験・実習の主要な内容となっている。

また，その反面で，アセンブラ，FORTRAN，COBOLをテーマとする実験・実習を実施する学校は減少している。

（3） 変化が少ない分野

第1回から第5回までを通して，変化が少ない実験・実習のテーマは，③交流回路，⑤半導体と電子管，⑥電子回路，⑧電力技術，⑨通信技術，⑭その他，に関するものである。

これらのうち，③交流回路については，第1回から第5回にかけて，6～10テーマ（全テーマの5～9%）の実験・実習が行われていた。これらのうち，継続して行われていたのが，交流回路の基礎実験，交流ブリッジによるR，L，Cの測定，直列共振回路の特性実験などで，とくに交流回路の基礎実験や直列共振回路の特性が多くの学校で行われていた。

⑤半導体と電子管については，第1回から第5回まで情報技術科の実験・実習テーマのうちの10%前後を占めている分野であり，情報技術科の実験・実習の主要なテーマの一つであるといえる。

特に多く実施されていたのが，トランジスタの静特性に関する実験・実習で，その他にもFETやICに関する実験・実習も第1回から第5回まで継続して実施されていた。

⑥電子回路については，第1回から第5回にかけて，6～9テーマ（全テーマの6～7%）の実験・実習が行われていた。これらのうち，継続して多くの学校で行われていたのが，オペアンプ回路に関する実験・実習，整流および平滑回路の波形観測で，第4回からは，これらに加えてダイオードの回路に関する実験・実習も多くの学校で行われるようになった。

⑧電力技術に関する実験・実習を行う学校は，第1回から第5回まで1校もなかった。

⑨通信技術については，第1回および第3回から第5回において2テーマずつ（全テーマの2%）行われていた。その内容は，第1回ではラジオ受信機およびテレビ受像機の特性測定，第3回および第4回ではテレビ受像機の特性測定および光通信に関する実験・実習，第5回では光通信に関する実験・実習および陸上特殊無線技士の第二級の資格取得のための「二陸特長期養成講座」であった。

⑭その他については，第3回以降，オリエンテーション（ガイダンス）および工場見学の2テーマ（全テーマの2%）を行われるようになった。とくに，第4回以降は，これら2つの実習を行う学校が急増している。

以上のように，情報技術科における実習の単位数やそのテーマをみると，その特徴として次の2つの点が指摘できる。[36)]

第一に，情報技術科における実習の単位数が減少している点である。

実習の単位数をみると，とくに，第2回から第3回，第3回から第4回の減少がいちじるしく，第5回では，第1回調査と比べて約6単位減少している。これは，学習指導要領改訂による課題研究の導入や最低必履修単位の減少，および「工業技術基礎」と「実習」を同じ1学年に課すことが困難になったことによるものと考えられ，このような学習指導要領の改訂が影響し，情報技術科の実習は減少傾向にあるといえる。

第二に，実験・実習の内容に変化がみられる点である。

第1回における情報技術科の実験・実習の主要なテーマは，製作実習を中心として，直流回路，半導体と電子管，電気・電子計測，および交流回路に関するものであった。なかでも，製作実習に関する実験・実習は，情報技術科で行われている実験・実習の中で最も多く行われており，同科の実験・実習の主柱といえるものであった。

しかし，第2回では交流回路，第3回では電気・電子計測に関するテーマの実験・実習が行われなくなるとともに，反面で，第2回からコンピュータ・ソフトウェア，第3回からは自動制御およびコンピュータの電子回路とハードウェアに関する実験・実習が増加してきた。

さらに，第4回になると，製作実習に代わって，コンピュータ・ソフトウェアが，情報技術科で行われている実験・実習のテーマの中で最も多く行われるようになった。

このように，情報技術科における実験・実習は，全学年の単位数が減少傾向にあるとともに，その主要な内容も，製作実習を主柱とするものから，コンピュータ・ソフトウェアを主柱とするものに変化している。

（疋田　祥人）

第9節　電子機械科の実習

電子機械科は，愛知県立豊田工業高校が1982年に初めて設置して以来，かなり急速に増加した。図2.9.1は，その後の同学科の設置状況を示す。1989年の学習指導要領改訂で電子機械科が標準的な学科とされ，設置が促進された。2002年の238校をピークにその後漸減して近年は約3分の2にあたる155校前後に減少している。同学科が設置され始めた当初の目的は，メカトロニクスに象徴される新しい技術の進展への対応であった。現実の設置に際しては，設置校の実情を踏まえて各種のタイプが見受けられた。従来型の機械科を改編して設置するタイプ，電気・電子科を改編するタイプ，情報技術科も含め新しく編成するタイプ等々設置の動機・経過は様々であった。そのため，性格や教

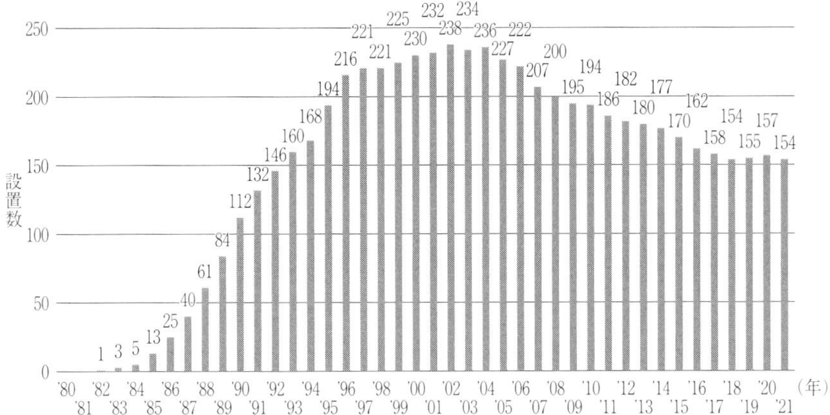

1988 年までは長谷川の集計値[37]。1994 年までは（公社）全国工業高等学校長協会の「基本調査」により，1995 年以降は文部科学省の「学校基本調査」の集計値。

図 2.9.1　電子機械科の設置状況

育内容の違いも散見された。

本調査の第 1 回は 1976 年に実施したが，電子機械科は未設置であったため，第 2 回から同学科の調査をしてきた。また，第 2 回以降の調査対象校は第 1 回の回答校に限定したため，電子機械科の対象校・回答校が限定されていることを踏まえ，以下を参照頂きたい。

9-1　実習の単位数

電子機械科の調査回ごとの回答校数と回答率を表 2.9.1，調査回ごとの実習の平均単位数を表 2.9.2 に示す。

全学年での実習の平均単位数をみると，第 5 回調査（以下，第 5 回と略記，第 2 回調査，第 3 回調査，第 4 回調査も同様に略記）においては第 4 回よりも若干の増加がみられるものの，第 2 回と比べると 3 単位以上減少していることがわかる。第 2 回と比べ第 3 回では約 2 単位減少しており，1989（平成元）年告示の学習指導要領により 3 学年に原則履修科目として「課題研究」が導入された影響であると考えられる。

表 2.9.1　調査回ごとの回答校数と回答率（電子機械科）

調査回（調査年）	回答校数	回答率（%）
第1回（1976）	—	—
第2回（1987）	5校	56
第3回（1996）	35校	88
第4回（2005）	21校	57
第5回（2015）	20校	67

表 2.9.2　調査回ごとの実習の平均単位数（電子機械科）

調査回（調査年）	1学年	2学年	3学年	全学年
第1回（1976）	—	—	—	—
第2回（1987）	1.6	3.4	5.8	10.8
第3回（1996）	1.0	4.1	3.6	8.7
第4回（2005）	0.1	4.0	3.5	7.6
第5回（2015）	0.3	4.1	3.4	7.7

1学年と2学年の実習の平均単位数をみると，第5回の方が第4回の平均単位数をわずかに上回っている。しかし，第3回と比べると，第2学年は大きな差はないものの，その他の学年では実習の平均単位数が減少している。とりわけ，1学年の実習の平均単位数は，第3回の1.0単位から第5回では0.3単位に減少している。

また，1学年に実習を課す割合は，第3回では34.3%，第4回では9.5%，第5回では15.0%となっている。

1999（平成11）年告示の学習指導要領による最低必履修単位の減少により，情報技術科と同様，実習中心の内容で構成されることが多い「工業技術基礎」と実習を同じ1学年に課すことが困難になったためと考えられる。

次に，電子機械科の調査回ごとの3年間の実習の合計単位数を表2.9.3に示す。第2回では，回答校数が少ないものの，5校すべてが3年間の実習の合計単位数9単位以上となっていた。第3回においても，3年間の実習の合計単位数9単位以上と回答したのは35校中18校（約51%）であった。

表2.9.3　実習の3年間合計単位数（電子機械科）

調査回(年)＼単位数	4	5	6	7	8	9	10	11	12
第1回（1976）	—	—	—	—	—	—	—	—	—
第2回（1987）						1	1	1	2
第3回（1996）			5	4	8	5	6	6	1
第4回（2005）			5	5	7	2	2		
第5回（2015）	1		5	3	6	2	2	1	

しかし，第4回以降実習の3年間合計単位数が9単位以上と回答した学校よりも，同9単位未満とする学校の方が多くなっている。具体的には，第4回では21校中17校（約81%），第5回では20校中15校（75%）の学校は，3年間の実習の合計単位数が9単位未満と回答した。

9-2　実習のテーマ数と具体的なテーマの実施状況

電子機械科の調査回ごとの実習の分類別テーマ数を整理して表2.9.4に示

表2.9.4　実習のテーマ数（電子機械科）

分類＼調査回	第1回（1976年）	第2回（1987年）	第3回（1996年）	第4回（2005年）	第5回（2015年）
①機械関係	—	35（24%）	37（27%）	38（32%）	35（29%）
②電気・電子関係	—	31（22%）	38（27%）	36（30%）	36（30%）
③計測		31（22%）	22（16%）	11（9%）	16（13%）
④制御	—	20（14%）	19（14%）	19（16%）	19（16%）
⑤情報・電算機	—	19（13%）	19（14%）	13（11%）	9（7%）
⑥総合・工作・選択	—	8（6%）	4（3%）	3（3%）	7（6%）
全テーマ数	—	144	139	120	122

注）（　）内は，全テーマ数に占める割合を表す。

す。表2.9.4では，これまでの調査を踏まえ，電子機械科において実施される手仕上，鋳造，溶接，板金加工等や電気基礎実験，電子回路，電気・電子工作等の実習を，① 機械関係，② 電気・電子関係，③ 計測，④ 制御，⑤ 情報・電算機，⑥ 総合・工作・選択，に分類し，テーマ数と当該回の実習全体のテーマ数に占める割合を集計した。

表2.9.4から，全テーマ数は第2回が最高に，以後ほぼ減少している。分類毎のテーマ数の推移は，図2.9.2から ① 機械関係，② 電気・電子関係，④ 制御がほぼ維持され，③ 計測，⑤ 情報・電算機がかなり減少している。⑥ 総合・工作・選択は増減が大きい。

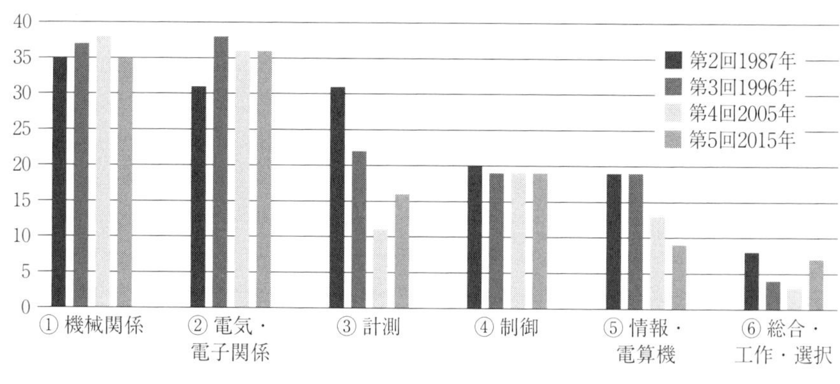

図2.9.2　テーマ数の推移

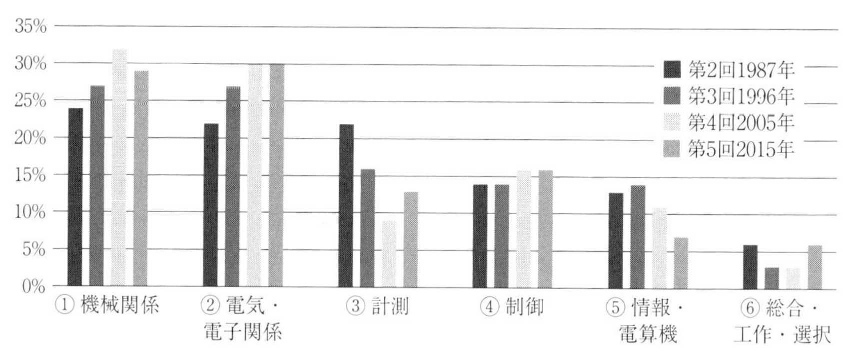

図2.9.3　テーマ比率の推移

なお，図 2.9.2 は表 2.9.5 左端の実習テーマの中で，実施数が 0 でないテーマを分類毎・調査回ごとに合算したテーマ数を集計して推移を示す。テーマ数が大きく変化・減少した分類は ③ 計測で，次いで ⑤ 情報・電算機である。

図 2.9.3 は，表 2.9.4 の（　）内の各分類の全テーマ数に占める割合を調査回毎にグラフ化して示す。① 機械関係，② 電気・電子関係，④ 制御はほぼ増加傾向にある。③ 計測，⑤ 情報・電算機は減少傾向にあり，⑥ は内容が多様であり，傾向を示しにくい。

調査回毎にみると，第 2 回では ① と ② と ③ がほぼ同じ割合で，次いで ④ と ⑤ が並ぶ。第 3 回以降は ① と ② が高く並び，③ が急減して ④，⑤ とほぼ並んでいる。④ が堅調に推移している。

表 2.9.5　電子機械科実習テーマの詳細

① 機械関係　実習テーマ	第2回	第3回	第4回	第5回	総計	1校あたりの実施数
	5校	35校	21校	20校		
豆ジャッキの製作	1	3	1	0	5	0.06
コンパスの製作	1	0	0	0	1	0.01
溶接（ガス，アーク，ガス切断）	4	28	19	24	75	0.93 ②
X-Y テーブルの製作	1	4	2	1	8	0.10
板金・仕上実習（フラワースタンド，ボルト・ナット，文鎮，ミニファンのカバーの製作）	3	12	5	7	27	0.33
手仕上（ヤスリかけ）	0	10	9	7	26	0.32
鋳造実習（メダル，平ベルト車，中子，型，ミニファンの台座，シェル型の製作）	3	5	3	2	13	0.16
鍛造実習（バイト，角柱，パスの製作）	2	2	1	2	7	0.09
旋盤実習（歯車素材，段付丸棒，テストピース，文鎮のツマミ，栓抜き等の製作）	6	41	35	34	116	1.43 ①
• 高速旋盤	1	7	2	0	10	0.12
• NC 旋盤	1	4	6	3	14	0.17
• CNC 旋盤	1	20	6	9	36	0.44 ⑥
• ならい旋盤	2	1	1	1	5	0.06
特殊機械実習	0	0	4	1	5	0.06

・ホブ盤	1	9	6	3	19	0.23
・フライス盤	4	27	19	14	64	0.79③
・円筒研削盤・平面研削盤	1	11	9	3	24	0.30
・形削晩	3	8	5	1	17	0.21
・ラジアルボール盤	1	4	1	6	12	0.15
自動機械実習	0	0	0	0	0	0.00
・NCフライス（オートプログラム，2・3次元加工）	1	9	7	1	18	0.22
・MC（プログラムと加工）	2	26	17	14	59	0.73④
・NC工作，FMC，FMS，ロボット，FAロボット	2	21	12	2	37	0.46⑤
材料試験	0	0	3	2	5	0.06
・引張試験	3	14	9	7	33	0.41⑧
・衝撃試験	2	11	7	3	23	0.28
・硬さ試験	3	11	8	4	26	0.32
・熱処理試験	2	5	3	2	12	0.15
・金属組織試験	2	6	5	2	15	0.19
・火花試験	1	1	2	1	5	0.06
・圧縮試験	1	0	0	0	1	0.01
原動機実験	3	0	0	0	3	0.04
・ディーゼルエンジンの性能試験	1	3	2	0	6	0.07
・ガソリンエンジンの性能試験	1	5	4	0	10	0.12
・三角せきによる流量測定	1	2	1	1	5	0.06
・管路抵抗，オリフィス，ベンチュリ計	1	1	1	1	4	0.05
・うす巻きポンプの性能試験	1	2	2	0	5	0.06
・油圧実験，空気実験	0	3	1	1	5	0.06
自動車実習（エンジンの分解・組立・測定）	19	7	5	5	36	0.44⑥
安全教育	1	6	14	11	32	0.40⑨
小形万力の製作	0	2	0	3	5	0.06
表面処理（メッキ・エッチング）	0	0	0	1	1	0.01
ワイヤカット放電加工機	0	2	2	1	5	0.06
単軸テーブルの製作	0	1	2	0	3	0.04
レーザー加工実習	0	0	0	1	1	0.01
計（実施数）	83	334	241	181		
平均（1校あたりの実施数）	16.6	9.5	11	9.1		

② 電気・電子関係　実習テーマ	第2回	第3回	第4回	第5回	総計	1校あたりの実施数
	5校	35校	21校	20校		
電気基礎実験	0	0	3	3	6	0.07
• 電圧計と電流計による抵抗測定	2	19	10	5	36	0.44 ⑥
• 電圧計・電流計の測定範囲の拡大	1	7	3	3	14	0.17
• ホイートストンブリッジによる抵抗測定	2	5	4	1	12	0.15
• 抵抗の温度係数測定	1	0	0	0	1	0.01
• 電位差計による電池の起電力測定（電池の測定）	2	3	0	0	5	0.06
• 電圧降下法によるインピーダンス測定	1	1	0	0	2	0.02
• RC 直列回路の電流と電源電圧の位相差	1	2	1	1	5	0.06
• 電気基礎	1	14	7	1	23	0.28
• オシロスコープ	5	30	13	7	55	0.68 ①
• 電気測定の基礎とオームの法則	1	15	8	7	31	0.38 ⑦
• 直並列回路の測定	0	0	0	1	1	0.01
• キルヒホッフの法則	0	0	0	1	1	0.01
• ヒューズの溶断測定試験	1	0	0	2	3	0.04
• 単相電力測定	1	3	1	2	7	0.09
• 三相電動機の特性	1	0	0	0	1	0.01
• トランジスタの静特性	3	24	8	3	38	0.47 ③
• トランジスタの定数測定	1	4	2	0	7	0.09
• ダイオード	1	21	10	6	38	0.47 ③
• 充放電	1	0	1	2	4	0.05
• テスターの使い方	3	18	8	9	38	0.47 ③
電気・電子工作	0	0	2	1	3	0.04
• テスターの製作	3	11	7	8	29	0.36 ⑧
• Z80ワンマンボードマイコンの製作（プログラミング，制御など）	2	8	1	1	12	0.15
• 2ヶのランプ回路の製作	1	2	0	0	3	0.04
• パルスモータ回路の製作と制御・DC モータ回路	2	11	3	0	16	0.20
• 制御用パルスドライバ基盤の製作とソフトの開発	1	3	1	0	5	0.06
• LED ライトの製作	0	0	0	1	1	0.01
• ステレオアンプの製作	0	0	0	1	1	0.01

• ライントレーサーの製作	0	0	1	2	3	0.04
電子回路	0	4	1	1	6	0.07
• トランジスタ回路	1	16	3	4	24	0.30 ⑨
• 交流回路	1	8	1	0	10	0.12
• 共振回路	2	2	1	0	5	0.06
• ディジタル回路	2	11	7	0	20	0.25
• トランジスタ固定バイアス回路における安定度の測定	1	3	1	1	6	0.07
• トランジスタ電流帰還バイアス回路における安定度の測定	1	2	1	1	5	0.06
• IC（OP アンプ）の反転増幅回路直流・交流における入出力特性，増幅度測定	1	11	5	3	20	0.25
• 論理回路（エンコーダ・デコーダ，フリップ・フロップ回路，シフトレジスタ回路等）	2	23	12	2	39	0.48 ②
• ディジタル IC，リニア IC	0	6	3	0	9	0.11
• パルス回路	0	4	0	0	4	0.05
• 整流回路と平滑回路	0	0	0	1	1	0.01
• フィルタ回路	0	0	0	1	1	0.01
• 直流（安定化）電源回路の製作	0	6	1	0	7	0.09
• 電気工事	0	7	6	8	21	0.26
• 半田ごての使い方	0	7	5	4	16	0.20
• LED によるロジックチェッカーの製作	0	4	0	0	4	0.05
• インターフェイスの製作	0	10	3	0	13	0.16
• ポケコン自動車（ポケットバイク）の製作	0	7	0	0	7	0.09
• 調光器の製作	0	1	1	0	2	0.02
• センサーとその使い方	0	1	1	1	3	0.04
• 波形整形回路	0	0	0	1	1	0.01
• 電子機器組み立て	0	0	0	1	1	0.01
• 回路シミュレーション	0	0	0	1	1	0.01
計（実施数）	49	334	146	97		
平均（1校あたりの実施数）	9.8	9.5	7	4.9		

③ 計測　実習テーマ	第2回	第3回	第4回	第5回	総計	1校あたりの実施数
	5校	35校	21校	20校		
ノギスによる測定とデータ処理	1	8	15	9	33	0.41 ①
円柱体積の測定	1	2	0	1	4	0.05
マイクロメータの精度検査	3	8	4	7	22	0.27 ②
ダイヤルゲージ	2	4	7	5	18	0.22 ③
表面あらさ計によるあらさ測定	2	4	1	3	10	0.12 ⑤
ねじの測定（工具顕微鏡）	3	3	0	1	7	0.09
電気マイクロメータによる精度測定	2	2	1	2	7	0.09
電気マイクロメータによるバラツキの測定	1	0	0	0	1	0.01
ひずみ測定（電気的変換方法と指示方法）	1	1	2	0	4	0.05
電気計測の基礎	1	5	0	1	7	0.09
歯車精度	2	1	0	0	3	0.04
旋盤精度	1	0	0	0	1	0.01
オートコリメータによる測定	1	3	0	1		
正規分布曲線による精度の測定	1	0	0	0	1	0.01
熱電対の温度・起電力の関係	1	0	0	0	1	0.01
熱電対による温度測定	1	0	0	0	1	0.01
振動・傾斜測定・時間の計測	1	0	0	0	1	0.01
ブリッジ	1	0	0	0	1	0.01
三次元測定機	0	2	2	0	4	0.05
万能投影機による形状測定	1	3	2	1	7	0.09
空気マイクロメータによる測定	1	2	0	0	3	0.04
工具顕微鏡，サインバーによる測定	1	2	1	1	5	0.06
パソコン計測（自由落下），流量計測，測定の基礎，レーザー測定	1	0	0	0	1	0.01
（センサー・インターフェイス）	1	0	0	0	1	0.01
センサーディバイス，インターフェイス	1	1	0	0	2	0.02
抵抗線歪計と AD コンバータ回路	1	0	0	0	1	0.01
マイコンによる AD 変換	1	5	0	1	7	0.09
マイコンと DA 変換	1	3	0	0	4	0.05
DA 変換による制御	1	5	0	0	6	0.07
センサー	1	8	0	0	9	0.11 ⑥

各種センサー，モータ制御，インバータ回路	1	9	1	1	12	0.15 ④
DA・AD 変換，パソコン計測，リニアモータカー	1	3	1	0	5	0.06
電子顕微鏡	0	0	0	1	1	0.01
ブロックゲージ，オプチカルフラットの取扱い	0	0	0	1	1	0.01
シリンダーゲージによる測定とデータ処理	0	0	0	1	1	0.01
計（実施数）	39	84	37	37		
平均（1校あたりの実施数）	7.8	2.4	1.8	1.9		

④ 制御　実習テーマ	第2回	第3回	第4回	第5回	総計	1校あたりの実施数
	5校	35校	21校	20校		
教育ロボットの制御	1	13	5	4	23	0.28
制御の基盤	1	10	2	0	13	0.16
低圧屋内配線工事	1	0	1	0	2	0.02
シーケンス制御の基礎，回路	3	19	13	12	47	0.58 ②
リレーシーケンス回路による制御	1	21	13	10	45	0.56 ③
シーケンスによる入出力制御	2	28	9	12	51	0.63 ①
電気制御の基礎と自己保持回路	1	7	3	2	13	0.16
搬送用リフトの制御回路	1	0	1	0	2	0.02
空気圧回路	3	9	3	3	18	0.22
PC（プログラマブル制御装置）	1	12	11	10	34	0.42 ④
インターロック回路と空気圧プレス	1	2	1	1	5	0.06
フィードバック制御	0	0	0	1	1	0.01
位置制御実習	1	3	1	0	5	0.06
パソコン制御の基礎	2	14	3	5	24	0.30 ⑦
ポケコン制御の基礎	1	22	4	2	29	0.36 ⑤
プロコンによる動力用のモータ制御	1	1	0	0	2	0.02
サーボモータ，AC，DC の特性・制御	1	5	2	1	9	0.11
サーボ機構の特性	1	1	0	0	2	0.02
一次・二次遅れ伝達関数（プロセス制御）	1	0	0	1	2	0.02
自動機械制御（MC，CNC 旋盤）	1	8	5	3	17	0.21

ロボット制御（多関節形ロボット制御，FNS）	1	17	4	6	28	0.35 ⑥
ワンボードマイコン制御の基礎	0	11	4	6	21	0.26
プリント基板加工機の制御	0	0	0	1	1	0.01
ミニマイコンカ—の制御	0	0	0	1	1	0.01
7セグメント LED 回路の製作と制御	0	1	3	0	4	0.05
LEGO マインドストローム	0	0	0	1	1	0.01
計（実施数）	26	204	88	82		
平均（1校あたりの実施数）	5.2	5.8	4.2	4.1		

⑤ 情報・電算機　実習テーマ	第2回	第3回	第4回	第5回	総計	1校あたりの実施数
	5校	35校	21校	20校		
BASIC プログラミング	5	22	2	0	29	0.36 ⑤
アセンブラによるプログラミング	2	14	3	2	21	0.26
フォートランによるプログラミング	2	5	0	0	7	0.09
ムーブマスター	1	10	2	0	13	0.16
X-Y プロッタ	2	5	1	0	8	0.10
配列	2	8	0	0	10	0.12
グラフィック	1	9	0	0	10	0.12
多関節ロボットの制御	2	6	1	2	11	0.14
COBOL（ファイルのマッチング処理，データチェックなど）	1	0	0	0	1	0.01
OS と JCL	1	2	0	0	3	0.04
周辺装置とオペレーション	1	2	0	0	3	0.04
大量データ処理技術	1	0	0	0	1	0.01
C 言語	0	17	8	10	35	0.43 ③
アプリケーションソフト（ワープロ・表計算・パソコン通信）	0	13	12	8	33	0.41 ④
MS-DOS の基礎	0	11	0	1	12	0.15
CAD/CAM	0	0	14	11	25	0.31 ⑥
CAD システムの考え方と利用	1	19	9	8	37	0.46 ②
CAD 端末の基本操作法	1	19	11	17	48	0.59 ①
部品・組立図のシミュレーション	1	6	3	0	10	0.12
品目欄と属性	1	12	0	0	13	0.16
NC インターフェイスによる加工情報の作成	1	3	2	0	6	0.07

CAM, CAMM1~3の操作	1	2	3	0	6	0.07
VB	0	0	0	1	1	0.01
パスカル言語, センサーとインターフェイスの応用	1	0	0	0	1	0.01
計（実施数）	28	185	71	60		
平均（1校あたりの実施数）	5.6	5.3	3.4	3		

⑥ 総合実習・工作, 選択実習　実習テーマ	第2回	第3回	第4回	第5回	総計	1校あたりの実施数
	5校	35校	21校	20校		
FA システム（ワーク選別システム, FM システム, 多軸ロボット・クロステーブルの製作）	1	12	6	5	24	0.30 ①
HA システム（空調管理システム, 各種ロボットの製作）	1	0	0	0	1	0.01
エレベータ・電子回路実習装置の製作	1	1	2	0	4	0.05
マイクロマウス・プリント基板の製作	1	2	1	0	4	0.05
2軸制御機器の製作	1	0	0	0	1	0.01
選択実習（ハードウェア, ソフトウェア, FA システム）	1	5	0	1	7	0.09
電気機関車の制御盤製作	1	0	0	0	1	0.01
ワンボードマイコンの製作	1	0	0	3	4	0.05
工場見学	0	0	0	16	16	0.20 ②
PIC 制御カーの製作	0	0	0	1	1	0.01
ミニバイスの製作	0	0	0	1	1	0.01
経営概論	0	0	0	1	1	0.01
計（実施数）	8	20	9	28		
平均（1校あたりの実施数）	1.6	0.6	0.4	1.4		

具体的なテーマの状況については表2.9.5に，第2回から第5回までの実際に実施された実習テーマと実施数（3年間），4回総計と1校あたりの実施数（丸数字は同分類における順位）を一覧にして示す。

分類ごとの実習テーマの実施状況などを検討して，特徴を考察する。

図2.9.4は，表2.9.5の分類毎・調査回毎の1校あたりの実施数を集計して示した。この結果から，ほぼすべての分類で減少傾向が認められる。とりわ

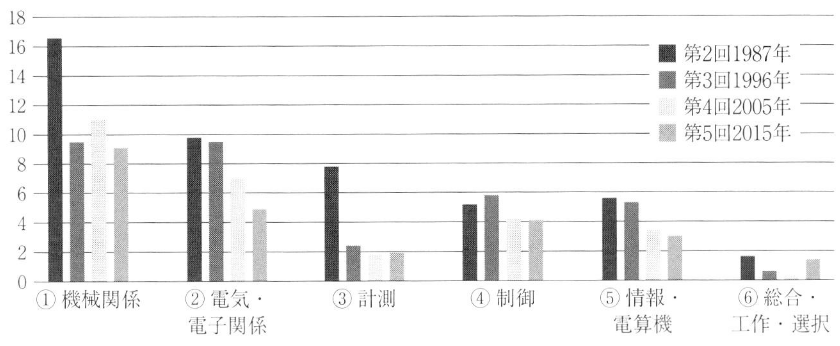

図2.9.4　1校あたりの実施数

け，③計測が顕著であり，次いで①機械関係，②電気・電子関係，⑤情報・電算機がほぼ半減している。9-2で述べた単位数の減少が強く影響しており，さらに課題研究や情報技術基礎などの導入も関与していると考えられる。

次に，具体的な実習テーマの状況を検討する。

（1）　増加・維持傾向にある実習分類

①機械関係で実施数の多いテーマは，旋盤実習，溶接実習，フライス盤実習，MC（マシニングセンタ）実習，NC工作，FMC，FMS，ロボット，FAロボット，CNC旋盤実習，自動車実習，引張試験，安全教育などであり，安定して実施されている。とくに，旋盤実習は2学年にわたり実施する学校が相当数ある。NCフライス，NC工作などを実施する学校は減少している。

実施時間については，旋盤実習は第2回6～18時間，第3回9～40時間，第4回5～96時間から第5回3～65時間まで相当程度維持している。フライス盤実習は第2回5～6時間，第3回2～24時間，第4回3～66時間，第5回3～18時間まで減少傾向にある。他方，小型万力の製作は，第3回18～36時間，第5回6～18時間や表面処理（メッキ・エッチング）は第5回9時間など不安定である。第5回から新たに設定されたテーマは，レーザー加工実習のみであった。

②電気・電子関係はテーマ数が維持されており，実施数の多いテーマは，

オシロスコープ，論理回路，トランジスタの静特性，ダイオード，テスターの使い方，電圧計と電流計による抵抗測定，電気測定の基礎とオームの法則，テスターの製作，トランジスタ回路などである。しかし，オシロスコープ，ダイオード，トランジスタ回路，論理回路，トランジスタの静特性などははっきりと減少傾向にある。さらに，時間数の減少もみられる。とくに注目されるのは，「電気工事」が第2回は実施されず，第3回2～14時間，第4回5～70時間と増加したが，第5回で3～40時間まで減少している。

それにもかかわらず，実習全体のテーマ数に占める割合が安定傾向を示しているのは，第5回から新たに電子機器組立て，回路シミュレーション，LEDライトの製作，ステレオアンプの製作，直並列回路の測定，キルヒホッフの法則，整流回路と平滑回路，フィルタ回路，波形整形回路の9テーマが実施されたことによると考えられる。

⑥総合・工作・選択に関しては，FAシステムがこの分類では最も多く実施され，次いで工場見学が第5回に初めて現れ，16校と多く実施されている。

④制御については，テーマ数の変化はみられない。実施数が多いテーマは，シーケンスによる入出力制御，シーケンス制御の基礎，回路，リレーシーケンス回路による制御，PC（プログラマブル制御装置），ポケコン制御の基礎，ロボット制御，パソコン制御の基礎などである。これらは，技術の進化に伴う変動はあるが，安定的に実施されている。

しかし，時間数が全体的に減少していることが特徴として挙げられる。具体的には，第4回で集中的に実施されていた3つのシーケンスに関する制御実習も減少している。シーケンス制御の基礎，回路は第2回3～9時間，第3回1～12時間，第4回2～15時間から第5回1～24時間まで幅が広がっている。リレーシーケンス回路による制御は第2回3時間，第3回1～12時間，第4回6～24時間，第5回1～15時間と減少傾向にある。シーケンスによる入出力制御も第2回3～9時間，第3回1～19時間，第4回4～36時間，第5回1～18時間と減少気味である。

PC（プログラマブル制御装置）は第2回8時間，第3回3～40時間，第4回

2～42時間，第5回6～45時間のように実施数と時間数の両方とも上記3テーマに次ぎ多くなっている。ポケコン制御の基礎は，実施数が5番目に多く，第2回10時間，第3回3～21時間，第4回4～16時間，第5回9～18時間と受け継がれ，ポケコンを活用し生徒のやる気を引き出す実践が蓄積されている。ワンボードマイコンによる制御の基礎は，実施数が9番目であるが，時間数は第3回2～24時間，第4回2～36時間，第5回9～24時間とほぼ維持されている。特にかかる実践の共有化が重要と考えられる。

（2）　減少傾向にある実習分類

③計測に関しては，実施数がはっきり減少傾向にある。その中で多く実施しているテーマは，ノギスによる測定とデータ処理，マイクロメータの精度検査，ダイヤルゲージである。一方，テーマ数は第3回の22（16%）から第4回の11（9%）まで減少し，第5回はテーマ数16（13%）まで増加している。これは，第4回で実施されなくなった円柱体積の測定やねじの測定，オートコリメータによる測定，およびマイコンによるAD変換の4つのテーマが，第5回で再び実施されるようになったことによる。

⑤情報・電算機実習は減少傾向にある。実施数が多いテーマはCAD端末の基本操作法，CADシステムの考え方と利用，C言語，アプリケーションソフト，BASICプログラミングなどであるが，BASICプログラミングは時代の進行とともに急減している。また，第4回まで実施されていた部品・組立図のシミュレーションやNCインターフェイスによる加工情報の作成，CAM，CAMM 1～3の操作などを実施する学校が無くなっている。

この他，第4回で実施されていたテーマの時間数にも減少がみられた。具体的には，CADシステムの考え方と利用は，第2回3時間，第3回1～25時間，第4回3～170時間から第5回2～27時間に減少している。同様に，CAD端末の基本操作は，第2回3時間，第3回4～30時間，第4回4～210時間から第5回1～60時間まで減少している。

9-3 電子機械科の実習のまとめ

電子機械科における実習の全学年の単位数は，第5回においては第4回よりも若干の増加がみられるものの，第2回と比べると3単位以上減少している[38)]。

このような状況にもかかわらず，①機械関係，②電気・電子関係，④制御に関しては，実施テーマ数と全体のテーマ数に占める割合（比率）は維持あるいは増加を示している。しかし，各テーマの実施時間数は減少傾向にあり，そうすることにより維持されていることを認識しておく必要がある。一方，③計測ははっきり減少しており，技術の定量的な側面の弱体化が懸念される。

また，電子機械科における実習は全学年の単位数が減少傾向にある中で，機械関係，電気・電子関係，制御に関しては，全体のテーマ数に占める割合の増加はみられるものの，機械関係と電算機実習のうち特に，数値制御に関する内容を取り扱うテーマが減少している。実習と情報技術基礎や課題研究の学習内容の関係性を今後さらに検討する必要があると考えられる[39)]。

（内田　徹・長谷川　雅康）

第10節　工業基礎・工業技術基礎の変遷

戦後の高校工業教育は，時代の要請に応えながら種々の課題に取り組んできた。その長い流れの中で，最も大きな試練は，1978（昭和53）年の高等学校学習指導要領（以下，指導要領と略記）の改訂における工業科の目標の転換である。すなわち，目標が「中堅技術者に必要な知識と技術」から「基礎的・基本的な知識と技術」の習得へと転換された。その転換の象徴として原則履修科目「工業基礎」と「工業数理」の新設が挙げられる。

本節では，実習内容調査の一環として「工業基礎」「工業技術基礎」について指導要領改訂毎に実施形態，実施単位数，指導内容，使用テキスト等を追跡調査した結果を基に，その変遷と課題を検討する。

10-1 戦後の工業教育の流れ—指導要領における目標の変遷を中心に—

戦後の工業教育の流れを，新制工業高等学校の指導要領に記された目標の変遷から概観する。初代（昭和26年版）の目標から第4代（昭和45年版）までは表現の若干の違いはあるが，「中堅技術者」の養成が目指されていた。その後，第5代（昭和53年版）から現行の第8代（平成21年版）までは「基礎的・基本的な知識と技術の習得」を目指すとして，「中堅の技術者」の養成をいわば断念している。すなわち，第5代の指導要領改訂が戦後の高校工業教育の岐路であったと考えられる。

なお，1978（昭和53）年の指導要領の改訂は1976（昭和51）年5月の理科教育及び産業教育審議会産業教育分科会への「高等学校における職業教育の改善について（報告）」を基になされた。この報告の基本的な考え方は，「職業学科における基礎教育の重視」であり，それに基づく専門教科の内容の改善，実験・実習の重視と改善等であった。この考え方が1978（昭和53）年の指導要領の改訂に色濃く反映され，工業学科の目標が「中堅技術者に必要な知識と技術」の習得から「基礎的・基本的な知識と技術」の習得へと大きく変更された。

参考までに第4代，第5代，第8代の工業の目標を示す。

○　昭和45（1970）年版（第4代）　第10節　工業　第1款　目標

1　工業の各分野における中堅の技術者に必要な知識と技術を習得させる。

2　工業技術の科学的根拠を理解させ，その改善進歩を図る能力と態度を養う。

3　工業の社会的・経済的意義を理解させ，共同して責任ある行動をする態度と勤労に対する正しい信念とをつちかい，工業の発展を図る態度を養う。

○　昭和53（1978）年版（第5代）　第10節　工業　第1款　目標

工業の各分野の基礎的・基本的な知識と技術を習得させ，現代社会における工業の意義や役割を理解させるとともに，工業技術の諸問題を合理的に解決し，工業の発展を図る能力と態度を育てる。

○　平成21（2009）年版（第8代）　第2節　工業　第1款　目標

工業の各分野に関する基礎的・基本的な知識と技術を習得させ，現代社会における工業の意義や役割を理解させるとともに，環境及びエネルギーに配慮しつつ，工業技術の諸問題を主体的，合理的に，かつ倫理観をもって解決し，工業と社会の発展を図る創造的な能力と実践的な態度を育てる。

10-2 実習内容調査における工業基礎・工業技術基礎

序章において実習内容調査の経緯と概要を述べ，本章の各節で各学科の実習内容の変遷等を具体的に述べてきた。本節では，昭和 53（1978）年の指導要領改訂で新設された「工業基礎」とその後継科目「工業技術基礎」に関する調査結果を歴史的に検討する。同科目の工業科全体に対する影響と今後の課題について考察する。

序章で述べたが，参考のために調査校数と回答状況（表 2.10.1）を再録する。

また，指導要領の改訂が実習内容等を規定するため，表 2.10.2 に本調査に関わる指導要領改訂と特徴および本調査科目の関連を示す。

10-3 工業基礎・工業技術基礎の変遷

（1） 工業基礎の新設

前述したように，1978（昭和 53）年指導要領改訂で原則履修科目として，工業基礎と工業数理が新設された。その工業基礎について，目標と内容，取り扱い等を指導要領から抜粋する。

「1　目　標

工業の各分野における基礎的な技術を実験・実習によって体験させ，各分野における技術への興味・関心を高め，工業に関する広い視野を養い，工業技術の基礎的な諸問題について認識させる。

2　内　容

(1)　各種の材料の加工等形態の変化を伴う加工と操作

(2)　物質の精製等質の変化を伴う加工と操作

表２.10.1　調査校数と回答状況

調査回	第1回	第2回	第3回	第4回	第5回
調査校数	165	106	105	100	93
回答校数	106	76	84	69	76
回答率（%）	64.2	71.7	80.0	69.0	81.7

表２.10.2　指導要領（工業）改訂の特徴と本調査年・調査科目

指導要領の改訂年と特徴	本調査年・調査科目
1970（昭和45）年 目標：「中堅技術者に必要な知識と技術」の習得	1976（昭和51）年　第1回調査 「実習」
1978（昭和53）年 目標：「基礎的・基本的な知識と技術」の習得 原則履修科目：「工業基礎」「工業数理」の新設	1987（昭和62）年　第2回調査 「実習」「工業基礎」
1989（平成元）年 目標：「基礎的・基本的な知識と技術」の習得 原則履修科目：「工業基礎」「工業数理」の継続，検定済教科書『工業基礎』刊行。「課題研究」「情報技術基礎」の新設，「実習」「製図」を追加。	1996（平成8）年　第3回調査 「実習」「工業基礎」「課題研究」
1999（平成11）年 目標：「基礎的・基本的な知識と技術」の習得 原則履修科目：「工業基礎」を「工業技術基礎」と改称し継続，「工業数理基礎」は選択科目に。 「課題研究」「情報技術基礎」は継続	2005（平成17）年　第4回調査 「実習」「工業技術基礎」「課題研究」「製図」
2009（平成21）年 目標：「基礎的・基本的な知識と技術」の習得 原則履修科目：「工業技術基礎」「課題研究」「情報技術基礎」は継続	2015（平成27）年　第5回調査 「実習」「工業技術基礎」「課題研究」「製図」

＊表中，科目名を表すためにカギ括弧「　」を付けたが，以下の本文では「　」を省くこととする。

(3)　動力源としてのエネルギー及び動力の変換・伝達・計測

(4)　品質管理等管理と自動化

(5)　産業と職業

第３款　各科目にわたる指導計画の作成と内容の取り扱い（工業基礎について抜粋）

(1)　原則として，工業に関する各学科の主として第１学年において履修させるものとする。

(2) 各内容は，それぞれ分離独立させて取り扱うことなく，これらをなるべく多く包含している実習課題を設定し，総合的な学習ができるように取り扱うものとする。」

なお，新設当初，工業基礎には検定済教科書は刊行されず，各地域・学校等の実情にあわせて，教材を自主開発して実践することとされた。そうした事情もあり，文部省は事前に工業基礎用の教材開発のために研究指定校を選定した。選ばれた学校の一つが岐阜県立岐阜工業高等学校であった。そこで開発された教材が「電車の製作と運転制御」[40]（図 2.10.1）であった。この「電車の製作と運転制御」は合計 64 時間（2 単位相当）を要し，上記 2 内容の (1) から (4) までを包含する総合的な実習課題であった。以下に指導内容の概要を示す。

オリエンテーション　2h

電車の製作　1. 車体と製作 8h　2. 窓枠の製作 4h　3. 車軸の製作 4h　4. 車輪の製作 8h　5. コ型フレームの製作 2h　6. 台枠の製作 6h　7. 電車の組立 6h

電源装置　8. 電源装置の基板の製作 6h
9. 電源装置のケースの製作 6h
10. 電源装置の組立と検査 2h

運転制御　11. 制御装置の動作確認 4h
12. マイコンによる自動運転 4h

まとめ　2h

当時の文部省の工業担当関口修教科調査官は，この教材を指導要領が求める要件を満たす教材と高く評価して，全国に広く推奨した。

（2） 1987 年調査結果に基づく工業基礎の実態

工業基礎に関して，74 校から回答が寄せられた。それらから実施形態，指導形態，指導内容および工業基礎に対する受け止め方について集計・分析した。[41]

①　実施形態

指導要領上は同一内容を学科の別なく実施することとされていたが，各学校の実情に応じて実践するとされていたために，その実態はきわめて複雑かつ多様であった。本調査では実施形態を大きく3つに分けて整理した。第一は，各学科共通内容で実施する形態，第二は，一部を共通内容で実施し，残りを学科別に独自の内容で実施する形態，第三は，各学科別にそれぞれ実施する形態である。指導要領は第一の形態を求めていたが，実態は表2.10.3のように，ほぼ2：1：2に分かれていた。学校それぞれの事情があり，すべてが各学科共通で実施することは困難であったとみられる。

表2.10.3　実施形態の分布

実施形態	各学科共通	一部共通	学科別
実施校数	31	14	29

②　指導形態

文部省は当初，自学科教員のみで各学科共通の内容を指導することを求めていた。しかし，実態は表2.10.4のようにその求めに従ったのは3校にすぎず，各学科共通の内容を行う場合でも指導する教員は専門ごとに（専門を生かして）分担する傾向にあった。

出所）『工業教育資料』実教出版，通巻第161号昭和57年1月，pp.28-32より引用。

図2.10.1　完成した電車（左）及び運転制御装置（右）

表 2.10.4　指導形態と実施形態の分布

指導形態＼実施形態	各学科共通	一部共通	学科別
各学科教員で分担指導	28	4	0
自学科教員のみで指導	3	10	29

表 2.10.5　工業基礎の平均単位数

機械科	電気科	電子科	建築科	土木科	工業化学科	情報技術科	電子機械科
3.1	3.0	3.2	2.9	3.0	3.1	3.1	3.0

③　平均実施単位数

工業基礎に配当された単位数の学科毎の平均単位数を表 2.10.5 に示す。各学科とも平均して 3 単位程度で実施されていた。

④　指導内容

検定済教科書が作られず，各学校・学科においてその実情に合わせた独自の実践研究により教材を作ることが推奨された。指導内容の調査結果の概要を以下に紹介する。

各学科共通で実施する形態での指導内容（テーマ）（実施校数）

電算機（ベーシック）実習（23），石けんの製造（14），テスターの製作（13），文鎮の製作（12），電気工事・屋内配線（10），平板測量（10），交流回路・計測，水質検査（水の分析，蒸留）（7），小型万力の製作，金属丸棒・引張試験片の製作，鋳造の基本と校章・V ブロックの製作，ガラス細工，定性分析（陽イオン），住宅の平面計画，コンクリート板の製作（5）等。

なお，「電車の製作と運転制御」に相応する本格的なテーマは，水面調節装置の製作と試験（48 時間），風力発電装置の製作と試験（51 時間）のみで 2 校にとどまった。

学科別で実施する形態における主なテーマ・内容

〈機械科〉（23 校）電算機（プログラミング）（18），旋盤の基本作業（14），鋳造（12），テスターの製作（11），板金加工（8），溶接（7），文鎮の製作，鍛造（6），手仕上げ（4）等。

〈電気科〉（20校）電圧計・電流計（分流器・倍率器）（15），電気工事（14），テスターの製作，電算機（ベーシック，プログラミング）（11），乾電池（起電力・内部抵抗・放電），ホイートストンブリッジによる抵抗測定（7），抵抗測定，オシロスコープ（シンクロスコープ），抵抗器の使用法（5），オームの法則の検証，電力の測定・電力計の取り扱い（4）等。

〈電子科〉（6校）電算機（ベーシック）（5），テスターの製作（4），直流電位差計，電子計測（オシロスコープ等）（3）等。

〈建築科〉（15校）電算機（プログラミング）（12），透視図（9），住宅縮尺模型製作（6），平板測量，木工・自由作品（5），骨材（材料）実験（4）等。

〈土木科〉（10校）電算機（ベーシック等，電卓含む）（14），平板測量，トランシット測量，レベル（水準）測量，距離測量（5），セメント試験（4）等。

〈工業化学科〉（15校）電算機（プログラミング）（14），テスターの製作・測定（9），石けんの製造（6），ガラス細工（5）等。

〈情報技術科〉（4校）電算機（ベーシック，フォートラン等）（4），オームの法則の検証（3）等。

〈電子機械科〉（3校）電算機（プログラミング等）（5），テスターの製作・測定，電気計測の基礎（3）等。

これらは，総じて各学科の１学年の基礎実習で扱っていたテーマが多い。

⑤　現場の工業基礎導入の受け止め方

工業基礎の導入によってどのような影響があったのかについて，とくに実習に焦点をあて回答を求めた（自由記述）。積極的な効果と問題点の主なものを紹介する。

1）積極的な効果：代表的意見としては，「生徒が物に実際にふれて作業する中で，実習になじみ，その後の専門の作業に入りやすくなった」や「専門外の実習をいくつか経験することによって，工業に関する広い視野ができる」

「電算機の実習を1学年から導入できた」。

2) 導入によって生じた問題点：数多く指摘されたが，最も重要とみられる点は，以下のようにまとめられる。「1学年に工業基礎が導入された結果，1学年の実習が出来なくなるか，単位数をかなり削減せざるを得なくなる。その結果，従来1学年の実習で行われていた基礎的・基本的なテーマが圧縮されるか，2学年に移動させて実施される。すると，従来2・3学年の実習で行われていたテーマも圧縮あるいは削減される。全体として実習が改訂前より軽い内容になった。」「実習は座学で行われる理論学習と関連づけて行われる必要がある。しかし，上述のように，実習内容に変動が生じた一方で，座学の諸科目の学年配置は大きくは移動させられない。その結果，実習と座学での専門科目の学習の相互の関連性がずれることになり，それによって両者とも生徒の修得度・理解度が低下する事態が少なからず指摘されている」。

こうした事態は非常に深刻に受け止めなければならない。実習内容と理論学習の内容とのきめ細かい関連性の分析を行い，相互のずれを補正する努力が求められる。学校現場とりわけ各学科内でも不断の検討が必要であろう。

さらに当時，情報技術の進展に伴う教育内容の改変が，実習と工業基礎に迫られており，これに関連する問題点も多く指摘された。各学科固有の問題点も多様に述べられていた。

（3） その後の工業基礎・工業技術基礎

その後，指導要領は1989（平成元）年，1999（平成11）年，2012（平成24）年と改訂され，近く次期改訂がされようとしている。次にこの間の工業基礎・工業技術基礎の推移をみていく。

① 指導要領の規定

目標は，ほぼ同じであるが，環境と技術の関連を意味する文言が入れられた。内容については，1989年版は前代をほぼそのまま継承したが，1999年版では大きく変容した。

⑴ 人と技術と環境—ア，人と技術　イ，環境に配慮した技術— ⑵ 基礎的

な加工技術—ア，形態を変化させる加工　イ，質を変化させる加工—　(3)基礎的な生産技術—ア，生産の流れと技術　イ，基礎的な分析及び測定技術と三区分になった。

②　実施形態

本調査では実施形態を，各学科共通で実施する形態，一部を共通で実施し，残りを学科別に独自に実施する形態，各学科別にそれぞれ実施する形態の3形態に分類してきた。その方法で，その後を整理した結果を表2.10.6に示す。1996年調査からは「学科別」が90%前後と圧倒的に多数を占めている。2015年調査では，「各学科共通」「一部共通」が判然としない事例，たとえば同一校においても学科によって形態が異なっている等があった。明確に判断できる事例に加えてそうした事例があるという意味で表2.10.6では（+α，+β）のように表記した。

③　指導形態

指導形態については，学科別の実施形態が大多数であることから，自学科教員のみでの指導が多数を占めている。教員の専門性を重視する結果とみられる。

授業では，1学級の生徒を班分けし，各班を教員が指導する形態が一般的である。工業基礎・工業技術基礎では，1班当たり生徒10名とする，つまり1学級を4班に分けて並行的に行う形態が最も多い。次に，1班を13名前後と

表2.10.6　実施形態の推移

調査年	回答校数	実施形態		
		各学科共通	一部共通	学科別
1987年	74	31 (41.9%)	14 (18.9%)	29 (39.2%)
1996年	80	3 (3.8%)	7 (8.8%)	70 (87.5%)
2005年	68	3 (4.5%)	3 (4.5%)	61 (91.0%)
2015年	76	2+α	7+β	67 (88.2%)

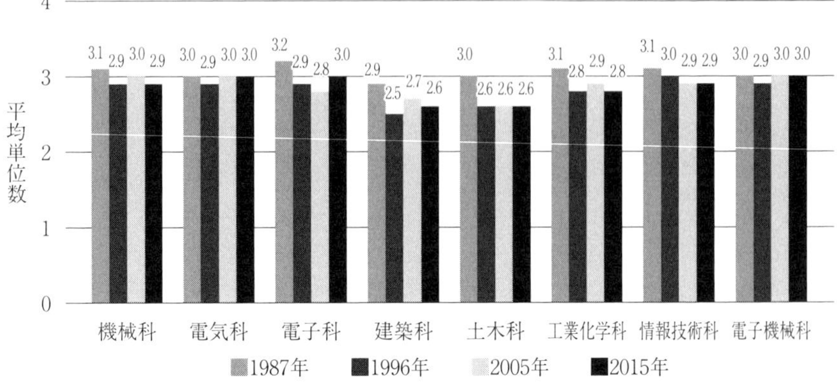

図 2.10.2 工業基礎・工業技術基礎の平均単位数の推移

した1学級を3班に編成する形態が多い。

④ 平均実施単位数

工業基礎・工業技術基礎への配当単位数の推移を図 2.10.2 に示す。各学科の棒グラフの左端が 1987 年の結果を示し，右端が 2015 年の結果を示す。学科による違いはあるが，概ね 3 単位で実施されている。建築科，土木科，工業化学科がやや少ない単位数で行われている。

⑤ 指導内容

1994 年に検定済教科書が 1 社から発行され，その教科書を使うことになったが，実態は各学科の判断で自作テキストと教科書を使い分けているとみられる。1 学科が検定済教科書を用いて行うテーマと自作テキストを用いて行うテーマを合わせてみる必要がある。

表 2.10.7 は検定済教科書が発行された直後の 1996 年調査において，検定済教科書記載のテーマをどの程度実施しているかを学科ごとに集計した。学科の専門に近い内容のテーマを各々選択して採用しているとみられる。この表から，検定済教科書の使用頻度はかなり低いと推測される。表 2.10.7 では回答校の半数以上が実施していた場合を太字で示した。

次に，自作テキストを使用して指導していた内容を示す。これらは基本的に

表2.10.7　1996年『工業基礎』使用状況

テーマ名＼学科	機械	電気	電子	建築	土木	工業化学	情報技術	電子機械	累計
	46校	48校	18校	31校	24校	24校	17校	24校	232校
検定済教科書のテーマ									
1　立体構成の製作	1			2	2	1			6
2　七宝によるアクセサリの製作						5			5
3　傘立ての製作	1								1
4　テーブルバイスの製作	3							2	5
5　直流回路と交流回路の製作と実験	4	13	2			2	**9**	5	35
6　電気はんだごての製作									0
7　調光器つき電気スタンドの製作	2	4	2			1			9
8　簡易照度計の製作									0
9　住宅模型の製作				**23**	1				24
10　インテリア模型の製作				1					1
11　屋内配線について学ぼう		20	2	1		3	1		27
12　コンクリートブロックの製作と試験		1		1	4				6
13　ガソリンエンジンの分解・組立	7								7
14　ポケコン制御による自走カーの製作	3	3	1			1	2	5	15
15　センサアラーム（警報器）の製作		1	1				1		3
16　地域の環境に関心をもとう									
1　水質検査		1				2			3
2　牛乳パックではがきをつくろう		1				2	1		4
17　粉せっけんの製作		1			1	9			11
そ の 他 の テ ー マ									
18　文鎮の製作	18	4	1	1		3		6	33
19　テスターの製作	11	**34**	**12**		2	7	4	12	82
20　ガラス細工						**16**			16
21　定性分析						**18**			18
22　平板測量		2		14	**18**				34
23　住宅の平面計画		1		5	3	1			10

は従来実習で行っていた基本的なテーマが多い。これについては学科別実施の学校が9割前後と多いため，それらに限定する。

〈機械科〉(46校) 旋盤作業（豆ジャッキ，引張試験片等）(29)，溶接 (22)，鋳造 (20)，材料試験 (14)，手仕上げ，パソコン（BASIC，C言語）(12)，鍛造，電気基礎実験 (8)，板金加工，フライス，NC旋盤・NCフライス・MC (5) 等。

〈電気科〉(48校) 電気工事 (17)，パソコンの操作 (14)，電気計測実験 (12)，ホイートストンブリッジによる抵抗測定 (8)，分流器・倍率器 (7)，BASIC，オームの法則 (5)，電圧計・電流計の測定法，抵抗の直並列回路，キルヒホッフの法則，電圧降下法による抵抗測定，電位差計による起電力測定，鉄心のBH曲線の決定 (4) 等。

〈電子科〉(18校) コンピュータ (10)，抵抗測定，合成抵抗 (6)，ポケコン制御 (5)，テスターの使い方，分流器・倍率器，キルヒホッフの法則，ホイートストンブリッジによる抵抗測定，ポケコン用インターフェイス製作 (4) 等。

〈建築科〉(31校) パース・透視図・着彩 (14)，木工・自由作品 (12)，情報技術 (7)，材料実験・試験 (6)，製図の基本 (4) 等。

〈土木科〉(24校) レベル（水準）測量 (12)，トランシット測量 (9)，パソコン基礎 (8)，製図の基礎 (6)，距離測量 (5) 等。

〈工業化学科〉(31校) 基礎化学実験（硫酸銅の製造等）(12)，パソコン実習 (9)，重量分析 (7)，容量分析 (6)，定量分析の基礎 (5) 等。

〈情報技術科〉(17校) 論理回路，ワープロ (7)，電子工作 (6)，BASIC，表計算 (5)，電気計測，C言語・アセンブリ・FORTRAN，OS実習 (4) 等。

〈電子機械科〉(24校) 材料試験，旋盤実習，電気基礎実験，パソコン（BASICほか）(9)，溶接実習 (7)，電気実験・実習 (6)，機械工作実習 (5)，計測の基礎，鋳造実習，シーケンス制御 (4) 等。

学科による差はあるが，検定済教科書より自作テキストを使用する学科がはるかに多い。自作テキストが定着していたことや実習等の単位数の不足による学校現場のやむを得ない対応と考えられる。

以上の結果を踏まえると，工業基礎の現実はきわめて複雑かつ多岐にわたるため，簡潔には総括できない。全体的には単位数や時間数の削減のため，方向転換を余儀なくされたといえる。つまり，学校現場においては本来工業基礎がねらいとした工業全体に共通する基礎の育成が後景に去り，工業基礎を各学科の基礎的な実習項目のために使わざるを得ない状況にあったと考えられる。

もちろん，生徒の興味・関心を高めるための地道な工夫と努力がなされていることは論を俟たない。しかし，それらを超えて，指導要領の規定したシステムにおいては専門教育の水準を維持することに相当な困難があったと考えられる。実習や課題研究そして工業教科全体を見通してそのありようを考える必要がある。

2005年の調査時には，検定済教科書が『工業技術基礎』と題する教科書に変わり，内容構成が前代からかなり変更された。その調査結果については，紙面の制約のため割愛する。次の教科書はその構成を継承した。表2.10.8には，2015年調査における教科書『工業技術基礎』の使用状況を学科別に示す。同調査は2009（平成21）年指導要領改訂時にあたる。

今回の検定済教科書では使用率が高まった。同教科書において「はじめに」の部分が相当程度充実され，内容が使いやすくなったためと考えられる。授業の導入で，1「工業技術基礎」を学ぶにあたって，4　事故防止と安全作業の心がまえ，5　実験・実習報告書　といったテーマが特に多く取り上げられている。

基本作業編と製作編では，やはり各学科が自らの専門に合致するテーマを中心に採用している。この傾向はこれまでと変わらず，採用数が増えている。

次に，学科毎に行っていた主なテーマを列記する。

〈機械系〉（67校）コンピュータ　アプリケーションソフト活用（12），旋盤実習　引張試験片，段付丸棒（おねじ，ローレット掛け）等（9），溶接（7），手仕上げ（7），材料試験（引張試験，硬さ試験，金属組織試験等）（6），ガソリ

表 2.10.8　2015 年『工業技術基礎』使用状況

学科・系 ＼ テーマ名	機械	電気	電子	建築	土木	工業化学	情報技術	電子機械	累計
	67校	64校	19校	43校	37校	39校	28校	20校	318校
1 「工業技術基礎」を学ぶにあたって	**38**	**39**	**15**	18	14	17	**14**	**12**	167
2 人と技術と環境	13	15	9	8	7	6	4	6	68
3 知的財産とアイデアの発想	15	17	1	1	7	8	7	5	79
4 事故防止と安全作業の心がまえ	**33**	**36**	**15**	15	14	**21**	9	1	153
5 実験・実習報告書の作成	4	**45**	**15**	16	13	**27**	13	**13**	182
6 学習成果の発表のしかた	15	21	7	9	8	5	7	6	78
基本作業編									
1 図面の表しかた	13	11	4	16	14	6	4	5	73
2 寸法のはかりかた	**35**	15	6	12	6	9	2	**12**	97
3 工具の扱い方	28	23	8	16	5	11	4	5	1
4 材料について学ぼう	14	5	2	15	5	1	1	5	48
5 手仕上げの方法	**36**	8	1	3		4	1	**15**	68
6 旋盤の扱いかた	**52**	7	2	1		2	3	**16**	83
7 フライス盤の扱いかた	15	3						3	21
8 溶接の方法	**44**	5	1	4	4	2	3	**14**	77
9 鋳造の方法	24	1						1	26
10 直流・交流回路の実験	9	**32**	**14**		1	3	13	1	82
11 回路計･オシロスコープの取り扱い方	5	**35**	**14**		1	6	9	7	77
12 プリント配線について学ぼう	8	23	8			6	5	4	54
13 論理回路の基礎について学ぼう	6	22	**12**		2	3	12	3	6
14 コンピュータ制御を学ぼう	3	21	9	2	2	2	8	4	51
15 センサについて学ぼう	2	8	6			1	2	2	21
16 シーケンス制御について学ぼう	1	12	5			1	6	7	41
17 化学実験の基本操作について学ぼう	1			1	1	**27**	1		31
18 橋梁のしくみについて学ぼう				2	9				11
19 測量について学ぼう				14	**25**	1			4
20 住宅について考えよう			1	11	4				16
21 デザイン･インテリアについて学ぼう				11	2		1		14
製作編									
Ⅰ 小型万力をつくろう	1							1	2
Ⅱ ベンチをつくろう				2	1				3
Ⅲ 住宅を考えよう									

1　住宅模型をつくろう				**21**	4				25
2　屋内配線について学ぼう		2	1	1		1	2	4	29
Ⅳ　ライントレーサをつくろう		5	1				2	1	9
Ⅴ　環境を考えよう									
1　LED照明で省エネルギーについて考えよう	1	3			1	1			6
2　食用油を再利用しよう						7			7
3　環境測定をしてみよう		1		1	2	3			7

ンエンジン分解・組立，鋳造，文鎮製作　ベンチバイスの製作，電気実習 I・O ボード製作（5），鍛造，フライス盤実習，組合せブロック等，NC 基礎プログラミング（4）等

〈電気系〉（64 校）電気工事（19），テスターの製作と校正，取扱い等（16），オームの法則，コンピュータの使い方（アプリケーションソフト）（8），ホイートストンブリッジ（7），分流器，倍率器（6），マイコン実習（マイコンボード製作等），プログラミング実習（C 言語等），第二種電気工事士試験に向けて，工場，発電所・変電所見学（4）等

〈電子系〉（19 校）アプリケーションソフトの操作法，HP，電気工事，電気工事士基礎（4），電子回路の製作，電子ルーレットの製作，プログラミング C 言語（3）等

〈建築系〉（43 校）木材加工（継手等）（15），CAD 実習，3D-CAD（9），コンピュータ実習（6），製図の基礎，図学（5），パースを描こう，透視図法，平板測量，水準測量（4）等

〈土木系〉（37 校）水準測量（7），平板測量，パソコン実習（5），距離測量，土木製図（4），セオドライト（トランシット）測量，CAD 実習，コンクリート，モルタルの強さ試験，木材加工（3）等

〈化学系〉（39 校）パソコン実習　アプリケーションソフトの使用（8），石けんの製造，硫酸銅の製造（6），基礎化学実験（薬品，容量器具等取扱いを含む），中和滴定，七宝焼，硫酸銅中の銅，結晶水の定量，定量分析（容量分析）（5），定性分析（4）等

〈情報技術科〉(28 校) テスターの製作, アプリケーションソフト (OFFICE) (6), 表計算実習, Excel, C 言語, 電子回路組立, 電子工作, 電気工事 (4) 等

〈電子機械科〉(20 校) テスターの製作 (6), レゴロボットの組立と制御, パソコン (ログイン等の基本, ワード, エクセル), C 言語, 旋盤基礎 (引張試験片の製作等) (3) 等

⑥ 使用テキストについて

1978 年指導要領改訂で新設された際には, 検定済教科書は作成されなかった。そのため, 各学校・学科で生徒の実情に合わせた自作テキストが編集されて, 授業実践に使用されていた。その後, 1989 年改訂で検定済教科書が編纂されて以来, 検定済教科書が存在しており, その使用状況についてはすでに述べてきた。しかし, 学科の特性による違いも多くあり, その実態はきわめて複雑かつ多様である。

全体的には, 検定済教科書を使用する学科は少なかったが, 改訂が進むにつれて増えてきている。2015 年調査では全体として, 自作テキストとほぼ同数になってきている。ただし, 学科による違いがあり, 電気・電子・情報技術・電子機械の各学科はなお自作テキストを多く使用している。

(4) 調査結果のまとめ

工業科の目標転換を受けて新設された工業基礎についての実態を調査した結果, 下記の諸点が明らかになった。

1) 当初工業基礎はほとんどの工業高校で導入されたが, その実態は相当多様であった。実施形態は, 各学科共通実施と一部共通実施と学科別実施の形態が, 指導要領上は第一の形態が求められたにもかかわらず, 実際にはほぼ 2 : 1 : 2 に分かれていた。

2) 工業基礎のテーマ・内容は多様であるが, 類似したものも多かった。少数のユニークなテーマも見受けられるが, 各学科の実習の基本的なテーマも工業基礎の中で実施されていた。

3) 工業基礎が導入された結果，実習の内容の2，3学年への移動や，実習のテーマ数及び内容が削減，軽減される傾向が見受けられた。また，実習と座学の理論学習との学習時期のずれが生じ，相互の関連性が弱められる危険性が見受けられた。その是正に真摯に取り組む必要がある。総じて，工業基礎の導入は実習のみならず，専門教科内容全体の再編成を必然化した。工業基礎導入の成否が専門教育の存立を左右しかねないと考えられる。

4) 1989年の指導要領改訂で刊行された検定済教科書『工業基礎』の内容は，発足当初に各学校において自主開発された教材群から多くが採用されたとみられる。しかし，それらの採用された教材は，発足時の内容の5項目を「それぞれ分離独立させて取り扱うことなく，これらをなるべく多く包含している実習課題を設定し，総合的な学習ができるように」という要件を満たしているとは考えにくい。工業基礎導入の当初の理念が検定済教科書を作成した時点で，後退したとみられる。その後の教科書改訂でも是正されていない。

5) 学科の内容の系統性の弱体化を招く恐れがある。本調査の結果，多くの学校が工業技術基礎という科目名を掲げつつも，その内容の多くは従来の実習の基礎的内容があてられている。この二重構造は，ある意味では各学科での専門性を担保しようとする学校現場の姿勢の表れである。一方，検定済教科書の刊行以降，学校現場はそれを使わざるを得ず，それが一定の教育内容選定の制約につながっていると推測できる。かかる事態は，広い意味での実習教育の充実にとって不利益をもたらす可能性がある。

6) 教材については，検定済教科書の発刊以降，徐々に自作テキストの使用が減少し，検定済教科書の使用が増えている。2015年現在，全体として両者の使用がほぼ並んでいる。ただし，学科・系により異なり，電気・電子・情報技術・電子機械はなお自作テキストを多く使用している。

（5）考　察

1）工業基礎・工業技術基礎の導入の意義

工業基礎・工業技術基礎の導入により，生徒が物に実際に触れて作業する中で実習に馴染み，その後の専門の実習作業に入りやすくなることや，工業に関する視野が広められることは積極的に評価される。中学校技術科が1958年の発足時に比べ，週当たりの授業時数が28%弱に大幅に縮減されている。加えて，1989年並びに1998年公示の中学校指導要領では，選択教科が設けられ，技術をもっと学びたい生徒は必修技術に加え，選択技術を履修して技術の学びを充足できた。しかし，2008年の指導要領改訂で選択教科を実質的に削除して，授業時間を“受験教科”の拡充に充てた。そのため，技術をもっと学びたい生徒は，選択技術を受けられず，総合的な学習の時間や課外活動にかすかな望みを託すしかない。今後技術科の授業時間の拡大を是非行う必要がある。

こうした状況の下，工業高校入学生のものづくり経験が非常に少なくなっているため，工業基礎導入の意義は大きいと考える。ただし，同科目のための条件整備が不可欠であり，特に工業教科目全体の単位数がかなり制約されている問題を解決する必要がある。

2）工業技術基礎と実習との関係

工業教科の中で実習が中核的な科目であるが，1978年の指導要領改訂以降実習の単位数は学科による程度の差はあるが，削減され続けている。その主な要因が，工業基礎や課題研究等の原則履修科目の導入と考えられる。実習の単位数の推移を図2.10.3に示す。

実習と工業技術基礎と課題研究の3科目の単位数を合計するとさほどの差はない。すると，これら3科目の相互の関連づけの成否が，生徒の習得度に大きく影響することになる。

また，2015年の調査では，1学年に実習の単位を置かず，工業技術基礎のみを置く学科が8学科の内5学科で90%台を占め，最小でも71%であった。それらの指導内容をみれば，かなりの内容が各専門の基礎実習的になっており，複雑かつ多様である。各学校・各学科の理念に基づいて教育課程が編成され，指導内容が多様であることは望ましいとも考えられるが，その運用をきめ細かくして行く必要がある。

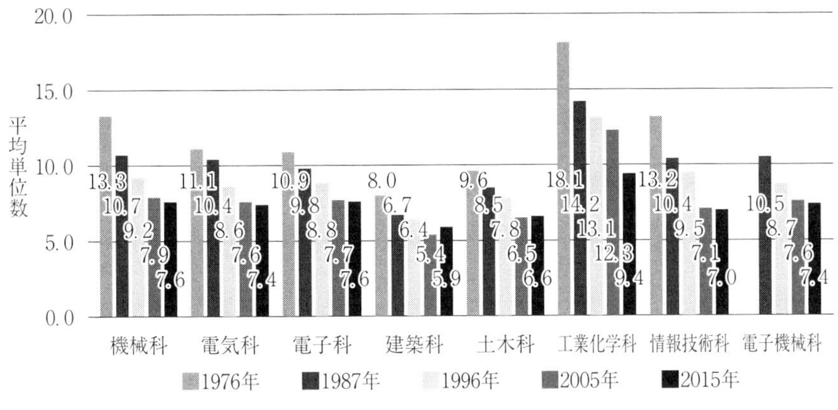

図 2.10.3　実習の平均単位数の推移

3）身体と頭で技術を習得する意義

工業高校で専門的な教育を受けた卒業生が生きてゆく産業社会においては，確かな専門性をもった人材が非常に重要である。そうした人材を 15 歳から養成する教育機関はとくに重要であり，貴重である。その教育課程では，実習などにおいて目的をもって手で直接材料に働きかける行為は人間的な発達にとって非常に大切である。そうした行為を積み重ねることにより，手と頭の連携がうまくできるようになり，新しいものを創造する源となる。さらに，物をつくる過程では，五官をフルに使い，かつ仲間と協同して作業が行われる。こうした身体で学ぶこと，協働して学ぶことの重要性は高校工業教育においてとくに強調されるべきである。発達過程にある高校生にとってきわめて大切である。工業技術基礎・実習・課題研究などではかかる学びが縦横に行われている。

これまで述べてきた工業科における工業基礎・工業技術基礎の状況から，各学校の独自性を発揮するためには，工業技術基礎を原則履修科目から基礎科目として位置づけ，その採否を学校現場に委ねることが必要であると考える。今後の高校工業教育の発展を祈念して止まない。

注記　本論は下記論文[42)]を基にしてまとめたものであるが，紙数の関係でかなり縮小した。下記論文を参照して頂きたい。

坂田桂一・長谷川雅康「工業高校における工業基礎・工業技術基礎の変遷と課題―1987年から2015年の調査結果を基に―」鹿児島大学教育学部『研究紀要』第68巻 自然科学編 2018年2月，pp.71-100

http://hdl.handle.net/10232/00030110　2024年7月11日最終閲覧。

（長谷川　雅康）

第11節　「工業基礎」など原則履修科目導入の実習への影響

先に機械科・系の実習内容の変遷について検討した中で，原則履修科目導入の影響を考察した。1978年，1989年の指導要領改訂の前後における，実習の各分野の実施テーマ数の学年配分比の変化から考察した。学年配分比とは，各分野の実施テーマ数を学年ごとに集計して，それらを3学年合計実施テーマ数で割った値をいう。たとえば，① 鋳造では1976年に実施テーマ数が1学年284，2学年162，3学年63であったので，合計509となり，学年配分比は各学年0.56，0.32，0.12となった。図2.11.1参照。

原則履修科目の中で，「工業基礎」の1学年への導入は「実習」への影響が大きいと考えられる。とくに1学年並びに2学年の「実習」にどのような影響が出たかを調査結果から検討する。対象学科は1976年調査からデータがある機械科・系，電気科・系学科，電子科・系学科，建築科・系，土木科・系，化学系学科，情報技術科とした。1987年から調査の電子機械科は別に検討する。

11-1　影響が認められる学科・系について

（1）　機械科・系

機械実習の中で，最も影響があった分野は ① 鋳造であった。この分野は従来1学年に重きを置いていたので，「工業基礎」の1学年への導入で半減し，2学年でほぼ倍増した。

しかし，1996年で1学年が増加し，2学年とほぼ並んだ。前節で述べたように，「工業基礎」のあり方が大きく変わり，40％弱から90％ほどの学校が学科

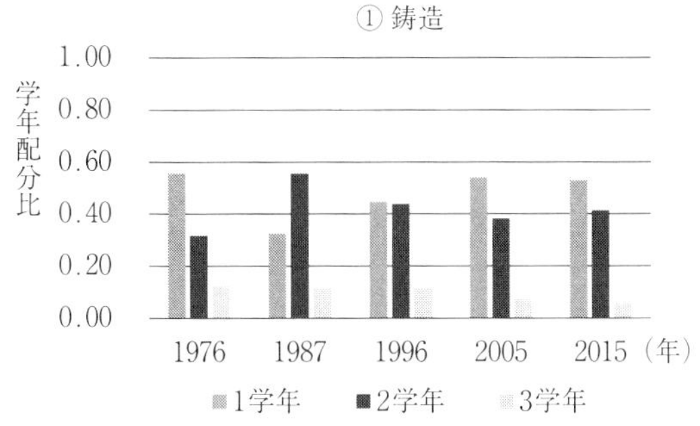

図2.11.1　① 鋳造の学年配分比の変遷

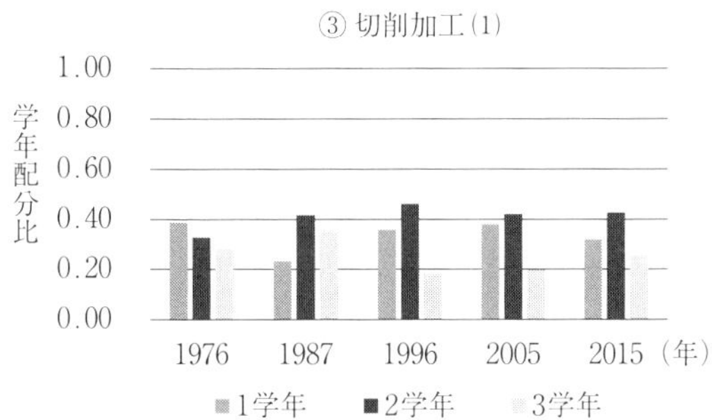

図2.11.2　③ 切削加工(1)学年配分比の変遷

別の内容を実施するようになった。

1学年の内容で学科自身の内容が増やされたため，1学年の内容が従来の比重に戻ったと考えられる。

こうした「工業基礎」の導入により1学年の実施が半減する影響を受け，その後に回復するパターンは，⑤ 塑性加工にもみられた。

一方，旋盤作業の基本を学ぶ ③ 切削加工(1)では，実施率が堅調に維持されている。1987年に1学年で半減近くになり，2学年が最大となり，3学年も増加した。

しかし，1996年には，1学年がかなり回復し，2学年がさらに増え，3学年が半減した。3学年については，「課題研究」が新たに導入された影響と考えられる。この分野は，その後も同様に推移しており，2学年を主軸に1学年と

3学年も確保しながら，堅持されている。

総じて，機械科・系の実習では，2，3学年主体の分野は「工業基礎」導入の影響が軽微に推移してきたとみられる。一方，従来1学年主体の分野，①鋳造や⑤塑性加工では「工業基礎」の導入直後で半減するものの，その後1学年で回復するという経過を辿っている。「工業基礎」「工業技術基礎」のあり方の変化が反映したと考えられる。

（2） 土木科・系

土木科・系で1学年の変化がみえる分野は，①測量実習である。1976年に最大であったが，1987年以後は2学年が最大となり，1学年は多少の起伏はあるものの2番手が続いている。

⑦情報処理については，変化がいちじるしい。コンピュータの普及と原則履修科目「情報技術基礎」の導入など複合的な要因が考えられ，1学年から実施が定着している。

その他の分野は，学年配分について大きな変化はみられない。

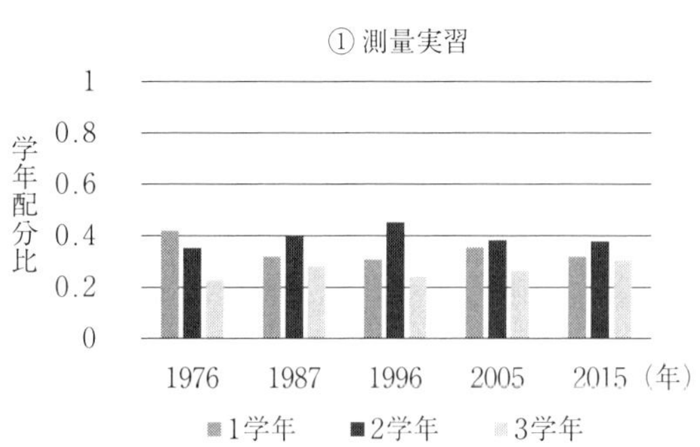

図2.11.3　①測量実習の学年配分比の変遷

（3） 化学系学科

化学系学科では，影響を強く受けた分野は③定量分析で，図2.11.5のように1学年が1976年と1987年で入れ替わりが起り，その後2学年主体で推移し

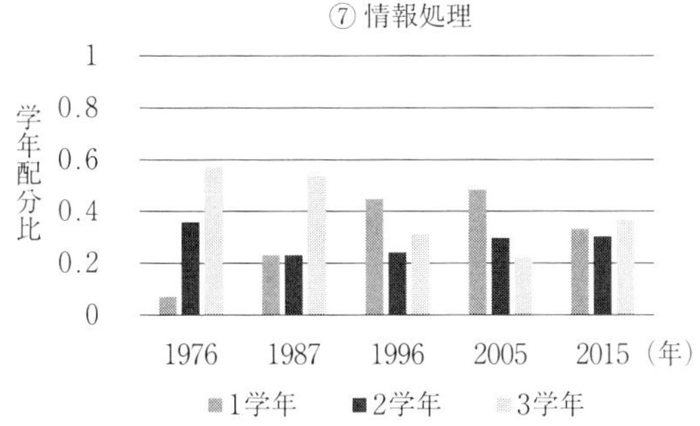

図 2.11.4　⑦ 情報処理の学年配分比の変遷

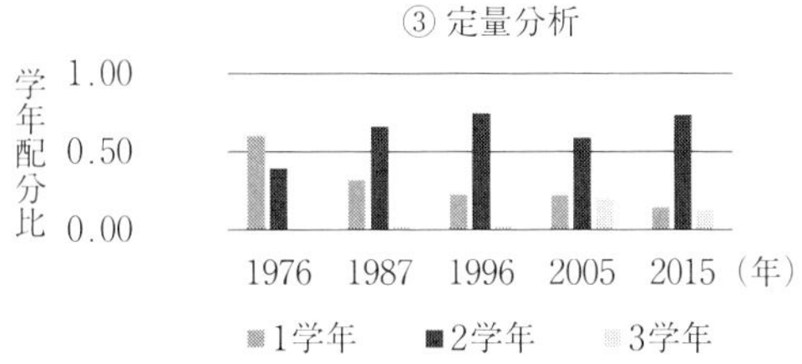

図 2.11.5　③ 定量分析の学年配分比

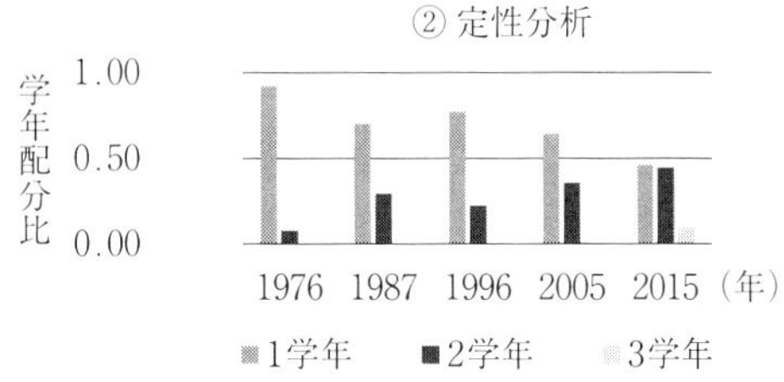

図 2.11.6　② 定性分析の学年配分比

ている。その他の分野は学年配分比の変化がほとんどない。たとえば，図2.11.6の②定性分析は，1学年主体となっている。分野ごとに主体の学年が決まっている。⑤物理化学は2学年主体。⑥機器分析は3学年主体。⑦化学工学は3学年主体。⑧工業分析は2学年主体など。座学の履修学年と対応しているためであろう。

11-2　影響が認めにくい学科・系

(1)　電気科・系

電気科・系では，① -2 電気抵抗の分野が 1987 年で 1 学年と 2 学年とがほぼ並んだが，1996 年以後は 1 学年が再び最大となり，それについで 2 学年が続き，そして 3 学年がわずかとなっている。この他の分野は概ね学年配分の変化がほとんどない。電気系学科において重視されている電気主任技術者資格の認定校の要件がかなり厳しく規定されていたため，「工業基礎」導入の影響は他学科に比べて少ないと考えられる。

しかし，1993 年 6 月に電気主任技術者認定基準が改正されて，それまで認定基準の枠外に置かれていた「工業基礎」「課題研究」について，内容が実験・実習に密接に関連するものであれば，実験・実習の基準の単位数を最大 4 単位減ずることができるようになった。これにより「工業基礎」の内容が従来「実習」で行っていたテーマに変更されていった。この意味では実習内容への影響が強いと考えられる。

一方，2 学年主体の分野は「工業基礎」の導入の影響はほとんど認められない。たとえば，③ 交流回路では，5 回の学年配分比がほとんど変化していない。また，2 学年・3 学年主体の分野，3 学年主体の分野においても変化は少ないと認められる。

一方，増加傾向にある分野である ⑨ -2 コンピュータによる制御，⑩ -2 ソ

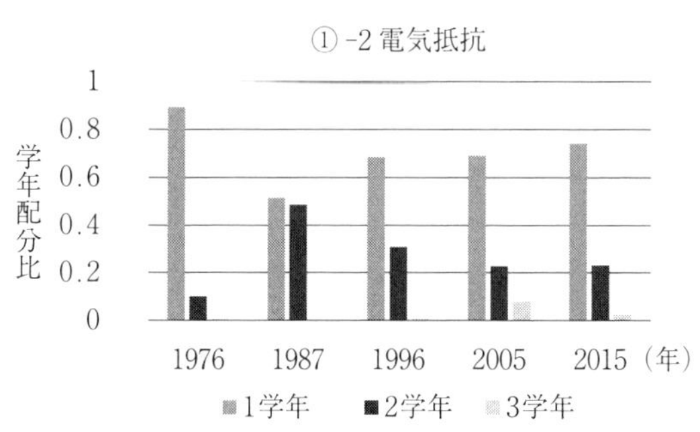

図 2.11.7　① -2 電気抵抗の学年配分比

フトウェア技術，⑪電気・電子工作などでは異なる変化がみられる。たとえば，⑩-2ソフトウェア技術では，1976年と1987年では3学年主体であった。当時はまだコンピュータ導入が始まった頃で十分な環境が整っていなかったためと考えられる。その後，環境が整うにつれて，2学年，1学年が増強されており，3学年にまたがって実施されている。この背景には，原則履修科目「情報技術基礎」の定着や教科「情報」の強化などがある。

他方，電気科・系の実習で少ない実験系以外の分野で貴重な⑪-2電気・電子工作は1学年重視が強まっている。工業基礎，課題研究，工業技術基礎などの導入により，製作実習が増え，さらに学習意欲の喚起が主な狙いと思われる。

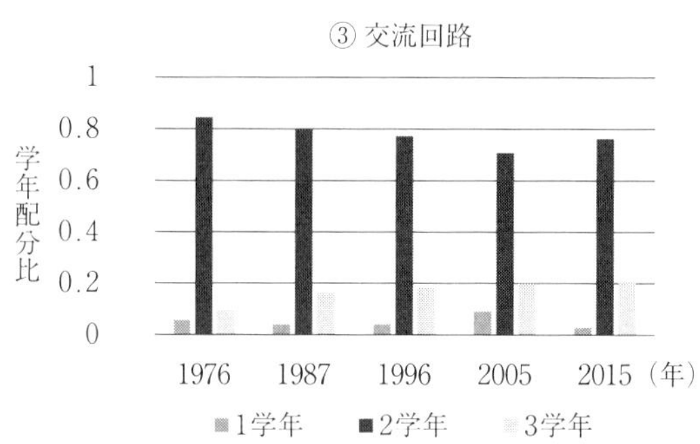

図2.11.8　③交流回路の学年配分比

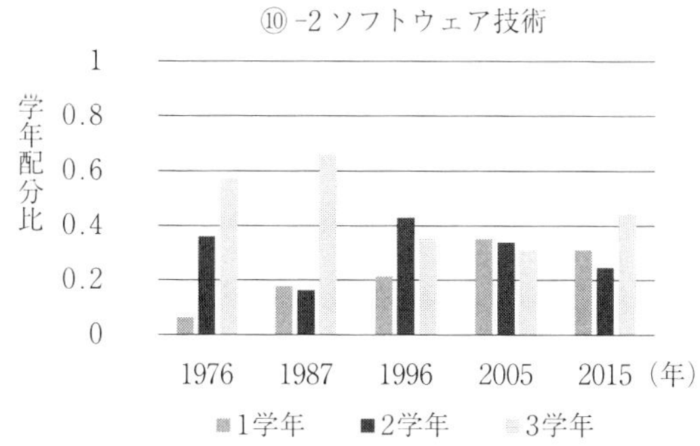

図2.11.9　⑩-2ソフトウェア技術の学年配分比

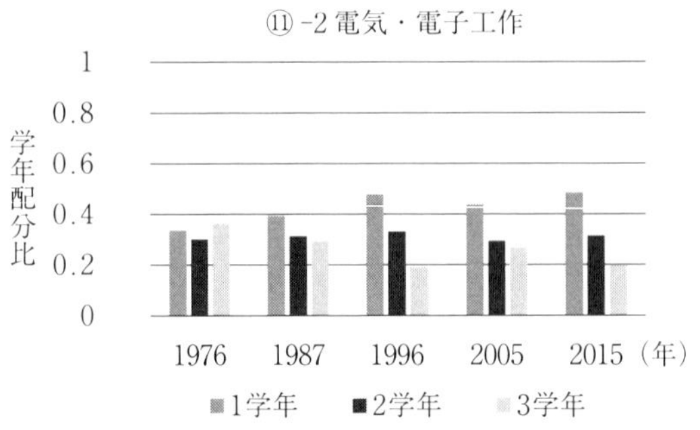

図 2.11.10　⑪ -2 電気・電子工作の学年配分比

ところで，荻野は電気科・系の実験・実習の特徴を，機械など他学科と比較して述べている[43)]。電気系では「実験系の内容」が 70％近くを占め，機械系ではそれが 20％余りと少なく，その一方で「それ以外の内容」つまり実習系の内容が 80％近くを占めている。両学科の「実習」が対照的な特徴をもっていることを顕著に示している。

（2） 電子科・系

電子科・系の動向は，電気科に類似するが，「工業基礎」の導入の影響に時間差がみられる。実験・実習のテーマのうち基礎的分野と位置づけられる ① -1 直流回路の電圧・電流・電力，① -2 電気抵抗，① -3 電気の各種作用，② 磁気と静電気，③ 交流回路，④ 電気・電子計測は，1976 年には全体の 3 分の 1 であったが，2015 年には 4 分の 1 に減少した。しかし，① -1 直流回路の電圧・電流・電力は増加した半面，① -2 電気抵抗や ① -3 電気の各種作用は減少して，実施テーマがより基礎的なテーマへ収斂されている。

従来の電子系学科の実験・実習の特徴的なテーマである増幅回路・電源回路や無線通信などがほぼ半減する一方で，コンピュータやマイコン関連のテーマが倍増している。総じて，教育内容がアナログ技術からデジタル技術へと変化している。

学年配分比から「工業基礎」の導入の影響をみると，導入直後の 1987 年に

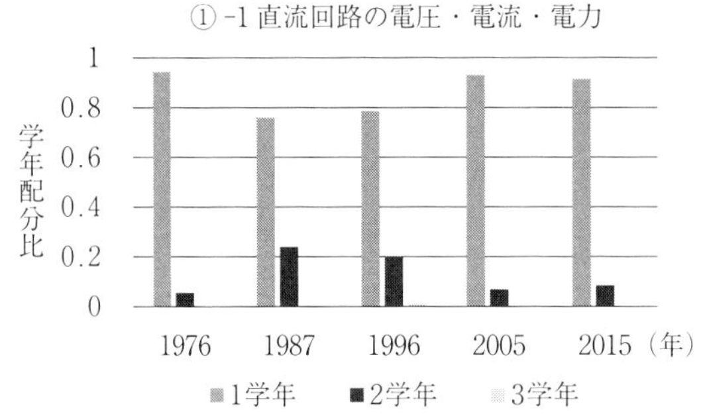

図 2.11.11　①-1 直流回路の電圧・電流・電力の学年配分比

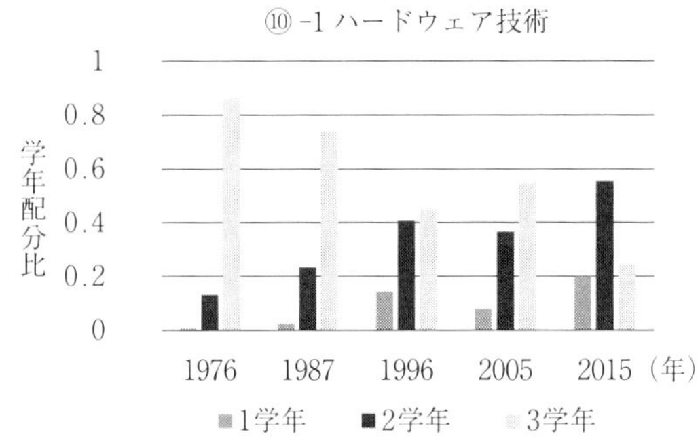

図 2.11.12　⑩-1 ハードウェア技術の学年配分比

は1学年が減少して，2学年が増加。1996年でも同様の傾向がみられる。従来の1学年で実施していた内容が一部2学年に移されたと考えられる。しかし，2005年にはほぼ1976年の配分比に戻ったとみられる。この変化は，「工業基礎」「工業技術基礎」のあり方・内容がかなり変化して，実質的に学科が内容を決められる状況となったことを示している。この変化は他の基礎的なテーマにもみられる。コンピュータ関連のテーマのハードウェア技術とソフトウェア技術について学年配分比から考えよう。

ハードウェア技術では3学年主体であったものが，「課題研究」導入後の1996年には3学年が大幅に減少し，2学年が倍増するとともに，1学年も増加した。1996年までは論理演算回路が最も多く実施され，マルチバイブレータ

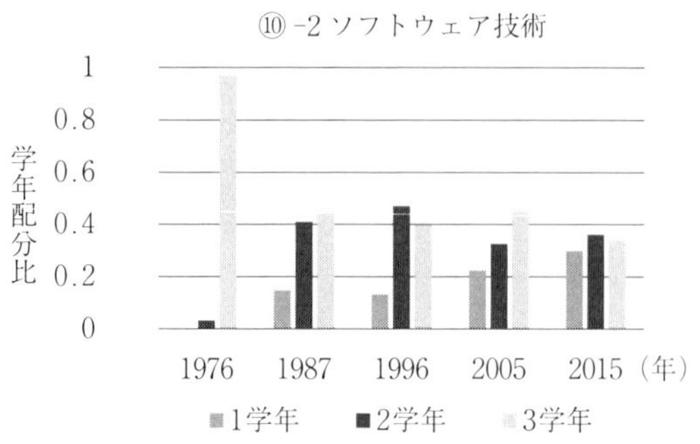

図 2.11.13 ⑩ -2 ソフトウェア技術の学年配分比

や波形整形回路などもかなり実施されていた。しかし，2005 年以降これらが急減した。原因は不明であるが，問題である。

ソフトウェア技術では，表計算，ワープロ等の市販ソフトの利用やＣ言語によるプログラミングなどが増加している。こうしたテーマは学年の別なく実施されるようになった。

（3） 建築科・系

建築科・系の実験・実習のうち，① 測量実習 ② 材料実習 ③ 構造実験は減少傾向にある。

① 測量実習は 1996 年まで 3 学年主体であったが，2005 年以降は 2 学年主体となった。「課題研究」導入の影響も考えられる。「工業基礎」導入の影響は大きいとはいえない。

② 材料実習は 1996 年調査まで最も多く実施されていた代表格の分野であり，2 学年主体の実習である。実施数は 2005 年以降半減している。1 学年の実施は，1987 年で半減以下となり，その後も回復していない。扱う材料がコンクリートに集中してきているが，他の材料についての学習をどうするか検討が必要である。

図を示していないが，③ 構造実験も実験的内容の分野であり，3 学年主体であったが，2005 年以降かなり削減された。「課題研究」の導入の影響も考えら

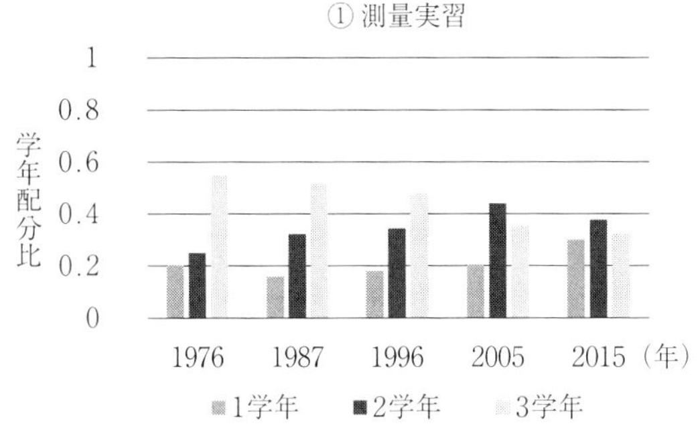

図2.11.14　① 測量実習の学年配分比

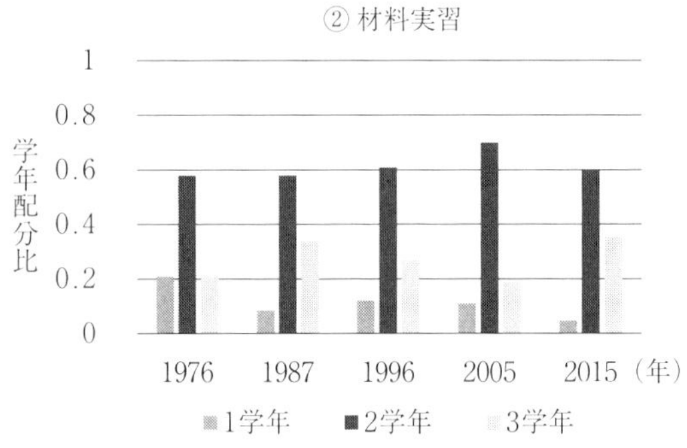

図2.11.15　② 材料実習の学年配分比

れる。総じて，実験的内容が減少しており，事象の定量的な扱いが減り，かなり問題である。

⑦ 製図は増加傾向にある。製図の基礎的内容と手書きによる設計製図が堅持されているほか，CADや自由設計の増加も2015年に急増している。専門科目「建築製図」も「実習」のほかに実施されており，同学科における製図の存在はとくに大きい。建築科の特徴といえよう。④ 計画実習 ⑤ 設備実習 ⑥ 施工実習は比較的変化が少ない。

(4)　情報技術科

情報技術科の実習は，全学年の単位数が減少傾向にあるとともに，その主要

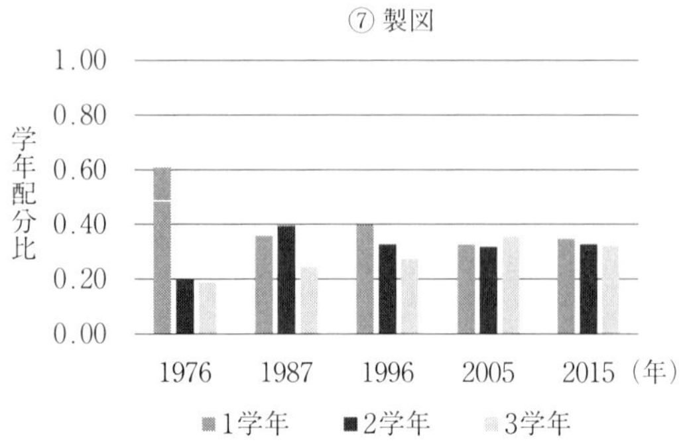

図 2.11.16　⑦ 製図の学年配分比

内容が，製作実習，直流回路，電気・電子計測，半導体と電子管に関するものから，コンピュータ・ソフトウェア，自動制御，コンピュータの電子回路とハードウェア，製作実習，半導体と電子管に関するものに変化してきた。

学年配分の面からみると，① 直流回路は 1 学年主体であるが，1987 年と 1996 年で 2 学年での実施が現れている。原則履修科目である「工業基礎」導入による影響とみられるが，その後同科目のあり方が変わり，2005 年以降ほとんど 1 学年のみの元に戻っている。

⑩ -2 コンピュータ・ソフトウェアは 2005 年で最も実施割合が高い分野となっている。世の中のソフトウェア技術の広範な普及に対応している。学年配分は，3 学年主体から順次学年間の差がなくなりつつある。コンピュータの普及など環境の整備が進んだことが背景と考えられる。

⑪ 製作実習は，かつて機械工作としての旋盤実習，手仕上げ，ボール盤実習，板金・溶接など，電気・電子工作としての論理回路製作，テスターの製作，デジタル IC の工作，フリップフロップの設計と製作など多様なテーマが実施されていた。2005 年まで 2 学年・1 学年で相応に実施されていたが，2015 年で急激に減少した。電気・電子工作の主要なテーマ，たとえば論理回路の製作，電卓の製作，テスターの製作などが実施されなくなった。1 学年に残されたテーマは，はんだ付け 4 校と電気工事 3 校のほかは 10 テーマが 1 校のみとなった。

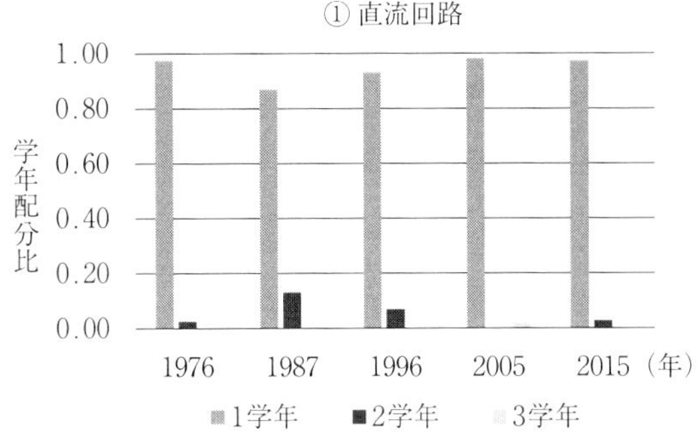

図 2.11.17　① 直流回路

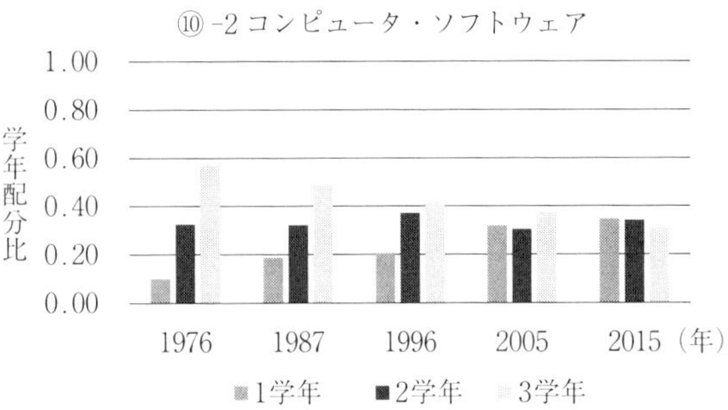

図 2.11.18　⑩-2 コンピュータ・ソフトウェア

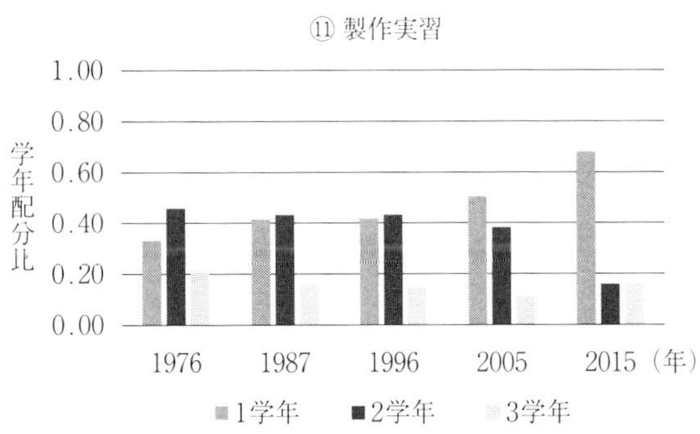

図 2.11.19　⑪ 製作実習

1学年主体になり，急減の原因は1学年では「工業技術基礎」のみで実習を置くことができない学校がほとんどとなったためとみられる。実習単位数の削減のほかに考えにくいが，この現実は専門教育のあり方が深刻に問われる事態であると認識すべきである。

(5) 電子機械科

電子機械科は，1982年に愛知県立豊田工業高等学校に初めて設置されて以来，漸次増加して1990年度には122校，1991年度には146校へと急増した。1989年度の学習指導要領改訂で電子機械科が標準的学科とされ，科目「電子機械」「電子機械応用」が新設された。1987年に実施した第2回の本調査は，電子機械科の全国設置数が40校であり，回答校が5校であった。草創期の状況をみることになる。

① 機械関係実習では1987年に1学年が主体であったが，1996年以降2学年が主体に入れ替わった。② 電気・電子関係実習では，概ね1学年主体であり，2学年がそれに次いでいる。

そもそも電子機械科の成り立ちは，新たに電子機械科を創設するというより，既存の機械科から移行するか，電気科・電子科から移行するかなど地域ごとに異なる事情があった。1990年に実施した電子機械科の実態調査[44)]によれば，122校中回答79校（64.8%）において，工業教科の必修単位数は平均42～43単位であった。この単位数では，機械関係と電気・電子関係及び情報技術関係の専門科目を漏れなく同等に置くことは困難であり，いずれかの専門を主体に教育課程を組むことになった。施設・設備や教員の専門性にも制約されたと考えられ，実習内容もそれらと関連して決定・実施されたとみられる。

そのため，同学科の独自のあり方が明確化しにくいと考えられる。

本節では，1976年から5回にわたり実習内容の調査をしてきた機械科・系など7学科について，1978年，1989年の指導要領改訂で導入された「工業基礎」などの原則履修科目の実習内容への影響を実習の各分野の学年配分比の変

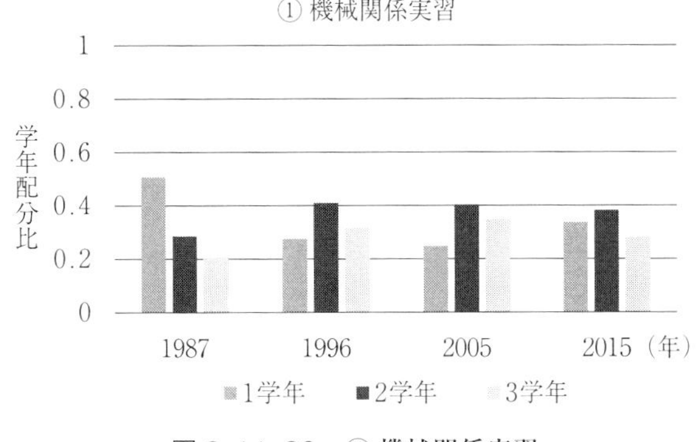

図2.11.20　① 機械関係実習

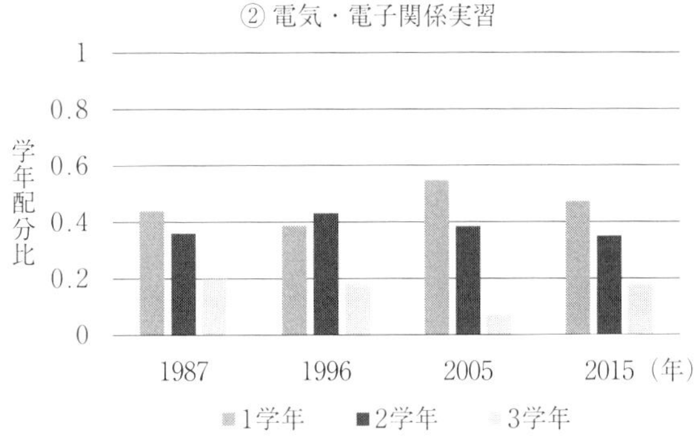

図2.11.21　② 電気・電子関係実習

化から検討した。

その結果，影響が明らかになった学科・系は，機械科，土木科，化学系学科であり，影響がみとめにくい学科・系は，電気科・系，電子科，建築科・系，情報技術科であった。各学科・系による事情が異なるため，一概には違いは明確にしにくいが，1学年主体の実習分野で「工業基礎」の影響がみとめられ，影響があったと考えられる。

しかし，「工業基礎」「工業技術基礎」の実施状況の変化が1996年以降の調査結果で明らかになった（前記第10節参照）。1学年での「工業基礎」が各学科の実習に概ね併合されたと考えられる。そのため，2005年以降1学年での実施内容や学年配分比が1976年当時に戻っているとみられる。

また，1989年改訂で導入された「課題研究」の影響が，3学年の実習内容にみられる事例がある。

これらの考察は，学年配分比の変化から行ったので，実習単位数の変化なども含めて分析する必要がある。さらに，1999年の指導要領改訂において，「実習」内容の枠組みを(1)要素実習，(2)総合実習，(3)先端的技術に対応した実習で構成するとされた。この方針変更の影響を評価することはかなり困難であるが，2015年の調査結果がそれ以前とはかなり異なるようにみられ，方針変更による可能性がある。その要因を分析することは，当方の調査方法ではかなり限界があると思われる。今後の調査をする場合は，その観点を踏まえた調査方法を構築する必要がある。

（長谷川　雅康）

注

1）井上道男・川上純義・橋川隆夫・長谷川雅康「工業教科（実験・実習）内容の調査報告（その1）『東京工業大学工学部附属工業高等学校 研究報告』第7号，1976年12月，pp.2-53。

2）長谷川他，前掲書（序章，3）1987年，pp.89-156。

3）長谷川他，前掲書（序章，4）1997年，pp.1-121。

4）長谷川雅康他「工業教科（工業技術基礎・実習・課題研究・製図）内容に関する調査報告」工業教科内容調査研究会，2006年3月，pp.1-163。

5）荻野和俊・丸山剛史・辰巳育男・坂田桂一・竹谷尚人・内田 徹・疋田祥人・三田純義・佐藤史人・長谷川雅康「工業教科（工業技術基礎・実習・課題研究・製図）内容に関する調査報告2015」2017年，pp.1-207　http://hdl.handle.net/10232/00029504　2024年7月11日最終閲覧。

6）荻野和俊他，前掲書（本章第1節）2017年　http://hdl.handle.net/10232/00029504　2024年7月11日最終閲覧。

7）長谷川雅康他，前掲書（序章6）2018年，全130p。

8）長谷川雅康「工業高校機械科の教育課程の変遷―高等学校学習指導要領 1978年改訂の影響―」『工業技術教育研究』第16巻1号，2011年3月，pp.1-10。

9）坂田桂一・長谷川雅康「工業高校における工業基礎・工業技術基礎の変遷と課題― 1987年から2015年の調査結果を基に―」鹿児島大学教育学部『研究紀要』第69巻教育科学編，2018年3月，pp.71-100　http://hdl.handle.net/10232/00030110

2024 年 7 月 11 日最終閲覧。
10）井上道男他，前掲書（本章第 1 節）1976 年，pp.3-53。
11）工業教科内容調査研究会（長谷川雅康ほか）「工業教科（工業基礎・実習）内容の調査報告（その 1），『東京工業大学工学部附属工業高等学校 研究報告』第 18 号，1987 年，pp.89-156。
12）長谷川雅康ほか「工業教科（工業基礎・実習・課題研究）内容に関する調査報告」，工業教科内容調査研究会，1997 年 3 月。
13）長谷川雅康他，前掲書（本章第 1 節 4）2006 年。
14）荻野・他，前掲書（本章第 2 節）2017 年。
15）荻野和俊「工業教科（実習内容）の調査研究（第 2 回）工業高校における実習内容の変遷―電気科・電子科実習内容の変化の特徴―」全国工業高等学校長協会『工業教育』，2017 年 3 月，pp.49-52。
16）三田他，前掲書（本章第 3 節）2011 年，pp.149-160。
17）荻野，前掲書（本章第 2 節）2017 年，pp.49-52。
18）井上・川上他，前掲書（本章第 1 節）1976 年，pp.3-53。
19）井上・川上他，前掲書（本章第 3 節）1977 年，pp.31-95。
20）長谷川他，前掲書（本章第 3 節）1987 年，pp.89-159。
21）長谷川他，前掲書（本章第 3 節）1988 年，pp.1-30。
22）長谷川他，前掲書（本章第 3 節）1997 年，pp.1-121。
23）長谷川他，前掲書（本章第 3 節）2006 年，pp.1-163。
24）荻野他，前掲書（本章第 2 節）2017 年，pp.1-207。
25）斉藤武雄・田中喜美・依田有弘『工業高校の挑戦―高校教育再生への道―』学文社，2005 年。
26）学校基本調査のデータは，本調査を開始した昭和 51 年から平成 28 年までを使用した。
27）前述のとおり，⑥ 施工実習は反復して行うことの多い実習である。平均テーマ数が 1 であっても回答校のすべてが当該の実習を行っているわけではないことに注意されたい。
28）最多の実習テーマで 35（88％）ということは，裏を返せばすべての回答校で共通して行われていたテーマはないということである。
29）ただし，第 3 回においては ⑥ 施工実習として行われる「建方」といった比較的大規模な実習の実施が減少している。直接的な関係性は不明であるが，力仕事を敬遠した可能性も考えられる。
30）坂田・長谷川，前掲書（本章第 10 節）2018 年，pp.71-100。
31）斉藤武雄・田中喜美・依田有弘，前掲書，pp.188-192。
32）同上，pp.281-283。
33）荻野他，前掲書（本章第 2 節）2017 年。
34）長谷川雅康他，前掲書（序章 6）2018 年，pp.35-38。

35）坂田・長谷川，前掲書（本章第2節）2018年，pp.71-100。
36）疋田祥人・内田徹「工業教科（実習内容）の調査研究（第5回）工業高校における実習教育の変遷—情報技術科・電子機械科実習内容の変化の特徴—」全国工業高等学校長協会編『工業教育』VOL.53，NO.-315，2017年9月，pp.52-55。
37）長谷川雅康「工業高校における電子機械科の現況」『東京工業大学工学部附属工業高等学校 研究報告』22号，1991年，pp.69-86。
38）荻野他，前掲書（本章第2節）2017年，pp.183-195。
39）疋田祥人・内田徹，前掲書2017年，pp.52-55。
40）岐阜県立岐阜工業高等学校工業基礎編集委員会『工業基礎 実習テキスト』1984（昭和59）年4月，岐阜県立岐阜工業高等学校「工業基礎『電車の製作と運転制御』について」『工業教育資料』実教出版，通巻第161号昭和57年1月，pp.28-32，「続 工業基礎『電車の製作と運転制御』について」『工業教育資料』実教出版，通巻第162号昭和57年3月，pp.26-30。
41）長谷川他，前掲書（本章第3節）1987年，pp.89-156。
42）坂田・長谷川，前掲書（本章第2節）2018年，pp.71-100。
43）荻野，前掲書（本章第3節）。
44）長谷川雅康「工業高校における電子機械科の現況」『東京工業大学工学部附属工業高等学校　研究報告』22号，1991年，pp.69-86。

第3章　実習の実際：事例研究

第1節　東京工業大学附属科学技術高等学校機械システム分野・旧工学部附属工業高等学校機械科における実習の変遷

当校は，1886（明治19）年東京商業学校（現一橋大学）附設商工徒弟講習所の職工科として創設され，その後東京職工学校，東京高等工芸学校，千葉大学東京工業専門学校などに移管され，戦後の1951（昭和26）年に新制東京工業大学附属工業高等学校として再出発した。さらに，同大学の学部構成の変化に伴い，理工学部，工学部に附属した後2005（平成17）年に現在の東京工業大学附属科学技術高等学校となって現在に至っている[1)]。なお，2024年10月に東京工業大学は東京医科歯科大学と統合して東京科学大学となるため，当校も東京科学大学附属科学技術高等学校となる。しかし，本節の内容は統合前の時代の記述であるため，校名は統合前の名称のままとする。

当校の生徒は，学区制外のため，東京都区内全域を中心に，その周辺の神奈川・千葉・埼玉など近県からも通学している。進路に関しては，一般の公立工業高校では大部分の生徒が卒業後直ぐ就職しているのに対して，当校では全生徒の70～80％が大学進学を希望し，20～30％が就職を希望していた。たとえば，昭和57年度～61年度の5年間で，民間企業14.1％，官公庁6.3％，国公立大学44.3％，私立大学36.4％，短大・専修学校7.9％，その他（未定）23.0％であった。両者の進路状況はいちじるしく異なっている。こうした進路状況を背景に，当校の教育課程は単位数配分が普通教科を多くし，工業教科はとくに1970（昭和45）年度以降，高等学校学習指導要領（以下，指導要領と略記）の規程の下限近くにしている[2)]。

本節では，戦後の同校機械科・機械システム分野における実習を中心とする教育内容の変遷を教育課程，実習テーマ，指導教員，施設設備等と関連しつつ概観し，特徴を検討したい。

1-1　機械科，機械システム分野の教育課程の変遷

戦後の教育課程の工業教科の変遷を表 3.1.1 に示す。機械科の専門教科履修単位数からみると，第 1 期：40 単位前半の時期，第 2 期：35 単位以下の時期，第 3 期：25 単位以下の時期に大別される。

（1）第 1 期

① 新制高等学校発足当初の教育課程で，まだ不安定な時期のものであるが，機械実習と製図で 22 単位となっており，専門必修単位数の 5 割強を占めている。他の専門科目も細分されておらず，標準的な教育課程とみられる。その後の教育課程のベースとなっている。

② 戦後の経済再建が徐々に進み，加えて朝鮮戦争の特需により経済の安定化がみられる時期に指導要領の改訂が行われた。この改訂では，専門科目の細分化が行われ，それに対応した教育課程が編成された。工業教科合計は 43 単位と増やされ，充実が図られた。

③ 経済基盤の整備が軌道に乗り，さらに政府の「国民所得倍増計画」により，工業高校卒業程度の中級技術者が非常に不足するとされ，技術革新といわれる動向も進む中で，昭和 35 年の指導要領の改訂が行われた。戦後最も高度な内容を持ったといわれ，専門科目も細分化され，専門的内容が多く盛り込まれた。「工業計測」は技術革新といわれる動向を反映して導入された。後述するように，実習にも順次実験的な内容が導入されることになる。

（2）第 2 期

④ 当校の戦後前半における教育課程の変遷の中で最も大きな変化は昭和 45 年度入学生から適用された選択制（8 単位まで 2 単位刻みの自由選択）の導入である。この導入により，工業教科の必修単位数が 35 単位となり，自由選択で 8 単位まで上積みできるが，4 単位取得が多くなっていた。普通教科の科目受講が増える傾向にある。この選択制の導入は指導要領改訂によるものではなく，当校独自の研究・検討によって行われた。昭和 40 年代の社会構

造の変化や科学・技術の進歩の早まりの中で，生徒の進路希望の在り方も急速に変化していた。こうした状況の中で，工業教科の必修単位数の削減に踏み切ったのであった。先に述べたように，他の工業高校の進路状況とかなり異なり進学の割合が多数であったためである。工業の専門科目の単位数配分の変化と実習の内容構成にかなりの変化をもたらした。実習内容の改変については，後に述べる。

⑤　昭和45年指導要領改訂に伴う教育課程であるが，④の改訂をほぼ引き継いだ。この指導要領では，目標として「中堅の技術者に必要な知識と技術の習得」が維持された。また，教育課程編成の弾力化・多様化を図るべく，大科目制をとり，実習を強化するとされた。自動制御の趨勢が顕在化しつつある状況を踏まえ，新科目「計測・制御」が導入された。当校もそれに従い同科目を取り入れた。しかし，選択制を維持するため，実習の単位数を増やすことは見送られ，実習の内容に計測や制御関係のテーマが導入された。

⑥　昭和53年指導要領改訂は戦後の工業科の目標を大きく転換させた。すなわち，「中堅の技術者の養成」から「工業の各分野の基礎的・基本的な知識と技術の習得」へと転換した。その象徴として科目「工業基礎」と「工業数理」を新設し，それらを学科の別なく，原則履修する科目とした。これら2科目の導入に7単位ほどを要することとなり，従来の学科ごとの専門科目の単位数を削減せざるを得なくなった。実習にもその影響が及び，工業基礎の内容が実習的であるため，単位数をそれに一部移し，内容を一体的に構成することで実習の実質を維持することとした。指導要領から「電気一般」が無くなったので，「計測・制御」を1単位増やし，電気の基礎的内容も学習させること及び2学年と3学年の実習で電気実験を導入して充実を図った。

⑦　第1回の研究開発学校の結果を踏まえ，当校独自に教育課程の改訂を行った[3)]。教科目の合計単位数の削減により，普通教科の単位数を増やす反面，工業教科の単位数を必修31単位に削減せざるを得なくなった。そのため，各専門科目の単位を少しずつ削減し，実習の単位数を逆に2単位増やし，3学年の実習をすべて課題研究として，その充実を図った。

表 3.1.1　教育課程の推移

指導要領	昭和26年改訂		昭和31年改訂		昭和35年改訂				昭和45年改訂		昭和53	
入学年度	① 昭和26年度		② 昭和31年度		③ 昭和38年度		④ 昭和45年度		⑤ 昭和48年度		⑥ 昭和57年度	
教科・科目		単位数	科目	単位数	科目	単位数	科目	単位数	科目	単位数	科目	単位数
普通教科合計		38	普通小計	55	普通小計	56	普通小計	58△4	普通小計	50△8	普通小計	50△8
工業教科	機械実習	14	実習	13	機械実習	12	機械実習	11	機械実習	11	工業基礎	2
	製図	8	製図	7	機械製図	6	機械製図	7	機械製図	6	実習	9
	機械工作	4	機械工作	5	機械工作	5	機械応用力学	4	機械工作	5	製図	6
	材料	2	応用力学	4	機械応用力学	4	機械工作	3	機械設計	5	工業数理	2
	原動機	4	機械材料	2	機械材料	2	原動機	4	原動機	4	機械工作	4
	設計	5	原動機	4	原動機	4	機械材料	2	計測・制御	2	機械設計	4
	電気一般	2	機械設計	4	機械設計	4	機械設計	2	電気一般	2	原動機	4
			工場経営	2	工場経営	2	電気一般	2			計測・制御	3
			電気一般	2	工業計測	2						
					電気一般	2						
	工業小計	39	工業小計	43	工業小計	43	工業小計	35△4	工業小計	35△8	工業小計	34△8
教科目合計		96		105		108		96		94		93
単位外活動		5～17	特別教育活動	6		3		6		6		6
総単位数		90～102		111		111		102		102		99

選択制導入　昭和45年実習棟新築

△は選択科目の単位数

昭和59年度から

年改訂		平成元年改訂				平成11年改訂		平成21年改訂	
⑦ 平成3年度		⑧ 平成6年度		⑨ 平成13年度		⑩ 平成16年度		⑩ 平成28年度	
科目	単位数	科目	単位数	科目	単位数	科目	単位数	科目	単位数
普通小計	56△4	普通小計	62△4	普通小計	58△6	普通小計	62△6	普通小計	57△6
工業基礎	2	工業基礎	1	工業基礎	2	科学技術　科学技術基礎	3	科学技術基礎	3
実習	11	実習	6	実習	3△2	科学技術　数理基礎	2	数理基礎	2
製図	5	製図	3	製図	4	科学技術　人と技術	1	人と技術	1
工業数理	1	工業数理	1, 4	工業数理	2△1	工業技術基礎		情報技術基礎	2
機械工作	3	情報技術基礎	1	情報技術基礎	2	実習	3△1, 2	科学技術	2
機械設計	4	機械設計	3, 6	課題研究	3	製図	2	科学技術コミュニケーション入門	2
原動機	3	原動機	2, 5	機械工作	2	工業数理基礎	4	先端科学技術入門	1
計測・制御	2	課題研究	2	機械設計	4	情報技術基礎	2	機械設計	2
		計測・制御	0, 3	原動機	2	課題研究	3	課題研究	4
		機械工作		自動車工学	△1	機械設計	4	実習	3△2
						原動機		製図	2
						機械工作	2	機械設計	2
						自動車工学	△1	機械工作	2
						科学技術	2	自動車工学	△1
						先端科学技術入門	1		
工業小計	31△4	工業小計	25△4	工業小計	25△4	工業小計	20△3	工業小計	28△3
	87～91		87～91		83～89		88～92		88～92
	3		3		6		3		3
	90～94		90～94		95～99		91～95		94～98

課題研究導入

教科「科学技術」6単位を設定。

システムデザイン・ロボット分野

（3） 第３期

⑧ 平成元年の指導要領改訂に伴い，さらに普通教科を増単位しつつ，工業教科を必修25単位に削減することとなった。この改訂では，原則履修科目がさらに「情報技術基礎」と「課題研究」が追加され，各専門科目の削減が進んだ。工業基礎は１単位，実習は６単位，課題研究は２単位とした。

⑨ 平成７年度から当校で初めて「くくり募集」による入学生を迎えた。その教育課程は，１学年で共通履修の「工業基礎」が２単位配置され，２学年から各科に所属して，それぞれの科で実習を３単位，３学年で課題研究を３単位履修する構成になった。実習は大幅に削減された。

⑩ 第３回のスーパーサイエンスハイスクール（SSH）の研究開発が平成22年度から５年間指定された。研究開発課題は「国際連携・高大接続教育を行う科学技術高等学校の新たな展開に向けた，ものづくり過程を自らの発想でデザインし広く発信する科学技術コミュニケーション教育の研究開発及び研究成果普及アーカイブズの開発」とされた。第１回，第２回のスーパーサイエンスハイスクール（SSH）研究開発並びに校名を科学技術高等学校への変更を踏まえ，内容がかなり大胆に更新された。工業教科は，科学技術基礎など全生徒が共通的に学ぶ科目の単位数が１学年８単位，２学年５単位となり，分野の科目９単位と課題研究４単位を加え，総じて26単位が必修単位数とされた。

1-2 機械実習等の変遷とその特徴[4)]

戦後の機械実習の内容の変遷とそれに関連する環境などの推移を検討したい。変遷の時期区分を単位数と内容を加味すると，第１期は単位数が14～12単位，年代は昭和26年～同44年，第２期は単位数が11単位，年代は昭和45年～平成５年，第３期は単位数７単位（工業基礎，課題研究の単位を含め）前後，年代は平成６年～平成31年である。

この間の実習内容と学校体制の推移を表3.1.2に示す。

また，この間の実習内容（ショップ）の構成の推移を概括的にみるため，表

3.1.3，表3.1.4に示す。

（1）　第1期

表3.1.3でみられるように，戦後の昭和44年頃まで1，2学年の内容は機械（旋盤中心），手仕上げ，鍛造の3分野に限定されていた。表3.1.5は昭和32年頃の実習内容一覧であり，各学年とも製作実習で占められている。その頃の実習製作品を写真3.1.1，写真3.1.2に示す。

昭和35年から3学年の内容に製作実習に加え，材料試験，水力実験，ディーゼル機関の性能試験など実験的内容が半分程度導入された。昭和35年の指導要領改訂により，科学的な内容の強化が促された影響とみられる。

かかる内容が長く続いたが，その要因は教員と施設設備に制約されていたと考えられる。当校では，昭和45年に実習棟が新築され，設備面でかなりの改善がなされた。図3.1.1はそれ以前の校舎等の配置であるが，機械科の実習室は1号館1階と2号館の一部（鍛造工場）に備えられていた。図3.1.2は1号館1階にあった機械実習工場の設備等の配置図である。

1号館1階に機械科実習室と2号館1階の一部に鍛造工場があった。

本館下に新実験棟が示され，その1，2階に機械実習室が設けられた。

図3.1.3は実験棟が新築された後の配置を示す。旧2号館が撤去され，機械科の実習室はすべて新実験棟に統合され，鍛造工場は廃止された。それに代わり，新実験棟に溶接実習室が設置された。

図3.1.4，図3.1.5は新実験棟の1，2階に設置された機械実習の設備配置を示す。写真3.1.3は新実験棟の実習室で行われた実習作品の蒸気機関カットエンジン模型を示す。

（2）　第2期

この時期には当校の工業高校としての在り方が盛んに議論され，独自に教育課程の改訂が行われた。その基本理念として，一 科学・技術の進歩に対応できる能力，発展に寄与できる創造性の育成　二 生徒の資質・能力・適性・進

表 3.1.2　機械科・機械システム分野の実習内容の変遷

学年	年度	1951	1952	1953	1954	1955	1956	1957	1958	1959	1960	1961	1962	1963	1964	1965	1966
学年	実習単位数	S. 26	S. 27	S. 28	S. 29	S. 30	S. 31	S. 32	S. 33	S. 34	S. 35	S. 36	S. 37	S. 38	S. 39	S. 40	S. 41
1学年	1	機械（旋盤）															
	2	手仕上（やすりがけ）															
	3	鍛造															
	4																
	5																
	6																
2学年	7	機械（旋盤）															
	8	手仕上															
	9	鍛造									蒸気機関カットエンジン模型の製作						
	10										材料試験						
3学年	11	マシンバイスの製作									水力実験						
	12										ディーゼル機関の性能試験						
	13																
	14								13								
3年間合計実習単位数			14														
		東京工業大学附属工業高等学校と改称															
教員構成	教諭		3								3			4		5	
	実習教諭		1								1			1		1	
	実習助手		2								3			2		1	

学年	年度	1981	1982	1983	1984	1985	1986	1987	1988	1989	1990	1991	1992	1993	1994
学年	実習単位数	S. 56	S. 57	S. 58	S. 59	S. 60	S. 61	S. 62	S. 63	H. 1	H. 2	H. 3	H. 4	H. 5	H. 6
1学年	1	機械	工業												
	2	（旋盤）	基礎												
	3	溶接													
	4	平面加工・計測基礎													
	5	機械（旋盤）1t ジャッキ製作													
	6	材料試験・特殊溶接													
2学年	7	機械基礎実験・水力実験													
	8	情報処理・油圧実験・電気実験													課題
	9	基礎実験実習（工業計測，機械工作，熱機関，品質管理，電気実験）													研究
	10	選択実験実習（工作，工業計測，溶接，材料，制御）													9
3学年	11			選択実験実習を課題研究に移行											
	12														
	13				課題研究実質開始										
	14														
3年間合計実習単位数															
				第1回研究開発											
教員構成	教諭														
	実習教諭														
	実習助手														

1967	1968	1969	1970	1971	1972	1973	1974	1975	1976	1977	1978	1979	1980
S. 42	S. 43	S. 44	S. 45	S. 46	S. 47	S. 48	S. 49	S. 50	S. 51	S. 52	S. 53	S. 54	S. 55

機械（旋盤）
手仕上
溶接

機械（旋盤）
材料試験・水力実験
溶接

基礎実験実習（工業計測，機械工作，溶接，原動機）
選択実験実習（カットエンジン製作，計測，溶接，材料，
蒸気機関実験，油圧回路実験）

11

12

選択制導入

実験棟新築

5

0

1

1995	1996	1997	1998	1999	2000	2001	2002	2003	2004	2005	2006	2007	2008	2009
H. 7	H. 8	H. 9	H. 10	H. 11	H. 12	H. 13	H. 14	H. 15	H. 16	H. 17	H. 18	H. 19	H. 20	H. 21

工業基礎
(共通)

科学技術基礎
(共通)

実習

課題
研究

東京工業大学附属科学技術高等学校に改称

第1回 SSH 研究開発

第2回 SSH 研究開発

くくり募集

第2回研究開発

4

0

1

学年	年度 / 実習単位数	2010 H. 22	2011 H. 23	2012 H. 24	2013 H. 25	2014 H. 26	2015 H. 27	2016 H. 28	2017 H. 29	2018 H. 30	2019 H. 31 R. 1
1学年	1	科学技術基礎（共通）									
	2										
	3										
	4	実習									
	5										
	6										
2学年	7	課題研究									
	8										
	9										
	10										
3学年	11										
	12	東京工業大学附属科学技術高等学校に改称（2010–2011）									
	13	第3回 SSH 研究開発（2010–2014）									
	14										
3年間合計実習単位数											

教員構成		
	教諭	4
	実習教諭	0
	実習助手	1

表 3.1.3 実習内容の構成（ショップ）

科目	学年	単位	昭和31年度 ショップ（内容）			単位	昭和40年度 ショップ（内容）			単位	昭和46年度 ショップ（内容）			単位	昭和56年度 ショップ（内容）			
機械実習	1	4	機械	手仕上	鍛造	4	機械	手仕上	鍛造	4	機械	手仕上	溶接	4	機械（旋盤）	溶接	平面加工	計測基礎
	2	4	機械	手仕上	鍛造	4	機械	手仕上	鍛造	4	機械	材料試験 水力実験	溶接	4	機械（旋盤） 1t ネジジャッキ製作	材料試験 特殊溶接	機械基礎実験 水力実験	情報処理 油圧実験 電気実験
											基礎実験実習							
	3	5	マシンバイスの製作			2	蒸気機関カットエンジン模型の製作			3	基礎実験実習 工業計測 機械工作 溶接 原動機 材料		選択実験実習 カットエンジン製作 計測 溶接 材料 蒸気機関実験 油圧回路実験	3	基礎実験実習 工業計測 機械工作 熱機関 品質管理 電気実験		選択実験実習 工作 工業計測 溶接 材料 制御	
						2	材料試験 原動機実験 工業計測実験											

表 3.1.4　実習内容の構成（ショップ）

科目	学年	単位	昭和60年度 ショップ（内容）				単位	平成6年度 ショップ（内容）			
機械実習	1	4	機械(旋盤)	溶接	平面加工	計測基礎	4	旋盤	溶接·板金	電気実習	基礎実験
	2	4	機械(旋盤) 1t ネジ ジャッキ 製作	材料試験 溶接	機械基礎 実験 流体実験	情報技術 電気実験	3	旋盤 スターリング エンジンの 製作	特殊機械 加工 溶接	機械基礎 実験 材料試験	流体実験 電気実験
	3	3	基礎実験実習 工業計測 機械工作 熱機関 品質管理 電気実験		課題研究		2	課題研究			

単位	平成8年度 ショップ（内容）				単位	平成28年度 ショップ（内容）			
2	工業基礎（共通）				3	科学技術基礎（共通）			
3	旋盤 手仕上げ	フライス盤 特殊機械加工	溶接 材料試験	流体実験 ロボット コンテスト	3	旋盤	マシニング センタ・レ ーザ加工機	制御	手仕上げ 溶接
3	課題研究				3	課題研究			

表 3.1.5　昭和 32 年ごろの機械実習内容

<table>
<tr><th>学年</th><th>単位</th><th colspan="3">実習内容</th></tr>
<tr><td rowspan="2">1</td><td rowspan="2">4</td><td>機械実習（5週＋5週）</td><td>鍛造（5週＋5週）</td><td>手仕上げ（5週＋5週）</td></tr>
<tr><td>旋盤の基本実習
① センタ仕事とチャック仕事
② 心立て，バイト・工作物の取付け
③ 外丸削り，端面削り，段削り，溝切り，テーパ削り，ローレット，曲面削り
④ ねじ切り</td><td>① 丸棒から角棒を作る
② リングの製作
③ 火箸，外パス，内パス</td><td>鍛造実習の作品を手仕上げで加工し製品にする
① やすり作業の基本
② 文鎮，火箸，外パスの製作</td></tr>
<tr><td rowspan="2">2</td><td rowspan="2">4</td><td>機械実習（5週＋5週）</td><td>鍛造（5週＋5週）</td><td>手仕上げ（5週＋5週）</td></tr>
<tr><td>1学年の基本実習を応用した「1t ネジジャッキの製作」
① 鋳造品，鋼丸棒の切削
② 塗装</td><td>① スコヤの製作
② バイトのろう付け</td><td>① 内パス
② キサゲ作業として，定盤（□250）を平面仕上する</td></tr>
<tr><td>3</td><td>5</td><td colspan="3">○マシンバイス（昭和26年～30年）
○ガソリンエンジンのカットモデル（昭和31年～33年）
○蒸気機関のカットモデル（昭和34年～50年）</td></tr>
</table>

写真 3.1.1　1t ネジジャッキ（2 学年の旋盤実習）（筆者撮影）

写真 3.1.2　ガソリンエンジンカットモデル（3 学年の実習課題）（筆者撮影）

写真 3.1.3　蒸気機関カットエンジン模型（筆者撮影）

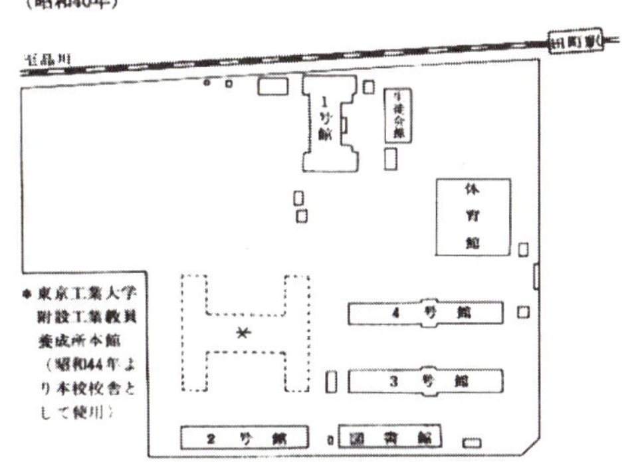

図 3.1.1　昭和 40 年当時の校舎等配置

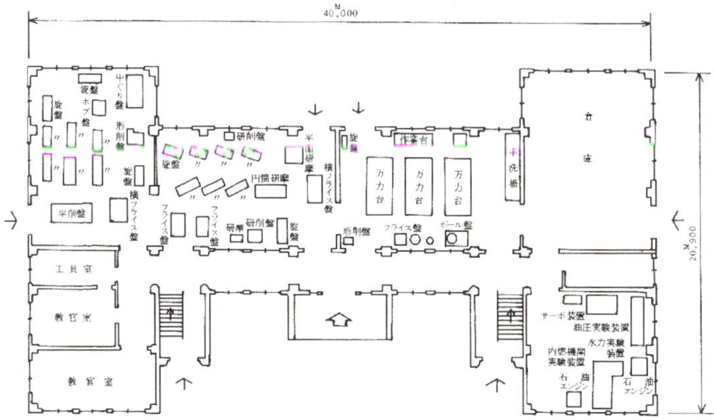

図 3.1.2　1号館1階の機械科実習室の設備等配置図（昭和 40 年当時）

(昭和52年)

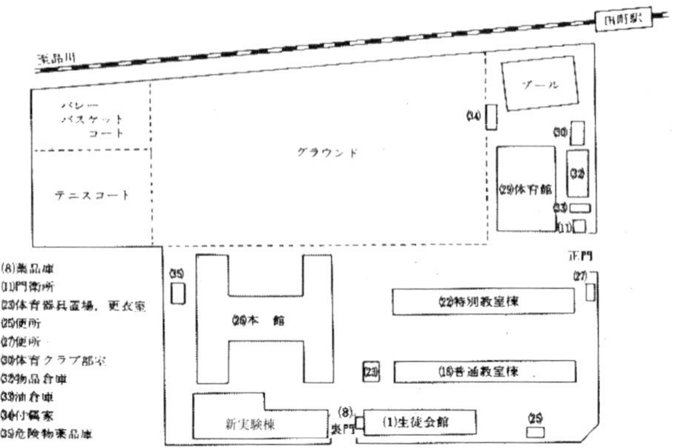

図 3.1.3　昭和 52 年当時の校舎配置図

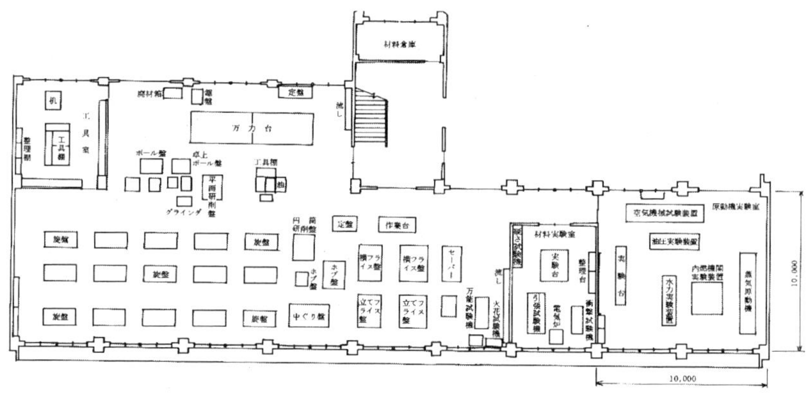

図 3.1.4　新実験棟 1 階の設備等配置図

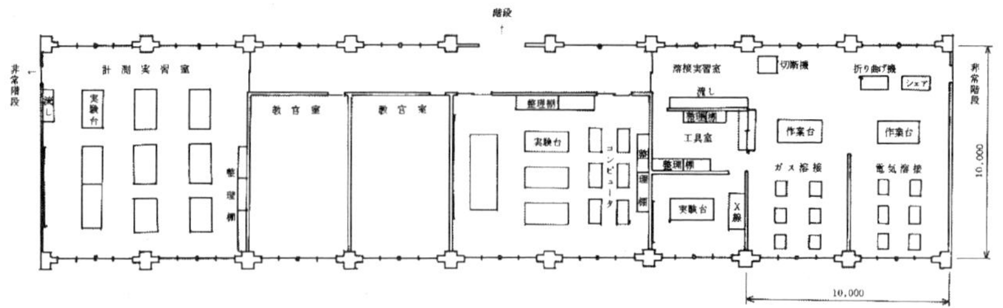

図 3.1.5　新実験棟 2 階の設備等配置図

路に応じた教育課程の多様化と選択による自主編成を掲げた。

それを受けて，編成の基本方針として，一 基礎学力の充実を目指す。基礎教科（工業・数学・理科・国語・外国語）の指導内容を精選集約し，実験実習と有機的な連繋により基礎学力を充実する。二 教科選択制を採用する。生徒自らがその適性・進路に応じた教育課程を選択・編成できるように配慮し，生徒の資質・能力を一層開発するように努める。三 クラブ活動を育成する。豊かな個性と社会性を助長するためにクラブ活動の育成を図る。その結果，単位数は下記のように変更された。

必修単位数（94）		選択単位数（8）		卒業に必要な単位数
普通教科	工業教科	選択必修	選択自由	
59	35	4→6	4→2	98

昭和53年度入学生から選択必修と選択自由の単位数が変更された。

この教育課程変更により，工業教科を35単位に縮減することになり，各専門科目の単位数が変更された。実習も1単位削減され，11単位となり，その内容構成も改変された。その結果，昭和45年度から，鍛造から溶接のショップに総入替が行われ，実験的な内容が増やされ，2学年と3学年に導入された。とくに，3学年では「基礎実験実習」として前半20週で4ショップを回し，その後7～8週を「選択実験実習」として6テーマから1テーマを選択させ，集中的により深く学ぶように変更した。

さらに，昭和50年代後半には，実習内容の総点検，すなわち3年間の各ショップの指導内容を一覧表に表示し，さらに座学の指導内容も列挙して，それらを基に学科教員全員で討議して実習の指導内容を洗い直した。その結果，1学年に計測基礎を平面加工ショップに入れ，2学年で4ショップに増やし，その内3ショップを主に実験的な内容とした。さらに時代の要請を受け，情報・制御技術の内容の充実を図った。表3.1.6に昭和56年頃の実習内容一覧を示す。

ところで，前項(2)⑥で述べたように，日本の工業教育の大きな転換点を画した昭和53年の指導要領改訂が行われた。それにより戦後の工業教育をどのように変えて行くかが問われた。そうした課題に対して，当校は昭和58年度から4年間文部省により「研究開発学校」の指定を受けて実践研究を行った。

研究課題として，「高等学校における職業教育の改善及び充実を図る教育課程の研究開発」を掲げ，研究のねらいとして，産業構造の変化，生徒の能力・適性・進路等の多様化に対応した職業教育を行うことを目的に，以下の三点をねらいとした。(一) 工業の各学科に対応した工業基礎課程の開発　(二) 各学科共通に履修する工業科目「技術と文化」，「情報技術基礎」の開発　(三)「課題研究」の導入

総じて，工業技術教育の基礎はなにかを追究し，科目の内容・授業方法の根本的見直しを伴い，三者の有機的な相乗効果をねらって実践研究された。それらの成果は平成元年改訂の指導要領に多く反映された。

その研究課題の一つ「課題研究」の開発には，機械科が先陣を切って取り組んだ。前年の昭和59年から3年の実習後半に選択実験実習の代りに課題研究を独自に導入していた。基礎実験実習の品質管理のショップを無くし，その4週分を加えて11週として課題研究をスタートさせた。テーマは，選択実験実習のテーマを基に，継続するテーマと新たなテーマに入れ替えるテーマもあった。その後も教員の真摯な取り組みによって多様なテーマが開発され続け，今日でも機械システム分野の特徴的な実践となっている。この課題研究の実践については，後に纏めて述べる。

表3.1.7は，上述の「研究開発学校」指定期間中の昭和60年の実習内容を示す。

(3)　第3期

平成7年度に「くくり募集」が導入され，かつ当校が第2回の研究開発学校の指定（3年間）を受けた初年度であった。この指定の研究課題は，① 科学技術の基礎教育に対応した新教科「科学技術」の開発　②「人と技術」の開発　③ 生徒の興味・関心，適性，進路希望に対応した選択制の開発，の3点であった。

表3.1.6　昭和56年ごろの機械実習内容

<table>
<tr><th>学年</th><th>単位</th><th colspan="5">実　習　内　容</th></tr>
<tr><td rowspan="3">1</td><td rowspan="3">4</td><td colspan="5">全体説明（1週4時間）</td></tr>
<tr><td colspan="2">旋盤作業(5週+5週)</td><td>溶接（5週+5週）</td><td>平面加工（5週+3週）</td><td>計測基礎（2週）</td></tr>
<tr><td colspan="2">① センタ作業による段付き丸棒の製作
② チャック作業とセンタ作業によるリングナット・引張試験片の製作</td><td>① 板金加工（曲げ加工，点溶接，せん断など）による郵便受の製作
② ガス溶接
③ アーク溶接
④ ガス切断</td><td>① やすり作業による六角ナットの製作
② やすり作業，フライス盤・形削り盤・平面研削盤によるシャルピー衝撃試験片の製作
③ はめあいブロックの製作</td><td>① 測定・計測とは
② ノギスとハイトゲージ
③ マイクロメータ
④ ブロックゲージとダイヤルゲージ
⑤ 測定値の取扱い</td></tr>
<tr><td rowspan="4">2</td><td rowspan="4">4</td><td colspan="2">機械実習(4週+4週)</td><td>材料試験（4週）</td><td>機械基礎実験（4週）</td><td>情報処理（4週）</td></tr>
<tr><td colspan="2" rowspan="3">「1t ネジジャッキの製作」
① 旋盤作業
② フライス盤作業
③ 平面研削盤作業
④ ボール盤作業
⑤ 仕上・組立て</td><td>① 引張試験
② 硬さ試験
③ 衝撃試験
④ エリクセン試験
⑤ 金属組織観察
⑥ 熱処理</td><td>① 動力学（動力測定，慣性モーメント）
② 流体（粘度測定，トリチェリの実験）
③ 熱（温度計，熱の仕事当量，放熱効果）</td><td>フォートランによるプログラミング演習</td></tr>
<tr><td>特殊溶接（4週）</td><td>水力実験（4週）</td><td>油圧実験・電気実験（4週）</td></tr>
<tr><td>① 不活性ガスアーク溶接
② 炭酸ガス半自動アーク溶接
③ X線試験・試料の製作</td><td>① 三角せき・ベンチュリ計による流量測定
② 管路抵抗測定
③ ポンプの性能試験
④ 空気機械実験</td><td>① 油圧回路の構成と回路図
② 流量調整弁
③ 速度制御回路
④ 回路計の取扱い方
⑤ 分流器，倍率器の実験
⑥ リレー回路実験</td></tr>
<tr><td rowspan="9">3</td><td rowspan="9">3</td><td rowspan="4">基礎実験実習</td><td>機械工作（4週）</td><td>熱機関（4週）</td><td>工業計測（4週）</td><td>電気実験（4週）</td></tr>
<tr><td rowspan="3">① 割出し作業となじれ削り
② ホブ盤による歯切り
③ 抵抗ひずみ計による切削抵抗の測定
④ 旋盤作業の切削効率の測定</td><td>① ガソリン機関の性能試験と排気ガス分析
② 蒸気ボイラーと蒸気タービンの性能試験</td><td rowspan="3">① 指針測微器と性能
② 電気マイクロメータと性能
③ 空気マイクロメータと静特性
④ 表面あらさの測定
⑤ 投影機による歯車等の測定など</td><td rowspan="3">① 電磁誘導基礎実験
② 誘導電動機について
③ 半導体の特性と応用
④ 交流の取扱い方</td></tr>
<tr><td>品質管理（4週）</td></tr>
<tr><td>① ヒストグラム，度数分布表の作成
② X-R 管理図の作成
③ 抜取検査特性曲線の作成</td></tr>
<tr><td rowspan="5">選択実験実習</td><td>工作（7～8週）</td><td colspan="3">リングゲージ・プラグゲージ・万力の製作</td></tr>
<tr><td>工業計測
(7～8週)</td><td colspan="3">○オートコリメータによる真直度測定
○三針法によるおねじの有効径測定
○ストロボスコープと回転数測定
○歯車試験機による歯車の測定等</td></tr>
<tr><td>溶接（7～8週）</td><td colspan="3">溶接部の強度試験</td></tr>
<tr><td>材料（7～8週）</td><td colspan="3">鉄鋼材料の熱処理と金属組織変化および機械的性質の変化の関連について</td></tr>
<tr><td>制御（7～8週）</td><td colspan="3">○2モータ，2シリンダのシーケンス制御
○オペアンプ回路
○論理回路とロジックシーケンス
○ ON-OFF 制御
○サーボ機構等</td></tr>
</table>

表 3.1.7　昭和 60 年の機械実習内容

学年	単位		実習内容			
1	4		全体説明（1週4時間）			
			旋盤作業（4週＋5週）	溶接（4週＋5週）	平面加工（4週＋3週）	計測基礎（2週）
			① センタ作業による段付き丸棒の製作 外丸削り，端面削り ② チャック作業とセンタ作業によるリングナットの製作 引張試験片の製作	① 溶接機の取扱い及び安全 ② 板金加工による郵便受の製作 ③ ガス溶接 ④ アーク溶接 ⑤ 溶断，手動式溶断，ガス自動切断	① やすり作業による六角体の加工 フライス盤加工による凹凸形の切削 ② 1t ねじジャッキ頭部の平面加工 フライス盤による溝削り （2年で仕上げるねじジャッキの頭部の加工）	① 測定について ② 各種測定器（ノギス，マイクロメータ等の取扱い） ③ 測定値の取扱い
2	4		機械実習（4週＋4週）	材料試験（4週）	機械基礎実験（4週）	電気実験1（4週）
			「1t ネジジャッキの製作」 ① 旋盤センタ作業 角ねじ切り ② 旋盤四方締チャック作業 心出し，中ぐり，角めねじ切り，ラップ仕上等 ③ スクロールチャック作業 ④ 仕上，組立，塗装等	① 引張試験 ② 硬さ及びエリクセン試験 ③ 衝撃試験 ④ 金属組織観察	① 仕事，仕事率の測定 ② 角速度，角加速度の測定 ③ 慣性モーメント ④ 熱の仕事当量の測定	① 抵抗，電流，電圧の測定 ② アナログテスタ・デジタルテスタ ③ 分流器，倍率器 ④ ホイートストンブリッジ
				特殊溶接（4週）	水力学実験（4週）	電気実験2（4週）
				① 不活性ガスアーク溶接 ② 炭酸ガス半自動アーク溶接 ③ 硬ろう付，その他	① ベンチュリ，オリフィスによる流量測定，管路抵抗測定 ② うず巻ポンプの性能試験	① マイコンによるグラフィックス及び処理 ② パソコンでの BASIC 言語
3	3	基礎実験実習	工作実験（4週）	熱機関実験（4週）	工業計測（4週）	電気実験（4週）
			① 平歯車の歯切りとまたぎ歯厚の測定 ② 切削抵抗の測定	① 内燃機関の性能試験 ② オルザットガス分析 ③ 蒸気タービンの性能試験	① ダイアルゲージ，マイクロメータの性能試験 ② エアマイクロ，万能投影機，オートコリメータ ③ ひずみ計による弾性係数 ④ 歯車の測定	① リレー回路の基礎 ② モータの取扱いと制御 ③ 電子技術の基礎
		課題研究11.週	ソーラーシステムの製作 形状記憶合金を使用したマニピュレータの製作と制御 簡易マニピュレータの製作と制御 NC 旋盤の製作と制御 蒸気機関車の製作			

主柱は ① であり，基礎となる理科・数学を主とする科学教育と技術教育を有機的に結び付けた新教科「科学技術」を設定し，その構成科目として「科学技術基礎」及び「数理基礎」の開発であった。1 学年では全員が同一内容の「工業基礎」（教育課程上の科目名）を学ぶシステムとなった。2 学年から各分野（コース）に分かれ，それぞれの専門科目を学ぶ。その結果，実習は 2 学年のみとなり，3 学年では課題研究が 3 単位のみとなり，実習が相当縮小され，少

なくなった。

なお，平成6年度から工業学科の教諭定員が1名づつ削減され，4名になった。削減分の定員は理科の物理，化学と数学科に回された。新教科「科学基礎」の実践に，定員の変化が反映されている。

表3.1.8に平成8年の機械実習内容一覧を示す。この内容は，永きにわたって当校機械科で培ってきた実習内容の基礎的な内容と新たにロボットコンテストという異なる視角のものづくりに取り組むショップが設けられた。この経験を踏まえ，3学年の課題研究でロボットコンテストの出場やコンテストの縛りのない高度なロボット開発にも挑戦している。

さらに当校では，平成14年度からスーパーサイエンスハイスクール（SSH）の研究開発に3度指定を受けて取り組んでいる。その第1回から，教育課程において1学年に科目「科学技術基礎」「数理基礎」「人と技術」，2学年に「科学技術」「先端科学技術入門」が各科に共通履修科目として組み込まれた。そのため，各科の専門科目は17単位と限られ，実習は2学年の必修3単位，類型選択2単位のみとなり，3学年の課題研究3単位は平成17年度から4単位に増やされ，より充実した実践に取り組まれている。

なお，この年度に東京工業大学附属科学技術高等学校に改組され，従来の学科から専門分野に区分され，機械科はシステムデザイン・ロボット（機械システム）分野と改称され，教育課程もかなり改編された。

1学年の「科学技術基礎」で，共通授業の4時間の中で引張試験と衝撃試験を行うなど工夫しながら実験的実習を実施している。

表3.1.9に，平成28年度の機械実習内容一覧を示す。

機械システム分野の2学年では，「実習」3単位として製作実習が，旋盤18時間，マシニングセンタ・レーザ加工機18時間（座学が6時間），制御18時間，手仕上げ9時間，ガス溶接9時間と大幅に削減されて，行われている。指導内容は新しく制御に関する実習が導入され，空気圧シーケンス制御やマイコン制御の実習が導入されている。旋盤では要素作業のみとなり，センタ作業やチャック作業は実施していない。溶接はガス溶接のみになり，フライス盤は実

表 3.1.8　平成 8 年の機械実習内容

<table>
<tr><th>学年</th><th colspan="2">単位</th><th colspan="4">実習内容</th></tr>
<tr><td rowspan="3">1</td><td rowspan="3">2</td><td rowspan="3">科学技術基礎・工業基礎</td><td colspan="4">全体説明（1週4時間）</td></tr>
<tr><td colspan="2">運動・力学分野</td><td>電気分野</td><td>化学分野</td></tr>
<tr><td>物体の運動
流体力学の基礎

熱力学の基礎
機構模型の製作</td><td>形態と力（柱）
形態と強さ（折れ板）

形態と強さ（梁）
形態と強さ
（HPシェル模型製作）</td><td>電流
電圧
抵抗
直流回路

コンデンサ
電気と磁気
交流回路の基礎
半導体とダイオード</td><td>ろ過と蒸溜
ペーパークロマトグラフ法と乾留
定比例の法則
水と水溶液の凝固現象
化学反応

水質検査

原子量の測定
分子量の測定
中和反応（中和滴定）
金属イオンの反応と分析
コロイド溶液</td></tr>
<tr><td rowspan="4">2</td><td rowspan="4">3</td><td rowspan="4">実習</td><td>旋盤（4週＋4週）</td><td>手仕上げ（4週）</td><td>溶接（4週）</td><td>流体試験（4週）</td></tr>
<tr><td>スターリングエンジンの製作</td><td>文鎮の製作</td><td>○アーク溶接
○ガス溶接
○ガス切断</td><td>○渦巻ポンプとペルトン水車の性能試験
○流量測定及び管路抵抗測定
○風洞実験</td></tr>
<tr><td>フライス盤（4週）</td><td>特殊機械加工（4週）</td><td>材料試験（4週）</td><td>ロボットコンテスト（4週）</td></tr>
<tr><td>はめあいブロックの製作</td><td>○歯車加工
○マシニングセンタ
○割出しとねじれみぞ</td><td>○引張試験　○衝撃試験
○硬さ試験　○熱処理
○金属組織観察　○火花試験</td><td>与えられたテーマに応じたロボットを1人1台製作してクラス内で競う</td></tr>
<tr><td>3</td><td>3</td><td>課題研究</td><td colspan="4">○スターリングエンジンの研究　○新型原動機の研究
○低燃費自動車の製作と大会への出場　○ロボットコンテストへの出場
○航空機，自動車，新幹線など乗り物の空力特性の研究
○船舶が受ける水の抵抗についての研究
○紙でつくる自転車の大会への出場　○おもちゃの研究</td></tr>
</table>

施されなくなった。

平成 25 年以降，3D プリンタを中心としたデジタルファブリケーション機器の導入が相次ぎ，課題研究などで活発に使用されている。

課題研究は，4 名の教諭が 1 テーマにつき生徒 1 名から 5 名の班を作り，8 ～ 10 テーマの指導を行っていた。

平成 28 年度には，実験的テーマはまったく実施されていないが，機械工作や学校設定科目の中で風洞実験を行っている。

表 3.1.9　平成 28 年度　機械システム分野　実習内容

学年	単位	科目	実習内容			
1	3	科学技術基礎	全体説明（1週4時間）			
			力学	電気	化学	製図
			• メカニズム模型の設計と製作 • 水と空気の流体力学 • 長さの測定と有効数字 • 力のつりあい	• 抵抗の製作と測定 • 分圧と分流 • キルヒホッフの法則 • 電気と磁気	• 塩化銅（Ⅱ）の化学式の決定 • 水と食塩水溶液の凝固現象 • H2，O2，Cl2を発生させる • 化学的方法による水質検査	• 製図と基礎 • 図面の表示方法 • 投影図法 付記　グラフの描き方
2	3	実習	旋盤1（3週）	マシニングセンタ（3週）	制御1（3週）	手仕上げ（3週）
			「機械部品の製作」チャック作業，外丸削り，ドリル穴あけ	「表札の製作」2DCAD，ワークシミュレーション，デザイン	シーケンス制御とは，論理回路，シーケンサの基本操作，ラダー図，空気圧制御，空気圧システムの構成	「文鎮の製作」帯のこ盤，けがき作業，平やすり作業，平面計測，ボール盤作業，タップ・ダイス作業
			旋盤2（3週）	マシニングセンタ・レーザ加工機（3週）	制御2（3週）	溶接（3週）
			「段付き丸棒の製作」チャック仕事，テーパ削り，中ぐり，リーマ，ねじ切り，みぞほり	「表札の製作」アクリル板の切削，レーザ加工用のデザイン，2DCAD	Auduinoとは，LEDの点滅，温度センサ，光センサ，7セグメントLED，モータドライバ	「箱の製作」シャーリング，ガス溶接，折り曲げ試験
3	3	課題研究	• 単一スラスター型水中ロボットの製作と評価 • 被災者発見のための災害救助ロボットの製作と性能評価 • 無限軌道を用いた偵察用ロボットの小型試作機の製作 • 電気自動車の小型化及び性能実験 • 自動黒板消しの製作と作業効率の研究 • メカナムホイールを用いた体重移動による全方向移動車の製作 • ばね・ワイヤを用いた4足歩行ロボット • 分離結合型探査ロボットの開発			

1-3　当校の課題研究

①　課題研究導入の経緯[5)]

前述したように，第 1 回の研究開発学校（昭和 58 年度から 4 年間）の研究課題の一つが課題研究の開発であった。機械科は他学科に先駆けて昭和 59 年度から 3 学年の実習の後半 11 週で課題研究を導入した。

その後，平成元年の指導要領改訂で課題研究が正式科目となり，平成 6 年度から当校の教育課程に課題研究が 2 単位独立して導入された。さらに，当校では第 2 回研究開発学校や 3 度にわたるスーパーサイエンスハイスクール（SSH）の指定を受ける中で，課題研究が 3 単位さらに 4 単位と強化されている。課題研究は当校の特徴的な実践といえよう。

② 研究テーマ

研究テーマについては，従来のテーマを継承するものと新たなテーマを取り入れるものなど，指導教員の研究と生徒たちの積極的な提案も取り入れながら多種多様なテーマが設定されている。基本的には指導教員の問題関心を軸に展開されることが多い。

導入当初は，製作型の課題が多く，実験的な課題は少なかった。前者は，具体的な製作対象物を設定し，設計・加工し，組立て作動させ，性能を検証するプロセスで実施された。たとえば，ソーラーシステムの製作，形状記憶合金を使用したマニピュレータの製作と制御，NC 旋盤の製作と制御，蒸気機関車の製作，スターリングエンジンの製作，メカロボットの製作，電気自動車の製作（電気科と共同実施）などが挙げられる。後者には，溶接材料実験，「小たたら」による製鉄実験，プログラミング技法など。これらは，生徒集団で取り組んでおり，協調性の涵養に資している。また，各テーマとも機械科の専門科目で学ぶ知識を幅広く必要とする総合的な課題が多い。

前述した平成 6 年度の教員定数の削減と教員の転出などで機械科の教員構成が大きく変化した。1 名が残留し，残る 3 名が新教諭となった。次いで平成 7 年度から「くくり募集」が始まり，1 学年は各科共通内容を学び，2 学年から学科毎の専門科目を学び，3 学年で課題研究を履修する。実習は 2 学年で 3 単位のみとなり，課題研究は 2 単位から 3 単位に増やされ，充実した実践が目指された。ただ，担当する生徒数が増えたことは指導力を問われることとなる。実際課題研究は 4 名の教諭が 1 テーマにつき 1 名から 5 名の生徒班を作り，8 ～ 10 テーマの指導を行っていた。

平成 17 年度の校名変更以前の課題研究のテーマとしては，A 教諭は多様なスターリングエンジンの研究が多く，紙製車椅子の研究もかなり取り組んでいる。B 教諭は，自動車関係のソーラーカーや低燃費車，電気自動車そして各種ロボット製作のほか種々の製作課題がある。C 教諭は，シーケンス制御を用いる多様なロボット製作，竜巻の発生研究や車・新幹線のノーズ形状による空力特性の研究，船の構造と流体抵抗の研究など実験研究が多い。D 教諭は，風に向かって走る自動車などウィンドカーの製作，風車・飛行機など空気中の運動体の研究，各種ロボットや空き缶潰し機の製作など多彩なものづくりを実践している。

平成 17 年度に東京工業大学附属科学技術高等学校と校名が変更され，機械科はシステムデザイン・ロボット分野（通称，機械システム分野）となった。同年度から第 2 回 SSH 研究開発を 5 年間行い，さらに平成 22 年度から第 3 回 SSH 研究開発を 5 年間実施している。この改組と研究開発を通して，課題研究も機械加工を中心とした従来型のテーマも続けながら，ロボット関係のテーマがさらに増えている。それらのテーマで特徴的なことは，環境問題や災害を意識したテーマ，たとえば原発の廃棄作業や災害時の被災者探査に適応するロボットの開発を目指すテーマなど現実的で意欲的な取り組みが注目される。ロボット関連技術の進化による利用可能な手段の多様化を背景に生徒たちの意欲的な取り組みが彼らの自信を深めている。

一方，教育課程において専門科目の比重がかなり低下して，技術的な知識や技能の裏づけが脆弱であることが，課題研究の成果物に影響していることが課題である。打ち続く研究開発の中で，継続的に同種の研究テーマを追究する余裕が奪われ兼ねない状況は懸念される。

なお，1985 年からの課題研究のテーマは下記 URL で公開中である。

https://sdr.g.hst.titech.ac.jp/%E8%AA%B2%E9%A1%8C%E7%A0%94%E7%A9%B6（2024 年 8 月 14 日最終閲覧）

③　課題研究の実施過程

発足当初は，2 学年次に 3 年生の発表会に参加して，各テーマの実際を理解する。その後教員による予定テーマの説明を受けた上で，希望テーマの調査をする。その結果を基に，担当教員が協議して，班編成する。3 年次になり，編成した班毎にテーマを具体化する活動を開始する。班によっては，教員が予定していたテーマではなく，生徒から提案されたテーマが班員の同意を得られれば，そのテーマで進める場合もある。また，最初の計画で進める中で，どうしても困難が克服できない場合は元に戻り，計画を練り直すこともある。こうした困難にぶつかった場合こそ，他所での類似の例を参照してヒントを得ることが往々にある。問題のポイントを突き詰めて他の例をみると見方がより鮮明になり，解決策を見付け易くなる。こうした試行錯誤を繰り返すことも大切な学びとなり，課題研究の意義がさらに高まる。

近年は，2学年次の1月に生徒が課題研究テーマ計画書（企画書）を提出する。2・3月で分野の教員会議で生徒のテーマの改善点を教員が討議し，それを受けて生徒が訂正を行う。3学年次の4月に担当教員が発表され，本格的に課題研究がスタートする手順を踏んでいる。

1-4　実習を支える諸条件

①　指導教員

実験・実習を支える重要な条件は，指導する教員の技術的・教育的力量である。当校機械科・機械システム分野の指導内容の変遷をみると，指導教員との相関関係が考えられる。初期の時期には，製作実習が相当長く続いたが，当時教員の構成が，教諭，実習教諭，実習助手からなっていたため，実習内容が製作課題に固定的になったとみられる。その後，実習教諭がいなくなり，実習助手も減員される中，徐々に実習内容が変化した。外的要因である社会の技術革新などの影響が働いたことも重なっている。

なお，当校は小規模な学科構成であるとともに，附属学校のため転勤がかなり少なく，教員構成が変化しにくいという事情がある。教論の多くが20年余りから30数年勤続している。そのため，担当分野・項目が変化しにくい事情があった。このため教員相互の意識を日常的に交流して，徐々にでも変革する必要がある。前述したように，教育課程の改訂や実習内容の構成を変える際には，教員全員による話し合いを積み重ねて結論を得て，実践に移して行くことが大切である。

昭和44年から教諭5名，実習助手1名の構成が長く続いたが，平成7年から教諭4名，実習助手1名と教諭が1名削減され，教諭らの負担が増えているにもかかわらず，多様なテーマに取り組んでいる。このため，教員個人の教材研究が重要であるが，それに加えて教員相互の協力関係も肝要である。

② 設　備

設備については，旧実習工場に大学等から移管替えで実験装置を整えていたが，昭和40年代から産業教育振興法に基づく予算配当が増え，実習・実験設備が整備された。同40年代以降の実験・実習内容の再編成は，そうした設備面の整備を伴って行われた。平成期に入り，マシニングセンタといった高額の設備も導入されたが，まだ不十分な点も多い。平成25年以降3Dプリンタを中心としたデジタルファブリケーション機器の導入が相次ぎ，課題研究等の授業で大いに活用されている。

なお，施設面では，前述した図3.1.3の校舎配置から昭和56年に4号館（普通教室，図書館など）が建てられ，さらに1号館の奥に体育館（屋上プール

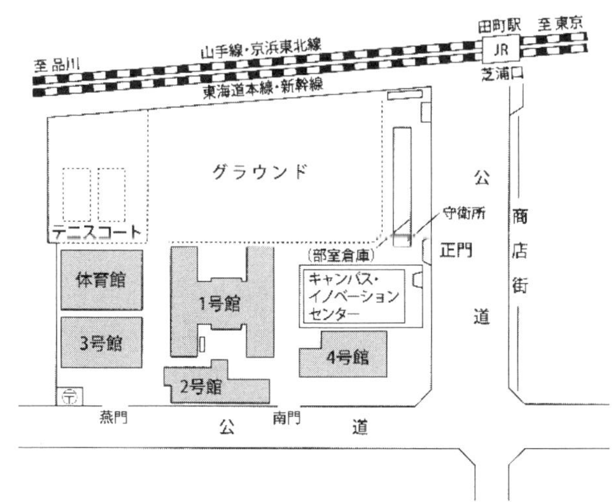

図3.1.6　平成23年当時の建物等配置図

付き）と３号館（理科・数学関係施設）が平成10年に新設され，図3.1.6のように大きく変化した。２号館は実験棟のまま，名称が変更された。また平成16年当校と関わりなくキャンパス・イノベーションセンター東京が建設され，附属高校にも種々影響を与えている。

1-5 考　　察

以上のように機械科・機械システム分野の実習内容の変遷と実習を支える諸条件をみてきた。戦後直後の時期は，技能習得のための製作実習が主体で，徐々に材料実験や水力実験など理論の検証実験が増やされ，情報処理関係も加わった。第１回の研究開発で「課題研究」が導入され，実習の一つの柱になった。1995（平成７）年度から，くくり募集が始まり，１学年は共通の工業基礎となり，学科の実習は２学年の３単位のみとなり，指導内容が大幅に削減された。専門教育の性格がかなり変化した中で，課題研究の重要性がさらに増した。分野の教員全員の教科内容に対する共通認識がさらに大切になっている。

近年には下記３点に注目したい。

(1)　この期間の最も大きな変化は平成５年から同７年にかけての，くくり募集の開始と指導要領改訂に伴う実習実施体制の変化である。単位数の大幅な削減は実習内容に大きな影響を与え，実習の質・量ともに体系性を維持できない状況を生み出している。また，この間に教員数も５名から４名と削減され，実習助手も任期付きの支援員に変更となり，それまでの実習実施態勢を維持しにくい状況となっている。再考が必要と考える。

(2)　製作能力の多様性を保証する様々な施設・設備を使用した製作実習や，教授内容の科学的・定量的な裏付けを行う実験的実習を体系的に学ぶことができない状況になっている。これは「中堅技術者の養成」を目指す旧来の工業高校の目的を達成できにくいと指摘できる。特に実験的実習は，科学的な思考や手段を身に付ける上で基本となる。実験結果を重視する姿勢を涵養し，定量的なデータに基づく新技術を生み出す力の根源となるものである。体系性を伴わない専門技術の学習は，その後の発展性や新規のものの創造において弱点を生むと危惧される。平成28年度には実習として実験的テーマはまったく実施されていない。けれども，工作や学校設定科目の中で風洞実験を行い，1学年の共通授業の4時間の中で引張試験と衝撃試験を行うなど工夫しながら実験的実習を実施していることを大切にしたい。

(3)　このような厳しい状況においても，教員は工夫に工夫を重ね，生徒の専門性を保証する実践的な試みを行っている。学校要覧の中で読み取ることは困難な内容であるけれども，何点か取り上げる。たとえば，3年の座学工作の授業において課題研究で使用する可能性のあるフライス盤，研削盤，アーク溶接などを教諭が実演してみせ，生徒に作業イメージを持たせる授業を行っている。また，課題研究の報告書作成後の時間を活用し，フライス盤実習を行うなど，限られた制約の中で教諭の工夫によって，生徒のものづくりの力を向上させたいと真摯に取り組む教諭とそれに呼応する生徒たちの真剣に学ぶ姿勢が印象的である。

本節は，当校が戦後の昭和26年度から新制工業高等学校として発足して以来の機械科・機械システム分野の実習教育の変遷を概観した。前半の昭和期については，当時の資料を基に長谷川が記述し，それ以降今日までは，現職の岩城教諭と辰巳教諭が記述し，全体を長谷川が調整して纏めた。

最後に，関連の資料収集等にご協力頂きました関係各位に深謝申し上げます。

（長谷川雅康，辰巳育男，岩城純）

第2節　大阪府立今宮工業高等学校機械科の実習教育

本節では，創立時から実習を教育課程の中核に据えて教育実践を続けてきた代表的な工業高校の一つである大阪府立今宮工業高等学校に注目し，その機械科の実習教育の展開を通覧して，その実践の特質について検討する。

大阪府立今宮工業高等学校（現，大阪府立今宮工科高等学校）は，当時大阪府立西野田工業高等学校および大阪市立都島工業高等学校とならぶ永い伝統をもつ工業高等学校である。当校がある大阪市西成地域は，日本の産業革命発祥の地といわれ，明治末期から大正にかけて急速に工業化したところである[6)]。

この地に，当校は1914（大正3）年に大阪府立職工学校（1908（明治41）年開校）の今宮分校として開校し，1916（大正5）年に独立して大阪府立今宮職工学校となり，2005（平成17）年大阪府立今宮工科高等学校に再編され，現在に至っている。今宮職工学校は，造家，印刷，電機，鋳工，仕上の5科からなり，生徒は週に三日は実習工場で実習し，三カ年の課程を終えて修了証書が授与される。修了後さらに一カ年指定された工場で働き，そこでの実技練習の評価に基づき卒業証書が授けられた。この実習重視の教育は，学則の第1条にある「本校は工業上の実技に従事せんとする者に必須なる知能技能を授け且其徳性を涵養して常に模範たるべき善良なる職工たらしむるを目的とす。」に依る。大阪の中等工業教育の精神的支柱となっている。

戦後1948（昭和23）年の学制改革に伴って，機械科，建築科，電気科，印刷工業科の4科からなる大阪府立今宮工業高等学校（以下，今工と略記）となった。2000年代に高校教育の改革の中で，工業科は漸次減少されている。しかし，明治中期から全国各地に順次設立された中等程度の工業教育を行う諸学校が今日の工業高等学校の基盤をなしており，その教育組織・教育内容・教育方法・指導法など各学校・地域の関係者の持続的な努力の蓄積によって，今日の教育実践が成立している。この際，高校工業教育の中身を客観的にみつめ，その特質を考えることが重要である。

2-1　機械科の教育課程の変遷

戦後半世紀余りの高校工業教育は，当初戦災復興が喫緊の課題であり，工業の建設発展の基幹である“中堅技術工員”の養成が主要目標であった。その後社会基盤が整いつつ，経済が向上するとともに，高校等への進学率が上昇した。1965（昭和40）年に70.7%となり，1974（昭和49）年には90%台に達し，近年には97%を超えている。また，大学への進学率も1962（昭和37）年に10%台となり，1972（昭和47）年に20%台，1994（平成6）年に30%を超えた。

近年には50%台にある。こうした状況の中で，工業高校の立ち位置に種々の影響を与えてきた。

高等学校学習指導要領（以下，指導要領と略記）は，戦後1951（昭和26）年，1956（昭和31）年，1960（昭和35）年，1970（昭和45）年，1978（昭和53）年，1989（平成1）年，1999（平成11）年，2009（平成21）年と改訂されてきた。

これらの改訂の中で，1978（昭和53）年の改訂が大きな分岐点を画したと考えられる。この改訂の下で，工業の教科目標が大きく転換された。それまでの「中堅の技術者に必要な知識と技術」が，「基礎的・基本的な知識と技術」に置き換えられ，さらに，「工業技術の科学的根拠を理解させ，……」という文言が削除された。本節が対象とする時期は，まさにこの転換期を検討することになる。

今工の教育課程は指導要領の改訂に基づいて改められ，一方ではその時々の生徒・学校の状況に合わせて創造改編されてきた。今工機械科の教育課程の変遷を概観するため，表3.2.1に機械科の工業教科に限り列記する。表中の入学年度別の教育課程は，歴代の指導要領に対応して1998（平成10）年までを示している。

（1）　昭和27年度

戦後最初の教育課程では工業必修30単位のうち半分以上の16単位を実習に充て，選択の実習を含め，実習重視の姿勢が明らかである。指導要領が，大科目制をとり，かつ大幅な選択制を採用した。また実習という科目名をとり，機械とか電気とかを冠していない。この指導要領には職業分析の方法が大幅に取り入れられ，新制工業高校の方法論的な裏付けとした[7)]。

（2）　昭和36年度

② の教育課程をみると，選択教科が無くなり，共通と工業の二教科となり，工業教科合計50単位の中17単位が機械実習に充てられたほか，機械製図，機械設計，機械工作，原動機，応用力学など機械科の主要な専門科目が揃い，そ

表 3.2.1　今宮工業高等学校機械科の教育課程（工業教科）の変遷

入学年度			① 昭和27年度	② 昭和36年度		③ 昭和39年度		④ 昭和53年度	
教科・科目			単位数	科目	単位数	科目	単位数	科目	単位数
普通教科合計			38	普通小計	55	普通小計	56	普通小計	52　△4
工業教科	必修	実習	16	機械実習	17	機械実習	16	機械実習	15
		材料工作	4	機械工作	4	機械工作	5	機械実習	△2
		製図	4	機械材料	2	機械材料	2	機械実習	△2
		設計	4	機械製図	9	機械製図	9	機械製図	8
		電気一般	2	機械設計	6	機械設計	4	機械設計	6
	工業必修合計		30	応用力学	3	機械応用力学	5	機械工作	4
選択		実習		原動機	4	原動機	4	原動機	3
		材料工作		電気一般	2	工業計測	3	計測・制御	2
		原動機		工場経営	2	電気一般	2	電気一般	2
		各種機械				工場経営	2		
		製図	17						
		工場経営							
		自由研究							
		普通科目		工業小計	50	工業小計	52	工業小計	40△4
教科目合計			85		105		108		96
単位外活動			5〜17	特別教育活動	6		3		6
総単位数			90〜102		111		111		102

の後の機械科の専門教育の骨格が整えられた。

指導要領では，大科目制を廃し，中科目制を採り，実習は各専門科目を有機的・総合的に学習する場として学科ごとに設けられ，機械実習という科目名が生まれた。この頃から，“技術革新”の波が工業教育に及び始め，“実験的実習”の導入が盛んに研究され，実践が試みられた。

（3）　昭和 39 年度

③ の教育課程をみると，実習は 1 単位減らされたが，工業計測が 3 単位新設され，科目構成を変えることなく，工業教科合計で 52 単位と 2 単位増え，総じて重厚な教育課程となった。総単位数を 111 単位とした。

昭和 35 年版指導要領は技術革新に対応する新科目工業計測や電子工学など

⑤昭和60年度		⑥平成6年度		⑦平成15年度	
科目	単位数	科目	単位数	科目	単位数
普通小計	50　△4	普通小計	50△◇	普通小計	48△◇
工業基礎	3	工業基礎	4	工業技術基礎	5
機械実習	14	機械実習	12△2	課題研究	3
機械実習	△2	機械製図	6△2	機械実習	12
機械実習	△2	工業数理	2△2	機械製図	4△4
機械製図	8	情報技術基礎	2	情報技術基礎	2
工業数理	2	課題研究	3	材料技術基礎	△2
機械工作	4	機械工作	2△2	工業技術英語	△2
機械設計	4	機械設計	2○2△2	機械工作	4
原動機	3	原動機	2○2	機械設計	5
計測・制御	2	計測・制御	△2	原動機	2
電気一般	2	電子基礎	△2	電子機械	△2
		工業英語	△2	自動車工学	△2
		材料技術基礎	△2	（学）切削加工	△4
				（学）制御技術	△2
				（学）加工技術	◇1
工業小計	42△4	工業小計	37△6	工業小計	37△6
	96		93		87～90
	6		6		3
	102		99		90～93

○は1科目選択
△は3科目から選択
◇は自由選択

△から1～2科目（4単位）選択
◇は自由選択

を新設し，工業技術の多様化に適応する新学科も設けられた。工業教科の必要単位数も30単位から35単位に引き上げられ，「なお，事情の許す場合には，40単位以上とすることが望ましい。」が加えられた。

教科目標の1の「工業の各分野における中堅の技術者に必要な知識と技術を習得させる。」という姿勢が強くうかがえる。この改訂で機械実習の中に実験的実習が増し，従来の製作実習とりわけ総合実習的な展開がむずかしくなった。さらに，指導内容がもっとも高度になり，このことが学課と実習の統一という意識を薄れさせる結果も招いた。

（4）昭和53年度

昭和45年指導要領改訂では，教育課程の編成の弾力化・多様化を図り，内容の精選集約と質的改善が図られた。そのため，大科目制をとり，実習が強化された。「実習（製図）を強化し，これを核として必要な知識を融合的に習得できるような構造を考えた教育課程を編成すること」とされた。総じて，前指導要領の水準と現実とのギャップの補正がなされたともみられる。

昭和40年代になると，工業高校入学者の学力の偏りが激しくなり，学習内容のレベルとのギャップが目立ち始めた。そうした状況の中で，機械実習における実習と実験（実験的実習）の関係，とくに後者の位置づけと展開の方法などが問題になった。この問題意識が，今工機械科をして昭和47～48年度の大阪府教委の研究指定校として「機械実習における実習と実験の融合について」という研究課題に取り組むことになる。

今工でも，工業必修単位を52単位から40単位へとかなり大幅に削減した。この改訂で初めて選択科目を4単位幅で導入した。ただこの削減は，後述する実習改革を中核とする精力的な教育内容の洗い直しが行われた結果であり，学科全体の研究・実践体制が整備された時期である。

これまでが，「中堅の技術者の養成」を目標とした時代であった。

（5） 昭和60年度

昭和53年改訂指導要領の下で，工業の教科目標が大きく転換された。この目標の転換は，新設の「工業基礎」と「工業数理」によって象徴され，すべての学科に原則履修することが強く行政指導された。多くの工業高校でそれらの科目が導入され，重大な影響が起こった。

教育課程構成全体の基本的な変化はみられなかったが，工業教科には大きな影響がみられた。新設の二科目分（7単位ほど）だけ従来の専門科目の単位数を削減せざるを得なくなり，とりわけ実習の単位数が削減され，内容的にもマイナスの影響がかなり報告されている[8)]。専門科目の中軸をなす実習の教育効果が弱められ，しかも実習と座学（理論学習）の関連が阻害され，全体として専門教育の教育力が後退したとみられる。「工業数理」導入の影響も含めると，この改訂は工業教育の大転換点を画したと考えられる。

今工では，この改訂を後述する教育内容の慎重かつ綿密な検討をした上で，昭和59年度から実施した。「工業基礎」「工業数理」が導入され，工業教科の総単位数を42単位に増やす一方，普通教科を50単位に減らした。単位数の上では大きな変化はみられないが，内容にはかなりの変化をもたらした。

（6） 平成6年度

平成元年の指導要領改訂で，第一に情報に関する教育内容の拡充であり，「情報技術基礎」を新設し，当科目は各学科原則履修とされた。第二に「課題研究」の新設であり，この科目も各学科原則履修とした。第三に，学科の再編であり，「電子機械科」の新設が象徴的。第四に，科目の増加である。これらを通じて，工業科は前回改訂の方向性を鮮明化し，強化された。

原則履修（必修扱い）の科目の膨張が，より一層従来の専門科目を圧縮し，各学科の専門性が弱体化する危険性が強まった[9)]。ただ，このことは教育内容の徹底的な洗い直しによる内容の構造化のチャンスと考えることもでき，今工はそうした構造化を成し遂げた好例と考えられる。

今工もかなり多くの選択科目が導入された。これは「家庭科」の4単位必修化も加わり，編成がむずかしくなり，弾力化・個性化をねらったと考えられる。実習関係科目は，「工業基礎」「実習」に「課題研究」を加えて必修19単位と増加。その一方で，他の専門科目の単位を減らし，設計と原動機を必修選択にする工夫を凝らした。結果として新しい意味での実習重視型の教育課程になったとみられる。また，これまで一貫して置いてきた「電気一般」の代わりに「電子基礎」を「計測・制御」などと組みあわせて選択とするなどして，工業の必修単位を37単位とする決断を伴う教育課程となった。

（7） 平成15年度

平成11年指導要領改訂では，卒業単位を74単位として，工業教科の下限単位を25単位（5単位を普通科目と代替え可）に削減した。原則履修科目を「工業技術基礎」と「課題研究」の2科目としたため，多くの工業高校で「工業数理基礎」を実施しなくなった。今工も然り，その2単位を機械設計，機械工作などの専門科目の必修単位に加え，単位を増加させた。選択科目も維持しつつ，全体として卒業単位を90単位〜93単位に削減した。

以上，今工の戦後の教育課程変遷の概略をみてきたが，教育内容の具体的な変化を検討し，実践がどのような工夫をしながら行われてきたかをつぎに述べたい。

2-2 機械実習の変遷と実習改革の特徴

今工の機械実習の変遷を，戦後の昭和30年代から昭和50年代と同60年代から平成6年度の2つの期間に分けて，実習内容の改善・改革の考え方に注目

表 3.2.2 実習内容構成（昭和31年度〜平成6年度）

<table>
<tr><td></td><td colspan="6">昭和31年度</td><td colspan="6">昭和40年代前半</td></tr>
<tr><td>学年</td><td>単位</td><td colspan="5">ショップ（内容）</td><td colspan="2">単位</td><td colspan="4">ショップ（内容）</td></tr>
<tr><td>1</td><td>5</td><td>鍛造</td><td>木型</td><td>鋳造</td><td>手仕上</td><td>機械</td><td colspan="2">4</td><td>木型</td><td>仕上</td><td>旋盤Ⅰ</td><td></td></tr>
<tr><td rowspan="2">2</td><td>5</td><td>鍛造</td><td>木型</td><td>鋳造</td><td>手仕上</td><td>機械</td><td rowspan="2">6</td><td>4</td><td>鋳造</td><td>鋳造</td><td>鍛造</td><td>溶接</td></tr>
<tr><td>2</td><td>硬さ試験</td><td colspan="2">引張試験</td><td></td><td></td><td>2</td><td>精密測定</td><td>材料試験</td><td>水力·油圧</td><td></td></tr>
<tr><td rowspan="2">3</td><td>5</td><td>鍛造</td><td>木型</td><td>鋳造</td><td>手仕上</td><td>機械</td><td rowspan="2">6</td><td>4</td><td>各種機械</td><td>旋盤Ⅱ</td><td>精密工作</td><td></td></tr>
<tr><td>2</td><td>精密測定</td><td>水力実験</td><td>内燃実験</td><td></td><td></td><td>2</td><td>原動機</td><td>計測</td><td>電気</td><td></td></tr>
</table>

<table>
<tr><td></td><td colspan="6">昭和60年度</td><td colspan="6">平成5年度</td></tr>
<tr><td>学年</td><td colspan="2">単位</td><td colspan="4">ショップ（内容）</td><td colspan="2">単位</td><td colspan="4">ショップ（内容）</td></tr>
<tr><td>1</td><td colspan="2">3</td><td colspan="2">総合課題
（電気スタンド）</td><td>情報処理Ⅰ
（パソコン）</td><td>テスタ・
調光器</td><td colspan="2">3</td><td colspan="2">総合課題
（電気スタンド）</td><td>情報処理Ⅰ
（パソコン）</td><td>テスタ</td></tr>
<tr><td>1</td><td colspan="2">3</td><td colspan="2">機械加工Ⅰ</td><td>鋳造</td><td>計測</td><td colspan="2">3</td><td colspan="2">機械加工Ⅰ
（旋盤・フライス盤）</td><td>鋳造</td><td>計測</td></tr>
<tr><td rowspan="2">2</td><td rowspan="2">6</td><td>4</td><td>分解組立</td><td>熱処理</td><td>溶接</td><td>機械加工Ⅱ</td><td rowspan="2">6</td><td>4</td><td>分解組立</td><td>鍛造・
熱処理</td><td>溶接</td><td>機械加工Ⅱ（NC旋盤）</td></tr>
<tr><td>2</td><td>流体実験</td><td>情報処理Ⅱ
（ミニコン）</td><td>電気実験</td><td>精密工作</td><td>2</td><td>流体実験</td><td>CAD Ⅰ</td><td>電気実験</td><td>精密工作</td></tr>
<tr><td rowspan="2">3</td><td rowspan="2">5</td><td>3</td><td colspan="2" rowspan="2">機械加工Ⅲ
（工程管理・歯車ポンプ）</td><td rowspan="2">計測・制御</td><td>NC
工作機械</td><td rowspan="2">5</td><td>3</td><td colspan="2" rowspan="2">機械加工Ⅲ（MC）</td><td rowspan="2">計測・
制御</td><td>CAD Ⅱ</td></tr>
<tr><td>2</td><td>内燃機関
実験</td><td>2</td><td>内燃機関
実験</td></tr>
<tr><td>3</td><td colspan="2">各2</td><td colspan="2">情報処理</td><td colspan="2">原動機</td><td colspan="2">2</td><td>情報処理</td><td>原動機</td><td>課題研究</td><td>FAシステム
（ロボット）</td></tr>
<tr><td>3</td><td colspan="6"></td><td colspan="6"></td></tr>
</table>

しつつ検討する。

(1)　昭和30年代から昭和50年代まで

今工の機械科は，前身の鋳工，仕上，木型，鍛工，精密機械の5科を統合して，戦後再出発した。そのため，実習内容の構成（ショップ）はしばらく前身の内容を踏襲していた。表3.2.2の昭和31年度の構成は，実験的実習を除く部分は前身の名残をとどめており，表3.2.2の昭和40年代前半では，製作的実習はかなり整理統合されている。この時期には計測が重視されるようになり，実習に計測・油圧・電気実験が増え，製作的実習の時間が減少した。

そのため生産的実習から要素作業中心の実習へと変化し，各実習間の関連が薄れ，細切れ的な知識・技能となりがちであった。よって物を作ることに対する統一的な捉え方が弱くなり，物を作ることへの興味が薄らいだ。

また，座学と実験・実習との関連が弱くなり，教師が自分の科目に閉じこもりがちとなり，教育課程全体の中で何をどこで教えるのかを踏まえ，関連性のある授業内容にすることが強く求められた。かかる問題点を解決すべく科全体の検討が精力的に行われ，昭和50年代の指導内容となった。この構成の特徴は以下

<table>
<tr><th colspan="6">昭和55年度</th></tr>
<tr><th>単位</th><th colspan="5">ショップ（内容）</th></tr>
<tr><td>5</td><td>分解組立</td><td>仕上</td><td colspan="3">機械加工Ⅰ</td></tr>
<tr><td>5</td><td>鋳造</td><td>溶接</td><td>熱処理・材料試験</td><td colspan="2">機械加工Ⅱ</td></tr>
<tr><td>5</td><td colspan="2">機械加工Ⅲ</td><td>NC・計測・制御</td><td>流体実験</td><td>電気実験</td></tr>
<tr><td>4選択</td><td colspan="2">情報処理</td><td colspan="3">原動機実験</td></tr>
</table>

<table>
<tr><th colspan="6">平成6年度</th></tr>
<tr><th colspan="2">単位</th><th colspan="4">ショップ（内容）</th></tr>
<tr><td colspan="2" rowspan="2">4</td><td colspan="4">総合課題（電気スタンド）6週（24時間）</td></tr>
<tr><td>旋盤</td><td>鋳造・鍛造</td><td>電気実験</td><td>分解組立</td></tr>
<tr><td rowspan="2">6</td><td>4</td><td>フライス盤</td><td>溶接</td><td>制御</td><td>計測・制御</td></tr>
<tr><td>2</td><td>NC実習</td><td>MC実習</td><td>情報処理Ⅰ</td><td>CAD製図Ⅰ</td></tr>
<tr><td rowspan="2">6</td><td>4</td><td colspan="2">FA実習</td><td>各種機械・精密工作</td><td>CAD製図Ⅱ</td></tr>
<tr><td>2</td><td>内燃機関実験</td><td>流体実験</td><td>情報処理Ⅱ</td><td>材料実験</td></tr>
<tr><td colspan="2">4</td><td>設計・製図（設計コース）</td><td>計測・制御（制御コース）</td><td colspan="2">機械工作・機械工作実習（機械工作コース）</td></tr>
<tr><td colspan="2">3</td><td colspan="4">課題研究（3クラス一斉実施）</td></tr>
</table>

の点にある。[10)]

① 分解組立の設定

1学年最初にエンジン分解組立のショップを導入した。エンジンを機械の一典型と考え，新入生にまず触れさせる。その中で各種の機械部品の名称や用途・材質などを教え，各種の工具類を実際に使わせて機械への関心を高める。さらにエンジンの運動試験を行って，生徒に機械についての概要を把握させることをねらいとした。3年間の実習の導入部と明確に位置づけ，そこでの学びがその後の各専門科目，実習にどう結び付くかを知らせる良い効果をもたらした。なお，各ショップで使われる計測機器・工具も分析された。

② 実習と実験の融合

実習の内容について，製作的実習と計測を主にした実験的実習を分離・独立して行うことに対して，両者をできるだけ結びつけ，融合して行う方向で改善された。すなわち各ショップの内容を分析した上で，それらを結びつけながら実習を行うように組織された。なお，ここでいう実験は，計測によって定量的な関係を捉え，技術学的な認識に結びつける段階のものである。

③ 実習と座学との関連づけ

実習内容間の関連のみならず，実習内容と座学の各専門科目の内容との関連についても具体的に分析した。その関連を学科の全教員が頭に置きながら，個々の専門科目を担当することで生徒の獲得する認識の総体性が強められた。世代の違い，経歴の違いその他種々の違いをもつ教員がこうした教科内容の洗い直しを共同して行い，共通認識をもつことが重要である。

④ 総合実習：計画性・総合化をめざして

1・2学年の実習では，要素作業を主体としつつ，なるべく複合的な要素も導入した。その上で，3学年の実習の2ショップを機械加工Ⅲにあて，製品製作を通じて3年間のまとめとの位置づけで「総合実習：歯車ポンプの製作」が設定された。この課題は，2学年の設計製図と関連づけ，さらにこのショップの前段で工程管理（計画）の学習を置き，歯車ポンプの製作を作業計画・工程計画を考えることから始め，各種機械加工作業をして各部品を製作し，それら

写真 3.2.1　ギアポンプの部品
（筆者撮影）

写真 3.2.2　組み立て後
（筆者撮影）

を組み立てて歯車ポンプを完成する。さらにそのポンプの性能試験を行って，最終のまとめをする実習課題である。このようにものをつくるほぼ一貫したプロセスを体験的に学習する課題が確立された。この展開方法については，大阪府立高等学校機械科研究会の集団的な実践研究の蓄積のもとに創造したものである。

以上の教科内容の大掛かりな洗い直しと再編成の結果，学年毎に「実習指導書」（平均 160 頁程度）を作成した。それに実習項目の関連知識を盛り込み，それを使用して実習場内に設置した講義場所できっちり講義して，加工に関する具体的な知識の理解を図った。それと座学の学習をもって，機械製作の全体的な把握をしやすくした。

こうした今工教師集団の正統な取り組みをもって，生徒の学習意欲や学力の問題に対して行われた努力にいまなお多くのことを学ぶ必要がある。

表 3.2.3 は，上記の実習改革の成果を示す機械実習指導内容一覧である。

（2）　昭和 60 年代から平成 6 年度―昭和 53 年指導要領改訂への対応

この改訂による「工業基礎」等の新設は大きな課題を工業高校現場に突きつけた。この課題に対する解答の出し方と内容は各地域・学校によって大きな差があった。筆者らの調査によれば，ほとんどの工業高校で工業基礎が導入されたが，その実施形態は概ね各学科共通内容が 4 割，学科別内容が 4 割，一部共

表 3.2.3　機械実習指導内容一覧表（昭和 55 年度）

<table>
<tr><th>学年</th><th>単位</th><th colspan="2">実習内容</th></tr>
<tr><td rowspan="6">1</td><td rowspan="6">5</td><td colspan="2">導入（2週）</td></tr>
<tr><td colspan="2">1. 実習の目的　2. 全学年の実習内容紹介　3. 実習のやり方　4. 実習の評価
5. 安全作業　6. 測定　7. 実習日誌　8. 機械工業について</td></tr>
<tr><td>分解組立</td><td>手仕上</td></tr>
<tr><td>1. エンジンの概要，工具の説明
2. 4サイクル4気筒自動車用エンジンの分解（材料と加工）
3. 各部品の測定（各種測定器）
4. バルブのスイッチ
5. エンジンの組立（トルクレンチ，燃料の話）
6. エンジンの運転，まとめ　実習の考察</td><td>1. 作業内容と工具，文鎮の製作工程，材料の切断
2. 文鎮 A 面の加工・検査
3. 文鎮 B 面の加工・検査
4. 文鎮 C，D 面の加工・検査
5. 各面の仕上，穴あけ，ねじ立て，組立
6. 外側マイクロメータの性能検査，文鎮の寸法測定</td></tr>
<tr><td></td><td>7. まとめ：工程表，検査表，実験結果の考察等</td></tr>
<tr><td colspan="2"></td></tr>
<tr><td rowspan="4">2</td><td rowspan="4">5</td><td colspan="2">導入（1週）</td></tr>
<tr><td colspan="2">1. 2学年の実習内容について　2. 班編成とローテーション　3. 作業の安全について</td></tr>
<tr><td>鋳造</td><td>溶接</td></tr>
<tr><td>1. 実習概要，トースカン台造型
2. ベンチバイス造型
3. V ブロック造型，ハンドル造型
4. モールディングマシンによる造型，炭酸プロセス
5. ギャーボックス造型，石膏模型
6. 砂実験，溶解準備作業
7. 溶解作業（るつぼによるアルミニュウムの溶解），まとめ</td><td>1. 溶接の概要，安全対策，アーク溶接（アークの発生，ストレートビート練習）
2. アーク溶接（アークの発生，ストレートビートとウィービングビート練習）
3. アーク溶接（下向き突合せ溶接），溶接部の曲げ試験
4. ガス溶接装置の取り付け手順，ガス溶接（火炎調節，表面溶接，ビート練習）
5. ガス溶接（I 型突合せ溶接），溶接部の曲げ試験，ガス切断練習
6. 筆立ての製作（アークとガス溶接），まとめ</td></tr>
<tr><td rowspan="2">3</td><td rowspan="2">5</td><td colspan="2">機械加工Ⅲ</td></tr>
<tr><td>1. 機械加工Ⅲの概要：
実習内容と日程，班編成など，各種機械の構造と操作法
2. 工程管理の講義・基礎実習：
円筒研削盤，形削り盤，横中ぐりフライス盤作業実習，ホブ盤実習，
工程管理：
工程管理の実施，統制業務
3. 歯車ポンプの作業計画表作成：
作業手順表，作業指導票作成，本体作業表作成，タレット旋盤ダイヤグラム作成，作業計画まとめ，テスト1</td><td>4. 歯車ポンプの製作：
横中ぐりフライス盤作業（本体の加工）
タレット旋盤作業（歯車，パッキン押えの加工）
ならい旋盤作業（パッキン押えの加工）
旋盤作業（軸，歯車，やといの加工）
歯車形削盤作業（歯切り加工）
フライス盤作業（本体，カバーの加工）
円筒研削盤作業（軸の加工）
5. 歯車ポンプの検査
歯車ポンプの組立と運転試験
治具・取付具
割出台作業
テスト2
まとめ</td></tr>
</table>

出所）当学科内部資料の提供を受けて筆者が作成。

実習内容	
機械加工Ⅰ	
1. 旋盤の種類と構造，取り扱い，加工法の種類 2. バイトの材質と構造，取り付け，切削条件，操作方法，切屑の形状 3. 基本教材 No.1の工程，材料取り，端面削り，センター穴あけ 4. 測定器具（マイクロメータ，ノギス，ハイトゲージ）の説明 5. テーパ削り，みぞ切り 6. おねじ切り，曲面削り 7. 基本教材 No.1の測定，ローレット切り，基本教材 No.2の材料取り 8. 基本教材 No.2の工程，端面，外周，面取り	9. 穴の加工：きりもみ，みぞ，内面テーパ削り 10. めねじ切り：基本教材 No.2のめねじ部の材料取り，長さ仕上，外周削り，めねじ切り，製品の検査，考察 11. 旋盤の精度検査：6項目検査，工作精度検査外丸削りと面削りの精度，検査作業の考察 12. 切削実験：切削速度と仕上面のアラサ，切削の生成状態切削条件（作業標準）についての考察 13. 倣い旋盤の概要と操作，補助教材の引張試験片の製作 14. まとめ：工程，実験結果の考察。機械，工具の点検整備
熱処理	機械加工Ⅱ
1. 熱処理の概要，工具製作工程，材料の切断 2. 火床による材料加熱，ポンチの製作と焼入れ 3. 重油炉による材料加熱，エアハンマによるタガネの製作 4. 電気炉による温度制御と焼入れ焼戻し 5. 引張試験，衝撃試験，焼きならし 6. 硬さ試験，質量効果 7. 顕微鏡試験，焼割れ効果，まとめ	1. 実習内容：フライス加工，フライス盤の構造，フライス盤ハンドル操作練習，材料取り，切削条件 2. レベリングブロック1，2面加工，同ブロック3，4，5，6面加工と測定，研削加工，静バランス 3. レベリングブロック凸部の加工，割出し作業（横フライス盤） 4. 上向き削りと下向き削り，凸部の測定，レベリングブロック凹部の加工 5. 切断作業，切断面の平面加工，製品検査，精密加工，超仕上加工 6. ラッピング加工（湿式） 7. ラッピング加工（乾式），超音波加工，まとめ
NC・計測・制御	原動機・流体実験
1. 空気圧式シーケンス制御実習 回路作成実習，シーケンスチャート作成 2. 電気式（有接点）シーケンス制御 回路作成実習 3. 無接点リレーによる論理回路実習 論理素子とその動作チェック 論理回路作成 4. その他のシーケンス制御（説明） ピンボードコントローラ，シーケンサ 5. 計測の基礎実験 精密な長さの測定に関する実験 計測機器の精度に関する実験 ひずみ測定に関する実験 計測機器の特性に関する実験 動つりあい実験 6. コンピュータ実習 例題をパンチ，ラン，デイバック 課題（宿題）をラン，デイバック 台形の面積を求めるプログラム作成，パンチ，ラン，デイバック	1. ガソリン機関の各部点検 電気系統点検，圧縮系統点検，燃料系統点検 2. ガソリン機関の負荷性能試験 フルード式水動力による馬力測定，負荷特性測定 3. 90°エルボ及び11/4吋コックの各開度の抵抗損失測定 4. 90°三角せきによる流量測定 5. ペルトン水車の性能試験 6. ポンプの性能試験 7. 油圧実験 **電気実験** 1. 中位抵抗の測定 電圧計及び電流計による中位抵抗の測定 電圧降下法による抵抗の測定（三相誘導電動機の巻線） ホイートストンブリッジによる中位抵抗の測定 2. シンクロスコープによる交流波形の観察 3. 交流電力の測定 単相電力の測定，遅れ力率単相電力の測定，二電力計法による三相電力の測定 4. 単相変圧器の負荷試験 5. 低圧かご形三相誘導電動機の特性試験 三相誘導電動機の無負荷試験と拘束試験

通一部学科別が２割であった。学科別実施とは，概ね従来の１学年の実習内容を工業基礎の名の下で行うことを意味した。[11)]

工業基礎の導入により一般的には各学科の実習が２・３学年に押し上げられて行われ，多くは実習のテーマ数や内容・時間が削減されて再編成された。そして，座学における理論学習と実習（実験を含む）との関連が弱められる例がかなり報告された。とくに，電気科ではかかる問題が多くあった。このため，その導入は実習のみならず専門教科の内容全体の再編成を求めるほどに大きな影響を与え，その成否が各工業高校の専門教育の存立基盤を左右したと考えられる。[12)]

今工では，長期間の実践研究を経て，表3.2.4に示す実習内容を構築した。この１学年に「工業基礎」が含まれているが，この「工業基礎」導入は機械技術と電気・電子・情報処理技術が結びついたメカトロニクス技術を機械科の教育課程にいかに導入するかという大きな課題の解決の一環として行われた。まさに今工独自の主体的な創造活動というべきである。

①　制御技術学習への対応

科目「計測・制御」の登場は，計測した結果を制御に役立てることを意識させるねらいがあった。それを教材化するには相当の制約があった。今工ではこの課題を，シーケンス制御関係の教材化から着手した（昭和52，53年度）。

第一は，座学「計測・制御」の内容の洗い直しとその指導法の改善の決め手となる教具（回路実験用トレーニングボード）の開発。第二は，実習におけるNC・計測・制御のショップの内容と指導法の開発である。

座学「計測・制御」の内容は，制御の大部分の時間をシーケンス制御と論理回路にあて，有接点・無接点のシーケンス図と論理回路と論理代数の三者の関連づけをした上でシーケンス回路の解析（意味の理解）ができることを目指した。このため，授業中に２人に一台のトレーニングボード（有接点・無接点）を自作して準備し，回路実験を行い，理解を促している。

その進め方は，問題文とトレーニングボード配置図を渡し，シーケンス回路図，タイムチャート，動作表を作成して，レポートをまとめる。そのレポートをチェックして生徒に返し，生徒はそれをもとにトレーニングボードを用いて結線する。結線を終えたら，動作表に従って押しボタンで入力し，出力ランプの点灯で正否を確認する。こうした実験による検証を丹念に組み込みながらの授業で，生徒は「実際に自分の手で配線するので，よく理解できた。」「講義ばかりより，回路実験を取り入れてよかった。」などの感想を書いた。この実験をさせるには，教室に機材を運ぶなどの大変さがあるにもかかわらず，将来の施設の拡充を期して教材研究が続けられた。系統的なシーケンス制御の基礎理論の理解のための指導法が追究された。

一方，3学年の実習「NC・計測・制御」においては，より具体的な技術実践の体得が図られた。空気圧式シーケンス制御と電気式（有接点と無接点）シーケンス制御のテーマを基本事項から実用回路作成までを実習する。それにより，ⓐ各種制御素子の働きと使用法を理解し，シーケンス記号と対応できる。ⓑシーケンス図を読み，回路作成の方法を習得し，回路の働きを確認できる。ⓒ簡単な応用回路を構成できる。以上の目標を追究した。

ここでも，エアシリンダなどのパーツを購入して，自作で制御実験装置を増やしながら，実習条件の改善が図られた。前述の座学の基礎理論学習とこの実習が関連しあって，よりよい効果が挙げられた[13)]。

②　メカトロニクス技術への対応

前述の制御学習などの具体的な条件整備が進み，その中で「工業基礎」などの導入が検討された。その結果，機械科におけるエレクトロニクス関連科目の内容を統一的に整理しながら，新科目の導入が図られた。表3.2.4では工業基礎と実習内容の全体を示した。

「工業基礎」は，機械実習における電気・電子・情報学習の第1段階の基礎実習と位置づけ，電気・電子については製作する喜びを与える作業として「電気スタンド」「テスタ・調光器」の製作を導入。その製作を通して電気の基礎知識と基礎技能の習得が図られ，2学年以降の電気・電子学習の基礎とする。また，1学年の情報処理Ⅰはパソコンによる BASIC 言語のプログラムとグラフィックスのプログラム等を学び，2学年の情報処理Ⅱに繋ぐ。

表 3.2.4　機械実習指導内容一覧 (昭和 60 年度)

<table>
<tr><th>科目</th><th>学年</th><th>単位</th><th colspan="2">実習内容</th></tr>
<tr><td rowspan="2">工業基礎</td><td rowspan="2">1</td><td rowspan="2">3</td><td colspan="2">電気スタンド実習</td></tr>
<tr><td colspan="2">1. 機械実習，工業基礎オリエンテーション
2. 電気スタンド製作
a）概要説明，導入
b）支柱製作，フード支柱製作，コイルバネ取付ピン製作
固定ネジ，ハンドル，固定皿製作，フード製作，腕製作
腕ジョイント，フードジョイント，支柱受け製作
3. 塗装
4. 組立，調整　　5. まとめ</td></tr>
<tr><td rowspan="2">機械実習</td><td rowspan="2">1</td><td rowspan="2">3</td><td colspan="2">機械加工 I（旋盤実習）</td></tr>
<tr><td colspan="2">1. 機械実習オリエンテーション（実習内容，安全作業，映画）
2. 旋盤概要
3. バイト
4. 旋盤作業　No. 1教材（工程について，材料取り，端面削り，センタ穴あけ，外周段付け削り，溝切り，テーパ削り，おねじ切り，曲面削り，ローレット切り，測定具について，精度測定）
5. 旋盤作業　No. 2教材（工程について，材料取り，端面削り，外周削り，面取り，穴あけ，穴みぞ，内面テーパ削り，精度測定，考察）
6. NC 工作機械の導入</td></tr>
<tr><td rowspan="4">機械実習</td><td rowspan="4">2</td><td rowspan="4">6</td><td>分解組立実習</td><td>熱処理実習</td></tr>
<tr><td>1. 導入
（ショップ説明，工具の取り扱い方）
2. 分解作業
3. 各部品の点検，測定
（排気量，圧縮比など）
エンジンについての最近の動向
4. 組立作業
5. 試運転およびまとめ</td><td>1. ポンチ製作（ほど）
2. たがね製作（重油炉）
3. 引張試験，衝撃試験の試験片の熱処理
4. 引張試験
5. 顕微鏡試験
6. 硬度試験および衝撃試験
7. レポート作成，まとめ，ペーパーテスト</td></tr>
<tr><td>流体実験</td><td>情報処理 II（ミニコン）</td></tr>
<tr><td>1. 管内諸損失の測定
2. ベンチュリー，オリフィスによる流量測定
3. 三角せきによる流量測定
4. ペルトン水車の性能試験
5. ポンプの理論と原理説明
6. ポンプの性能試験
7. 油圧ポンプの性能試験
8. 油圧回路実習</td><td>1. OKITAC4300C ミニコンによるフォートランのプログラミング
a）READ文　b）WRITE文　c）FORMAT文
a）b）c）を使うプログラミング
d）GOTO 文　e）DO 文　f）IF 文
d）e）f）を使うプログラミング
g）DIMENSION 文を使用し，DO 型並びによるデータの入出力
2. NC 旋盤とミニコンとの関連について
ND 旋盤用テープの作成とデモンストレーション</td></tr>
<tr><td rowspan="2">機械実習</td><td rowspan="2">3</td><td rowspan="2">5</td><td>機械加工 III（まとめの実習）</td><td>計測制御実習</td></tr>
<tr><td>1. 班編成，服装点検，概要説明，諸注意
2. 工程管理講義
基礎実習（円筒研削盤，タレット旋盤，NC 旋盤，歯切盤，横中ぐり盤）
3. 工程表，作業指導票の作成，テスト
4. 歯車ポンプ製作実習
（横中ぐり盤，フライス盤，円筒研削盤，普通旋盤，歯切盤，タレット旋盤，ならいフライス盤，NC 旋盤）
5. 組立，検査，性能試験
6. 割出し台，テスト　　7. 総括</td><td>1. 空気式シーケンス回路作成
2. 電気式シーケンス回路作成
3. 精密な長さ測定
4. 回転計の精度測定，ひずみ測定
5. 熱電対等を使用した温度測定と記録
6. 動釣合い試験
7. ワンボード・マイコンのプログラム
8. ワンボード・マイコンによる X-Y プロッタ駆動
9. ワンボード・マイコンによるロボットの運転
10. プログラムシーケンサによるシーケンス制御プログラミング</td></tr>
</table>

<table>
<tr><th colspan="2">実習内容</th></tr>
<tr><th>情報処理Ⅰ（パソコン）</th><th>テスタ実習（製作と測定）</th></tr>
<tr><td>1. BASIC 言語の理解
2. プログラム作成の基礎
a）INPUT 文　b）READ-DATA 文
c）FOR-NEXT 文　d）IF-THEN 文
e）簡単なグラフの作成　g）並べ替え　f）配列
3. グラフィックの基礎
a）テキスト画面を使ったグラフィック
b）グラフィック画面を使ったグラフィック</td><td>1. 機械実習，工業基礎オリエンテーション
2. テスタについて
3. テスタの組立
4. テスタの点検
5. 調光器について
6. 調光器の製作
7. 動作チェック</td></tr>
<tr><th>鋳造実習</th><th>計測基礎実習</th></tr>
<tr><td>1. 鋳造作業についての説明（模型，造型，鋳造方案等）
2. 生型製作
a）V ブロック　b）トースカン（2ケ込）
c）ハンドル　d）ベンチバイス（割型）
e）モールディングマシン
3. CO_2プロセス，シェルモールド
4. 溶解作業（アルミニュウム）
スタンド取付台製作</td><td>1. 計測基礎実習について
2. ノギスによる測定実習
3. マイクロメータによる測定実習
4. ブロックゲージの取り扱い
5. マイクロメータの精度検査
6. ダイヤルゲージによる測定実習
7. ダイヤルゲージの精度検査
8. まとめ</td></tr>
<tr><th>溶接実習</th><th>機械加工Ⅱ（フライス盤実習）</th></tr>
<tr><td>1. 安全作業，諸設備の説明
集合装置による各種ガス溶接作業
2. ガス切断作業（切断基礎），（切断応用）
3. ガス溶接作業（溶融練習）
（直線ビード練習）（突合せ溶接と曲げ試験）
4. 工場外における溶接作業
自動ガス切断機による切断作業
5. 溶極式被覆アーク溶接（交流）作業
（直線ビード，ウィービング，スミ肉溶接）
6. スポット溶接作業　7. 作品製作（筆立て製作）</td><td>1. 導入，フライス加工について
2. 小型卓上万力の製作
a）本体の加工
b）アゴの加工
c）誘導ねじの加工
d）ハンドルの加工
e）誘導ねじ押えの加工
f）固定ネジの加工
g）固定金具の加工
h）組立作業</td></tr>
<tr><th>電気実験</th><th>精密工作実習</th></tr>
<tr><td>1. 電圧計，電流計の使用法
2. 電力測定
3. 抵抗測定
4. ブリッジ回路
5. ダイオードの静特性の測定
6. トランジスタの静特性の測定
7. オシロスコープの取扱いと波形観察・計測
8. トランジスタアンプの出力特性</td><td>1. 精密工作について
2. 研削加工
3. 湿式ラッピング加工
4. 湿式ラッピング加工
5. 超仕上加工
6. 超音波加工
7. 各加工物の精密測定
電気マイクロメータ
空気マイクロメータ
表面粗さ計</td></tr>
<tr><th>NC 工作機械実習</th><th>内燃機関実習</th></tr>
<tr><td>1. NC 工作機械の歴史と種類
2. NC 旋盤のシステムの概要
3. NC プログラムの基礎知識
4. 加工工程の計画
基本課題　No. 1～ No. 3
5. NC プログラムのチェックと修正
6. 工作物の切削
7. 工作物の測定
8. 応用課題
9. CAM から FA へ</td><td>1. ガソリンエンジンの整備点検
2. ガソリンエンジンの負荷性能試験
3. ディーゼルエンジンの調整，性能試験
4. ディーゼルエンジンの負荷性能試験
5. ディーゼルエンジンの燃料噴射ポンプの性能試験
6. ディーゼルエンジンの図示馬力の測定
7. 送風機の性能試験（冷凍機）</td></tr>
</table>

2学年の「電気一般」と「実習」の電気実験のショップでは，電気の理論と計測，電気機器の使用法，電力の応用などを講義と実験によって理解を図り，「実習」の情報処理Ⅱでミニコンによる FORTRAN 言語のプログラムの基本を学ばせ，NC 旋盤の制御につながる実習を行う。

こうした積み上げの上に，3学年の座学「計測・制御」および「実習」の「計測・制御」「NC 工作機械」さらに「選択実習」の「情報処理」に繋げる。「実習」の「計測・制御」は「NC」が分離されて，前述の内容にワンボード・マイコンを導入して，プログラムとそれによる制御の項目を追加した。また，ショップ「NC 工作機械」は必要な設備が新設され，上述のプログラム学習の成果を実際の工作機械で数値制御切削して確かめ，NC 技術の実際に触れる実習である。加えて，「選択実習」においてプログラミングのさらなる学習とパソコン CAD の学習も可能になった。

ここに，施設・設備の制約はあるが，電気・電子・機械・情報が融合されて実現するメカトロニクス技術学習のシステムが構築されたといえる[14)]。

③　平成5年度から6年度の実習内容の変革

今工では，昭和 62 年度から実習棟の全面改築がなされ，翌年度に竣工した。新しい実習棟での実習・実験が平成2年度から本格的に始まり，それに伴い教育課程と実習内容が一部改定された。そこで，新しい施設・設備による実践的な教材・指導法などの研究が積み重ねられた結果，表 3.2.5 に示す実習内容の構成となった[15)]。

この実習構成は，表 3.2.4 と比較すると，第一に機械加工のショップの内容がかなり変更されたこと，第二に CAD のショップを 2・3 学年に独立して置いたこと，第三に選択実習を4つに倍増し，新しく課題研究と FA システムを本格的に実施したこと，が主に変更された。

新しい施設・設備を有効に利用し，教育課程の改訂に対する布石を置く意味がある。機械実習の中核をなす機械加工については，機械加工Ⅰが旋盤の基本実習であったものを旋盤とフライス盤の要素作業を併置し，それらの複合教材も扱うこととした。その結果，機械加工Ⅱはフライス盤実習から全面的に NC

表 3.2.5　機械実習指導内容概要（平成5年度）

科目	学年	単位		実習内容概要			
工業基礎	1	3		総合課題（電気スタンド）		情報処理Ⅰ	テスタ
				卓上自在電気スタンドの製作		BASIC 言語によるプログラムの作成（パソコン）	テスタの製作と電子工作
機械実習	1	3		機械加工Ⅰ		鋳造	計測
				•旋盤による要素加工 •フライス盤による平面加工（ミニバイスの製作）		•生型の製作 •溶解作業（電気スタンド支柱受けの製作）	基本的な測定器の性能と使用法
	2	6	4	分解組立	鍛造・熱処理	溶接	機械加工Ⅱ
				4サイクルエンジンの分解と組立・運転	•自由鍛造 •熱処理 •材料の機械的性質と組織	•ガス溶接 •アーク溶接 •ガス切断	NC 旋盤による加工
			2	流体実験	CAD Ⅰ	電気実験	精密工作
				•三角せきの実験 •ポンプの性能試験 •水車の性能試験 •管路抵抗試験	EWSCAD の操作と基本実習	機械と関連した電気機器の性能実験	•研削加工 •ラッピング加工 •超仕上げ •超音波加工
	3	5	3	機械加工Ⅲ		計測・制御	CAD Ⅱ
				各種機械，MC による歯車ポンプの製作を通じた計画・加工・組立・検査の実習		•空気式シーケンス回路 •電気式シーケンス回路 •各種計測実験	•CAD 応用 •CAD/CAM
			2				内燃機関実験
							•ガソリンエンジンの性能試験 •ディーゼルエンジンの性能試験
選択実習	3	2		情報処理	原動機	課題研究	FA システム
				•C 言語によるプログラム学習 •アプリケーションソフトの利用法	•冷凍機実験 •風洞実験 •ロータリーエンジンの分解組立 •課題研究	製作をテーマとする課題研究	•FAシステム運転 •自動プログラミングの操作法 •ロボットの操作法

旋盤実習に置き換えた。さらに，まとめの実習としての機械加工Ⅲは歯車ポンプ製作を中心に置きながら，使用する各種機械は可能な限り MC（マシニングセンタ）に置き換えて，実習内容が自動化の方向へ変革された。

この変革と合わせて，製図の自動化に対応する CAD・CAD/CAM の独立したショップの設置が行われた。これらは次の段階での FA システムの確立のために構築されたとみられる。

この実習の指導内容の概要を示す表3.2.5と表3.2.4を照合すると，新しい施設・設備を有効利用するため，従来の実験・実習の内容が少し圧縮されている。しかし，総じて基礎・基本の実習内容を学年進行で積み重ね，最後に総合的な実習内容でまとめるという考え方は不動である。

④　平成6年度の実習内容

平成元年の指導要領に基づく教育課程の改訂が行われた。そこで，実習関係が工業基礎・実習・課題研究・選択実習となり，単位数は少し増加。その実習構成は，1学年には工業基礎のみ4単位（1単位増）となり，実習は無くなった。新科目「情報技術基礎」2単位を1学年に設けたためとみられる。

総合課題「電気スタンドの製作」を6週4時間（計24時間）で2班に分けて前半に行い，その後4班編成で旋盤，鋳造・鍛造，電気実験，分解組立を順に行う。後半の編成はかつて実習改革で，分解組立を1学年に新設したことを想起させる。電気実験にも製作実習を導入して1学年に移すなど，物をつくることを中軸にする機械実習の基礎としている。

2学年では，フライス盤・溶接の実習を置くとともに，制御を独立させ，かつ計測・制御も置き，さらにNC実習・MC実習・情報処理Ⅰ・CAD製図Ⅰといった新技術に関するショップを主流とする構成となった。

3学年では，2学年までの実習を基盤にFA実習を大きくとり，それと並行してCAD製図ⅡとしてCAD/CAMのショップを設けて，FAシステムを全体的に活用できるよう改めた。その他は，内燃機関実験・流体実験・材料実験など機械の標準的なショップを備える構成とした。指導要領改訂で新設された「課題研究」の導入は，今工ではすでに平成4年度から選択実習の中で試行され，平成6年度から3単位5班編成で実施された。なお，選択実習はこれまでの実習中心の授業から，座学と実習を統合して4単位と倍増して拡充した。この新しい工業基礎と実習の指導内容の概要を表3.2.6に示す。

今工の実習棟の全面改築を機に，それまでの実践的研究の蓄積を踏まえ，今後の生産技術の発展の方向を睨んで，実習内容の改革に取り組まれた結果がこの実習内容である。今工機械科の【物を造る】ことを目指した実習を根幹と考えながら，FAシステムの導入が試みられた成果である。この実習内容の中で，とくにFAシステムの要素となるNC実習，MC実習，FA実習およびCAD製図Ⅰ，CAD製図Ⅱについて精力的に研究された。

3学年に新設された「FA実習」は，FAシステム全体を最終的に運転することを目指して設けられた。前代の機械加工Ⅲで行われていた歯車ポンプの製作という総合的な製作課題（写真3.2.1，写真3.2.2）を受け継ぎ，その部品を設計変更してFAシステムで作ることにより，システム全体の作動原理を具体的な課題で理解できるよう構成した。システムを構成する各機器の単独操作実習（単体学習）を事前に行った上で，システム全体の連動運転を行うことでFA実習を完結させた。上述のFA実習とCAD/CAM実習を3学年でともに学習できるようになり，生徒の理解度も向上することになった。

以上，新教育課程の実習内容の特徴は，現代の生産技術の方向，つまりネットワーク化された総合技術としてのFAシステム技術の基礎基本を習得できる有効な教育システムとして確立したこと。その教育的位置づけを，第1に制御技術の集大成としてのFAシステム，第2に加工技術の自動化としてのFAシステムの学習とした。システムを構成する各機器の学習から，システムの概念を理解させる。このためのFAシステムとして，マシニングセンタ（MC）とCNC旋盤の2つの加工セルを持つFMSを構築した。これらの設備を用いた教育システムとして実習内容（表3.2.6）が編成されたといえる。

実習をした生徒たちは，FAシステムという新技術の習得には大変な興味を示し，熱心に取り組んでいる。次のような感想を記している。

「CAD/CAMで簡単にNCプログラムを作成できるが，編集をするにはマニュアルプログラムの知識が必要なことがよく分かった。」「もっと色々な製品をCAD/CAMで作ってみたい。」「会社に入ったら，自分で設計した品物をCAD/CAMで作ってみたいので，自分はそのような仕事に就きたい。」「自分は，物を作るのが好きで機械科に入ったが，もっとコンピュータのことを知る

表 3.2.6　機械実習指導内容概要（平成 6 年度）

科目	学年	単位		実習内容概要	
工業基礎	1	4		総合課題（電気スタンドの製作）	
				旋盤	鋳造・鍛造
				要素加工（切削条件） •段加工 •突切り •ネジ切り •テーパ	手込め法：ベンチバイス 機械込め法：ベンチバイス 溶解：支柱受け ポンチ製作　焼入れ
機械実習	2	6	4	フライス盤	溶接
				立てフライス加工：正面・エンドミル 横フライス加工：六面体加工	ガス溶接 ガス切断 アーク溶接
			2	NC 実習	MC 実習
				① CNC 旋盤の概要とその理解 ② NC プログラムの理解と習熟 ③ CNC 旋盤の操作と加工の体験 ④ まとめ	① MC の概要とその理解 ② MC プログラムの理解と習熟 ③ MC の操作と加工の体験 ④ まとめ
	3	6	4	FA 実習	
				NC・MC プログラム作成と操作学習 ① プログラミング実習の概略　② MC のプログラミング ③ CNC 旋盤のプログラミング　④ 部品加工の体験 ○ MC の単独運転による部品加工　○ CNC 旋盤による単独運転部品加工 ロボット操作学習 ① ロボットの概要　② 基本操作　③ ロボットプログラムと応用操作 ④ システム運転　○旋盤とロボットとの連動 自動プログラム学習 ① 自動プログラミングシステムの概要　② プログラム作成法 ③ 応用プログラムの作成　④ システム運転による機械加工 システム運転（CAMPUS） ① FMS 管理コンピュータの概要　② CAMPUS の使用法 ③ システム運転計画　④ 歯車ポンプのシステム運転加工	
			2	内燃機関実験	流体実験
				ガソリン機関性能試験 ディーゼル機関性能試験	ポンプ性能試験 三角堰 抵抗（管路）試験 水車の性能試験
課題研究	3	3		3クラス一斉実施	
選択実習	3	4		設計・製図 （設計コース）	計測・制御 計測・制御実験 （制御コース）

実習内容概要	
総合課題（電気スタンドの製作）	
電気実験	分解組立
製作実習を入れたテスターによる測定 （機械科生徒の電気実験）	エンジンの分解・組立 主部品の測定 運転
制御	計測・制御
ポケコン制御 有接点シーケンス 無接点シーケンス	シーケンサによる制御 パソコン制御
情報処理Ⅰ	CAD 製図Ⅰ
OS 学習 ソフトの利用学習	基本命令による操作学習 ①CAD の概要説明と基本操作 ② 基本図面の描画 ③ 編集図面 ④ 各種フランジの描画 ⑤ 立体図の描画 ⑥ まとめと発展：EWSCAD，UNIX，CAD/CAM
CAD 製図Ⅱ	各種機械・精密工作
図面ノートパソコン作成と編集製図 ①CAD 操作法の復習 ② グランド押さえの描画 ③G クランプの描画 ④CAD/CAM の学習：カバー図面の描画とツールポスト，NC プログラムの作成，NC プログラムの転送と編集，マシニングセンタでの加工 ⑤ まとめと発展：CAD の利用について，CAD/CAM の現状と今後	歯切り盤 研削盤 湿式・乾式ラッピング （ワイヤ放電加工機）
材料実験	情報処理Ⅱ
試験片製作 熱処理 引張試験 硬さ試験 衝撃試験	C 言語学習
ロボット（4名），ホーバークラフト（4名），ゴーカート（4名）， 卓上フライス盤の設計（4名），ロボット（4名），ソーラカー（4名）ほか	

機械工作・機械工作実習 （機械工作コース）

必要があると痛感した。」

生徒たちが，実際に新技術の機能に触れて感じたことを率直に書いている。実習で学んだことがつぎのより高い段階の学習の動機づけにもなっており，こうした直接体験の重要性を証明していると考えられる。

2-3 考　察

以上今工機械科における戦後の機械実習の展開を概観してきた。戦前の歴史を基礎に同校の工業技術教育は発展してきた。とくに実習教育が中心的な役割を果たしてきた。技術教育は，物をつくる技術を理論的側面と技能的側面の双方を習得させ，さらに技術に対する考え方（技術観）を育てる営みである。いわば，頭と体とくに手の双方をそれぞれ鍛え，さらに両者の統一をなすことである。また，技術と労働の世界への手ほどきとも表現されている。工業高校において，いわゆる座学における理論的学習と実習における実際的学習がそれぞれ確かに行われ，かつそれらを関連づけ，統一する課題がある。

今工の実習教育は「技能を通して技術の理論的体系をつかませる」ことにより，この課題に正面から取り組み，その時代その時代の技術的な課題，社会的な課題に応えてきたとみられる。その中で，「物を造る」ことを基礎・基本とした機械科教育という理念を貫きつつ，時代に柔軟に対応してきたと考えられる。

それがなぜ可能であったのか，いくつかの要件が考えられる。

第一に，実習を指導できる教員が継続的に育てられていることである。かつては同校卒業者がかなり多く母校にもどり，技術・技能・考え方を伝えてきたが，それに加えて職場の集団的な研究と実践が継続的になされてきたことが重要である。これは今工だけにとどまらず，大阪府立高等学校機械科研究会という研究組織が着実な活動を行い，各工業高校は数年毎に研究授業を担当して実践的に研究成果を問うてきた。こうした環境が全体的に教員の力量・資質を高めてきたと考えられる。

第二に，大阪府の産業教育に対する手厚い財政的な措置がある。各工高の設備のレベルの高さは財政的裏付けを物語っている。さらにそれは各工業高校現場の要望に沿って行われているようにみられる。そのことが各工業高校の特徴ある実践を支えていると考えられる。

第三に，今工の歴史に負うところが重要である。卒業生が大阪の地域の工業人・実業人として多く存在し，そうした人達が同窓会などを通して有形無形の支援を今工に提供しているとみられる。このことも重要な条件であろう。

さらに，今日学校における学びのあり方，知のあり方が問われている[16)]。現代の学校教育が全体的につぎの学校段階の予備校化を余儀なくされている状況では，学びは多くの知識の記憶であったり，問題を解くためのパターン化した技能修得だったりする。学ぶことを自分のすべて（肉体・頭・感覚など）を動員して受けとめて，感動する。そうした学びを現代の学校により多く創り出すことが今まさに必要である。そうした学びのあり方がここに取り上げた「実習」や「課題研究」に確かにあると考えられる。

こうした学びの条件は，工業高校で永く満たされてきたと考えられる。それゆえに有為な人材が数多く育ち，社会に出て活躍し，わが国の産業社会を最前線で支えてきたとみられる。この事実を教育に携わる人々さらに一般の方々が客観的にみることが強く望まれる。

本節では，今工機械科の実習教育の経過をできるだけ実際の教育内容に即して述べてきた。全国に600数十校ある工業高校には，それぞれの歴史に裏打ちされた実践が行われている。こうした教育を受けて成長する青年たちは独特の個性をもってわが国の工業技術のみならず広くわが国固有の文化を担ってきている。かかる教育を今後も大切に育てることは，わが国の社会・文化を健全に保つためにぜひ必要である。そのためにも工業高校関係者が自らの実践の歴史を客観的に記録し，科学的に分析することが望まれる。

最後に，本節の資料の多くは1970年代後半から折に触れご指導頂いた同校教員吉田信夫氏をはじめ同校の機械科教員の方々から提供され，有益な教示をいただいた。ここに記して感謝の意を表する次第である。

本節は，下記の論考を要約したものである。
1) 長谷川雅康「高等学校工業科における実習教育の展開（その1）―大阪府立今宮工業高等学校機械科の事例―」鹿児島大学教育学部『研究紀要』第48巻，教育科学編，1997年3月，pp.29-48。
2) 長谷川雅康「高等学校工業科における実習教育の展開（その2）―大阪府立今宮工業高等学校機械科の事例―」鹿児島大学教育学部『研究紀要』第49巻，教育科学編，1998年3月，pp.83-97。

（長谷川　雅康）

第3節　教材用スターリングエンジンの開発と展開

本節では高校工業科における教材の開発と展開の過程をみることによって，その契機やありようの検討を試みる。その教材として稲森龍一が開発した教材用スターリングエンジンに着目する。

稲森は1963年から2001年の間，鹿児島県の工業高校（金属工業科・機械科）の教員を務めた。定年退職後は幾度も新任教員の指導教員や非常勤職員として勤務するなど同県の高校工業科教育に貢献してきた。

稲森が開発した教材用スターリングエンジンは，後述するように長年にわたり継続して開発，改良が行われてきた。また本教材は授業での活用は当然のことながら，地域の教育研修に何度も取り上げられ，全国規模の学会，海外への講演などへと展開した。本節は教材開発に関わる事例研究の一環として，そうした特徴的な教材の開発や展開の過程を検討する。

本節では，やや変則的な表し方ではあるものの，次項から稲森が本教材の開発や展開に関して記述し，その後筆者（坂田）による若干の考察を試みたい。

（坂田　桂一）

3-1　スターリングエンジン教材化への動機……

大学は金属工学科を1963年に卒業してすぐ教師をすることになった。初任校は前年に鹿児島県の北部に新設された金属工業科のあるA工業高校であった。そこでは合金分析，金属組織などの科目を週に20時間くらい授業しながら新設学科の実習室の計画などをした。

1975年に離島にあるB高校の機械科への転勤で，私にとっては新しい科目「流体原動機」を教えることになった。当時はまだ教材用「スターリングエンジン」を開発する前であったが，授業をしてみると内容はむずかしいけれども大変面白く感じたのを覚えている。

スターリングエンジンを教材化する契機は，1996年に訪れた。この年の4月，私はC高校の機械科に着任した。同校に着任したのは2度目であった。しばらく経つと，以前に同高校に勤めていた頃の様子とは生徒が違うことに気がついた。とりわけ様子が違ったのは授業中の生徒の様子である。私が何年かぶりに「流体原動機」の授業を担当してみると，はじめはエンジンの事を習う授業という事で生徒たちは興味深く授業を聞いていた。しかし，カルノーサイクルやボイルシャルルの法則などの文字や数字の入った式が出てくると元気がなくなり，遂には居眠りをする者が続出した。黒板を叩くようにして授業をすると，この科目も教師の私までも嫌われてしまう結果になった。教師として教えたい内容が伝わらない苛立ちと指導力不足で情けない授業になっていた。

そうした悩みを抱えていたその頃，ある日のTV番組の終わりの字幕に数秒間“スターリングエンジン”という文字が流れるのを目にした。熱を教えるにはこれを教材にしたら……と思ったことがこの教材化の契機である。

しかし，名前は知っていても動作原理も分からず写真すら見たこともない。温度差で動くらしいという程度でほとんど予備知識もないままにこの教材つくりを始めようとしていた。

自分の授業の拙さと挫折感から何とか抜け出したいという切実な教師の良心？が動機だったといえばカッコ良いが……この時点ではこのあと起こる苦労は知る由もないことであった。

3-2　1号機誕生まで

まずは当時の同僚であった若い教師の二人（熱専門）に協力してもらい，私のイメージの中にある動作の説明を2時間位聞いてもらった。感想を聞くと

「間違ってはいないけど，ほんとに回るのかな」という。「回るか回らないかは作る私の責任で，理論に矛盾することをやりたくないだけ……」といって設計と製作が始まった。

目的どおりの部品や品物もなくすべて自作するしかなかった。とくにピストンとシリンダーの気密を保ちながら，両者の摩擦をいかに少なくするかが大きな問題であった。

あるとき，知り合いの医者とその問題について話をしていたら，ガラス製の注射器を紹介された。これは使える！と一歩前進を感じた。

どれだけの空気が膨張してピストンを押す，径はいくらだからストロークをいくらにしたらトルクがいくら得られる……等と作った部品を組み合わせて計算をする作業を繰り返す。それらしく形になり 2 ヵ月位テストを繰り返すが回る気配はない。原因が機械摩擦か圧縮空気の漏れか，クランクのストロークの不具合か，フライホィールの大きさか，計算間違いか，温度差不足か，それらの複合か，はたまた考え方がもともと間違っているのかと五里霧中の毎日であった。

ある朝の通勤中，車の中で閃いた。気づいたのはクランク軸の角度が 0° と 180° は同じだというごく当たり前のことである。ディスプレーサとパワーピストンの位相角を 180° と勝手に思い込んでいたのに気づいて自分で赤くなった。針金でつくったクランクシャフトは両掌に余るほどになった。テストしやすいよう工夫して角度を可変のものにした。これで回るかと思ったが微動すらしない。

ある日，自宅での実験中にフライホイールに手をかけると，微かに“方向性がある”ことに気が付いた。だったら回るのだ！部品の精度を上げて摩擦抵抗を極力減らし，クランクの位相を 90° にして組み立て，室温との温度差を約 30 ℃にしたお湯に本体を静かに入れてみると，目的の回転方向とは逆方向にわずかに動いてくれた。回転を誘うと静かにゆっくり回った……。製作を思いついてから約 7 ヵ月経って初めて回ったのである（後日わかったのだが，この時私がイメージしていたのは γ 型のエンジンだった）。大人になってこの瞬間にこれほどの感動を覚えるとは思っていなかった。

写真 3.3.1　1号機（プロペラはデモ用）
（筆者撮影）

一応の完成をみたスターリングエンジンを当時勤務校の校長にみてもらった。「私も長年“熱”を教えてきたけれど，そんなに簡単に熱が運動になるとは思えないが……」という物理を専門とする校長の目の前で，お湯と氷でエンジンは回った。その日，校長は何もいわずに帰って行った。次の日の朝，校長室に呼ばれて「昨日は騙したのではないか，もう一度説明してくれ」という校長の声をきっかけに，私はこの教材の説明の方法を見直す事にした。物理専門の先生にわかりにくいのでは生徒にわからせられないと思った。それほど熱エネルギーから運動エネルギーへの変換が可視できるこの教材は不思議だったのである。この1号機は9℃差まで回ったことを職員室で公開再確認し，1996年10月28日に組立図とP-V線図上での動作説明図を書き，教材として完成させたことになった。

3-3　2号機以降の製作とその経験

1号機を完成させ，本教材の有効性を感じていた私は，すぐに2号機を製作することになった。2号機はその頃偶然に手に入れた石田正治氏の『スターリングエンジンの製作』をもとにした。愛知県の工業高校教員であった石田氏は「課題研究」の題材としてスターリングエンジン教材を開発し，その指導内容

写真 3.3.2　2 号機（筆者撮影）

等を 1 冊の冊子としてまとめられていた。この冊子に基づき製作した（写真 3.3.2）。2 号機がひとまず完成したものの，またもや一筋縄では回らない。何が良くないのか。仕方なく面識のない石田氏に電話をして聞くと「フライホイールを切り離してディスプレーサを手で動かしてみて下さい」という。その通りにやってみるとパワーピストンが同じ方向に動くのである。動きを伝えると「それは回っています，もう少し熱を加えてみてください」という。それを聞き，さらに熱を加えてみるとあっさり回った。スターリングサイクルは成り立っていたのだ。

1 号機とは異なり 2 号機以降は工作機械による金属加工を要した。こうした教材製作の過程で，私自身がものつくりの工作や加工に慣れたことも大きな経験となった。

当時から実習の授業では，機械加工や手仕上げなどについてある手順書に沿って指導してきた。しかし，この教材作りでは形よりも機能が目的であり，何よりもこれまで以上に精度を優先する。幸い，当時の学校には企業で機械加工を専門に仕事としていた高い技量の持ち主がおり，多くの事を学ぶことができた。

あるとき私が旋盤でピストンとシリンダーを加工していた。シリンダーは黄銅材で中に入るピストンはアルミ材，それを気密に作ろうとしているわけだから，よほど精度良く仕上げなければならない。シリンダーの中ぐり加工が何とかなったと思っていた時，その人が来て大きな指でシリンダーの内面をひと撫ですると，「中に 100 分の 2mm 程度の段差がありますね」という。私としてはかなり良く仕上げたと思っていたがそれは 100 分の 2mm 程度の精度だったのである。その人が「私が最後の1パスを削りましょうか」といってハンドルを替わり，刃物が通った跡が無いと思えるほどの表面精度に仕上がった。さすがプロ……それも私が使っていたそのままのバイトで仕上げたのですから……。

またある時，フライス加工をした部品が何回やっても合わないのでおかしいと首を傾けていたら，他の先生から他人の使った工作機械をそのまま使うのは，使う方の責任ですよといわれた。機械を確認するとテーブル上のバイスがわずかに傾いていた。いわれてみれば当然なのだが，何事もやってみないとわからない，失敗・経験しないとわからない，だから実験実習が必要なのである。これらの経験や失敗からむずかしいところ，間違うところ，失敗するところなどがみえてくる。それらが生徒への実習の指導の際にそのまま活きる。むずかしいところがわかれば，そこで一言注意と説明を加えるとあっさり身に付く。

材料選びももの作りには欠かせない。この教材作りにはアルミ材を多く使ってきたが，学校に来る業者では応じきれず素材問屋を紹介してもらった。問屋に行ってみたが，沢山買わないうえにいろいろ条件を付ける学校からの注文は喜んでもらえない。それでも数種類のサンプルを出して試しに削ってみて欲しいといわれた。加工してみるとカタログにある字面ではわからないものが，自分の手で加工するとよくわかる。加工性が良くても耐食性に問題があるなど……なかなか一筋縄ではいかない。

3-4　この教材を使った授業と生徒の変化

さて，この教材を使って授業をすると，物理を習っているはずの生徒たちがエネルギーや熱の本質を理解していないことに気が付いた。この教材のことを周りの人たちが知るようになり，勤務校以外で話をする機会があったが，高専や大学の学生でさえ「エネルギーは無くならないのでしたよね」と話し始めると「えっ！」という声が聞こえたことが1度ならずあるのに驚いた。熱力学のエネルギー保存の法則や熱力学第一法則は知っているのに，なぜ言葉を変えて

「エネルギーが無くならない」と聞いて驚くのか。物理で習ったものが机上・紙上の知識であって，その本質が理解されていない。式に当てはめての計算ならできるのに「熱」の捉え方が不十分なのだ。

そのことに気付いてからは，例として挙げるほかは数式や文字をできるだけ使わずに話しをすることにした。正確な計算の前に，エネルギーや熱の性質を実感してもらおうと考えた。もちろん定量的にエネルギーや熱を知るためには定理や計算は不可欠であるのだが，何故その計算が必要なのかを知ってから計算するのか，ただ式から導き出す値が答えとして○か×なのかでは理解の意味が違うわけである。お湯や氷で回るこの教材をみた生徒たちは何の違和感もなく，同じ温度差なら方向が違うだけで同じエネルギー量であることが実感できるのである。黒板やプロジェクター，数式だけを使って納得させるには声が涸れるまで説明が要るように思う。

またこの教材で授業をしてみると必ず「僕たちも作ってみたい……」といってくる。心の中でニヤリとする瞬間である。後述する「課題研究」の出番でもある。作ると次には「どれくらいの力があるのか」と言い出す。やってみないとわからないといえば，動力試験やその方法を考え始め，次は動力の熱効率を知りたくなるのである。生徒たちに限らずその先が「知りたい」という素朴な本音と欲求は人の本能なのかもしれない。授業中の生徒たちの目の色が変わり，授業中寝る生徒などいなくなる。

教師の面白さとは，わかった時の生徒の顔をみるのが嬉しいからである。生徒の変わり方には精一杯教えようとする私たち教師の姿勢を示したことも大きいと思う。苦労して作った一つの教材が変えた授業や興味関心の持ち方の有形無形の見返りは大きかったと思う。

3-5 「課題研究」やものつくりの題材として……

「課題研究」という科目は，指導の仕方によって成果も興味の持たせ方も大きく違ってくる。私の周りでは3年生に週2時間を使いクラス40人を4～5人の教師が指導している例が多いようだが，教科書や指導書などがない科目だけに自由度が大きく，ややもすると生徒任せで内容の少ない課題研究になってしまう嫌いさえある。

2004年の「課題研究」で8人の生徒を担当した。そこでは，これから1年間掛けてどんな課題について研究するのかを話合わせ，この科目では教師は相談には応じるが何事も生徒自らが解決していくことが大切であることをはっきりさせた。話し合いの末にスターリングエンジン（γ型エンジン）の製作・研究をテーマにすることが決まった。費用の事もあって二人で一台作り，秋に行われる生徒発表大会と文化祭に向けて完成させることを目標とした。

工作機械の使い方や材料の選択など，これまでのいわれてやっていた実習では経験した事のない場面に次々に出会う事になり，しばらくは戸惑う。しかしひと月もすると軌道に乗り，手分けして経験を教え合うことによって能率が上がることに気づいてくる。夏休みになると部活動終了後に実習室に来るようになる。なかには夕方になっても帰らないので帰らせるのに困るくらいに熱中した者もあった。夏休み前に一つのグループが完成させると，刺激になって進みも早くなり，製作についての工夫を教え合う場面もよくみられた。

完成したエンジンがどれだけの出力を持っているのか知りたくて，動力試験をしようとする試みが出てきた。原動機の教科書にある動力試験機の原理を応用して測定する。指導者の私も楽しみで一週間が待ち遠しいくらいになる。夏休みが終わったころ，別の課題研究の者たち3人が「私たちも仲間に入れてほしい」といって来た。ここの課題研究があまりに楽しそうだから僕たちもやりたいという。半年過ぎた今，まして今の課題研究のグループを抜けてここでやるのはむずかしいが……といえば，部活動も3年生の私たちは引退した形ですから，放課後でも良いですからやらせて欲しいという。担任と相談して受け入れた。11人の生徒たちを指導することになったが，後から参加した生徒は先行した者から聞きながら自分たちで進めるので困ることもない。では順調にものになって行ったのかというと，決してそうではない。いや，もの作りには失敗や間違いはつきものであり，それ無くして完成するものはないと思う。それは部品の製作や考え方だけではない。この課題研究では二人で一台を作ることになっていたが，その二人の人間関係ともいえる足並みが必ずしも揃わないことがある。分担して作った部品を組み立てると合わない。一人の作業が遅れて計画が狂ってくるなどのトラブルが毎度のように起こる。遅れた者が焦るほどミスが増えるから，遂には作る本人も嫌気がさし，仕事から逃げだす。ますます事情が悪くなるのはわかっていながら……。

ある日一人があいつとは一緒に仕事はしたくないといって来た。仕事から逃げてさっぱり責任を果たさないという。私はやはりそうなったか……と思った。その日の終わりの時間に全員を前に，すべてを話した。逃げる者も良くない，相棒の者も良くない，そして周りの者も良くないと，社会人になったら気の合った者たちだけで仕事をするわけではない。なかには意見の違った者もいるし，技量の違いや失敗をして約束が守れないことすらあるだろう。一番の原因は逃げ出す無責任者だが，そのとき相手を責める前に周りも手を出す仲間としての優しさが必要なのだと。そしてどんなに小さい事でも約束が果たさなければ周りに迷惑にかけるのだという事を知るべきだと。学校はそんなことを経験する場であるけど，社会人になってから今回のような事をやったら人格を疑われる事になる，とも……。ものつくりを通して生徒たちの人格を育てるのが学校教育であり，こんな場面こそ指導書にはない貴重な指導場面だと思う。

目標であった県内の専門高校の生徒発表大会と校内文化祭に展示ブースを貰った。校内の生徒や教職員，一般の方たちにも説明と実験を披露する場面はみていて頼もしいものである。その中の一人は卒業するときに持って帰りたいので自分用を作らせて欲しいといってきた。材料は良いけどベアリングなど自費になるよといって許可したが，まもなく完成。製作も 2 台目になるとこんなに，と思うほど完成度の高いものを作り上げた。

私は最後の授業で生徒たちに次のようにいった。「いま，私は大変困っている。この課題研究について皆さんの成績評価を付けなければならないのだ。上手く作った人，何回も部品作りに失敗をした人もいたが評価に差があるのだろうかと……私からみると違いは見当たらないのだ……みんな精一杯やったのだから……」と。

提出された課題研究の報告書の感想には「やらされる仕事と自分からやる仕事ではこんなに違うのだ……」と書いた者もいた。

3-6　学校外での広がり

この教材による授業への影響は予想もし，目的であったわけだが，まわりの教師や学校外からの反響もあった。

専門高校が行う1999年の「産業教育フェスタ」，日本科学技術振興財団と鹿児島市立科学館主催「青少年のための科学の祭典鹿児島 2006」での出展や地元の大学や高等専門学校での講義に呼ばれることもあった。また学会員ではないが，日本機械学会（2000年）や日本技術史教育学会（2006年）からも依頼があり，発表をした。海外は中国・D大学（2004年）及びE大学（2007年）での講演も行った。その他にも地元企業の集まりの懇親会でも話しをしたことがある。いずれも思いもよらない反響に戸惑いながらも参加して多くの人たちから興味を持ってもらったのは幸いであった。

2000年9月，鹿児島県で1，2の進学校・文系2年生への出前授業をクラス担任の先生から頼まれた。クラスで取り組んでいる文化祭のテーマがエネルギー問題と環境という事だがいま一つ深まりが足りないので，工業の先生から何かヒントはありませんかという事で50分の授業をすることにした。授業が始まってまもなくすると，教卓の前の床に座り込んで聞くほどに熱心に学ぶ生徒の姿があった。その後，文化祭にも呼ばれてみせてもらったが，見学者の数も多く大成功となった。

しばらくしてこのクラスの文化祭のまとめ役の女生徒から「文系から理系に移れないだろうか，理系の面白さを知らずに文系を選んでしまった」というメールが届いた。担任にもその相談があったという。進路を迷わせた責任を感じた。メールの返事には「文系理系という言葉は受験用語であって，社会にあっては別々に仕事をしているわけではない。文系といわれる分野の人が理系の内容に知識関心があれば，むしろ特技にさえなると思う」と書いた。3年生になりメールが途絶えた。夏休み前にある大学を受験する旨だけ伝えてきた。またその年明けに「合格しました」と連絡があった。ついては親元を離れる前に先生と会ってから行きたいので，家を教えてくださいという。自転車で来るというのを押しとどめて迎えに行き，私の家で昼ご飯を食べながら文化祭の話が弾んだ。あの教材は僅か50分の授業で大学への進路を考え直そうとするほどショックだったとのことだった。

3-7　67号機まで続く教材研究

この教材を原動機の授業に使い課題研究のテーマにし，いくつかの講演や講義もしてきたが，その度に教材の発展の契機があった。今では67号機まで続いている。講演や講義などで他人の目に触れると必ず質問が出る。工作上の事など経験したものもあるが，機構を変えた時の性能や動きなどは必ずしも計算だけでは答えられないものも多い。やってみないとわからない部分がいくらでも出てくるのである。質問者が，「では作ってみよう」といってくれれば，むしろ後日にでも結果を聞かせてもらいたいところである。ただ，「そうですか」で終わったときには，その質問に対しては回答していないことになる。だったら自分で作りやってみるしかないのである。そういう事が重なり，数が増える結果になった。それも聞かれた内容が当を得たものであればあるほど，質問者への返事ができなかったからではなく自分で納得してみたくなる。たとえばα型であれば膨張側と圧縮側の容積を変えた時どうなのかとか，γ型のものではフライホィールの慣性をもっと小さくしたら，いやエンジンとしてどこまで小さくできるのかなど，実際にやってみないと想像はしても動的挙動はわからない。だからこそ実験が必要なのかもしれない。

ある日，スターリングエンジンがきっかけで知り合ったF大学（当時）のG先生から，指導している卒論の学生が「回らないエンジン」を作ったが，なぜそういう動きをするのか解析中で私にも考えて欲しいと連絡がきた。聞いてみると，その学生は大変不器用？で何でも接着剤を使って作るのだという。そうしてできたものが回るのでなく振動するエンジンだという。試しに私も作ってみたが見事に振動する。次になぜ??を解くことになる。位相180°だから名付けてπ型エンジン。G先生は作っている途中で学生に喉まで出かかった否定の言葉をいわなくて良かったと。何を考えているのかと思えることでもとことんやらせるのが教師なのかもしれないともいっていた。

このように67号機まで製作していると「こんなにたくさん作ってどうするのですか」と聞かれたりもする。しかし，67機はほとんどに同じものはない。回るという事だけで終われば単にオモチャだ，といった事もある。C高校にいる時に作った中にまったく同じ設計で作ったものが2つある。いつか条件を違えての比較実験するためにまったく性能の同じものを作っておきたかったのである。γ型エンジンで同時並行によほど注意して作ったのだが何回やっても4℃と5℃差まで回り，1℃の違いがある。それをみていたある職員が「たった1℃しか違わない」といった言葉に私は声を大きくして，あなたは熱がわかっていない！と声を大きくした。500℃と501℃であれば，たった1℃しかといえるけど4℃と5℃では25%の違いなのにと……。周りの先生方がそうですよね，熱はそういう考え方をするのでしたよね，と……。結果としてこの1℃の違いは何が原因なのか今でも不明のままである。

3-8　教材用「スターリングエンジン」の開発がもたらした変化

この教材作りの目的は，生徒たちに熱エネルギーをわかり易く授業をしたいという事からであったが，思ったより遙かに得るものが大きかったと感じている。この教材用「スターリングエンジン」の開発・製作がもたらした影響は，授業や生徒にとどまらず，学校内外や私自身の変化をもたらした。

生徒たちにとっては，目にみえない熱の性質やエネルギーとしての働きを可視化されたことで，わかりにくい理論の説明に興味関心をみせるようになった。その上で計算や理論公式の必要性に気付いて取り組む意思がはっきりみえてきた。質問も増え授業の空回りは無くなった。それが進むと生徒たちは授業で示した教材の原理と実際を自分たちの手で確かめたくなり，自分たちで作ることに向かうようになる。課題研究で取り組む時も，教室でみた教材と同じでものではなく，一歩工夫されたものを作ろうとする。作ってみるとその完成の

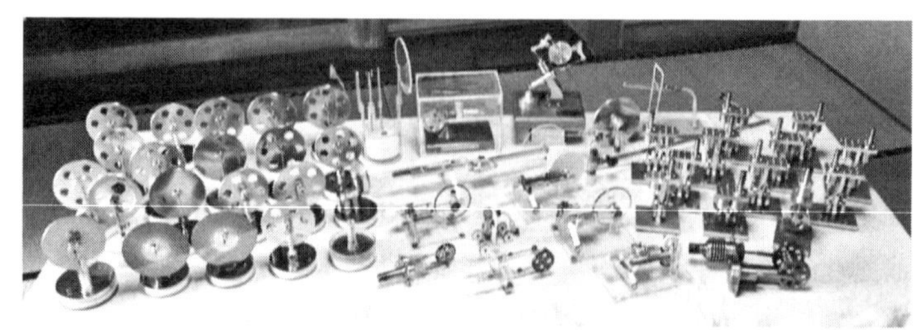

写真 3.3.3　製作し続けた教材用スターリングエンジン（筆者撮影）

喜びは作った者にしか味わえないものとなる。さらに産業教育フェスタや文化祭などで披露，展示して見学者から質問を受け，周りの人たちに関心を持ってもらう機会に出会うと，これまでと人が変わったと思えるほど自信を持って説明にあたる。このように成長する姿は，工業高校ならではだと思われる場面をみてきた。

また，この教材は私の授業にとどまらず，他の職員や校外でも活躍の幅を広げた。ある時，校内の機械科の職員も自分用の教材として作ったこともある。また一人の職員が教育センターで長期研修の研究テーマにしたことなどもあって，この教材の存在が県内に広がって行った。小・中学校の理科教育の分野でも興味を持ってもらい，出前授業に行く機会も増えた。ある年，全国理科教育大会が鹿児島市で開催されたこともあって，県外への広がりを大きくした。また校種や教科を超えて高専や大学の卒論などにも何回か取り扱われたのは，この教材の影響があってのことだと思われる。作られた形ある教材だけでなく，広く工夫された授業の大切さをこの教材から再確認するきっかけになったと思う。

小学校の教職員向けの夏季講習会でも講演会を行った。その後で「エネルギー，熱，資源，環境を合わせて子どもたち向けの話をどこかですべきだね」という話が多くの先生方から聞かれ，心強く思った。また中学校技術・家庭科研究会での講演でも多くの先生方から質問や問い合わせがあり，この教材への関心の高さが伺えた。

このような教材の開発の過程とその広がりは，私自身にも変化をもたらした。理工学の理論を教えるのには，実物を示すことが何よりも説得力があることはいわれている。そのために，これまでもいくつも教材を作ってきた。しかし，ほかの人たちに勧められるほどのものではなく自分の授業の範囲であった。先にも書いたが，この教材用スターリングエンジン作りは授業に切羽詰まったことから手掛けたものであって，生徒の反応や周りへの影響などを考えての取り組みではなかった。ましてや教材としてモノになるのかさえ予測できない状態から始まったのである。作り始めてみると机上紙上では解決しないことが次々に起こり，そこで得た知識や経験がほかの機械実習の指導方法や安全面に指導が届くようになった。教材の直接の効用のほかに，多くの知り合いの輪が広がったことで，そこからの話題や経験も貴重なものとなった。それは学校関係だけでなく企業や国を超えたものになり，私の視野さえも広げる事になった。それらは教材を作るという当初の目標からは思惑外の体験を得ることになったと思う。

3-9　これからこの教材を作ろうとする方へ……

今では多くの本やインターネットでスターリングエンジンの作り方などが紹介されているので参考として欲しいと思うが，この教材の製作ポイントを一言でいえば「摩擦と圧縮漏れの戦い」であると思う。気密を求めると機械摩擦が増える，摩擦を小さくすると圧縮が漏れる，というジレンマを両立する事ができれば作るのにむずかしい教材ではないと思う。是非とも挑戦して頂きたい!!

（稲森　龍一）

3-10　教材用スターリングエンジンの開発と展開を支えた要因

本節では，以上の稲森による教材用スターリングエンジンの開発と展開の過程に関する記述をもとに，それを支えた要因について検討を試みる。

まずは本教材を開発した動機である。稲森は機械科の科目「流体原動機」を授業した際の生徒の様子をその動機として挙げた。授業の当初は興味深そうに授業をきく生徒たちであったが，熱力学に関する諸法則や数式などを説明すると途端に興味をなくしたという。その上で，「黒板を叩くようにして授業をするとこの科目も教師の私までも嫌われてしまう結果になった。教師として教えたい内容が伝わらない苛立ちと指導力不足で情けない授業になっていた」と回想している。一見，これは教育実践によくみられる教材開発の動機と教員の悩みを描写する出来事であるとみることもできる。

ただし，ここではこれが稲森にとって1996年頃の出来事であったということを注視したい。1963年に教員となった稲森は，この頃にはすでに教員としてはベテランの域にある。さらには1970年代から80年代にかけて問題視されたいわゆる「学校の荒れ」の時代を経験した教員である。また，かつて同科目を指導した際の印象として「内容はむずかしいけれども大変面白く感じた」とし，特段に悩んだ様子はない。加えて稲森にとって同校への勤務は2度目であり，近隣の様子や校風などの地域的条件については把握していたものと考えられる。

しかし，そうした稲森であっても当時の生徒の指導に困難を感じていた。その同校における生徒の変化については当時の複合的な背景があると考えられる。まず想起されるのは，当時の教育界における「学力低下」論争における学習意欲の低下の問題である。「学力低下」論争は論者によって学力が低下しているかどうかの捉え方が異なる。ただし，生徒へのアンケート調査や，学校外での学習時間の調査をもとに考えれば，学習意欲は低下しており，そのことはほとんどすべての論者から認められている[17)]。当時のこの学習意欲の低下に関わる一般的な見方と稲森の記す当時の生徒の様子は重なる部分がある。

次に想起されるのは少子化に伴う入学者数の減少である。鹿児島県の中学校卒業者数は平成元年から減少し続けている。それに伴い公立高校の募集定員も削減してきた。そうした入学者数やいわゆる入学（試）倍率の変化は，その学校へ少なくない影響をもたらしたものと推測できる。

つまり，この教材用スターリングエンジンの開発の動機は，生徒の学習意欲の低下によるものであったが，そこには当時の時代的背景があったとみることができる。そうした動機をもとに稲森は教材用スターリングエンジン1号機を開発し，その後も67号機まで製作を重ねた。その要因としては様々考えられるものの，ここでは4点を指摘したい。

第一にそれはかなりの程度，偶然や予想外の出来事に支えられていた点である。稲森は上記の動機を得た後，テレビ番組を視聴した際にスターリングエンジンという文字を目にした。ここから教材スターリングエンジンの開発が具体化された。そうしたテレビ番組をみていたのは偶然であった。またその後の学校内外での展開も含め，稲森は「教材を作るという当初の目標からは思惑外の体験を得ることになったと思う」と回顧している。そうした数々の偶然や予想外の出来事を活かしえたことが本教材の開発と展開を支えていた。

また，稲森にとって多くの予想外の契機と展開をもたらしたのは他者との関係であった。これが第二の要因である。本教材の重要な部品の一つであるピストン・シリンダーは，知り合いの医者から紹介された物であった。また，学校外での講演や，67号機まで続く改良は，他者からの依頼や疑問に基づくものである。また生徒や同僚，校長，2号機製作時に協力を得た石田氏や，G氏など，多くの人物との関わりがあった。そのように考えるならば，本教材の開発と展開には他者の存在が不可欠であったと考えられる。

第三には，そうした他者からの影響を受けつつ，稲森自身がその開発や展開の中で力量を形成していた点である。稲森はその開発の中で材料と加工に関する知識や技能を高めていた。また学校内外にわたる展開の中で「私の視野さえも広げる事になった」と回顧している。そうした開発や展開の中で力量を形成した点も本教材の開発と改良を支えた要素であった。

第四に，稲森という教師のもつ意図と計画性である。第一に挙げたようにその開発と展開は偶然の出来事に支えられていた。ただし，稲森はそれらの偶然や予想外の出来事を教材の開発や発展に結びつけた点にその行動の特徴があることはすでに述べた。稲森が熱力学に関する授業に課題を感じ，その改善を意図していたからこそ，その偶然の契機を教材開発に結びつけることができたのである。この偶然の出来事との関係はキャリア教育で注目されるクランボルツ（Krumboltz, J. D.）の「計画されていた偶然」（プランド・ハプンスタンス）理論に関連づけると，教師としてのキャリア発達を考える上で示唆的である。[18)]

また，この稲森の教育的意図が典型的に現れている出来事として課題研究の指導場面がある。課題研究の指導場面において，ある生徒らが人間関係での問題を抱え，稲森に相談をした。それに対し稲森は「やはりそうなったか……」と思いつつ，その後生徒たちの指導を行う。つまり稲森は，そうした問題をある程度予想していたことになる。おそらく課題研究の題材となった時点で，人間関係上の問題を予想し，その教材として意図的に構成したものと考えられる。このように，こうした教師の意図と予想が，本教材の豊かな展開をうみだした。

本節では以上のように，鹿児島県で生み出された教材用スターリングエンジンの開発と展開の過程を検討した。長年にわたって改良と展開をし続けた本教材は，時代的な影響や偶然の出来事，他者からの影響を受けつつ，教師の意図性と力量形成によって開発，展開されていたことを指摘した。これらの要因は，工業科における教材の開発とそれに関する教師の力量形成を考える上で重要な示唆をもつものと考える。

付記

本節は，拙稿「教材開発における高校工業科教師の力量形成に関する事例研究」鹿児島大学教育学部研究紀要，教育科学編，第73巻，2022年，pp.29-43の内容を一部改め掲載した。

（坂田　桂一）

第4節　工業技術基礎の旋盤実習における授業内容と実習指導の留意点

4-1　工業技術基礎の目標と内容，教育課程編成

高等学校学習指導要領（平成30年告示）は，工業科の目標を，「今日的な課題に対応するため，改めてものづくりで求められる資質・能力を整理し，育成を目指す資質・能力を「知識及び技術」，「思考力，判断力，表現力等」，「学びに向かう力，人間性等」という三つの柱に基づいて示した。[19)]」としている。こ

の三つの柱に基づいて，各専門科目もそれぞれに目標を示している。

工業科の専門科目「工業技術基礎」は，学習指導要領（平成30年告示）では，科目の目標を次のように示している。

1　目標
工業の見方・考え方を働かせ，実践的・体験的な学習活動を行うことを通して，工業の諸課題を適切に解決することに必要な基礎的な資質・能力を次のとおり育成することを目指す。
⑴　工業技術について工業のもつ社会的な意義や役割と人と技術との関わりを踏まえて理解するとともに，関連する技術を身に付けるようにする。
⑵　工業技術に関する課題を発見し，工業に携わる者として科学的な根拠に基づき工業技術の進展に対応し解決する力を養う。
⑶　工業技術に関する広い視野をもつことを目指して自ら学び，工業の発展に主体的かつ協働的に取り組む態度を養う。
2　内容（指導項目）
⑴　人と技術と環境：㋐人と技術，㋑技術者の使命と責任，㋒環境と技術
⑵　加工技術：㋐形態を変化させる加工，㋑質を変化させる加工
⑶　生産の仕組み：㋐生産工程，㋑分析と測定技術

「工業技術基礎」は，科目「課題研究」とともに，工業科のすべての生徒に履修させるべき専門科目とされ，科目「実習」とともに，実験・実習を中心とした内容の科目として位置づけられている。教育課程編成については，したがって，工業科の専門科目の中で最も基礎となる科目であり，第1学年の履修科目として扱われている。単位数は，2単位～4単位程度とされているが，3単位としている学校が多い。

4-2　愛知県立豊川工科高等学校の工業技術基礎のショップと学習テーマ

愛知県立豊川工業高等学校は，2021年4月に学校名を変更して，愛知県立豊川工科高等学校（以下，豊川工科高校と略）となって現在に至る。設置されている工業科の小学科は，機械科，ロボット工学科，電気科，情報デザイン科の4学科で，機械科とロボット工学科は学年2クラス，電気科と情報デザイン科は学年1クラスで，学年6クラス，全学年で18クラス，2023年度の在籍生徒

数611名である。

豊川工科高校は，高校入試において小学科別ではなく全学科一括くくり募集としているので，第1学年は全クラス共通の教育課程である。第1学年の工業科の科目は，工業技術基礎（3単位），製図（2単位），工業情報数理（2単位），生産技術（2単位）である。ここでは，工業技術基礎の旋盤実習における教育実践について述べる。

豊川工科高校の工業技術基礎は，実習中心の科目であるので，4ショップを1班10名の4班で編成し，各班ローテーションで各ショップを回る形式で授業を展開している。

学習内容は，前期と後期に分けている。

前期は，次の4ショップで，各ショップ2回（2×3時間=6時間）でローテーションしている。

ショップ：① 機械実習（旋盤）　② 溶接　③ 電気計測　④ 電子製作

後期は，次の4ショップで，各ショップ3回（3×3時間=9時間）でローテーションしている。

ショップ：① 機械実習（旋盤）　② 溶接　⑤ 手仕上げ　⑥ 電気工事

この他，オリエンテーション，安全教育，インターンシップが工業技術基礎として行われている。

各ショップの学習内容

① 機械実習（旋盤）：測定の基礎，ノギスの取り扱いと測定実習，外側マイクロメータの取り扱いと測定実習，工作機械の構造と機能，切削工具の種類，切削条件と主軸回転速度の設定，旋盤の操作方法，段付丸棒の製作

② 溶接実習：ガス溶接設備とその取り扱い，突合せ継手，重ね継手，へり継手，アーク溶接設備とその取り扱い，突合せ継手，重ね継手，へり継手

③ 計測・テスター実習：テスターの使用方法，テスターの目盛りの読み方，テスターによる回路の電圧，電流と抵抗の測定，測定値から読み解くオームの法則

④ 電気工事実習：工具の使い方，屋内配線のしくみ，被覆電線の被覆のはぎ

取り，電線と端子の接続

⑤　電子製作実習：ハンダ付け作業，電子部品の取り扱い，テスタの製作

4-3　工業技術基礎の旋盤ショップの授業のシラバス

（1）　前期第１週目　機械加工の基礎(1)

【第１時限】

- 旋盤ショップにおける学習内容のガイダンス。
- 実習報告書（レポート）の作成について説明。
  （参照：『工業技術基礎』[20] p.29「5　実習報告書の作成」）
- 実習報告書の項目「使用機械」に関連して，実習で使う小型普通旋盤について解説。
- 実習報告書の項目「使用切削工具」に関連して，旋盤加工で使う切削工具（バイト）について解説。
- 実習報告書の項目「使用測定器」に関連して，旋盤加工で使用する測定器一式について解説。

【第２時限】

- 製図総則，投影法（第三角法），線の種類と用途，寸法数値と寸法補助記号。
  （参照：『工業技術基礎』p.40「1　図面の表しかた」）
- スケッチ図の書き方と測定課題のスケッチ図作成。
- 旋盤実習で使う測定器について解説。
  スケール（直尺）（参照：『機械実習 1』[21] p.8「1.　スケール」）
  ノギス：ノギスの意味，各部の名称，測定の原理，バーニヤの語源
  　　　　ノギスの目盛（測定値）の読み方について
  （参照：『機械実習 1』p.9「2.　ノギス」）
  外側マイクロメータ：マイクロメータの意味，各部の名称，測定の原理，
  　　　　　　　　　　マイクロメータの目盛（測定値）の読み方について
  （参照：『機械実習 1』p.14「3.　マイクロメータ」）

片パス：パスの種類，比較測定器

【第3時限】

- ノギスによる丸棒の外径の正しい測定方法とその実技。
- 外側マイクロメータによる丸棒外径の正しい測定方法とその実技。
- ノギスと外側マイクロメータによる測定演習。
  測定課題：三級技能士検定試験の実技課題「段付きテーパ軸」
- ノギス，外側マイクロメータによる測定箇所を指示，測定値をスケッチ図に記入させる。

（2） 前期第2週目　機械加工の基礎(2)

【第1時限】

- 第2週目の学習内容のガイダンス。
  課題プリントを配布「旋盤作業のあらまし，主要部の構造・機能」について解説。
- 課題プリントについて解説。とくに課題プリントの下記の項目について詳しく解説。
  (1)　主切削運動と工作機械
  (2)　実習で使用する旋盤の主軸端の型式
  (3)　旋盤に使われているテーパについて　―テーパの意味と規格
  (4)　実習で使用する旋盤の大きさについて
- 旋盤作業の基礎知識　―　旋盤各部の名称と機能，要素作業など。
  （参照：『工業技術基礎』p.79「6．旋盤作業の基礎知識」）
  （参照：『機械実習1』p.219「1．旋盤作業のあらまし」）

【第2時限】

- 測定器と課題，工具を準備させ，各使用旋盤の作業台に準備させる。
- 旋盤作業における安全について
  作業者の立つ位置と作業姿勢についての説明。
- 旋盤各部の名称と機能について

主軸台，チャック，心押台，ベッド，往復台（エプロン），刃物台。

- 各ハンドルの操作方法と各部の動き
  縦送りと横送りの動きの方向とそれぞれの正の方向と負の方向の動きについて。
- 丸ハンドルの回し方，玉ハンドルの回し方
- 横送り台マイクロメータカラーと刃物送り台マイクロメータカラーとの目盛の読み方
- 主軸回転数の選択方法
- 旋盤の起動と停止
- 機械送り関係の各レバーの操作方法
- 生徒に起動，停止，主軸回転数の選択，機械送りの練習をさせる。

【第3時限】

- 測定課題のスケッチ図を作成させる。
  測定課題：三級技能士検定試験の実技課題「段付きテーパ軸」
- ノギスと外側マイクロメータによる測定演習。
- ノギスによる正しい外径の測定方法とその実演。
- 外側マイクロメータによる正しい外径の測定方法とその実演。
- 測定箇所を指示，測定値をスケッチ図に記入させる。
- まとめの小テスト
  旋盤各部の名称，ノギスの測定値の読み取り，外側マイクロメータの測定値の読み取り

（3） 後期第1週目　段付丸棒の製作(1)

【第1時限】　配布資料：課題図面，加工手順書

- 旋盤ショップにおける「段付丸棒の製作」の学習内容のガイダンス。
  段取りと加工手順（図3.4.2，図3.4.3），加工基準について解説。
- 旋盤実習で使う課題「段付丸棒」の読図について解説。
  ①　寸法公差の表記とその意味について　―　基準寸法と公差

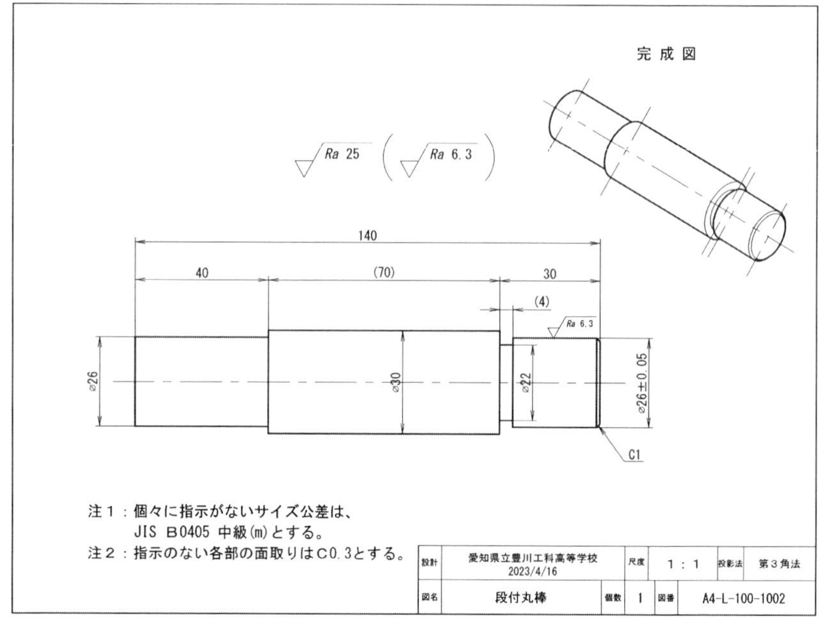

図 3.4.1　課題図・段付丸棒

② 製図記号について，ϕ，C の意味と読み，なぜこの記号が使われるかの解説。

③ 表面性状と仕上記号について解説。

④ 注 1 の「JIS B0405　中級（m）」の意味。

⑤ 参考寸法について解説。

【第 2 時限】

- 旋盤作業の安全について
  作業姿勢と作業者の立位置について説明。
- 旋盤各部の名称と基本操作，始動と停止，各ハンドルの回し方。
- 始業前の試運転　―　主軸回転数と機械送り（自動送り）
- 横剣バイトの刃物台への取り付け方の説明と実技。
- 工作物のチャックへの取り付け方法の説明と実技。

【第 3 時限】　加工手順 1 ～ 5

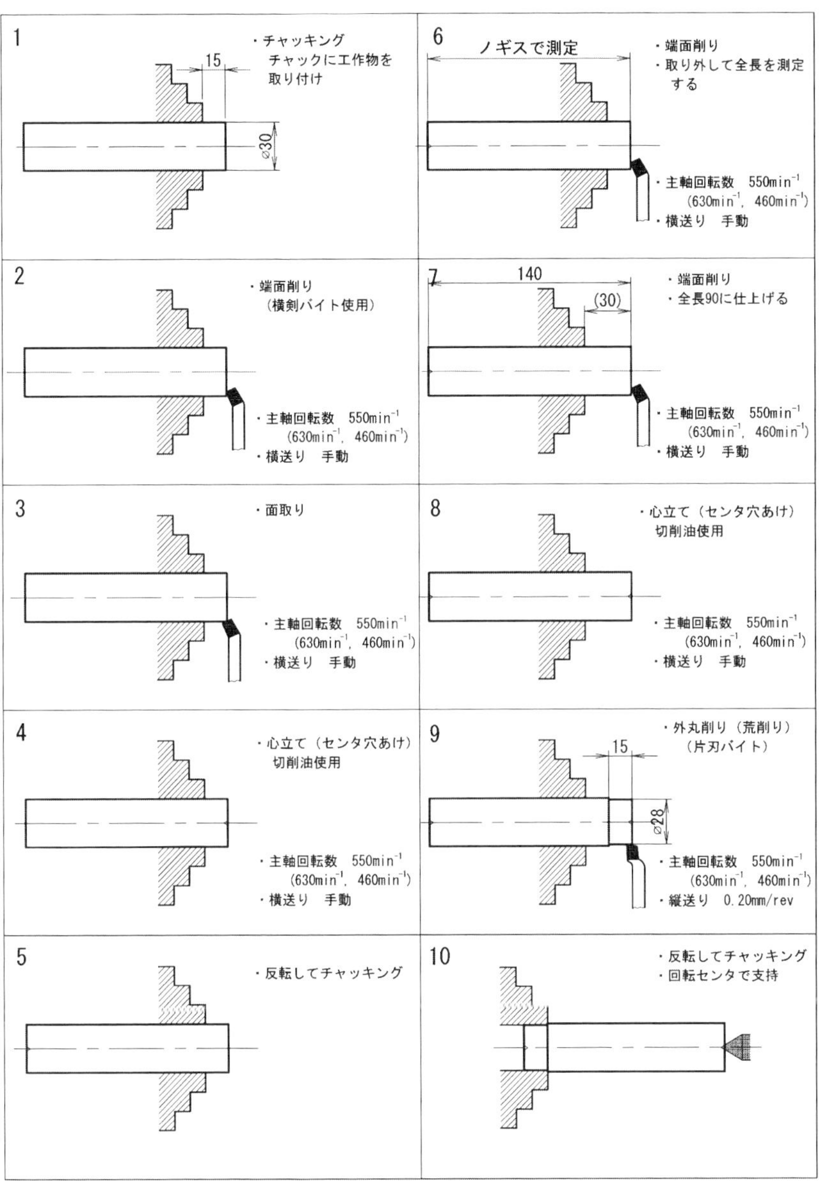

図3.4.2　段付丸棒の加工手順(1)

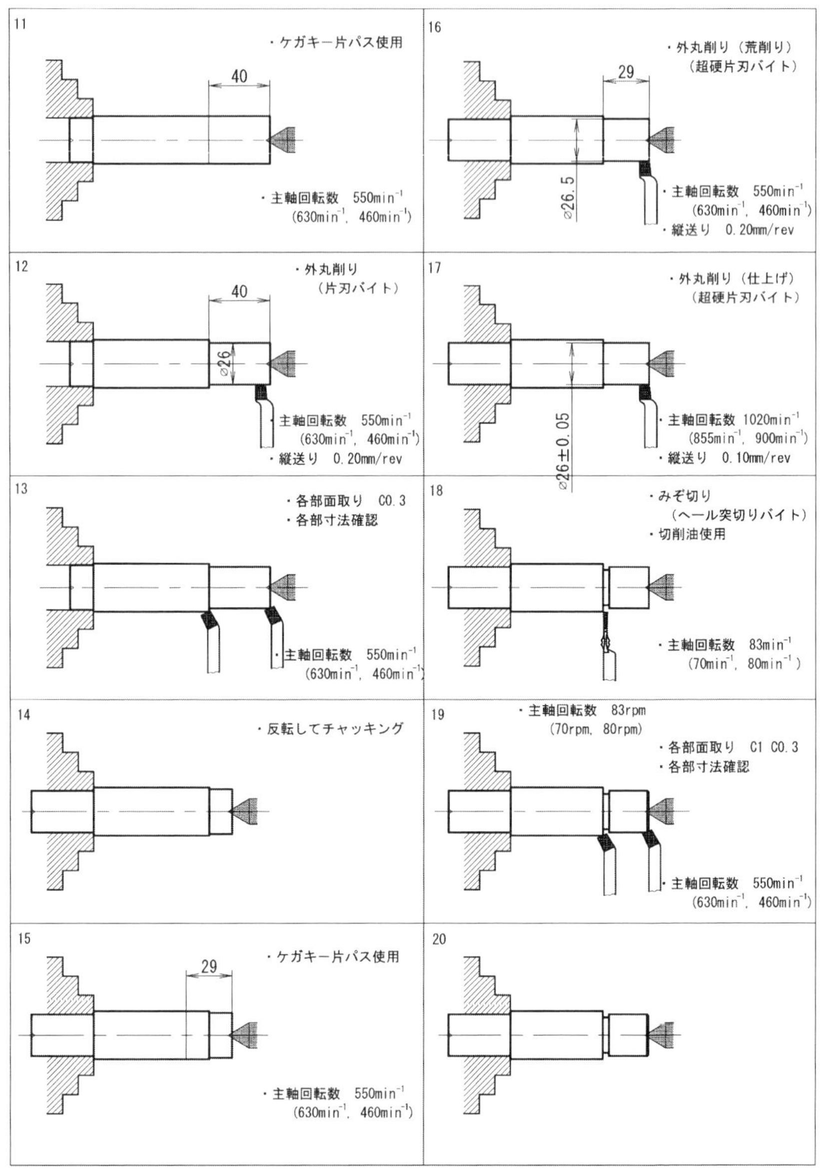

図 3.4.3　段付丸棒の加工手順(2)

- 加工手順1～3

横剣バイトによる端面削りの実技。—　荒削り，仕上げ削り，切込み

あらかじめ，刃物台ハンドルのマイクロメータカラーを0にしておく。

始動させてから，バイトを工作物に近づける。

刃先を端面に当てる。

切込み0.5mm，手送りで端面削りの練習，切削油を使用。

- 加工手順4　心立て

心押台に回転センタを外して，ドリルチャックを取り付ける。

心押台をチャック側に近づけて，固定する。

心押軸を前進させ，切削油を使い，心立てする。センタ穴の適切な大きさについて解説。

- 作業終了後，切り粉の片付け，清掃，工具・測定器の片付け。終了までの作業手順について解説。

（4）　後期第2週目　段付丸棒の製作(2)

【第1時限】

- 旋盤作業における主軸回転数を決める速度：切削条件について説明。

（参照：『機械実習1』p.233「4　旋盤作業の切削条件」）

- 切削速度と回転速度（主軸回転数）

切削速度，工作物の直径，回転数の関係式と単位について解説。

- 旋削における標準切削速度と主軸回転数の選択について解説。

工作物の材質　—　快削鋼（SUM22）　—　材料記号の意味

使用切削工具（バイト）の材質　—　高速度工具鋼（ハイス）

【第2時限】　加工手順6～9

- 旋盤作業の準備と試運転

始業前の試運転　—回転数と機械送り（自動送り）

- 横剣バイトの刃物台への取り付け，片刃バイトの取り付けの方法と実技。
- 加工手順6　横剣バイトによる端面削りの実技。

- 加工手順 7　ノギスによる工作物の全長の測定方法と実技。
- 加工手順 8　端面の仕上げ削りの後，心立てし，加工基準をつくる。
  刃物台を回転させ，片刃バイトに交換する。
- 加工手順 9　外丸削りの実技。

【第 3 時限】　加工手順 10 ～ 13

- 回転センタを使用しての工作物の取り付け方法。両センタ作業の意味を解説。
- 加工手順 11　片パスの使い方を説明，ケガキの方法と実技。
- 加工手順 12　機械送り（自動送り）による外丸削りの実技。
  ノギスによる外径の測定方法と実技。
- 加工手順 13　横剣バイトによる面取りの実技。
- 作業終了後，切り粉の片付け，清掃，工具・測定器の片付け。

（5）　後期第 3 週目　段付丸棒の製作(3)

【第 1 時限】

- 旋盤で使う切削工具と旋盤による加工作業。
  （参照：『機械実習 1』p.219，p.229）
- ヘール突切りバイトの構造と機能について解説。主軸回転数の設定。
- 突切りバイトの刃物台への取り付け方法について実技。

【第 2 時限】　加工手順 14 ～ 17

- 旋盤作業の準備と試運転
  始業前の試運転　―回転数と機械送り（自動送り）
- 横剣バイトの刃物台への取り付け，片刃バイトの取り付け。
- 回転センタを使用しての工作物の取り付けの実技。
- 加工手順 15　片パスの使い方，ケガキの実技。
- 加工手順 16　外丸削りの実技。
- ノギスによる外径の測定の実技。
- マイクロメータの使い方と測定の実技。

- 加工手順 17　機械送り速度の変更と仕上げ外丸削り。

【第３時限】　加工手順 18 ～ 19

- 刃物台に突切りバイトの取り付け方法の解説と実技。
- 加工手順 18　端面からの正確に 30mm の寸法の取り方の実技。
- 加工手順 19　横剣バイトによる面取りの実技。
- 作業終了後，切り粉の片付け，清掃，工具・測定器の片付け
- まとめの「小テスト」

4-4　旋盤実習における指導の留意点と実技指導の勘どころ

（1）　図面の読み方

機械系学科の専門科目「製図」の授業では，生徒が学習するのは主に製作図の描き方である。設計図や製作図の描き方の学習は重要なことではあるけれども，図面を読む力も重要なことである。とりわけ，生産現場では，図面を正しく読む力が必要とされる。

工業製品のありとあらゆるものは，図面があって作られている。建築は建築図面，橋やトンネル，ダムなどの土木構造物も土木図面があって造られている。工業科で生徒が学ぶことがらで最も価値ある専門知識は，図面を読み書きできる力といえよう。

製図の授業においては，教科書の例図を模写することで，図面を描く力を培っている。しかし，例図の模写という授業では，描かれている図面が製作図としてどういう意味を持っているか，図面から作られる機械部品は，実際にどのようなものであるか，といったような点については，多くの生徒は理解できていないと思われる。

図面を読む力は，実際にその図面に基づいて部品を製作することで，身につけることができる。図面が読めなければ，モノを加工することができない。次に述べる段取りや加工手順を組むこともできない。図面の読み方は，実習の授業で教えるのが最適である。

図面を正しく読むには，言葉に文法があるように，製図総則を理解しなけれ

ばならないが，工業技術基礎の旋盤実習では，図 3.4.1 の課題図「段付丸棒」の読み方について解説している。製作図の場合，寸法数字とサイズ公差，寸法補助記号，表面性状について理解できれば，図を正しく読むことができる。

課題図「段付丸棒」には，3 種類の寸法数字がある。単に数字だけのものと（　）の付いた数字，寸法補助記号の ϕ とサイズ公差のついた寸法数字がある。この 3 種類の寸法数字の意味について，製図の授業では，例図の模写が中心なのでその意味については教えられてはいないと思われる。製図の授業を受けた第 2 学年の生徒に質問しても解答できる生徒は皆無であった。以下，図の 3 種類の寸法数字を示す。

140　—　基準寸法

(70)　—　参考寸法

ϕ26±0.05　—　寸法補助記号・基準寸法・サイズ公差

全長を示す 140 は，基準寸法である。同様に ϕ26 も基準寸法である。これに対し，（　）のついた（70）は，参考寸法である。製図総則では，基準寸法の「基準」は，付いているサイズ公差が基準とする寸法，という意味である。しかし，140 にはサイズ公差が付いていない。これは，注 1 に，「個々に指示のないサイズ公差は，JIS B0405　中級（m）とする。」と書かれているので，図の（　）付きでない寸法数字は，サイズ公差が付いてなくとも，実際はサイズ公差が付いている基準寸法である。実際に加工して仕上げてみると，測定した寸法（実寸法）は，基準寸法ぴったりではない。そのために，サイズ公差を付けて，サイズ公差内に仕上げることで良しとするのである。

（　）のついた参考寸法は，サイズ公差はなく，参考とする寸法で，測定しなくてよい寸法である。

切削加工では，基準寸法の他に重要なものは，表面性状の図示記号の意味の理解である。サイズ公差内に仕上げるとともに，仕上げ面の状態（表面性状）が図示記号どおりに仕上げられているか，である。これも寸法数字と同様に，実際に加工してみる実習で理解できることである。

(2)　段取りと加工手順

ものづくりの現場で，最も重要視されるのは「段取り」である。段取りとは，その昔，斜面に石段を築こうとしたとき，石工がその斜面をみて，何段にするかを決めることであった。段取りがよければ，上りやすい石段ができたとされる。これが転じて，人間が作業を進めていくときに，予め作業手順を組み，必要な工具などを準備することを段取りという。

旋盤加工における段取りとは，図面をみて加工手順を組み，各工程に必要な切削工具（旋盤ではバイト）を準備し，主軸回転数や刃物台の送り速度などの切削条件を決定することである。段取りを考え，加工手順を組んだものが図3.4.2，図3.4.3の段付丸棒の加工手順書である。

このような段取りとは何か，加工手順はいかにして作成するか，などその考え方については，教科書や実習テキストには書かれていない。それは，一定の経験と熟練を積むことで作業者が身につけることであるからだ。

旋盤実習の授業においては，筆者は，段取りの意味と加工手順を組む時の考え方について教えることにしている。生徒が卒業後に，生産現場で働くようになったときに，段取りや加工手順の組み方の考え方を理解していれば，迷うことなく，作業を進めていけると思われるからだ。

図3.4.2，図3.4.3の加工手順を組む時に，はじめに加工基準をつくる。加工基準は，旋盤部品の場合，図の中心線が回転方向の加工基準である。長手方向は，両端面である。したがって，課題のように軸（マンドレル）の場合，最初に端面削りと心立て（センタ穴をあけること）を行う。反対側の端面削りをするときに全長を仕上げる。ここで，心立てをした後に同時加工で端面から約10mm，切り込み1mmで外丸削りを行う。この外丸削りをした部分も心立てと同時加工をしているので軸心に振れがなく，加工基準である。

加工基準ができれば，あとは，加工基準に基づいて，精密な仕上げを要求される部分が最後になるように加工手順を組めば良い。

実習で使われる旋盤は，小型普通旋盤で，主軸端にはスクロールチャックが取り付けられている。このスクロールチャックにはわずかな振れがあるので，

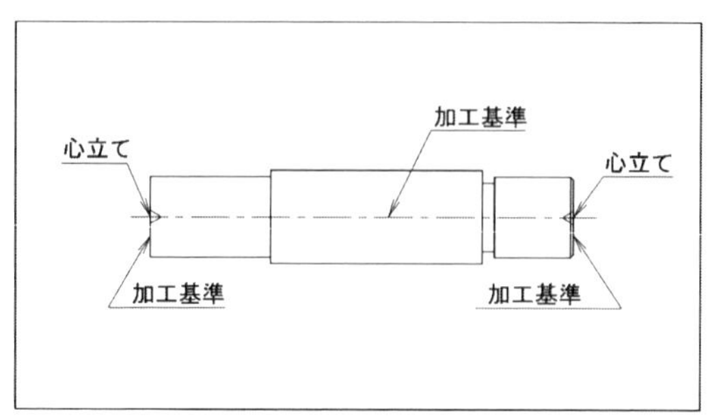

図 3.4.4　加工基準

チャックの爪で工作物をつかんだ時，工作物は加工基準に対して振れた状態で取り付けられる。したがって，スクロールチャックの振れを極力無くすように，工作物を取り付けなければならない。

取り付け方は，図 3.4.2 の 10 に示すように，最初にチャックの爪で，加工基準である外周の部分を半づかみ（軽くつかむ）にしておく。次に，心押し台の回転センタをセンタ穴に入れて，心押し台を固定し，心押し軸送りハンドルを回すと，回転センタにより工作物が押し込まれていく。この時，回転センタとセンタ穴は，密着した状態となり，工作物の加工基準と，旋盤の主軸の軸心と一致するので，段付に加工した場合，各部に円周振れのなく同軸度も高い精度で加工されることになる。

（3） 測定器の測定方法に関する指導

旋盤加工のような切削加工においては，図面の示している各寸法がサイズ公差内に入るように仕上げなければならない。したがって加工中の工作物の外径や長さの測定が不可欠である。ノギスや外側マイクロメータによる工作物の外径の測定は，前期の測定器の取り扱いの授業で行ったような，机上での測定とは異なるので，加工中であることに留意して指導する必要がある。旋盤加工において加工中に外径を正確に測定するには，一定の熟練を要するが，生徒には測定器の正しい取り扱い方と測定の勘どころを教師自らが測定しながら教えなければならない。

写真 3.4.1　ノギスによる外径の測定
(筆者撮影)

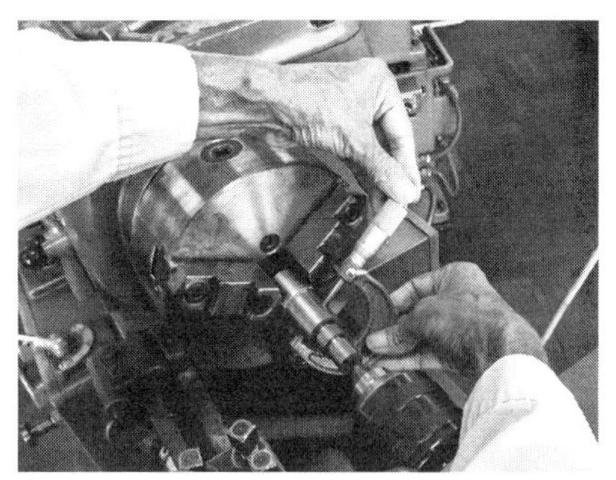

写真 3.4.2　外側マイクロメータによる外径の測定
(筆者撮影)

ノギスによる外径の測定方法を写真 3.4.1 に示す。ノギスの持ち方で，机上での測定と異なる点は，スライダの指掛けを持つのではなく，右手の中指，薬指でスライダの外側用ジョウを押すことである。左手も同様に指で外側用ジョウをしっかりと支えて，測定箇所の外径をしっかりと挟むようにする。外側用ジョウを挟んだ状態では，バーニヤ目盛が，正確に読み取れないので，約 45 度，寝かせるように傾けて，目線の正面にバーニヤ目盛と本尺目盛がくるようにして，測定値を読み取る。この時，作業者は，旋盤に体が触れないようにしなければならない。豊川工科高校で使われている旋盤は，起動レバーがエプロンの横にないので，起動レバーに体が触れることはないが，通常の旋盤は，起動レバーがエプロンの右側面にあるので，起動レバーに体が触れることのないようにとくに注意しなければならない。

外側マイクロメータによる外径の測定方法を写真 3.4.2 に示す。ノギスと同様に，作業者はエプロンの前に立って測定する。外側マイクロメータの持ち方は，机上の場合と異なり，右手の指で，フレームの中央を持つ。あらかじめ，シンブルを回し，測定値に少し大きい値にスピンドルの位置を設定しておく。写真 3.4.2 に示すように，右手の手首をきかせて，シンブルとスリーブの目盛が，目線の正面にくるような傾きで，アンビルを測定面に当てる。次に，左手でラチェットストップを回し，カチカチとフリクションストップが十分に働いている状態になったときに，測定値を読み取る。実際には，初心者（生徒）は，うまくできない。この外側マイクロメータの取り扱いの勘どころは，ラチェットストップを回して，フリクションストップが働いた瞬間に，それまでしっかりとフレームを持っていた右手の指の力を緩めてやることである。右手は，軽くフレームを落ちないように支えている程度とすることによって，アンビルとスピンドルは，正確に外径の部分を一定の圧力で挟んでいる状態となり，外径の正確な測定値を読み取ることができる。この勘どころは，みようみまねではなかなか体得できないので，解説しながら実技で示すとよい。

（4） 旋盤操作の基本についての指導

旋盤実習において，最初に指導することは，安全作業について説明し，作業者の作業姿勢が大切であることを説明する。旋盤工の立位置は，決まっていて往復台のエプロンの前に立って行う。ハンドル操作の他，測定も前述したようにエプロンの前に立って行う。チャックと工作物は回転するので，回転する工作物や工具の円周方向に立つことのないように指導する。切削による切くずや事故があったときに刃物や工作物は，円周方向に飛び散るので，その危険から常に避けていることが大切である。

ところで，機械や工具の使い勝手は，基本的に右利き用に作られている。右利き人間に使いやすいようにできているので，左利きの生徒には，やりにくい作業があることを教師は理解しておかねばならない。また，人間の体格には個人差があるので，背丈の低い生徒には，写真3.4.3に示すようなざら板を準備し，最も作業しやすい状態（チャックハンドルを持つ腕が水平になる位置）するような配慮が求められる。

旋盤という工作機械は，学校の実習で使われるフライス盤やボール盤などと比較して，人間の熟練した技能を必要とする機械である。その反面，機械操作や加工手順を間違えたりすると大事故につながる可能性があり，最も危険度の高い機械であることを生徒のみならず指導する立場の教師も十分に留意して実習を展開していくことが肝要である。工業技術基礎では，生徒は第一学年生で

写真 3.4.3　作業用足場板と作業者の立ち位置
(筆者撮影)

写真 3.4.4　玉ハンドルの回し方
(筆者撮影)

あるので専門的知識も機械操作の技能も持たないまったくの初心者である。旋盤実習においては，実際の切削作業に入る前に，機械操作について，十分，練習させておくことが必要である。

普通旋盤には，縦送りハンドル，心押し軸送り出しハンドル，横送りハンドル，刃物台送りハンドルの4つのハンドルがあり，作業者はこの4つのハンドルを回すことによって加工を進めていく。熟練工は，このハンドル操作に習熟しており，ミクロンの精度の加工を実現している。

筆者は，初心者（生徒）には，作業前に必ずハンドル操作の練習をさせている。旋盤の4つのハンドルの内，縦送りハンドルと心押し軸送り出しハンドルは，丸ハンドルである。丸ハンドルの回し方は，早送りの場合は，取っ手を持って回せばよいので，これは誰にでもできる。心立てや縦送りハンドルによる手送りでの切削や位置合わせは，両手で丸ハンドルの部分を持ってまわす。こうすることによって，精密な送りが可能となる。片手でも，丸ハンドルの部分を持って回せば，精密な送りが可能である。

横送りハンドルと刃物台送りハンドルは，玉ハンドルである。玉ハンドルも早送りは取っ手の部分を持って回せばよいので，これは丸ハンドルと同じで，誰にでもできる。ところが，手回しによる端面削りやテーパ削りなど，切削時には，写真3.4.4に示すように玉ハンドルは両手の手のひらで玉の部分を包み込むようにして回す。こうすることによって，自動送りのようななめらかな動きの送りや，精密な位置合わせができる。切削時の切りくずの出具合をみながら，両手で玉ハンドルを自在に回すことができるようになるには，一定の熟練が必要である。実習では，この回し方の勘どころを解説しながら実技で示すとよい。

なお，旋盤加工の基本を解説した著書を別に出版している[22)]。

（石田　正治）

注

1）『創立125周年記念誌』東京工業大学附属科学技術高等学校，2011年1月8日。
2）『東京工業大学工学部附属工業高等学校創立百周年記念誌』創立百周年記念誌編集委員会，昭和60年11月2日。
3）『研究開発実施報告書』昭和61年度　東京工業大学工学部附属工業高等学校，同『資料編』。
4）機械科編「機械科における実習内容の変遷」東京工業大学工学部附属工業高等学校『研究報告』第15号，1984年，pp.1-15。
5）「第3章第4節 機械科における実践報告」東京工業大学工学部附属工業高等学校編『工業科「課題研究」指導の手引』実教出版，1988年，pp.70-105。
6）武部善人『人阪産業史』有斐閣，1982年。
7）V. C. フリックランド著，長谷川淳訳『TRADE AND JOB ANALYSIS—職業分析—』実業教科書　株式会社，昭和24年。
8）工業教科内容調査研究会「工業教科（工業基礎・実習）内容の調査報告（その1)」東京工業大学工学部附属工業高等学校『研究報告』18号，1987年，pp.89-156。
9）長谷川雅康「高等学校学習指導要領改訂と工業教育」『技術教育研究』第34号，1989年，pp.1-7。
10）大阪府立今宮工業高等学校機械科研究報告書「機械実習における実習と実験の

融合について」昭和47・48年度大阪府立高等学校産業教育研究指定，昭和49年。
11）長谷川雅康「工業高校機械科の総合実習に関する一考察─ケース・スタディを中心にして─」『日本産業教育学会研究紀要』第11号，1981年，pp.50-64。
12）工業教科内容調査研究会「工業教科（工業基礎・実習）内容の調査報告（その1）」東京工業大学工学部附属工業高等学校『研究報告』18号，1987年，pp.89-156。
13）大阪府立今宮工業高等学校全日制機械科・大阪府立高等学校機械科研究会他 研究授業資料「第3学年の『機械加工』と『計測・制御』について」昭和55年11月27日。
14）大阪府立今宮工業高等学校全日制機械科・大阪府立高等学校機械科研究会他 昭和60年・61年度 大阪府立高等学校（産業教育）研究学校　研究授業資料「エレクトロニクスの進展に伴う機械科教育の指導法について」昭和61年12月3日。
15）大阪府産業教育研究会・大阪府立高等学校機械科研究会・大阪府立今宮工業高等学校（全日制）機械科「本校におけるFA教育の導入と展開について」『研究授業資料』平成5年11月26日。
16）佐伯胖・藤田英典・佐藤学編『学びへの誘い』東京大学出版会，1995年。
17）市川伸一『学力低下論争』ちくま新書，2002年，170p。
18）クランボルツ，J. D.，レヴィン，A. S. 著 花田光世・大木紀子・宮地夕紀子訳『その幸運は偶然ではないんです！』ダイヤモンド社，2005年。
19）文部科学省『高等学校学習指導要領（平成30年告示）解説 工業編』平成31年3月29日，p.13。
20）文部科学省検定済教科書『工業技術基礎』実教出版，2012年検定済。
21）副教材『機械実習1』実教出版，2017年。
22）石田正治『図解入門　現場で役立つ旋盤加工の基本と実技』秀和システム，2014年。

第4章　実験・実習担当教員の問題

第1節　工業科教員養成の制度的課題

本節では，高等学校において工業科の専門教育を担当する教員（以下，工業科教員）の養成をめぐる制度的課題，とりわけ高等学校「工業」の教員免許状取得のための「特例措置」の課題について考察し，今後の工業科教員の養成に向けての若干の提言を行いたい。

なお，「教育職員免許法」においては，「教育職員は，この法律により授与する各相当の免許状を有する者でなければならない」（第3条）とする「免許状主義」の原則が掲げられている。そして，教員免許状には，普通免許状，特別免許状，臨時免許状があり，さらに，普通免許状は，専修免許状（大学院修了相当），一種免許状（4年制大学卒業相当），二種免許状（短期大学卒業相当）に大別されている。

本節でいう教員養成とは，これらの教員免許状のうち，現行制度で最も標準的なものとされる普通免許状のうちの一種免許状を取得するための営みに限定しており，工業科教員養成とは，高等学校教諭一種免許状（工業）取得するための営みをいう。

1-1　工業科教員養成の現状と「特例措置」

（1）　工業科教員養成を行う大学・学部

日本における教員養成は，教員養成教育を大学で行う「大学における教員養成」，および国・公・私立のいずれの大学でも，文部科学大臣の課程認定を受けた大学では，制度上等しく教員養成に携わることができる「開放制の教員養成」の二大原則によって営まれている。

そして，こうした原則の下，2022（令和4）年4月1日現在，総計123大学187学部等で高等学校教諭一種免許状（工業）を取得できることとなっている。

これらのうち，国立大学は51大学72学部あり，そのうち教育学部，学校教育学部などの教員養成系の学部は28学部，工学部，理工学部などを中心とする一般の学部等は44学部となっている。

また，公立大学で工業科教員の養成を行っている大学・学部は6大学7学部あり，これらのすべては理工系の学部等となっている。

さらに，私立大学で工業科教員の養成を行っているのは66大学108学部あり，これらのうち教員養成系である3つの教職特別課程や一部の美術系学部および家政系学部などを除くと，ほとんどが理工系の学部等となっている（表4.1.1参照）。

このように，工業科教員養成を行っている大学・学部187学部等のうち，工学部や理工学部といった理工系の学部は合計で約156学部ある。これは，工業科教員の養成を行っている大学・学部の85%以上にあたり，工業科教員養成が理工系の学部に依存している度合いの大きさを示している。また，工業科教員養成を行っている大学・学部のうち，私立大学の理工系の学部等が105学部（全体の約56%），国立大学の理工系の学部等が44学部（全体の24%）あり，私立大学および国立大学の理工系の学部等が工業科教員養成に果たしている役割が特段に大きいといえる。

表4.1.1　高等学校教諭一種免許状（工業）を取得できる大学・学部等数（2022年4月1日現在）

大学種別	大学数	内訳		
		学部種別	学部数	計
国立	51	教員養成系	28	72
		一般	44	
公立	6	教員養成系	0	7
		一般	7	
私立	66	教員養成系	3	108
		一般	105	

注1）文部科学省「令和4年4月1日現在の教員免許状を取得できる大学」（https://www.mext.go.jp/a_menu/shotou/kyoin/daigaku/1286948.htm，2023年6月8日最終閲覧）より筆者作成[1]。
注2）教職特別課程は教員養成系学部数に含めている。

（2） 教員免許状取得者数

こうした工業科教員養成における私立大学および国立大学の理工系の学部等が果たす役割の大きさは，教員免許状取得状況からみても指摘できる。

表 4.1.2 は，2016 年度から 2020 年度までの 5 年間の一括申請による高等学校教諭一種免許状（工業）の取得者数を示している。

これによれば，各年度とも高等学校教諭一種免許状（工業）を取得した者の 5 割以上が私立大学の卒業者となっている。これは，たとえば 2020 年度の卒業者のうち，私立大学卒業者が占める割合が，国語 62％，地理歴史 70％，公民 73％，数学 50％，理科 44％，英語 64％であるように，高校の他の教科と同様に教員養成に占める私立大学の役割が特段に大きいことを示している。

また，私立大学の卒業者に次いで，高等学校教諭一種免許状（工業）を取得した者が多いのが国立大学の一般学部の卒業生で，各年度とも教員免許状取得者の 2 割から 3 割を占めている。これは，工業をはじめ，農業，商業にみられる特徴とみることができる。高校の工業，農業，商業以外のほとんどの教科の教員免許状取得者は，私立大学卒業者に次いで多いのが，国立大学の教員養成系学部の卒業者である。ところが，工業，農業，商業では，教員免許状取得者のうち国立大学の一般学部の卒業者の占める割合が，国立大学の教員養成系学

表 4.1.2　高等学校教諭一種免許状「工業」の取得者数

種別 ＼ 卒業年月		2017年3月	2018年3月	2019年3月	2020年3月	2021年3月
国立	教員養成系	104 (8.0%)	114 (8.9%)	132 (11.7%)	126 (11.5%)	119 (10.8%)
	一般	443 (34.0%)	379 (29.7%)	376 (33.4%)	296 (27.0%)	250 (22.7%)
公立		22 (1.7%)	27 (2.1%)	21 (1.9%)	33 (3.0%)	25 (2.3%)
私立		735 (56.4%)	755 (59.2%)	598 (53.1%)	641 (58.5%)	708 (64.2%)
計		1,304	1,275	1,127	1,096	1,102

注 1）各年度の文部科学省『教育委員会月報』（第一法規）より作成[2]。
注 2）大学院および専攻科等での免許状取得者は除く。

部の卒業者を上回っている。

他方，高等学校教諭一種免許状（工業）の取得者のうち，国立大学の教員養成系学部の卒業者が占める割合は多くて1割程度，公立大学の卒業者が占める割合は1割未満であり，私立大学や国立大学の一般学部の卒業者に比して，きわめて少なくなっている。

このように，高等学校教諭一種免許状（工業）の取得者のうち，5割以上が私立大学の卒業者，2割から3割が国立大学の一般学部の卒業者であり，これらのほとんどが理工系の学部の卒業者となっている。すなわち，教員免許状取得者のうちの7割から8割以上の者が，私立大学または国立大学の理工系学部等の卒業者であるといえ，こうした点からも，工業科教員養成にとって私立大学および国立大学の理工系学部が果たしている役割が特段に大きいといえる。

また，反面で，工業科教員養成を行っている国立大学の教員養成系学部および公立大学については，高等学校教諭一種免許状（工業）の取得者のうち，これらの大学・学部等の卒業者が占める割合は，各年度とも合わせて2割未満となっており，これらの大学・学部における工業科教員養成は実質的にほとんど機能していないといえる。

（3）　工業科教員養成と「特例措置」

ところが，こうした工業科教員養成については，大きな制度的課題が存在している。それは，高等学校「工業」の教員免許状を取得する場合，他校種や他教科の教員免許状を取得する場合にはない特例的といえる措置（以下，「特例措置」）が認められているという点である。

具体的には，現行の「教育職員免許法」および「教育職員免許法施行規則」では，高等学校教諭一種免許状を取得するためには，①「教科に関する専門的事項」や「各教科の指導法」の内容を含む「教科及び教科の指導法に関する科目」を24単位，②「教育の理念並びに教育に関する歴史及び思想」「教職の意義及び教員の役割・職務内容」「教育に関する社会的，制度的又は経営的事項」「幼児，児童及び生徒の心身の発達及び学習の過程」などの内容を含む「教育の基礎的理解に関する科目」を10単位，③「道徳，総合的な学習の時間等の指導法及び生徒指導，教育相談等に関する科目」を8単位，④「教育実習に関する科目」を5単位，⑤「大学が独自に設定する科目」を12単位，の計59単位以上を修得しなければならない。

しかし，高等学校「工業」の教員免許状を取得する場合については，「教科及び教科の指導法に関する科目」のうちの「教科に関する専門的事項」の単位の全部または一部を，「各教科の指導法」や「教育の基礎的理解に関する科目」「道徳，総合的な学習の時間等の指導法及び生徒指導，教育相談等に関する科目」などの他の科目の修得単位として充てることができるとされており，実質的に「教科及び教科の指導法に関する科目」のうちの「教科に関する専門的事項」の単位修得のみで，教員免許状の取得が可能となっている。

> 「教育職員免許法施行規則」（1954年文部省令第26号）
> 第5条
> 備考六　工業の普通免許状の授与を受ける場合は，当分の間，各教科の指導法に関する科目，教諭の教育の基礎的理解に関する科目等（専修免許状に係る単位数については，免許法別表第一備考第七号の規定を適用した後の単位数）の全部又は一部の単位は，当該免許状に係る教科に関する専門的事項に関する科目について修得することができる。

そもそもこの「特例措置」は，1960年12月の閣議決定「国民所得倍増計画」の実施にともなう技術者不足および工業高校新増設に対応するために，工業科教員供給源の増大を図ったことによるものといわれている。これ以降，社会の状況は大きく変わったけれども，この措置の抜本的な見直しは60年以上も行われず，認められ続けている。

1-2 「特例措置」の課題

工業科教員養成におけるこうした「特例措置」は，教職課程履修者数（教員免許状取得者数）の確保，および普通高校出身者や社会人経験者の教員免許状取得など，効果的な面があったことは否定できない。

しかし，この「特例措置」には，少なくとも次の3つの看過することができない大きな問題が指摘できる。

(1)　教育学的視点から

わが国の戦後の教員養成制度においては，大学を卒業し，かつ必要な単位を修得させることで，教員として必要最低限の資質や力量が身についているか否かを保証してきた。

たとえば，現行の「教育職員免許法」においても，普通免許状を取得するためには，学士の学位などの基礎資格を有し，かつ，大学若しくは文部科学大臣の指定する養成機関において必要な単位を修得した者に授与することとなっている。

> 「教育職員免許法」（1949年5月制定法律第147号）
> 第5条　普通免許状は，別表第一，別表第二若しくは別表第二の二に定める基礎資格を有し，かつ，大学若しくは文部科学大臣の指定する養護教諭養成機関において別表第一，別表第二若しくは別表第二の二に定める単位を修得した者又はその免許状を授与するため行う教育職員検定に合格した者に授与する。

ところが，「特例措置」は，そうした教員としての最低限の資質や力量が身についていることを保証するための単位修得を免除するというものである。すなわち，「各教科の指導法」や「教育の基礎的理解に関する科目」など，教員になるために必要となる科目の単位を修得しなくてもよいという「特例措置」は，「単位修得」をもって教員として最低限の質を保証してきた戦後の教員養成制度の原則に反するものであり，教育学の立場からは大きな問題といえる。

(2)　国際的な視点から

1989年の第25回ユネスコ総会で採択された「技術教育及び職業教育に関する条約」では，技術・職業教育を担う教員は，教科に関する専門的知識や技能だけでなく，高校教育に適合した教授技術を有しなければならないとされている。

「技術教育及び職業教育に関する条約」(1989年第25回ユネスコ総会採択)
第5条
1　締約国は，常勤であるか非常勤であるかにかかわらず技術教育及び職業教育分野で教授を行うすべての者が，彼らの専門の職能分野において十分な理論上及び実践上の知識並びに彼らが教授を要請されている課程の種類と段階に即した適切な教授技術を有しなければならないことに合意する。

注1)「技術教育及び職業教育に関する条約（仮訳)」(『文部科学省ホームページ』，http://www.mext.go.jp/unesco/009/003/015.pdf，2019年9月1日最終閲覧)3) より。

また，2001年の第31回ユネスコ総会で採択された「技術・職業教育に関する改正勧告」では，技術・職業教育を担う教員の養成課程では，教育理念，教育心理学，教育方法などの学習や教育実習を経験させることが必要であるとされている。

技術・職業教育に関する改正勧告」(2001年第31回ユネスコ総会採択)
84　技術・職業教育のすべての教員の専門的養成には，就職前訓練課程及び就職後の上級課程に次の諸要素を含むべきである。
(a)　一般教育論並びに技術・職業教育に特に適用される教育論
(b)　将来の教員が教えることとなる科目（及び分野）に関連のある教育心理学及び教育社会学
(c)　将来の教員の担当科目（及び分野）に適した教室経営及び特別の教授法，並びに学生の学習の評価方法
(d)　情報・コミュニケーション技術を含む現代的教授技術及び教具の選択と使用に関する訓練
(e)　適切な教材を創造・製作する方法についての訓練（そのような教材の供給が不足する場合において，モジュール式，及びコンピュータの使用による教材を含む)
(f)　教職への任命に先立って監督の下行われる一定期間の教育実習の経験
(g)　教育及び職業指導の方法，並びに教育行政についての概論
(h)　実際の教室及び実験室の指導環境の企画，並びにこれらの施設の運営及び維持
(i)　安全に関する健全な訓練（安全な勤務の実施について教えること，及びよい実際例を示すことを重視する)

注1)「技術・職業教育に関する改正勧告（仮訳)」(『文部科学省ホームページ』，http://www.mext.go.jp/unesco/009/004/032.pdf．2018年2月2日最終閲覧)4) より。

このように，国際的には，工業科教員には高校教育に適合した教授技術を有することが求められており，そうした教授技術を身につけさせるために，教育理念，教育心理学，教育方法などの学習や教育実習の経験が不可欠であるという考えが一般的となっているといえる。そして，こうした国際的な視点からみれば，わが国の「特例措置」は非常識な制度であると考えられる。

（3）　教育現場の実情から

現在の教育現場では，生徒理解の必要性や生徒指導の困難性が指摘されるとともに，ICT 技術を活用した授業やアクティブ・ラーニングなどの特色ある授業実践が求められている。

これは，高校工業教育についても例外ではない。

したがって，青年期にある子どもたちの発達課題や今日の学校教育をめぐる諸問題，授業づくりの理論や方法などを学ぶ科目の履修，および教育実習といった経験は，工業科教員になる者にとっても必要不可欠なものであることは間違いない。

そして，こうした学習や経験は，現行制度における「教職に関する科目」の中で行われるものである。すなわち，「教職に関する科目」を履修しないでも工業科教員として教壇に立つことができる「特例措置」は，教育現場の現状に適したものとはいえない。

最後に，今後の工業科教員養成のために，筆者の私見を述べて本節のまとめとしたい。

第一に，「特例措置」があろうとなかろうと，工業科教員養成を行う課程認定大学は，教員を養成するという責任の重さを自覚し，教育課程の編成や学生への履修指導を行わなければならないと考える。

工業科教員養成を行う私立大学や国立大学の理工系学部では，教職課程は学内ではいわばオプションとして位置づけられるとともに，実験・実習に時間をとられることが多くなるため，「教職に関する科目」を不開講にすることを前提とした教育課程を編成したり，学生に対して「特例措置」を利用して教員免許状取得をうながす大学が存在している。

しかし，これは多くの大学関係者が誤解してしまっていることであるが，そもそも「特例措置」は，高等学校「工業」の教員免許状を取得しようとする者に対する措置であって，課程認定大学に対しての措置ではない。それは，「教育職員免許法施行規則」などの条文をみれば明白である。

そして，このように教員免許状取得者に対する措置であることを考えれば，本来，科目を履修するか否か，または単位を修得するか否かは，教員免許状取得者自身が選択決定するものであり，大学側の都合や考えによって，教職科目を開講せず，教員免許状を取得しようとする学生に履修をさせないことは，学生の学習する権利を一方的に奪う行為であるとみることができる。

さらに，前述したように，「特例措置」は教育学的にみても，国際的にみても特異な制度であり，教育現場の現状に適したものでもない。

こうした点を各課程認定大学が自覚し，教員免許状取得に必要となるすべての科目を開講する，教員免許状を取得しようとする学生にはすべての科目を履修させるよう指導するなど，どのような教育課程を編成すべきか，また学生にどのように履修指導をすべきかを真剣に考える必要があると思われる。

第二に，その反面で，各大学が教育課程編成や履修指導にいくら努力や工夫をしても，その効果には限界がある。なぜなら，教員免許状の取得申請には，教員免許状取得希望者が個別に申請する「個人申請」という方法があるためである。「教職に関する科目」のほとんどが卒業要件に含まれない理工系学部では，仮に大学が「教職に関する科目」をすべて必修にしたとしても，学生が免許状取得に最低限必要な科目のみを単位修得し，「個人申請」すれば免許状を取得できる制度になっている。

そのため，「特例措置」の是非を含めた工業科教員養成のあり方の検討が決定的に重要となるが，これまでの流れを考えれば，その役割を文部科学省や各課程認定大学に期待することはむずかしいといえる。

前述したように，「特例措置」は，社会の状況が大きく変わっていく中で60

年以上も，この措置の抜本的な見直しは行われず，認められ続けているけれども，こうした経緯の中で，中央教育審議会や同審議会の部会などで「特例措置」の是非について議論された記録は管見の限り見当たらない。

また，大学側，特に教員養成系ではない大学・学部では，教員免許状を取得することができるということを学生募集の一つの材料としている場合が多く，「特例措置」がなくなり，教員免許状取得が困難になる，または教員養成が行えなくなることに強く抵抗を感じることが多い。

したがって，「特例措置」の是非も含めて，工業科教員の養成のあり方を検討していかなければならないのは，技術・職業教育関係学会や研究会などの専門家集団や高校工業教育を担う教員集団しかないと考えられる。

「特例措置」は，今後も「当分の間」継続するとなっているけれども，見過ごしてはならないのは，これが規定されているのは「教育職員免許法」ではなく，「教育職員免許法施行規則」であり，省令レベル，すなわち文部科学省レベルで継続や廃止を決めることが可能となっている点である。こうした点を活かし，技術・職業教育に関係する専門家集団および教員集団において「特例措置」の是非を含めた工業科教員養成のあり方を検討し，積極的に国や社会に提言していく必要があるのではないだろうか。

（疋田　祥人）

第2節　高等学校工業科担当教員の供給源に関して　―愛知県・岩手県の場合―

2-1　調査の概要

本節は，戦後日本の工業科教員養成史研究に関する基礎的検討である。本節では，戦後の高等学校工業科担当教員（以下，工業科教員と略記）の供給源に関する事例研究として，愛知県及び岩手県の工業科教員の最終学歴を検討し，若干の特徴を明らかにすることを目的としている。ただし，時間的都合により各県の工業教育振興や教員供給策等の背景は十分に検討できていないので，本節は今後の検討のための覚書であることを予めお断りしておきたい。

工業科教員の養成に関しては，他教科の場合にはみられない制度的な問題が存在していることは周知の通りである。すなわち，工業科教員に限り，「教職に関する科目」の単位を修得せずとも「工業の関係科目」及び「職業指導」の単位を修得すれば，普通免許状を授与できるとし，教員養成における教育実習や教育学教育をいちじるしく軽視してきた。

こうした措置が設けられたのは，1960 年 12 月の閣議決定「国民所得倍増計画」の実施にともない技術者不足及び工業高校新増設に対応するために，工業科教員供給源増大を図ったことによるものといわれている。以来，半世紀以上，工業科教員の普通免許状授与に関して特別措置が継続されてきた。2016 年の教育公務員特例法改正に伴う教育職員免許法改正により上記の特別措置も一度は廃止されたが，新たな法的措置により復活させられ，改めてその特殊性が浮き彫りになった。

ところで，上記の特別措置の効果として工業科教員の普通免許状が取得しやすいという傾向が指摘されているが，教員採用のあり方等とも関わり，工業科教員の確保にはつながっておらず，実質的に機能していないともいわれている[5)]。

筆者らは，教員養成の目的養成の意義を重視する者であり，上記のような工業教員養成政策の評価を行い，工業教員養成のあり方を検討したいと考えている。しかし，そもそも「工業科教員はどこからきたか」という基本的な問いに答えるような基礎的なデータが十分ではない。君和田容子[6)]や伊藤一雄[7)]らによる工業科教員のキャリアに関する調査結果もあるが，1980，90 年代の調査結果である。工業教員養成政策を評価するためには，1970 年代以前の工業科教員供給状況をも確認したいところである。

こうした課題意識に基づき，調査を進めていたところ，共同研究者の一人が愛知県立豊橋工業高等学校（現愛知県立豊橋工科高等学校）の『学校管理一覧』『学校管理案』（1951-1971 年度，全日制）を保存していることを知った。この『学校管理案』等には，教員組織に関する記載があり，ここに教員の最終学歴が明記されている。もちろん，先行研究において工業科教員の就職前経歴に工業技術関係民間事業所勤務経験があることが少なくないことが指摘されており，最終学歴を問うことには十分注意しなければならない。しかし，工業教員養成機関が果たした役割を考えるには工業科教員の最終学歴は基礎的知見として重要であり，それらを検討することは無意味でないと考える。資料は1951年度から1971年度の約20年間にわたるものであり，旧学制から新学制への移行，経年変化を確認できるという点で貴重であり，検討の意味は小さくないと考えた。

また，別の調査の際に岩手教育会館編集・発行『岩手県学事関係職員録』（各年度）には各学校の教員の最終学歴が掲載されていることに気づいた（近年は掲載されていない）。『学事職員録』では担当教科は明らかにされていないが，岩手県立工業高等学校の各学校の学校沿革史を確認すると，勤務経験のある教員の担当教科名が記載されている。そこで，これらを照合し，工業科担当教員の最終学歴を確認し，岩手県立工業高等学校の工業科担当教員の供給源を明らかにすることを試みることとした。幸いにも2つのデータの間にはほとんど不整合はなかった。対象とした工業高等学校は，9校である。いずれも全日制課程であり，定時制課程は対象化していない。各学校の工業科担当教員の氏名及び最終学歴を確認し，同一氏名の者は削除し，延べではなく実人員で検討することとした。検討に際しては，個人情報保護の観点に留意した。

以上のように，本節では，愛知県に関して豊橋工業高等学校の事例を，岩手県に関して工業高等学校9校の事例を取り上げて工業科担当教員の最終学歴を確認し，工業科担当教員の供給源に関する若干の特徴を指摘することとした。

愛知県と岩手県の事例を取り上げたことは資料調査の進展との関係によるものであり，偶然性が強いが，愛知県には旧学制下では名古屋高等工業学校附設工業教員養成所，新学制下では名古屋工業大学工学部工業教員養成課程，名古屋工業大学工業教員養成所が設置され，県内に養成機関が設置されていた。岩手県にはこうした養成機関が戦前も戦後も設置されていなかった。その意味では，県内に養成機関があるか否か，それぞれ異なる場合を検討することになり，興味深い事例になるものと思われる。

2-2　愛知県立豊橋工業高等学校の場合

愛知県立豊橋工業高等学校の前身校は，1944 年に豊橋市立商業学校を工業学校に転換することにより設置された[8)]。当初は，機械科（3 学級），電気科，電気通信科（各 1 学級）から構成されていた。戦後の 1946 年に電気通信科が廃止され，建築科が設置された。1948 年の新学制発足時に豊橋市立工業高等学校として発足した。発足当初は，機械科，電気科，建築科，紡織科の 4 学科で構成されていた。一時，農業高校と合併し，豊橋実業高校となるが，1952 年には愛知県に移管され，愛知県立豊橋工業高等学校と改称された。1960 年には土木科が設置された。その後，紡織科が繊維工学科と改められ（後，廃止），電子工学科，電子機械科が設置され，筆者らの調査当時（2018 年度）は 6 学科で構成されていた。2021 年度に愛知県立豊橋工科高等学校と改称された。

工業科担当「教諭」「助教諭」の「最終出身学校」に関しては，表 4.2.1「愛知県立豊橋工業高等学校工業科教員出身学校分類」を参照されたい。今回確認し得たのは 82 名の工業科担当教員である。

1951 年度は旧学制下の大学・実業専門学校等の卒業生 19 名が工業科担当教諭として勤務していた。その内訳は，名古屋高等工業学校・名古屋工業専門学校卒業者が最も多く 7 名，次いで浜松工業専門学校卒業者 5 名，商工省機械技術員養成所卒業生 2 名，その他に早稲田大学理工学部，大阪高等工業学校，東京電機高等工業学校，盛岡工業専門学校，中央無線電信講習所の卒業生各 1 名という状況であった。

1956 年度に初めて新学制の岐阜大学工学部の卒業生が就職すると，徐々に新学制の大学出身者が増加していく。1965 年度に初めて名古屋工業大学工業教員養成所卒業生が就職すると 10 名以上の国立工業教員養成所卒業生が勤務した。

対象とした期間を通してみると，最終学歴で最も多いのが（旧制）名古屋高等工業学校・名古屋工業専門学校卒業生で 24 名，次いで（旧制）浜松工業専

表 4.2.1　愛知県立豊橋工業高等学校工業科教員出身学校分類

（単位：人）

年度	官公立高工・工専	国立大学	国立工教	私立大学等	その他	計
1951	15			1	3	19
1952	14			1	3	18
1953	15			2	3	20
1954	17			2	3	22
1955	17			2	3	22
1956	14	2		3	3	22
1957	16	1		3	3	23
1958	17	1		3	3	24
1959	16	2		3	3	24
1960	21	1		3	3	28
1962	20	1		3	3	27
1963	21	2		6	2	31
1964	19	3		6	2	30
1965	21	4	3	7	2	37
1966	20	4	6	7	2	39
1967	18	7	8	10	3	46
1968	17	7	10	10	3	47
1969	17	6	10	10	3	46
1970	16	7	10	11	3	47
1971	15	8	10	11	3	47
計(延べ人数)	346	56	57	104	56	619

注 1)「官公立高工・工専」は官公立高等工業学校と工業専門学校の略称。
注 2)「国立工教」は国立工業教員養成所の略称。

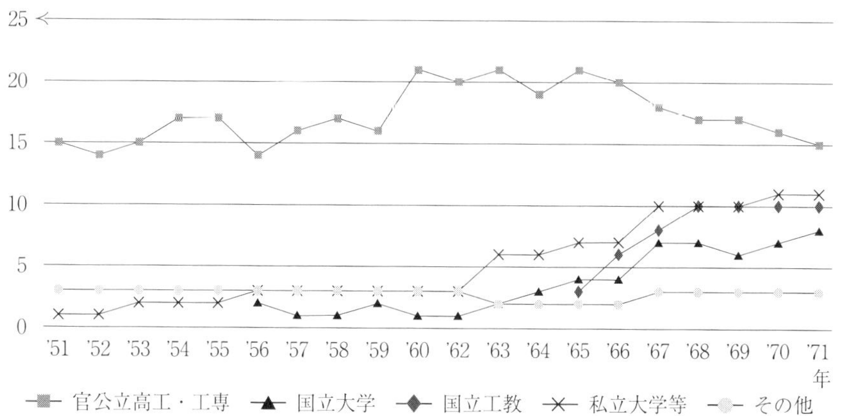

門学校卒業生9名，（新制）愛知学芸大学卒業生7名，（新制）名城大学理工学部卒業生6名，（新制）広島大学工業教員養成所5名，（旧制）山梨工業専門学校卒業生，（新制）岐阜大学工学部，（新制）名古屋工業大学工業教員養成所卒業生，（新制）横浜国立大学工業教員養成所卒業生が各2名と続く。戦後の大学卒業生では，愛知学芸大学や京都教育大学の教育学系学部卒業生も勤務しているが，半数以上は名城大学等の工学系学部卒業生であった。

したがって，工業科担当教員の最終学歴に関して，次のような特徴が指摘できる。

第一に，名古屋高等工業学校・名古屋工業専門学校（附設工業教員養成所卒業生含む）が少なくなかったことである。発足期から1960年代までは名古屋高等工業学校関係者が重要な役割を果たしていたと考えられる。

第二に，1960年代以降，広島大学，横浜国立大学，大阪大学等の国立工業教員養成所卒業生が相当数勤務していたことである。国立工業教員養成所は臨時的な工業教員養成機関であったが，その卒業生は一定の割合（15.9%）を占めていた。

第三に，新学制発足以降は私立大学工学系学部卒業生が増加していくことである。特に名城大学理工学部卒業生が多い。対象とした時期には愛知学芸大学といった国立大学教育学系学部卒業生も少なくなく，一定の役割を果たしたとみられるが，私立大学，特に愛知県内の私立大学工学系学部の果たした役割が小さくないことが指摘できる。

2-3　岩手県立工業高等学校の場合

岩手県は，1948年に旧制の中等学校を母体として新制高等学校を発足させたが，1949年には統廃合が行われ，総合制が採用された。こうした措置は，連合国軍司令部の方針に従ったとされる。『岩手近代教育史』によると，総合制のもとで工業課程を設置していたのは，県立高松高等学校，同・和賀高等学校，同・尾崎高等学校の3校であった[9)]。

しかし，1952年からいわゆる工業高等学校が設置されるようになった。

1952 年に尾崎高校から分離独立して釜石工業高等学校，和賀高等学校は黒沢尻工業高等学校となり，1953 年には高松高校が総合制を残しつつ，盛岡工業高等学校となった。その後，1959 年に市立一関工業高等学校，1962 年に大船渡工業高等学校，福岡工業高等学校，1968 年水沢工業高等学校などが増設された。[10)]

教員確保にも注意が払われ，岩手県では 1960 年代になると「卒業後県内工業高校に就任することを義務づけた育英制度を設けることになるが，それでも間にあわず，中・高校の理数科担当有資格教員を工業高校に配置転換したり，単位認定講習や通信教育による資格取得の道を講ずるなど，教員確保にあらゆる手を尽した」とされる。[11)]

今回確認し得たのは工業高校 9 校，計 366 名（延べ数ではなく実人員）の工業科担当教員であった。

1948 年度は官公立高等工業学校・工業専門学校卒業者 15 名，私立学校卒業者 1 名，その他 7 名の 23 名で始まった（表 4.2.2「岩手県工業科教員出身学校分類」参照）。1954 年度に初めて新制国立大学卒業者が入職した。1964 年度に国立工業教員養成所卒業者が入職するようになると，工業科教員数が急増していく。1966 年度には工業科教員数が 101 名となり 3 桁になった。

出身学校を，官公立高等工業学校・工業専門学校，国立大学，国立工業教員養成所，私立大学等，その他の 5 つに分類した。

最も多いのが，（新制）岩手大学（工学部・学芸学部）62 名であり，それに（旧制）盛岡高等工業学校・工業専門学校卒業生 39 名，（新制）東北大学工業教員養成所卒業生 29 名，（旧制），仙台高等工業学校・工業専門学校 17 名，（新制）工学院大学 14 名，（新制）日本大学 12 名，日本工業大学 10 名，等々と続く。

新制高等学校発足後まもなくは旧学制の盛岡高等工業学校・工業専門学校，仙台高等工業学校・工業専門学校を最終学歴とする者が多いが，その後，東北大学工業教員養成所，北海道大学工業教員養成所出身者に置き換わっていき，最終的には東京方面の私立大学出身者が入職してくるようになった。ただし，

表 4.2.2　岩手県工業科教員出身学校分類

（単位：人）

年度	官公立高工・工専	国立大学	国立工教	私立大学等	その他	計
1948	15			1	7	23
1949	15			1	9	25
1950	16			1	9	26
1951	17			1	10	28
1952	17			1	11	29
1953	17	1		1	11	30
1954	17	0		2	12	31
1955	19	0		2	12	33
1956	19	0		2	14	35
1957	19	0		2	15	36
1958	20	1		3	17	41
1959	21	2		3	18	44
1960	23	2		3	18	46
1961	25	3		4	18	50
1962	28	3		5	18	54
1963	32	7		7	17	63
1964	34	9	6	13	18	80
1965	38	11	11	15	18	93
1966	37	14	15	17	18	101
1967	38	14	18	18	19	107
1968	39	19	22	20	19	119
1969	38	20	23	22	23	126

年度	官公立高工・工専	国立大学	国立工教	私立大学等	その他	計
1970	34	27	29	25	23	138
1971	36	30	26	30	23	145
1972	35	31	26	31	26	149
1973	36	33	25	39	26	159
1974	32	37	24	43	29	165
1975	29	41	23	45	28	166
1976	30	42	25	47	25	169
1977	29	47	26	47	24	173
1978	28	47	25	46	27	173
1979	28	49	21	46	27	171
1980	25	46	20	36	22	149
1981	23	46	21	35	21	146
1982	20	48	21	40	19	148
1983	21	41	23	41	20	146
1984	22	45	23	46	17	153
1985	20	48	22	48	17	155
1986	14	49	25	48	19	155
1987	8	48	25	49	21	151
1988	5	47	24	62	16	154
1989	3	47	26	63	16	155
1990	2	42	18	62	12	136
計(延べ人数)	1,024	997	593	1,073	789	4,476

官立高工・工専は官立高等工業学校と工業専門学校の略称。
国立工教は国立工業教員養成所の略称。

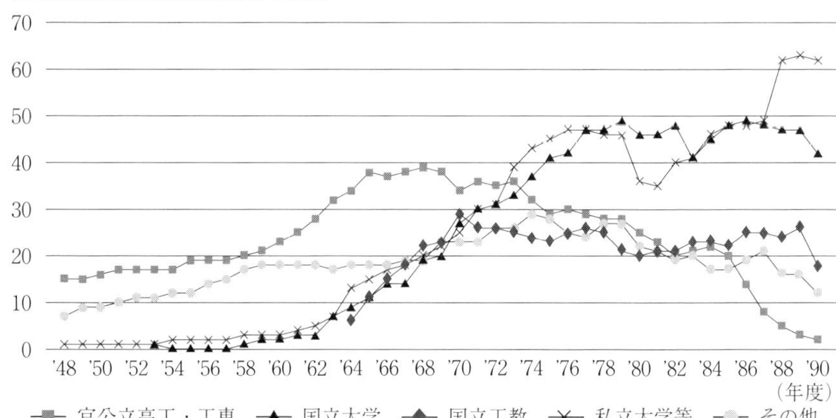

岩手県の場合は岩手大学卒業生のほか，山形大学卒業生など，国立大学卒業生もかなりの割合含まれていることが特徴的である。岩手大学の場合は工学部，工学研究科卒業・修了者であることが明記されている者も19名おり，少なくない。

したがって，工業科担当教員の最終学歴に関して，次のような特徴が指摘できる。

第一に，盛岡高等工業学校・工業専門学校の出身者が少なくなかったことである。発足期から同校には旧制・工業教員養成所は設置されていなかったが，それにもかかわらず，同校卒業生で中等工業教育に従事した者は多かった。改めて，高等工業学校・工業専門学校とはいかなる学校であったかを考えたい。

第二に，1964年以降，東北大学，北海道大学等の国立工業教員養成所卒業生が相当数勤務していたことである。愛知県だけでなく，岩手県でも一定の役割を果たしていたことがわかった。

第三に，1960年代以降，急速に私立大学工学系学部卒業生が増加していったことである。とくに工学院大学，日本大学，日本工業大学卒業生が多かった。東京方面の私立大学工学系学部の果たす役割が着目される。

第四に，岩手県の場合は岩手大学等の国立大学卒業生の果たした役割も看過できないことである。岩手大学の卒業生が圧倒的に多いが，近隣の山形大学卒業生も9名おり，偶然ではないように思われる。また，岩手大学の場合は工学部卒業生も二桁に上った。

以上のようにみてきて，次のことは指摘しておきたい。

第一に，愛知県立豊橋工業高等学校及び岩手県立高等学校いずれの場合も旧制高等工業学校・工業専門学校出身者から私立大学工学系学部出身者へと世代交代が進んだという傾向が指摘できる。今回検討した時期の終わりには私立大学工学系学部出身者が増加しており，戦後の工業科教員養成における私立大学工学系学部の果たす役割に着目する必要がある。

第二に，旧制高等工業学校・工業専門学校出身者から私立大学工学系学部出

身者へと移行する過程において，国立工業教員養成所出身者が一定数入職していることも看過できない。国立工業教員養成所は「大学における教員養成」原則を動揺させた制度として知られているが，一定の役割を果たしたことには留意する必要があろう。同養成所卒業生の入職は，奨学金制度によるものか，教員の目的養成の結果であるのか，慎重に見極める必要があるが，量的供給に一定の役割を果たしたことは押さえておく必要がある。

第三に，岩手県の場合には岩手大学といった県内の国立大学工学部出身者が少なからず存在したということである。愛知県豊橋工業高等学校の場合は，国立大学工学部出身者は少なく，この点が2つの県で異なる。この特徴が1990年代も続くのか，またこうした方々の教員免許状取得方法がどのように変化するか気になるところである。

いずれにしても工業科担当教員の場合，大学工学系学部，国立工業教員養成所出身者が少なくなく，とくに工学系学部は中等工業教員養成にも貢献していることを自覚すべきである。教育職員免許法の特別措置の問題はいうまでもなく，教育学教育担当者，教職科目担当者には工業教育を熟知した研究者を配置するなど，社会的役割に相応しい対応を考える必要があろう。

（丸山　剛史・内田　徹）

第3節　工業科教員養成の視点からの大学工学部の実験・実習と工業高校の実習との比較―機械系学科と電気系学科について―

3-1　大学工学部機械工学科と工業高校機械科の実習内容の比較

工業科教員の養成は，大学の工学部あるいは教育学部等で行われている。実習教育を担う教員もそうした課程で養成されている。ところで，戦後の高校教育において，普通教育としての技術教育を担う教科が置かれてこなかった。そのため，普通高校を卒業した大学生は，中学校における技術科の授業を受けた後，高校を経て，大学の工学教育を受けている。そうした経歴を経て高校工業科の教員になった場合，新人教員が指導にとまどうのは実技中心の機械実習である。工業科の実習内容は，学科によって大きく異なるが，機械系の実習では，たとえば旋盤実習，溶接実習，鋳造実習，手仕上げのように，技能の訓練・習得が中心となっている。担当する教員は当然ながら，一定の熟練した技能を有していなければ，その指導はおぼつかない。

本節では，教職課程を設置している大学工学部機械工学科の機械実習の内容と単位数，指導体制などを調べ，本調査研究において整理・把握された現行の工業高校機械科の実習内容と比較して，教員養成課程における実技指導能力の育成の視点からその問題点を検討する。

なお，工学教育の本来の目標は技術者の養成であるので，上記の問題は筋違いとする論はある。しかし，少数ながらも工学部で工業の教員免許状を取得する学生は存在し，教員採用試験を受験して工業教員になっている。そうしたケースを考える必要があると考える。

1. 大学機械工学科の実習内容

(1)　名城大学理工学部機械工学科の機械工学実習

名城大学は，1928年に開校した名古屋高等理工科学校に始まる。戦後，学制改革で1949年に大学として発足，同年商学部が設置された。翌1950年に理工学部が設置され，一部には電気工学科，機械工学科，建設工学科，数学科の4学科が置かれた。現在は，理工学部に数学科，情報工学科，電気電子工学科，材料機能工学科，応用化学科，機械工学科，交通機械工学科，メカトロニクス工学科，社会基盤デザイン工学科，環境創造学科，建築学科の11学科が置かれている。本研究で対象とするのは，この内の機械工学科の機械工学実習である。

工業科教員養成は，戦前の名古屋専門学校時代から行われていた。1953年に教育職員免許法の改正により発足した課程認定制度により，名城大学では1954年度から課程認定大学となっている。愛知県では，1954年度に認可となった教科「工業」の課程認定大学は名城大学と名古屋工業大学だけであった。そのため，昭和30年代から40年代の工業高校増設時代に工業科教員の多くを輩出している。

2017年度の機械工学科の実習は，第1学年の学生120名を対象に，「機械工学実習（2単位）」として行われている。A班，B班各60名に分割し，1テーマを2週，4コマ（6時間）で実施，全6テーマを実施している。各班60名を6グループ（10名）に分けて，ローテーションで実施している。担当教員は8名である。

機械工学実習のショップは，鋳造，溶接，機械，旋盤，仕上，NC（数値制御工作機械）の6ショップである。

表4.3.1に，各ショップの実習テーマと高校の機械実習との対応関係を示す。

（2） 大同大学工学部機械工学科，総合機械工学科の機械製作実習

大同大学は，1962年に設置された大同工業短期大学を前身とし，1964年に4年制の大同工業大学となり，2009年に大同大学と改称して今日に至る。大同工業大学になったとき，機械工学科，電気工学科の2学科が置かれた。現在は，工学部に機械工学科，総合機械工学科，電気電子工学科，建築学科の4学科と情報学部の情報システム学科，情報デザイン学科，総合情報学科の3学科を置く単科大学である。教職課程は，4年制大学になった1964年度に教職課程設置の申請がなされ，翌年の1965年度に設置されて，現在に至っている。

本節で対象とするのは，工学部機械工学科と総合機械工学科の機械製作実習である。

2017年度の実習は，機械工学科の第1学年の学生120名および総合機械工学科の第1学年の学生120名を対象に，「機械製作実習（3単位）」として行われている。また，機械工学科の2年生を対象に選択科目として「機械製作実習（2単位）」がある。

機械製作実習のショップは，フライス盤加工，溶融成形（鋳造）加工，自動車組立，CNC加工，接合加工，手仕上げ加工，精密旋盤加工，MC加工，板金加工，測定の基礎，製図の基礎，ワイヤー放電加工の12ショップであるが，第1学年では，フライス加工，溶融成形（鋳造）加工，CNC加工，接合加工，手仕上げ加工，精密旋盤加工の6テーマと，製図の基礎，測定の基礎の2テー

表 4.3.1　名城大学理工学部機械工学科の 2017 年度機械工学実習の内容と高校機械実習との対応表

ショップ	回	実習テーマ	実習内容	高校
旋盤 (1)	1	普通旋盤加工1	ノギス・マイクロメータの測定	○
			段付き丸棒の外丸削り（荒削り）	○
			段付き丸棒の外丸削り（仕上げ）	○
			段付き丸棒の溝切り	○
	2	普通旋盤加工2	ねじ切りの原理とおねじ切り	○
			タップによるめねじ切り	
			穴くりバイトによる中ぐり	○
			面取り	○
鋳造 (2)	1	砂型鋳造法1	砂型鋳造技術の概要	○
			鋳物砂を用いた生型の成型演習	○
	2	砂型鋳造法2	鋳物砂を用いた生型の成型	○
			アルミ溶湯による鋳込み	○
仕上げ (1)	1	ケガキ・ヤスリ掛け作業	ケガキ作業と金切り鋸による切断	○
			ヤスリ掛けによる仕上げ	○
	2	機械の分解・組立	小型エアコンプレッサーの分解	
			小型エアコンプレッサーの組立	
溶接 (1)	1	アーク溶接1	被覆アーク溶接棒によるアーク溶接演習	○
			被覆アーク溶接棒による T 型継ぎ手の溶接	○
	2	アーク溶接2	炭酸ガスアーク溶接作業の演習	○
			炭酸ガスアーク溶接による熱電対の製作	
			製作した熱電対の実験	
機械加工 (2)	1	フライス盤加工	材料の切断，面取り	○
			横フライス盤による平面加工	○
			立フライス盤による平面加工	○
	2	形削り盤加工	形削り盤による平面加工	○
			ボール盤よる穴あけ	○
			ボール盤よるタップでのめねじねじ切り	
NC (1)	1	プログラムの基礎	NC 工作機械概要	○
			プログラム作成の基礎	○
			プログラム作成演習	○
	2		課題図のプログラム作成	○
			作成したプログラムによる NC 加工	○

注 1）高校の列の○は，高校の機械実習で実施している内容であることを示す。
注 2）各回の実習時間は 2 コマ，3 時間である。
注 3）ショップ名の下の（　）内は，担当教員数を示す。

表 4.3.2　大同大学工学部の機械製作実習の内容と高校機械実習との対応表

ショップ	回	実習テーマと内容	高校
フライス加工	1	切削加工の方法，フライス盤作業のあらまし	○
	2	バイスによる工作物の固定方法，アップカットとダウンカット	
	3	立フライス盤による直方体の加工	○
		立フライス盤による凹凸加工	○
溶融成型加工（鋳造）	1	生砂を使った手作業による造型・鋳込み	○
	2	発泡スチロールを材料とする消失模型の製作・造型・鋳込み	
	3	シェルモールド鋳型・減圧鋳型の造型	
CNC 加工	1	CNC 旋盤の基礎，旋盤作業の基本三要素	○
	2	プログラミング：CAD 製図，加工プログラム作成（CAM）	○
	3	CNC 旋盤の基本操作，切削条件の求め方	○
接合加工（溶接）	1	アーク溶接の基本，被覆アーク溶接棒による溶接演習	○
	2	半自動 CO2アーク溶接による水平すみ肉溶接	○
	3	半自動 CO2アーク溶接による密閉容器の製作	
手仕上げ加工	1	ケガキ作業，トースカンの使い方，タップ立て作業，切断作業	○
	2	ヤスリ作業よる平形スコヤの製作	○
	3	ヤスリ作業よる M16六角ナットの製作	
精密旋盤加工（2）	1	切削加工のあらまし，旋盤作業のあらまし，切削工具について	○
		旋盤の基本操作，段付き丸棒の加工1	○
		段付き丸棒の加工2，ノギス・マイクロメータによる測定	○
測定の基礎		スケール，ノギス，マイクロメータの使い方と測定	○
		ダイヤルゲージ，ハイトゲージ，デプスゲージの使い方と測定	○
製図の基礎		製図に使われる線の種類と用途	○
		第三角法，寸法記入の方法	○

注 1）高校の列の○は，高校の機械実習で実施している同程度の内容であることを示す。
注 2）各回の実習時間は 2 コマ，3 時間である。
注 3）「測定の基礎」，「製図の基礎」は，全ショップ共通。

マを併せて実施している。1 テーマを 3 週，6 コマ（9 時間）で実施，6 テーマを実施，1 班 8 名に分けて，ローテーションで実施している。担当教員は専任 6 名に加え，非常勤職員数名で担当している。

表 4.3.2 に，各ショップの実習テーマと高校の機械実習との対応関係を示す。

(3)　工学院大学工学部機械工学科の「機械実習」「機械実験及演習」

当学科の教育課程（2013年度入学生用）においては，専門科目Ⅰ（第Ⅲ群）の中で実習関係の科目は，機械実習（必修科目，1年，1単位），機械実験及び演習（選択必修科目，2年，2単位），機械加工演習（選択科目，2年，2単位）と機械製図（必修科目，2年，1単位），機械製図法（選択必修科目，1年，2単位）である。卒業に必要な単位数124単位のうち，専門科目Ⅰは20単位（必修16単位，選択必修4単位）が必要とされている。上記必修科目2単位と選択必修科目4単位の計6単位，選択科目2単位を加えて8単位となる。

表4.3.3は上記機械実習と機械実験及演習と機械加工演習のテーマを列記する。表4.3.4は工業高校機械科の実施数の多い実習テーマを示す。両者を比較して，共通するテーマについて表4.3.3の相関有無欄の丸印を記入した。機械実習と機械実験及び演習のテーマには，相関が強いことがわかる。

しかし，実習の時間数が相当異なる。当大学の機械実習は必修科目として1単位（2コマ3時間）で行われている。たとえば，旋盤の実習は2回6時間，フライス盤の実習は1回3時間で実施されている。

工業高校の機械実習では，学校による差は大きいが，旋盤の実習は表4.3.4にある実施数の多い旋盤作業の解説，旋盤・センタ作業，旋盤・チャック作業を平均で10.2時間，横フライス盤作業，立フライス盤作業，ボール盤作業，NC旋盤，NCボール盤，NCフライス盤などの作業を33.8時間で行っている。技能の習得は繰り返しの練習を必要とするため，それだけ時間数を要している。こうした実習を指導するため，作業自体ができるだけではなく，作業の段取り・手順も習得する必要がある。

(4)　神奈川工科大学機械工学科の「機械工学プロジェクト」，「機械及び電気工学実験」

当学科の教育課程（2015年度入学生）においては，卒業最低修得単位数は124単位（推奨値138単位）のうち，機械の実習関連科目は「機械工学プロジェクト」（必修科目，1年通年，4単位）と「機械及び電気工学実験」（必修科目，2年後期，4単位）及び「機械製図基礎」（必修科目，2年前期，1単位），「機械製

表 4.3.3　工学院大学工学部機械工学科の実習関係科目テーマ

相関有無	「機械実習」テーマ　1年次1単位（半期2コマ）　必修
○	ガイダンス：製図・設計・機械製作などとの関連，安全規則，加工製作の流れと概要
○	旋盤作業（2回）：旋盤の基本構成，加工原理，歯車素材と軸の加工，計測・精度管理
○ ○	歯切り盤作業（2回）：加工の準備作業，歯車1の加工，図面の理解，部品の機能，加工法の原理，歯車2の加工準備と加工，部品の機能説明，提示方法の習得
○	フライス盤作業（1回）：各種フライス盤の基本構成と切削工具，ハウジングの加工，計測データと精度管理，三角法による提示法
	鋳造法（1回）：鋳型の製作，金属溶解と鋳込み，安全管理，工程の改善，報告方法の習得
○	加工計測（1回）：測定機の基本原理，データの採取と整理，発表，自己評価
○	あらさの測定（2回）：機械加工方法による表面形状の違いを計測により考察，JIS「表面あらさ」の測定法と表示法，レポートの質疑・添削，報告書の書き方の習得
○	製図（1回）：第三角法による対象物の表し方，スケッチの方法
○	機械要素（1回）：機械加工の工作機械，工具，治具，部品
○	工作機械法（1回）：工作機械の主要部分の名称，構造，機能と用途

	「機械実験及演習」テーマ　2年次2単位（半期2コマ）　必修
○	ガイダンス，レポートの書き方
○	レポートとグラフの書き方（1回）：管路内の流速データから空気流量の算出，数値の取扱いと単位，解りやすいグラフの選択，現象の読み取り
○	引張試験（1回）：炭素鋼の試験，真応力 - 真ひずみ線図作成，材料の弾性と塑性の理解
	一次元非定常伝熱（1回）：材料内温度の経時変化計測と解析，一次元非定常伝熱の基本の理解
○	内燃機関（1回）：火花点火機関の分解・組立，エネルギー変換機構の理解
○	炭素鋼の組織と性質（1回）：Fe-C 平衡状態図と組織の関連，硬さと組織
○	ひずみゲージ法（1回）：機械材料のひずみゲージ法による弾性係数とポアソン比の同定，最小自乗法の適用
	生体医工学実験（1回）：生体医工学，バイオメカニクスの実験技術の学習
	エンジニアリングデザイン課題（3回）：明解な解を持たない実験課題に対するグループ研究
	レポート演習（2回）：実験レポートの検討，レポートのフィードバック

	「機械加工演習」テーマ　2年次2単位（半期2コマ）　選択
○	マシニングセンタと CAD/CAM との関連，設計と加工，NC プログラミング技法の基礎
	NC プログラミングの実践，NC プログラムのディバッグおよび計算機利用の基礎
	マシニングセンタによる加工の実践と加工精度測定
	ターニングセンタと CAD/CAM との関連，設計および加工おける基礎的内容，NC プログラミング技法の基礎
	ターニングセンタのプログラム作成
	ターニングセンタによる加工の実践と加工精度測定
	切削抵抗の測定：旋削時の工具に作用する切削3分力の測定，切削動力および機械効率の計算
	切削抵抗の測定に関するレポート課題
	プラスチック成型加工機械の金型内における射出成形性に影響を及ぼす各種因子
○	アーク溶接の基礎技法の習得

表4.3.4　工業高校機械科機械実習（1976年～2015年5回合計，実施数の多いテーマ）

実習的分野	多いテーマ	累計実施数
① 鋳造	基本解説（導入）	231
	砂型	299
	融解（るつぼ炉，キュポラ，電気炉）	253
	鋳込み	252
② 手仕上	けがき作業	312
	やすり仕上	313
	ねじ立て作業（タップ，ダイスによる）	278
③ 切削加工(1)（旋盤）	旋盤作業の解説	530
	旋盤・センタ作業	522
	同・チャック作業	575
④ 切削加工(2)（平面加工，特殊機械加工など）	横フライス盤作業	305
	立フライス盤作業	383
	ボール盤作業	283
	NC旋盤，NCボール盤，NCフライス盤など	270
⑤ 塑性加工（鍛造，板金，転造）	鍛造（空気ハンマによるものを含む）	185
	板金加工	127
⑥ 溶接	ガス溶接	395
	アーク溶接	409
	ガス切断	227
⑦ 精密工作	放電加工	74
⑧ 総合実習		
⑨ その他	CAD実習	116
	マシニングセンター（MC）実習	150

実験的分野		
① 材料実験	引張試験	351
	衝撃試験	269
	硬さ試験	338
	金属組織試験	253
	熱処理	194
② 工業計測	外側マイクロメータの性能試験	179
	ダイヤルゲージの性能試験	176
	空気マイクロメータによる長さの測定	119
	ブロックゲージの取扱い	135
③ 熱機関	ガソリン機関の性能試験	239
	ガソリンエンジンの分解，組立	234
④ 流体機械	オリフィスによる流量測定	139
	ベンチュリー計による流量測定	152
	三角せきによる流量測定	211
	うず巻ポンプの性能試験	163
⑤ 電気実験	ホイートストンブリッジによる抵抗測定	106
	オームの法則実験	103
	電流計，電圧計の取扱い	113
	回路計の取扱い	81
	テスターの製作	54
⑥ 自動制御	電気シーケンス回路	143

図ユニット」（必修科目，2年後期，2単位）である。

なお，当機械工学科は創造機械工学プログラム，国際機械工学プログラム，航空宇宙学専攻の3コースから構成され，履修科目に一定の差異がみられる。

表4.3.5に「機械工学プロジェクト」と「機械及び電気工学実験」のテーマを列記する。前者の「機械工学プロジェクト」の内容は，非常に教育的な観点でテーマが設定されている。実物を扱いながら体験的理解を重視して，学生の興味関心を導くように配慮されている。表4.3.4の工業高校における機械実習テーマと比較すると，表4.3.5の相関の有無に○で示すように，かなりの相関が認められる。ただ，専門科目群の中では，これら2科目のみが実験・実習の科目であるため，特に技能修得の面では不十分と考えられる。

（5） 鹿児島大学工学部機械工学科の「機械工作実習」，「機械工学実験」

当学科の教育課程（2017年度入学生）において，卒業単位数は124単位であり，その内実習関係科目は「機械工作実習」（必修科目，2年半期，1単位）と「機械工学実験」（必修科目，3年前期，1単位）及び「機械製図」（必修科目，2年半期，1単位）である。

両科目のテーマを表4.3.6に示す。工業高校の機械実習のテーマと比較すると，表4.3.6の○を記入したテーマについて対応している。「機械工作実習」のテーマはほとんどが対応しているが，3次元CADは高校では少ないと思われる。「機械工学実験」については，半数程度のテーマが対応している。なお，コンピュータ解析とあるテーマの内容が不明のため，対応しているか判断できない。恐らく，実験データの解析をコンピュータで行っているとみられるが，高校では，一部にとどまると考えられる。

実習や実験の授業時間は，45時間の授業時間を1単位としているので，特に工作機械を用いる実習は技能の習得には不十分と考えられる。

2. 工業高校機械科の実習内容と授業時間数，大学の実習との比較

工業高校機械科の実習内容についての全国調査は，本書第2章にその調査結果と分析がなされている。ここでは，筆者の勤務校でもあるが，戦前の実業学

表 4.3.5　神奈川工科大学機械工学科

有無	「機械工学プロジェクト」 1年4単位　必修
○	ノギス・マイクロメータの使い方，グラフ・表の書き方など
○	製図・三角法のガイダンス
	アクチュエータとは：DC モータ等で，電流・電圧とトルク・回転数との関係を学習
	アクチュエータ：空気圧シリンダ等で，圧力と力の関係を学習
○	流体系の実験（2回）：流体の現象を5種類実験して，グラフ化。プレゼンテーション演習。
	熱力系の実験：スターリングエンジンの原理と製作
	熱力系の実験：製作したスターリングエンジンの出力試験。熱効率と発電効率の比較
○	旋盤作業：作業の概要と安全，外丸削りによる栓ゲージ製作
	旋盤作業：外丸削りによる栓ゲージ製作
○	フライス盤作業：ブラケットの四角削り，平行度と直角度の測定
○	溶接（2回）：ガス溶接，アーク溶接
○	手仕上げ作業：ケガキ，ヤスリ，ボール盤，ネジ立て・ネジ切り（タップ，ダイス），弓ノコ，計測
	デジタル・エンジニアリング体験：コンピュータを利用したものづくり（3次元 CAD によるスパナのモデリングと CAE）
	デジタル・エンジニアリング体験：スパナモデルからの自動加工（CAM 体験），構造解析（CAE）
○	エンジンの分解・組立：ピストンアセンブリの分解・組立（蒸気 E. ガソリン E. ディーゼル E. の仕組みの理解）
	エンジンの分解・組立：エンジンの吸排気システムの分解・組立によるバルブやカム等の役割の理解
	マイクロカーの分解・組立：工具の使い方，自動車に使われる物理法則・メカニズムの体験的理解
	マイクロカーの分解・組立：クラッチ・ミッションの分解・組立から自動車の原理・メカニズムの体験的理解
○	製図（7回）：実物のスケッチと寸法測定から製図の基礎を学習

	「機械及び電気工学実験」 2年2単位　必修
○	基礎実験（3回）：安全，レポートの書き方，図・表の描き方，実験精度，データ整理の方法，直接測定の誤差と有効数字，間接測定の誤差，最小二乗法，正規分布，EXCEL によるデータ整理法，図・表の描き方
○	金属材料の引張試験（2回）：試験方法，材料の機械的性質など
	ガソリンエンジンの性能試験：2ストロークサイクル小型エンジンの性能評価
○	ガソリンエンジンの性能試験：4サイクルエンジンの指圧線図作成と特性評価
○	管摩擦の測定（2回）：粘性流体，管摩擦係数の測定，層流と乱流の理解，レイノルズ数
	機械振動の測定（2回）：ばね―質点系の振動観察，固有振動数や共振現象の理解
○	電気回路の基礎（2回）：オームの法則，交流電圧と抵抗・コイル・コンデンサ，電流―周波数，リアクタンス―周波数など電気回路の特性の理解

表 4.3.6　鹿児島大学工学部機械工学科

有無	「機械工作実習」 2年1単位　必修
○	溶接・切断実習：被覆アーク溶接の実技演習
	I 型突き合わせ溶接試験・破面試験，電流値変化とビード置き試験
○	ガス切断の実技演習，板金曲げ加工
○	フライス盤・ケガキ実習：立フライス盤作業（正面フライス，エンドミル）
○	フライスの取り付け，工作物の取り付け，ケガキ，平面加工・ミゾ加工
○	ケガキ・ボール盤作業：ケガキ作業，ボール盤穴あけとねじ切り作業
○	鋳造実習：鋳造の説明
○	鋳造実習（手込めによる砂型造型，鋳込み，型ばらし，寸法・鋳肌検査
○	鍛造実習：鍛造の説明，自由鍛造，型鍛造，熱処理
○	旋盤・測定実習：普通旋盤加工の説明
○	普通旋盤による切削加工（円筒削り，溝入れ・面取り，ねじ切り）寸法測定
○	同上実習
○	3次元 CAD/CAM 実習：3次元 CAD の説明，3次元 CAM の説明，NC・CNC
	CAD の操作，課題のモデリング，CAM の操作
	モデルの加工：初期設定，材料の取り付け，加工原点の設定，自動運転

有無	「機械工学実験」 3年1単位　必修
	実験についての概要説明，共通実験
○	引張試験
○	鉄鋼材料の組織と性質
	コンピュータ解析
	平面ひずみ圧縮試験
	機械の動特性と制御
	コンピュータ解析
○	うず巻ポンプの性能評価
○	管内流れの速度分布と管摩擦係数
	コンピュータ解析
○	内燃機関の性能試験
	周波数応答の実験
	コンピュータ解析
	コンピュータ解析
	コンピュータ解析

校時代からの歴史がある愛知県立豊川工業高等学校（現，愛知県立豊川工科高等学校）の機械科の実習内容を事例として取り上げ，前項の大学の機械工学実習の内容について，個別テーマ毎に比較し，その対応関係について述べる。

対象校の愛知県立豊川工業高等学校は，1945 年 4 月に豊川市立工業学校として開校，機械科 2 学級でスタートした。1948 年 4 月，学制改革で豊川市立工業高等学校となり，機械科 2 学級の他，電気科 1 学級が設置された。1952 年に県立に移管された際に，愛知県立豊橋工業高等学校の豊川分校となった。1956 年に愛知県立豊川工業高等学校として独立，2021 年 4 月に愛知県立豊川工科高等学校となり，今日に至っている。現在は，機械科，電子機械科，電気科，情報システム科の 4 学科，1 学年 6 学級，生徒数 720 名の工業高校である。この内の機械科の 2017 年度の，「工業技術基礎」「機械実習」の内容を研究対象とした。

（1）　工業技術基礎　3 単位　※全学科共通（くくり募集のため）

工業技術基礎は，第 1 学年で実施，3 単位で，週 3 時間連続の授業としてカリキュラムが組まれている。授業のはじめに，3 時間のガイダンスと 3 時間の安全教育が行われている。豊川工業高校では，入試の際くくり募集としているため，第 1 学年の工業技術基礎の内容は，全学級，共通の内容で実施している。

1 クラス 40 名を各班 10 名の 4 班編成し，前半 4 ショップ（2 回×3 時間），後半 4 ショップ（3 回×3 時間）においてローテーションで実施している。

表 4.3.7 に，各ショップのテーマと内容，大学の機械実習との対応関係を示す。

（2）　2 年機械実習　6 単位　→ 3 単位×2（実習 A，実習 B）で実施

第 2 学年の機械実習，6 単位の科目であるが，これを 3 単位の実習 A と実習 B に分けて，週時間割を編成している。1 クラス 40 名を 4 班（各 10 名）編成にして，実習 A・4 ショップ，実習 B・4 ショップ，計 8 ショップをローテーションで実施している。各ショップの授業時間数は 7 週×3 時間の計 21 時間である。

表 4.3.7　工業技術基礎の内容と大学の機械実習との対応表

ショップ	回	実習テーマ	実習内容	大学
機械実習1	1	機械加工の基礎1	安全作業，図面の読み方，測定器の使い方	○
	2	機械加工の基礎2	旋盤各部の名称，旋盤の操作，測定練習	○
機械実習2	1	段付丸棒の製作1	図面の読み方，旋盤加工のあらまし	○
	2	段付丸棒の製作2	端面削り，心立て，外丸削り，測定	○
	3	段付丸棒の製作2	外丸削り，溝切り，面取り，測定	○
電子製作	1	電子製作1	ハンダ付け作業，電子部品の取り扱い	
	2	電子製作2	ポケコン周辺装置の製作，制御	
手仕上げ	1	手仕上げ1	メモホルダーの製作，ケガキ作業	○
	2	手仕上げ2	やすり掛け作業，穴あけ作業	○
	3	手仕上げ3	ねじ立て，メモホルダーの組立・調整	○
溶接1	1	ガス溶接1	ガス溶接設備の取り扱い，突き合わせ継手	○
	2	ガス溶接2	重ね継手，へり継手の溶接作業	○
溶接2	1	アーク溶接1	アーク溶接設備，およびその取り扱い	○
	2	アーク溶接2	突き合わせ継手，重ね継手の溶接	○
	3	アーク溶接3	へり継手の溶接，他	○
電気計測	1	電気計測1	回路接続の基礎，電圧計・電流計の取扱い	
	2	電気計測2	測定データの整理，テスターの使用法	
電気工事	1	電気工事1	道具の使い方，屋内配線の仕組み，他	
	2	電気工事2	電気工事の方法，被覆のはぎとり，他	
	3	電気工事3	電気工事の方法，端子の取り付け，他	

注 1）大学の列の○は，大学の機械工学実習で実施している同程度の内容であることを示す。
注 2）各回の実習時間は 3 時間（3 単位）である。

表 4.3.8 にショップと内容と大学の機械実習との対応関係を示す。

（3） 3 年機械実習　3 単位

第 3 学年の機械実習，3 単位の科目である。1 クラス 40 名を 4 班（各 10 名）編成にして，各ショップの授業時間数は 6 週×3 時間の計 18 時間である。表 4.3.9 にショップと内容と大学の機械実習との対応関係を示す。

3. 実習授業時間数の比較

前項の大学と高校の実習単位数の比較表を表 4.3.10 に示す。個別，単位回

表4.3.8　２年機械実習の内容と大学の機械実習との対応表

ショップ	回	実習テーマ	実習内容	大学
旋盤	1	旋盤実技検定課題の製作	端面削り，心立て，外丸削り	○
	2	旋盤実技検定課題の製作2	段付き加工	○
	3	旋盤実技検定課題の製作3	仕上げ外丸削り，溝切り	○
	4	旋盤実技検定課題の製作4	テーパ削り	○
	5	旋盤実技検定課題の製作5	ねじ切り	○
	6	旋盤実技検定課題の製作6	総合練習	○
	7	旋盤実技検定課題の製作7	実技検定試験	○
フライス	1	フライス盤作業1	ロボットの頭の製作	○
	2	旋盤作業1	ロボットの首の製作	○
	3	フライス盤作業2	ロボットの体の製作	○
	4	旋盤作業2	ロボットの腕の製作	○
	5	旋盤作業3	ロボットの足の製作	○
	6	フライス盤作業3	ロボットの靴の製作	○
	7	組み立て調整		
溶接	1	アーク溶接1	アーク溶接機器の基本操作	○
	2	アーク溶接2	曲げ試験片の溶接	○
	3	アーク溶接3	曲げ試験片の製作とテスト	○
	4	ガス溶接1	ガス溶接装置の取り扱い	○
	5	ガス溶接2	ガス溶接作業	○
	6	ガス溶接3	ガス切断の基本	○
	7	ガス溶接4	ガス切断装置の基本操作	○
鋳鍛造	1	鋳造作業のあらまし	鋳造作業のあらまし	○
	2	手込めによる鋳型製作1	下型の製作とみきり	○
	3	手込めによる鋳型製作2	上型の製作	○
	4	手込めによる鋳型製作3	湯道の製作，鋳込み	○
	5	鍛造の基本作業1	鏨の製作	
	6	鍛造の基本作業2	鏨の製作	
	7	鍛造の基本作業3	丸形ロープ止めの製作	
材料試験	1	エリクセン試験	エリクセン試験	
	2	硬さ試験1	硬さ試験片の製作	
	4	硬さ試験2	ブリネル，ロックウェル，ショア	
	5	引張試験	鋼の引張試験	
	6	衝撃試験	シャルピー衝撃試験	
	7	火花試験	鋼の焼入れ，火花試験	

ショップ	回	実習テーマ	実習内容	大学
制御	1	リレーシーケンス		
	2	論理回路，タイマ回路(1)		
	3	PLC（プログラマブル・ロジック・コントローラー）概要		
	4	プログラミングの基礎		
	5	論理回路応用　自己保持回路		
	6	自己保持回路		
	7	タイマ回路(2)，カウンタ回路		
塑性加工 エンジン	1	塑性加工1	ちり取りの製作1	
	2	塑性加工2	ちり取りの製作2	
	3	塑性加工3	ちり取りの製作3	
	4	塑性加工4	スパナの製作	
	5	エンジン1	エンジンの構造と仕組み，準備	
	6	エンジン2	エンジンの分解	
	7	エンジン3	エンジンの組立	
情報	1	Windows について		
	2	Excel の基本1　集計表の作成，データの並び替え		
	3	Excel の基本2　集計表の作成，グラフの作成		
	4	CAD の概要		○
	5	CAD1		○
	6	CAD2		○
	7	CAD3		○

注 1）大学の列の○は，大学の機械工学実習で実施している同程度の内容であることを示す。
注 2）各回の実習時間は 3 時間（3 単位）である。

数毎の実習内容を比較し，共通の内容で実施している実習テーマを抽出し，実施授業時間数を調べた結果を表 4.3.11 に示す。

事例研究の対象とした名城大学と大同大学の 2 大学は，ともに実学教育を理念に掲げているためか，機械工学実習，機械製作実習は，工業高校機械科の工業技術基礎や機械実習の内容と同等の内容で行われていることがわかる。また実習設備においても，両大学とも工業高校機械科の実習設備に比肩しうる設備であった。しかしながら，前項の表 4.3.11 に示す実習のテーマは，いずれも

表4.3.9　3年機械実習のテーマと内容と大学の機械実習との対応表

ショップ	回	実習テーマと内容	大学
切削加工	1	プラグゲージの製作1	○
	2	プラグゲージの製作2	○
	3	歯車の切削	
	4	ホブ盤による歯切り作業	
	5	フェロース盤による歯切り作業	
	6	引張試験片の製作	
流体実験	1	ピトー管による風速分布測定	
	2	送風機の性能測定	
	3	90°三角せきによる流量測定	
	4	タービンポンプの性能測定	
	5	管内オリフィスによる流量測定	
	6	ペルトン水車の性能試験	
NC制御	1	NCプログラミング1　移動命令，Gコード	○
	2	NC　プログラミング2　ワーク原点，Mコード	○
	3	NC　穴加工のプログラムと穴加工	○
	4	CAMM3によるネームプレートの加工プログラム1	○
	5	CAMM3によるネームプレートの加工プログラム2	○
	6	CAMM3によるネームプレートの加工	○
熱機関	1	内燃機関の性能試験1	
	2	内燃機関の性能試験2	
	3	ガソリンエンジンのバルブ間隙の調整	
	4	ガソリンエンジンの分解・組立1	
	5	ガソリンエンジンの分解・組立2	
	6	ガソリンエンジンの分解・組立3	

注1）大学の列の○は，大学の機械工学実習で実施している同程度の内容であることを示す。
注2）各回の実習時間は3時間（3単位）である。

表4.3.10　実習単位数比較表

	名城大	大同大	豊川工科高校
実習の単位数	2単位	3単位	8単位相当（12単位）

表 4.3.11　実習におけるテーマ別時間数

実習のテーマ	名城大	大同大	豊川工科高校
旋盤加工	6	9	15＋21＋6＝42
フライス加工	6	9	9
溶接	6	9	15＋21＝36
鋳造	6	9	12
手仕上げ	6	9	9
NC 加工	6	9	18

大学は 1 単位 90 分，高校は 1 単位 50 分，休憩時間も含めて 1 単位 1 時間として計算。

教える側の教員には，高い専門知識と相当の熟練の技能を身につけていなければならない。

機械実習においては何よりも安全第一であるが，実習中の生徒の安全を担保するために指導者の作業中の危険を予知しうる高度な技能と知識が必要である。表 4.3.11 に示すように，大学の実習教育は，工業高校の実習教育と比較して，授業時間数はあまりにも少ない。機械実習の中で最も代表的な旋盤実習では，大学の実習時間数は 5 分の 1 以下である。

高校工業科の専門教育は，実技を伴う工業技術基礎，実習，課題研究の 3 科目で専門科目の履修総単位数の 2 分の 1 以上を占めている。したがって，工業科を担当する教員に，いかにして実習を担当出来る専門技能を育成するかは喫緊の課題である。

その他の 3 大学に関してもそれぞれの取り組みがみられるが，総じて教育課程の中で実習の時間数がきわめて少ないことは現実である。

大学は，高等教育機関であり，実習教育は一般学生を対象に行われているものであり，教員養成のために実習教育を拡充するには限界があると思われる。日本の工学部教育は理論学習に重きが置かれ，実技修得が重要視されてこなかったとみられる。工業高校の技能習得を目的とする指導を可能とするためには，大学工学部での実習に関して何らかの補充的なプログラムが必要と考える。たとえば，現行の教育課程で選択科目の実習を含む科目がある場合は，教員免許の取得を目指す学生にはそれを必修化する。この措置は，教育課程の変更をせず，付帯的な条件を付加することで可能と思われる。さらには，専門学科と協議して，実習の講習などを付加的に開催するなどが必要と考えられる。

現行では，実際に工業科の教職に就いた者に対しての技能を中心にした教員研修を充実させるような施策が必要である。採用する側の教育委員会などが組織的にそうした研修システムを強化することも必要と考える。前述したように，高校生の約 4 分の 3 を占める普通高校において技術に関する学習ができないでいる現実について官民を挙げて猛省する必要がある。

なお，専門高校卒業者も割合は少数であるが，大学に進学している。上記の問題を考える時，存在意義は相当あると考えられる。その長所を伸ばし，短所を補う方策が大切であろう。

第 2 章で述べた工業高校の実習教育内容等の 40 年余にわたる変遷は，実習の単位数の削減という量的変化と理論の基礎学習を裏付ける事象の定量的な扱いが弱体化される質的変容が並行して進んでいる。

前述の工業教育の問題状況の要因は多く考えられるが，その一つは教員の指導力の問題が重要である。技術教育は技術的知識・技術学的知識および技能を有機的に関連づけて教授することであると考える。実際の材料に直接働きかけて，ものを作り出す力を育てることこそ基本であり，重要である。創造力もその過程で培われると考えられる。

工業科教員の養成システムを工学の専門家と教育学等の専門家を包含して大学全体で総合的に考える必要がある。

（石田　正治・長谷川　雅康）

3-2　大学工学部電気系学科と工業高校電気系学科の実験・実習内容の比較

2016 年 11 月，「教育公務員特例法等の一部を改正する法律」が可決・成立したことで，「教育職員免許法」の附則 11 が削除され，高等学校教諭一種免許状（工業）（以下，工業免許状と略す）に関する特例措置は消滅すると思われた。しかし，その後「教育職員免許法施行規則」でこの特例措置が継続することが確定している。工業免許状に関する特例措置は戦後の教員養成制度の根幹に関わる大きな問題であるが，工業免許状をめぐってはこの他にも普通教科の免許状にはないいくつかの特徴がある。

第一は，他の教科と比べて多い専門科目数（2009（平成21）年告示の高等学校学習指導要領では61科目）がある。次に多いのは農業科の30科目，次いで水産科の22科目であるから，工業科の科目数がとびぬけて多いことがわかる。工業免許状の所有者がこれらの科目をすべて担当できるはずもなく，現実的には各都道府県の教員採用試験が「工業（機械）」や「工業（電気）」などのように免許状の教科をさらに細分化して募集していることからも，工業免許状の担当範囲が実態とかけ離れていることがわかる。

第二は，高校職業科には教科の免許状の他に教科の実験・実習に関する免許状が存在することに由来する問題である。工業科の場合，工業免許状の他に「工業実習」の免許状が存在する。このことは，実験・実習が職業教育において重要な位置を占めていることを示すばかりでなく，実験・実習の指導には高い専門性が必要なことを示している。ところが学校現場では，実験・実習のために工業実習の免許状を所有する者が配置されているケースはまれで，ほとんどは工業免許状を持つ者が担当している。工業免許状を有する者は，大学の専門学科の実験・実習を履修・修得しただけであるから，学校現場に赴任した時に実験・実習の内容が大学のそれと異なることに戸惑ったり，指導の困難さを感じたりすることが多い。

本節では，後者の実験・実習に関する問題を取り上げ検討する。具体的には，工業高校電気系学科の実験・実習に関する調査結果と大学工学部電気系学科の実験・実習を比較し，類似点と相違点を明らかにする。また，これを教員養成という視点で分析を試みるとともに，解決の道筋を検討したい。

1. 実験・実習の比較の範囲と内容

さて工業高校でいう「実験・実習とは，「工業技術基礎」，「実習」のほか，「課題研究」，「製図」及び専門科目の授業中に行われる示範実験・教示実習や製図作業，調査，設計や製作，観察，見学，現場実習などの実践的，体験的な学習を指す[12]」とされる。ここでは「実習」「工業技術基礎」「課題研究」を実験・実習に含め，「製図」や他の専門科目の授業で行われるものは含めないこととする。大学工学部についてもこれに準ずる。

工業高校の実習内容については，「工業教科（工業技術基礎・実習・課題研究・製図）内容に関する調査報告 2015[13]」（以下，実習調査と略す）のうち第5回調査の電気系学科の結果を使用することとした。すなわち 2009（平成 21）年告示の高等学校学習指導要領が適用されている教育課程を対象とした。

大学工学部の電気科・系科の実習内容については，以下の条件に合致する 2016 年度または 2017 年度のものを使用した。(a) 私立大学であること，(b) 電気主任技術者資格の認定校であること，(c) ウェブ上のシラバスに実習内容が比較的詳しく掲載されている大学であること。(a) については，私立大学卒業者に工業教員免許状取得者が多いという事情[14]があり，教育内容と免許状取得との関連がより高いと判断したためである。(b) については，電気主任技術者の認定校の条件が大学及び工業高校の双方の実習内容に強い影響を与えていると予想したためである（詳細は後述する）。(c) については，公開されたシラバスに毎時間ごとの実習内容が比較的詳しく示されている大学を取り上げることとした。

以上のようにして集計した結果，学校数は，高校では 61 校，大学では 21 校となった。

2. 実施状況の比較

大学と高校の実験・実習の内容を比較するにあたり，その方法について検討した。教員養成という点で考えると，大学での実験・実習の内容が高校の実験・実習の内容と同一であることが望ましいが，これは高校の実験・実習自体が各校で異なるテーマ構成となっている以上，現実的ではない。そこでテーマをいくつかの分野に分け，各分野に属するテーマが実施されていれば，たとえテーマが異なっても同じ分野内ならば応用しやすいのではないかと考え，それぞれの分野の実施状況を算出し比較することにした。具体的には分野ごとにその分野内のテーマを一つでも実施していれば実施とカウントし，0の場合を未実施とした分野ごとの未実施率を算出した。また，大学と高校それぞれに分野ごとの実施率の高いテーマを抽出し比較することにした。

（1） 分野ごとの未実施率の比較

実験・実習のテーマを，実習調査で使った24の分野に分類し，各分野の実験・実習をまったく実施していない学校数を算出し，これを未実施校としてその割合を示した（図4.3.1，表4.3.12）。ここから，(a)大学・高校ともに未実施率が低い分野，(b)大学の未実施率が大きい分野，(c)高校の未実施率が大きい分野に分類し比較した。

(a) 大学・高校ともに未実施率が低い分野

5「3　交流回路」，6「4　電気・電子計測」，7「5-1　電子管と半導体」，8「5-2　電子回路」，10「6-1　直流機」，11「6-2　変圧器」，12「6-3　誘導機」，16「7-2　その他の電力技術」，20「10-1　ハードウェア技術」，23「11-2　電気・電子工作」～10分野。

半数近い分野で，工業高校と大学工学部の実習テーマの分野に共通性がみられ，未実施率も低かった。

(b) 大学の未実施率が高い分野

1「1-1　直流回路の電圧・電流・電力」，2「1-2　電気抵抗」，15「7-1　発電・送電・配電」，19「9-2　コンピュータによる制御」，21「10-2　ソフトウェア技術」，22「11-1　機械加工」，24「12　その他」～7分野。

1，2については電気系分野の基礎的な実習であることから，大学でまったく取り扱っていないとは考えにくいが，高校ではこの分野を単体のテーマとして扱っているのに対し，大学ではそうした扱いをしている大学は多くないことがわかる。21についても前述と同様に，大学では単体のテーマとしてではな

表 4.3.12　実験・実習の分野別未実施率

NO.	分野ごとのテーマ	高校　61校		大学　21校	
		未実施校	[%]	未実施校	[%]
1	1-1　直流回路の電圧・電流・電力	6	10	10	48
2	1-2　電気抵抗	5	8	11	52
3	1-3　電気の各種作用	45	74	18	86
4	2　磁気と静電気	28	46	1	5
5	3　交流回路	3	5	0	0
6	4　電気・電子計測	5	8	2	10
7	5-1　電子管と半導体	3	5	0	0
8	5-2　電子回路	6	10	1	5
9	5-3　音響・画像	57	93	18	86
10	6-1　直流機	1	2	2	10
11	6-2　変圧器	2	3	3	14
12	6-3　誘導機	5	8	2	10
13	6-4　同期機など	11	18	5	24
14	6-5　パワーエレクトロニクス	44	72	2	10
15	7-1　発電・送電・配電	17	28	13	62
16	7-2　その他の電力技術	8	13	3	14
17	8　通信技術	44	72	9	43
18	9-1　自動制御	7	11	5	24
19	9-2　コンピュータによる制御	14	23	11	52
20	10-1　ハードウェア技術	6	10	0	0
21	10-2　ソフトウェア技術	4	7	11	52
22	11-1　機械加工	36	59	21	100
23	11-2　電気・電子工作	0	0	2	10
24	12　その他	13	21	9	43

く，ハードウェアや製作などに含めているのではないかと思われる。

(c)　高校の未実施率が大きい分野

4「2　磁気と静電気」，14「6-5　パワーエレクトロニクス」，17「8　通信技術」～3分野。

4，17については，高校側のこの分野の実験・実習の減少がいちじるしいことから生じた結果だと思われる。

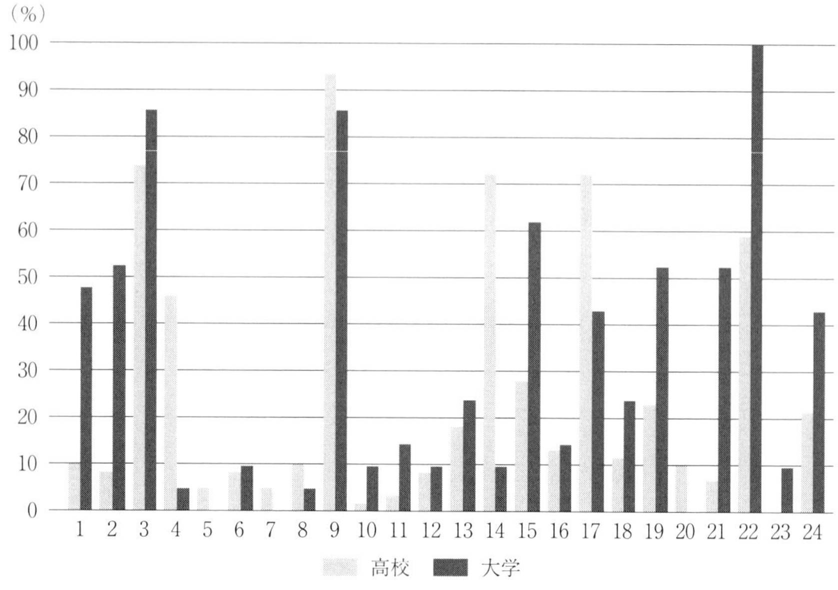

図 4.3.1　実験・実習の分野別未実施率

(2)　各分野の代表的なテーマの比較

表 4.3.13 に工業高校と大学工学部の実験・実習について，分野ごとに相対的に多い実習テーマを示した。大学と高校で同じテーマがあげられているものはゴシック体で示した。

この結果，24 分野中 9 分野が同一テーマとなった。高校のテーマの集計の細かさをもう少し緩くすれば，およそ半数の分野で同一のテーマが示されると思われる。同一テーマが示された分野は，前述した未実施率の少ない分野と重なりあう分野が多い（5，6，7，11，16，20，23 で重なっている）。

また，高校側で多いテーマであるが大学側のテーマの中にみられないものとしては，「プログラマブルシーケンサによる制御」と「電気工事」があった。高校では設備上実施がむずかしいと思われる半導体製造やプラズマの実験，高温超伝導の実験などを行っている大学もみられたが，これらを除けば扱う難易度に違いはあるとしても，特段扱うテーマの上では大学と高校で大きな違いは

表4.3.13　大学と高校の実験・実習で相対的に多いテーマ一覧

NO.	分野ごとのテーマ	各分野の中で多いテーマ	
		大学（21校）	高校（61校）
1	1-1　直流回路の電圧・電流・電力	テスターによる電圧・電流の測定（8）	オームの法則（53） キルヒホッフの法則の実験（45）
2	1-2　電気抵抗	テスターによる抵抗測定（5）	ホイートストンブリッジによる抵抗測定（51）
3	1-3　電気の各種作用	—	—
4	2　磁気と静電気	鉄損と磁化曲線（5） 電位分布と電気力線（5）	磁束計によるBH曲線の測定（13）
5	3　交流回路	交流ブリッジ（10）／交流電力（10） 共振回路（16）／過度現象（13）	共振回路（42）／交流電力（45）
6	4　電気・電子計測	オシロスコープの使い方（15）	オシロスコープの使い方（45）
7	5-1　電子管と半導体	トランジスタの静特性（18） ダイオードの静特性（15）／オペアンプ（12）	トランジスタの静特性（53） ダイオードの静特性（45）／オペアンプ（40）
8	5-2　電子回路	低周波増幅回路（12）／フィルター（14）	トランジスタの増幅作用（39）
9	5-3　音響・画像	—	—
10	6-1　直流機	直流電動機の特性（15） 発電機の特性（7）	直流分巻電動機の始動・速度制御（54）
11	6-2　変圧器	変圧器の特性（17）	単相変圧器の負荷試験（49）
12	6-3　誘導機	三相誘導電動機の特性（16）	三相誘導電動機の始動と無負荷特性（42）
13	6-4　同期機など	同期発電機の特性（15）	三相同期発電機の特性（34）
14	6-5　パワーエレクトロニクス	インバーター（7）	—
15	7-1　発電・送電・配電	電力系統の基礎実験（5）	模擬送電線の実験（27）
16	7-2　その他の電力技術	高圧実験（10）	高圧実験（38）
17	8　通信技術	光通信（4）	—
18	9-1　自動制御	サーボモーターのフィードバック制御（5）	シーケンス制御（47）
19	9-2　コンピュータによる制御	MIND STORMSによるロボット制御（3）	プログラマブルシーケンサによる制御（39）
20	10-1　ハードウェア技術	論理回路（17）／AD・DA変換（11）	論理回路（48）
21	10-2　ソフトウェア技術	回路シミュレーション（5）	表計算ソフト（50）
22	11-1　機械加工	—	—
23	11-2　電気・電子工作	テスターの製作（8） マイコン工作とプログラミング（4）	電気工事（92）／テスターの製作（34）
24	12　その他	プレゼンテーション（9）	工場等の見学（77）

※テーマの後の数は実施校数を示す。高校の場合，同一テーマを複数学年で行う場合も加算している。

ないように思われる。

ところで，実験・実習の多様な分野からどのテーマを選んで構成するかということはその学校が決めることであるが，前述した未実施率が低く，しかも似たテーマが多い分野が半数に上った理由は何であろうか。このうち5，10，11，12は実習調査での調査回ごとの変化をみても実施率にあまり変化がない分野である。

この理由について，筆者はこれらの学校が電気主任技術者の認定校であり，認定のために適用される認定基準が大きく影響しているからだと考えている。このことは長谷川雅康も第１～第３回の調査結果から電気系学科の実験・実習内容が学習指導要領の影響を受けにくい理由に電気主任技術者免状の認定資格をあげている[15)]。以下，この電気主任技術者の認定校について説明しておきたい。

3. 電気主任技術者資格の認定校について

「電気事業法」(法律第170号，1964年7月，2023年3月改正）は，その第43条で「事業用電気工作物を設置する者は，事業用電気工作物の工事，維持及び運用に関する保安の監督をさせるため，主務省令で定めるところにより，主任技術者免状の交付を受けている者のうちから，主任技術者を選任しなければならない。」と規定している。電気主任技術者は，第１種，第２種，第３種と区分され，それぞれ保安の監督ができる範囲が定められている。電気主任技術者の資格を取得するためには，国家試験に合格するほかに「電気事業法の規定に基づく電気主任技術者の資格等に関する省令」(通産省令第52号，1965年6月，2023年9月改正）に定める学歴と経験により取得する道が開かれている。第１種は大学卒業後５年以上の実務経験，第２種は短大・高専卒業後５年以上の実務経験，第３種は高校卒業後３年以上の実務経験となっている。学歴については，経済産業大臣の認定を受けた電気工学に関する学科を卒業することが必要で，この大臣認定を受けた学校を通常「認定校」と称する。通商産業省のウェブサイトによれば，2023年3月31日現在の認定校数は，大学105校，短大・

表 4.3.14　電気主任技術者免状に係る認定基準

<table>
<tr><th></th><th>科目区分</th><th>大学</th><th>高校</th></tr>
<tr><td rowspan="6">科目の授業内容</td><td>1. 電気工学又は電子工学等の基礎に関するもの</td><td>17</td><td>6</td></tr>
<tr><td>2. 発電，変電，送電，配電及び電気材料並びに電気法規に関するもの</td><td>8</td><td>3</td></tr>
<tr><td>3. 電気及び電子機器，自動制御，電気エネルギー利用並びに情報伝送及び処理に関するもの</td><td>10</td><td>5</td></tr>
<tr><td>4. 電気工学若しくは電子工学実験又は電気工学若しくは電子工学実習に関するもの</td><td>6</td><td>10</td></tr>
<tr><td>5. 電気及び電子機器設計又は電気及び電子機器製図に関するもの</td><td>2</td><td>2</td></tr>
<tr><td>科目合計（単位数）</td><td>49</td><td>26</td></tr>
<tr><td rowspan="3">教員数</td><td>1学年1学級編成の場合（大学は50名，高校は40名）</td><td>8名以上</td><td>3名以上</td></tr>
<tr><td>1学年2学級編成以上の場合</td><td colspan="2">上記数に1学級を増すごとに2名を加えた数</td></tr>
<tr><td colspan="3">※専門学科の専任は2分の1以上であること</td></tr>
</table>

高専 48 校，高校 325 校（大学は 2024 年 3 月）となっている。

本節では，大学と高校の比較を目的としているので，第 1 種と第 3 種の認定基準について「電気主任技術者免状に係る学校等の認定基準に関する告示」（経産省告示第 71 号，2021 年 1 月 15 日）に基づく内容を以下に示す。

表 4.3.14 によれば，実習に関する単位数は，大学では 6 単位以上，高校では 10 単位以上となっている。対象にした大学の実験・実習の単位数の平均を求めると 6 ～ 10 単位で，平均は 7.4 単位となる。また，高校の場合，上記告示の別表第 3 の備考 2．ニ．において，「実習」から「工業技術基礎」（3 単位以上実施），「課題研究」（2 単位以上実施）を，各 2 単位を限度として減ずることができるとしているので，「工業技術基礎」「課題研究」を含めると「実習」は 6 単位以上あればよいことになる。対象とした高校を調べるとすべて電気主任技術者の認定校であり，その実験・実習の単位数の平均を求めると 13.9 単位（「実習」7.2 単位，「工業技術基礎」3.4 単位，「課題研究」3.3 単位）となっている。

認定基準には「科目の授業内容」「教員数」の他に，実習設備の基準が定められており，これを表4.3.15に示す。これをみれば認定校となるためには大学も高校もほぼ同じような実験・実習設備を整えなくてはならないことがわかる。認定基準では実習に関する科目の内容まで定められているわけではないが，実験・実習設備の整備は実習内容に直接影響するものであるから，大学と高校が類似の実習設備を設置していることは，共通した実習内容が実験・実習で扱われる可能性が高くなると考えられる。

では，認定校でない学校の実験・実習の内容はどうか。高校の場合，2000年頃から認定校の取消しが目立つようになるが，そのほとんどは学科や学校の統廃合によるものであった。大学の場合，教育課程の変更等の理由と思われるケースがいくつかあったので，それを例に実験・実習の内容を紹介したい。

C大学は実験・実習の単位が全部で10単位あり，1年前期から実験・実習がある。D大学は全部で10単位，1年あるいは2年前期から実験・実習がある。C大学，D大学いずれも最初の実験・実習では授業のほとんどを製作実習にあてているのが特徴である。表4.3.16をみると，表4.3.12と大きな違いはないようにみえるが，C大学ではエレクトロニクス分野や通信技術分野を，D大学ではパワーエレクトロニクスや電力技術分野を重視しているような配置がみられた。また，C大学では高圧実験や自動制御がなく，D大学では発電機や電動機の実験がなかった。

以上のことから，前述した大学と高校の実験・実習内容に一定の類似性がみられる原因の一つとして電気主任技術者の認定基準の影響があることを，比較の結果は裏付けているように思われる。

4. 実験・実習の時間数，担当教員数等

最後に，実験・実習の時間数や担当教員数，運用形態について述べておきたい。

大学における実験・実習の必修単位数の合計は平均7.4単位であった。高校における実験・実習の必修単位数の平均は13.9単位であった。大学と高校の単位数は同じものではないので，これを時間数で比較することとする。しか

表4.3.15　電気主任技術者認定校の実験設備等

		設備	大学	高校
1.電気機器実験・実習設備	(1) 回転機	① 直流分巻電動発電機	◎	◎
		② 単相又は三相誘導電動機	◎	◎
		③ 三相同期機	◎	◎
	(2) 変圧器	④ 高圧単相変圧器	○	—
		⑤ 低圧単相変圧器	○	○
		⑥ 三相変圧器	○	—
		⑦ 単相又は三相誘導電圧調整器	○	○
	(3) パワーエレクトロニクス	⑧ 半導体整流装置	◎	◎
		⑨ 半導体パワーエレクトロニクス素子実験セット	◎	—
		⑩ 可変抵抗器	◎	◎
		⑪ 速度制御装置	○	—
		⑫ 太陽電池発電装置	○	—
		⑬ インバータ実験セット	○	○
	(4) 制御装置	⑭ シーケンス制御装置	○	○
		⑮ フィードバック制御装置	○	○
	(5) 保護装置	⑯ 保護継電器各種	○	○
	(6) 開閉装置	⑰ 開閉器各種	○	○
2.電子・情報工学実験・実習設備	(1) 電源装置	① 直流安定化電源	◎	◎
	(2) 計測装置	② 波形観測装置	◎	◎
		③ 回路計（テスター）	◎	◎
		④ 電子計数装置	○	○
		⑤ トランスデューサ	○	—
	(3) 電子回路実験装置	⑥ 減衰器	○	—
		⑦ 増幅器実験装置	○	○
		⑧ 発振器実験装置	○	○
		⑨ A-D/D-A 変換装置	○	○
		⑩ パルス回路実験装置	○	○
		⑪ 論理回路実験装置	○	○
3.高電圧実験設備	(1) 試験装置	① 試験用変圧器一式	◎	◎
		② インパルス電圧発生器	◎	※◎
		③ 球間隙	◎	◎
		④ 試料がいし	◎	◎

3. 高電圧実験設備	(2) 計測装置他	⑤ 波形観測装置	◎	○
		⑥ 高電圧電圧計	○	○
		⑦ 油試験装置	○	○
		⑧ 受電設備（断路器，遮断器，変圧器，保護継電器，コンデンサ等）	○	○
4. 測定用設備及び計器類設備	(1) 測定用設備	① 測定用可変抵抗器	◎	◎
		② 万能ブリッジ	◎	◎
		③ 可変コンデンサ	◎	—
		④ 可変インダクタ	◎	—
		⑤ 微小電流測定装置	◎	◎
	(2) 電気計測器類	⑥ 直流電流計各種	◎	◎
		⑦ 交流電流計各種	◎	◎
		⑧ 直流電圧計各種	◎	◎
		⑨ 交流電圧計各種	◎	◎
		⑩ 単相電力計	◎	◎
		⑪ 三相電力計	◎	◎
		⑫ 単相電力量計	◎	◎
		⑬ 絶縁抵抗計	○	◎
		⑭ 接地抵抗計	○	◎
		⑮ 単相又は多相力率計	○	○
		⑯ 周波数計	○	○
	(3) 温度計測器類	⑰ 熱電温度計	○	○
		⑱ 光高温計	○	○
		⑲ 抵抗温度計	○	○
		⑳ 熱画像計測装置	○	○
	(4) その他	㉑ 磁束計	○	○
		㉒ 照度計	○	○
		㉓ 回転計各種	○	○
		㉔ データロガー	○	○

注 1) ◎印は，必ず設置しなければならない実験設備等を示す。
注 2) ○印は，なるべく設置を要する実験設備等を示し，備考に従って設置しなければならない。
注 3) 上表の実験設備等については，適切に実験又は実習を行うことができると認められる場合は，借用のものであっても，差し支えない。
注 4) 上表の実験設備等において，当該実験設備等に代用することができる実験設備等がある場合にはこれに代えることができるものとする。

表 4.3.16　認定校ではない大学の実験・実習分野の内容

NO.	実習テーマの分野	実施状況	
1	1-1　直流回路の電圧・電流・電力	C 大学	D 大学
2	1-2　電気抵抗	○	○
3	1-3　電気の各種作用		
4	2　磁気と静電気	○	○
5	3　交流回路	○	○
6	4　電気・電子計測	○	
7	5-1　電子管と半導体	○	○
8	5-2　電子回路	○	○
9	5-3　音響・画像		
10	6-1　直流機	○	
11	6-2　変圧器	○	○
12	6-3　誘導機	○	
13	6-4　同期機など		
14	6-5　パワーエレクトロニクス	○	○
15	7-1　発電・送電・配電		○
16	7-2　その他の電力技術		○
17	8　通信技術	○	○
18	9-1　自動制御		○
19	9-2　コンピュータによる制御		
20	10-1　ハードウェア技術	○	○
21	10-2　ソフトウェア技術	○	
22	11-1　機械加工		○
23	11-2　電気・電子工作	○	
24	12　その他		

し，大学の単位数と授業コマ数は大学によって異なり，たとえば2単位であっても時間割上は2コマ～4コマと差があるので，コマ数に着目して集計することとした。このようにして算出すると大学の実験・実習の平均時間数は254時間になる。一方，高校では1単位は50分，35週が標準だが，実際には50分，30～32週である。そこで30週として算出すると，高校の実験・実習の平均時間数は348時間となり，高校の実験・実習の時間数の方がおよそ1.4倍多いことがわかった。

次に担当教員数や運用形態について，A 工業大学の電気系学科の学生が最初に履修する実験・実習の科目「電気電子工学実験 a」（2 単位）を例に説明する。

A 工業大学の電気系学科の 2 年生には 123 名の学生が在籍している。これを 1 組，2 組と 2 つに分けるので 1 つの組は 61 ～ 62 名となる。授業は時間割上，1 組は前期水曜日の 3，4，5 限に，2 組は後期水曜日の 3，4，5 限に配置されている。1 つの組の担当教員数は 9 名で，15 週の授業日のうち，1，2，15 回目を全体での説明等にあて，残り 12 回を 4 テーマずつの 3 グループとし，これをローテーションしている。各グループには 3 名の担当教員が配置される。したがって 1 つのグループの人数は 20 ～ 21 名で，担当教員 1 名に対して学生は約 7 名となる。各グループをさらに細かい班に分けていると思われるが，記載はなかった。他の大学のシラバスをみると，4 名程度という班分けの最小単位が記載されている大学が複数校あったことを参考のため付記しておきたい。

高校の場合，実習調査では教員の配置まで調査していない。したがって以下は筆者の経験に基づくものになるが，B 工業高校全日制の電気系学科の場合，担当教員 1 人に対して生徒は 10 名が一般的であった。通常 1 クラス 40 名の生徒が在籍しているので，これを 8 班に分け，2 班を教員 1 人が担当するという形態をとる。したがって 1 テーマの実験・実習にどれだけの時間をかけるかにもよるが，4 の倍数という週でローテーションが行われ，実習テーマが変わっていく。

このように大学でも高校でも実験・実習のテーマはグループごとにローテーションすることで変わっていくのが一般的な運用形態である。いくつかの高校の事例として，生徒が最初に学ぶ実験・実習の複数のテーマについては全員が同一のテーマを行うという形態がとられていた。計器の使用法や接続法，目盛りの読み方など実験・実習の基礎的な内容については全員が同じ段階を踏むように学ばせるためである。大学の場合，学生が最初に受講する実験・実習からローテーションで運用していると思われる記述が複数の大学でみられた。つまり高校のように段階を踏んで行う形態が初期の段階でもとられていないと推測される。

大学工学部の電気系学科と工業高校の電気系学科の実験・実習内容を比較すると，およそ半数の分野で同じような実施状況がみられた。また実施率の高い分野については，その分野中でよく行われているテーマにも類似性がみられた。これらの分野が電気主任技術者資格の認定校の実験・実習の設備基準で定められているものと同じ分野に多かったことから，大学と高校の電気系学科の実験・実習の類似性が高いのは，電気主任技術者の認定校であることが影響を与えているものと推察できる。

一方，高校で高い実施率をみせている電気工事については，大学の実験・実習で取り上げている所がなかった。大学工学部と工業高校の電気系学科で養成する電気技術者像に違いがあるためと思われる。しかし，少なくない大学の電気系学科で，実験・実習に製作実習や回路配線，はんだ付け練習などを取り入れている事例があった。学生に興味・関心を持たせたり，実際に行われている電気技術を体験させたりするねらいがあると思われるが，時間的にも高校に比べるとはるかに少ない。

以上のように，実験・実習の分野別テーマについては類似性を確認できた。従って，新任教員として赴任した際もそれほど指導にとまどうことはないと思われる。しかし，電気工事実習や製作実習などの分野では大学での体験がまったくないか，あったとしても時間数が少ないため，とりわけ「工業技術基礎」や「課題研究」など製作を主とする実験・実習の分野での指導が困難であることが予想される。

では，実験・実習に関する以上のような問題をどのように解決したらよいか。現在の教員養成制度上，たとえ工業科の免許状にのみ存在する特例措置が廃止になったとしても，以上のような問題点は依然として残ると思われる。工業科の免許状が今よりも細分化されないことには教職課程上で対応は困難と思われる。したがって現行の教員養成制度上で考えた場合，大学がこれを担当するのではなく，学校現場が担当することが適切だと思われる。なぜならば実験・実習は学校ごとにテーマや設備・器具等が異なるからである。いわゆるOJTのような形態がよいと思われる。具体的には，新規採用者研修として新規採用者と指導者の両方の授業時間を減じ，必要な実験・実習に関する研修を行うことができるようにする。実際，これまでもこうした現場での研修により新規採用者は実験・実習の指導法を身に付けてきたのである。この提案は，今まで現場に負担をかけてきたものを制度的に保障しようということである。

（荻野　和俊）

注

1）文部科学省「令和4年4月1日現在の教員免許状を取得できる大学」（https://www.mext.go.jp/a_menu/shotou/kyoin/daigaku/1286948.htm，2023年6月8日最終閲覧）。
2）文部科学省『教育委員会月報』（第一法規）。
3）「技術教育及び職業教育に関する条約（仮訳）」（『文部科学省ホームP.』，http://www.mext.go.jp/unesco/009/003/015.pdf，2019年9月1日最終閲覧）。
4）「技術・職業教育に関する改正勧告（仮訳）」（『文部科学省ホームP.』，http://www.mext.go.jp/unesco/009/004/032.pdf．2018年2月2日最終閲覧）。
5）原正敏「工業科教員の養成問題によせて」『技術教育研究』第35号，1990年，pp.44-51。近年の高校工業科教員養成に関する論考としては渡部（君和田）容子「高等学校工業科教員の欠員・過員問題と養成」（『近畿大学生物理工学部紀要』第41号，2018年，pp.1-11），疋田祥人「高校工業教員の養成の現状と課題」（『大阪工業大学紀要』第65巻第2号，2021年，pp.17-30）を参照されたい。
6）君和田容子「工業科教員の養成・採用の現状と課題」『技術教育研究』第51号，1998年，pp.17-23。
7）伊藤一雄「工業教員養成の現状と課題――X県Y工業高校の工業教員のキャリア調査結果を通して――」『職業と技術の教育学』第14号，2001年，pp.19-31。
8）愛知県立豊橋工業高等学校創立30周年記念事業実行委員会『30周年記念誌』1974年，同校創立40周年記念事業実行委員会『40周年記念誌』1984年。
9）岩手県教育委員会編集・発行『岩手近代教育史　第三巻　昭和Ⅱ編』1982年，p.160。
10）同上書，pp.160-167，pp.549-550，pp.860-863。
11）同上書，p.553。
12）文部科学省『高等学校学習指導要領解説（工業編）』実教出版，2010年5月，p.256。

13）荻野和俊他，前掲書（第 2 章第 2 節 1）2017 年。
14）疋田祥人によれば，2016 年度の大阪府内の大学で工業高校教員一種免許状を取得した者のうち，国公立大学卒業者は 13 名（1 校は不明），私立大学卒業者は 90 名であった。[「工業高校教育のための教員養成の現状と課題」，日本産業教育学会第 58 回大会シンポジウム（2017 年 9 月 30 日）報告より]。
15）長谷川雅康「高等学校工業科の実験・実習内容の変遷に関する一考察～機械科・電気科の事例～」『鹿児島大学教育学部研究紀要（教育科学編）』第 56 巻，2005 年，pp.43-61。

第5章　実習の教育的意義

これまで1970年代以降の高等学校工業科の実習の内容調査を基にその変遷と問題点を検討してきた。また，事例研究として東京工業大学附属工業高等学校の機械実習，大阪府立今宮工業高等学校の機械実習，愛知県立豊川工科高等学校の工業技術基礎の旋盤実習における授業内容と実習指導の留意点および鹿児島県の工業高等学校での教材用スターリングエンジンの開発の実際を検討してきた。さらに，実習教育を充実した内容で実践するためにはそれを担当する教員の力量が求められる。そのため，第4章で工業科教員養成がどうあるべきか，現実の実態を踏まえて課題を検討した。

以上の結果をもとに本章では，実習の教育的意義について考察する。その前提として，2000年度から2002年度に工業科卒業生に対するアンケート調査と2005年度から2007年度に実施した調査の協力者から抽出して応じられた卒業生に対する面接調査の主な結果について概説する。

最後に，そうした卒業生の工業教育に対する認識を踏まえ，高等学校工業科における実習の教育的意義を考察する。

第1節　卒業生の工業教育内容に対する評価

筆者らは2000年度から2002年度に工業科卒業者で産業界において工業技術にかかわる人々が，高校工業科で受けた教育内容，とくに工業教科の内容をどのように評価しているかを追跡調査[1)]した。以下にその概要を述べる。

1-1　調査の概要

調査対象は，高等学校学習指導要領の1956（昭和31），1960（昭和35），1970（昭和45），1978（昭和53）年改訂に対応する年代から2学年ずつを選んだ。選出した対象者に調査票を当該教育課程表とともに郵送して，回答を得た。対象校の実施期間と回答者数（回収率）は，東京工業大学工学部附属工業高等学校

表5.1.1　各学科の回答状況

学科	機械科		電気科		建築科		工業化学科		土木科		専門合計
	全体	専門	全体	専門	全体	専門	全体	専門	全体	専門	
合計（名）	457	349	391	331	392	343	184	119	148	136	1,278
専門／全体		0.764		0.847		0.875		0.647		0.919	0.813

(2000年9月～2001年1月）510名（58.7%），大阪市立都島工業高等学校（2001年7月～2001年12月）435名（20.7%），大阪府立今宮工業高等学校（2001年9月～2001年12月）367名（21.1%）および鹿児島県立鹿児島工業高等学校(2002年5月～2002年8月）377名（17.5%）であった。総計1,689名の有効回答を得た。回答者全体（以下，全体と略記）から，中堅になってから工業高校の専門教育と何らかの関係がある仕事をする人（以下，専門と略記）を抽出して，学科別に分類して分析した（表5.1.1）。

調査項目は，Q1：高校卒業後の進路　Q2：就職後経験した仕事（部署）Q3：就職当初の仕事の内容と高校における専門教育との関連　Q4：中堅の頃の仕事の内容と高校における専門教育との関連　Q5：仕事への高校専門科目の有用性の評価　Q6：社会生活への高校教育の影響　Q7：就職後の学習歴，取得資格　Q8：高校工業教育への考え（専門教育の教育課程，教育内容，「専門教育」の解釈）から構成した。

1-2　調査結果の概要

得られた結果から本節の目的に即して，関連する質問項目とその結果のみを抽出し，考察する。

Q2　あなたは就職して，どのような仕事（部署）を経験されましたか。複数回答可。

〈選択肢〉

イ．工場の生産ラインに直接たずさわっている。ロ．生産ラインの保守・保全・補修などにたずさわっている。ハ．販売や出張・巡回サービスなどの仕事についている。ニ．設計・製図・見積りや現場監督・技術研究部門など主として技術的デスクワークについている。ホ．専門技術を要しない事務的仕事についている。ヘ．研究技術開発に携わっている。ト．その他。

回答全体では，ニ．「設計・製図・見積りや現場監督・技術研究部門など主として技術的デスクワークについている。」が圧倒的に多く，全数の 42%強を示す。次いで，ト．「その他」で 20%。イ．「生産ライン」の 9%強などと続き，大差はない。なお，%で示す数値は回答数合計（全数）2,070 に対する各選択肢の回答数の割合を示す。

学科別では，ニが建築で 85%，土木で 71%を示し，とくに大多数をしめる。それに対し，機械で 33%，電気で 32%と他の仕事を凌ぐが，大多数とはいえない。さらに，工業化学ではニが 17%弱と少なく，トの 27%弱をかなり下回る。機械，電気でもトが 2 位であり，かなり多い。

経験した仕事の分布をみると，建築・土木はニが突出して高く，つぎにトが 4 分の 1 ほど。その他の選択肢はきわめて低い。機械・電気はニが最も高いが，次のトはその 6 割前後。その他のイ，ロ，ハもある程度示し，両学科は同様の傾向とみられる。工業化学だけは突出する項目はなく，各種の仕事に広く分散する独自の傾向を示す。

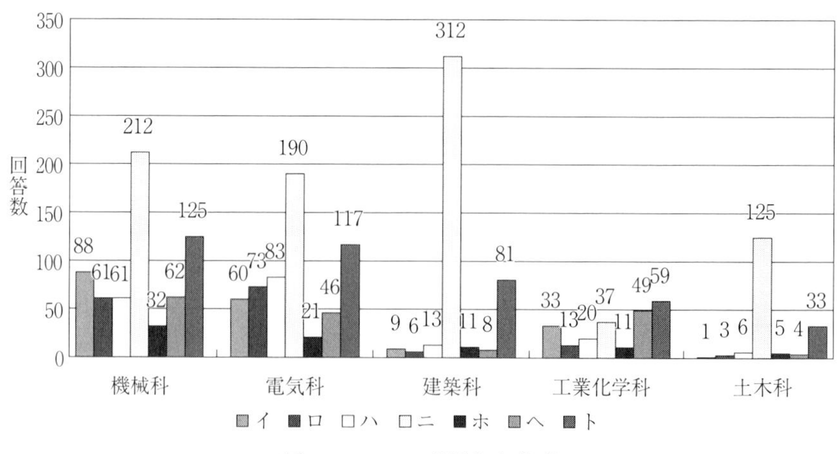

図 5.1.1　Q2 経験した仕事

Q5　あなたは就職後の仕事で，高校の専門科目の何が役立っていると考えますか。

以下の項目のうち，5. 大変役立った　4. 役立った　3. どちらとも言えない　2. 役立たなかった　1. 全く役立たなかった，から一つだけ番号を○で囲んで下さい。

〈項目〉

イ. 実験・実習で習得した技能　ロ. 実験・実習で習得した段取り　ハ. 製図で習得した技能，技術的知識　ニ. 専門科目で学んだ実際的技術的知識　ホ. 専門科目で学んだ理論の基礎

図5.1.2の通り，各学科とも平均して3点台後半を示し，専門科目の有用性を認めていると考えられる。また，項目毎にみると，ホ.「専門科目で学んだ理論の基礎」とニ.「専門科目で学んだ実際的技術的知識」が学科の別なく，高い評価を得ている。また，ハ.「製図で習得した技能，技術的知識」は学科により評価がかなり異なるが，建築・機械そして土木で非常に高い。他方，

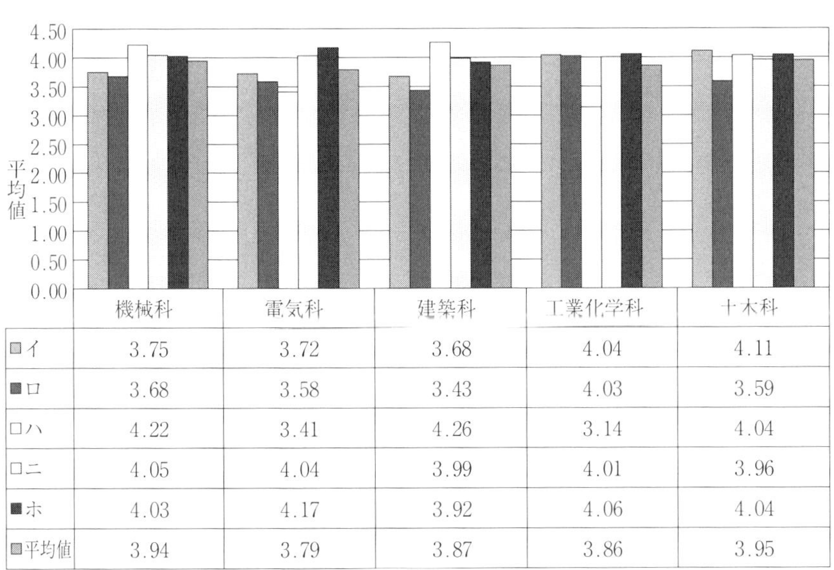

	機械科	電気科	建築科	工業化学科	土木科
イ	3.75	3.72	3.68	4.04	4.11
ロ	3.68	3.58	3.43	4.03	3.59
ハ	4.22	3.41	4.26	3.14	4.04
ニ	4.05	4.04	3.99	4.01	3.96
ホ	4.03	4.17	3.92	4.06	4.04
平均値	3.94	3.79	3.87	3.86	3.95

図5.1.2　Q5専門科目の有用性の評価

ロ.「実験・実習で習得した段取り」は工業化学を除き，3点台半ばと相対的に評価が低く，イ.「実験・実習で習得した技能」も工業化学・土木以外ではさほど高くない。

学科別では，土木・機械・建築・工業化学などで高い評価となっている。学科の教育課程における専門の内容への力点が異なることを反映しているとみられる。

Q7　あなたは就職してから，仕事に必要なことをどのように習得しましたか。

⑴　どのような学習形態で習得したか。⑵　学習した内容は何か。

⑶　経費はどのように負担したか。⑵の結果のみ以下に示す。

選択肢

イ．高校や大学での専門に関連した内容

ロ．高校や大学での専門と異なる内容

就職後の学習内容は全体として，イが55%，ロが45%とイがわずかに多い。学科別では，建築と土木でイが圧倒的に多く，一方で他の3学科ではロがわずかに多い。建築と土木の2科では卒業後の就職が高校の専門に沿う分野に進み，仕事を充実させるためにさらに同分野の学習をしている状況が推測される。

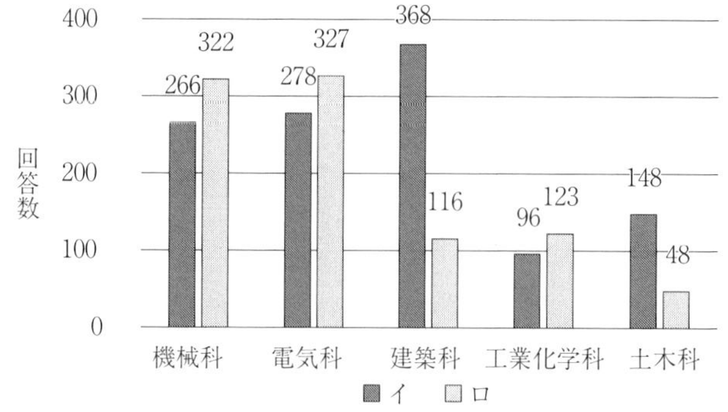

図 5.1.3　Q7 就職後の学習（内容）

Q8　高校教育は子どもから大人につなげる大切な段階の教育です。しかし，現実には様々な課題があるとみられます。そこで，高校教育についてとくに工業高校（専門高校）のあり方に関するお考えをお書き下さい。

(1)　工業高校などの専門教育（教育課程）について

〈選択肢〉

イ．専門教育をもっと充実して行う。ロ．普通教育と専門教育とのバランスをとって行う。ハ．専門教育を削減して，普通教育を増やす。ニ．普通教育だけにして，専門教育は必要ない。ホ．生徒たちが選択できる幅を増やした教育課程を用意する。

全体では，ロ．「普通教育と専門教育とのバランスをとって行う。」が34%，ホ．「生徒たちが選択できる幅を増やした教育課程を用意する。」が33%，イ．「専門教育をもっと充実して行う。」が29%とかなり接近し，3分している。学科別では，機械・電気・工業化学・土木がほぼ同様の傾向を示す。建築も類似しているが，イを重視する傾向がみられる。

(2)　専門教育のあり方（科目，内容）について

〈選択肢〉

イ．体験を通して学べる実験や実習　ロ．各学科の専門科目　ハ．読み・書き・計算の基礎　ニ．課題研究などによる課題解決能力の育成　ホ．情報技

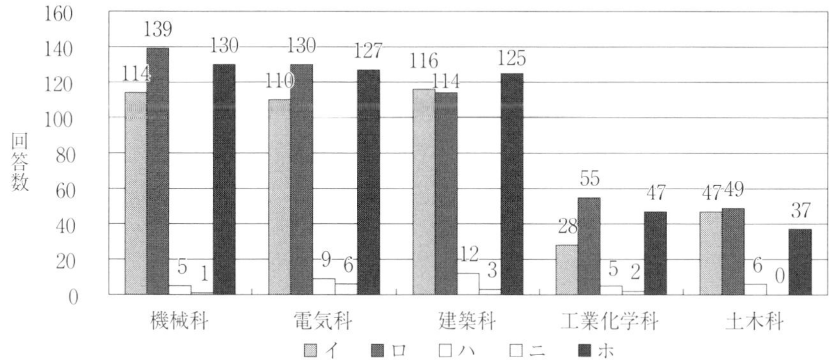

図5.1.4　Q8専門教育のあり方（教育課程）

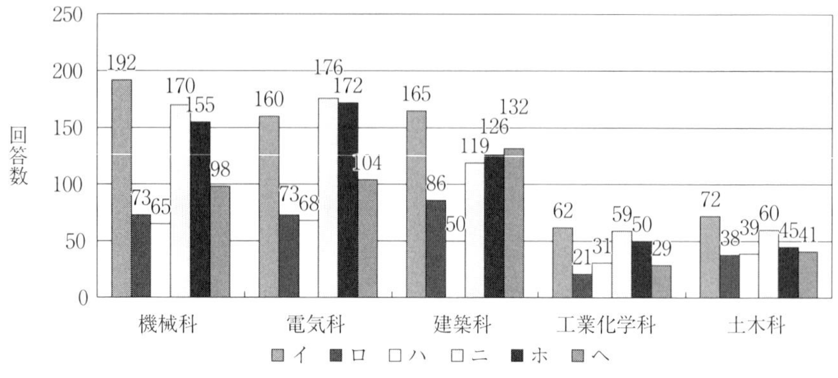

図 5.1.5　Q8 専門教育のあり方（科目，内容）

術　ヘ．インターンシップ（就業体験）

（複数回答可）

全体では，イ．「体験を通して学べる実験や実習」が 24%で 1 位，次いでニ．「課題研究などによる課題解決能力の育成」が 21%，ホ．「情報技術」が 20%と接近して続く。学科別にみると，電気以外はイが最も多く，電気はニを重視し，ホも重視している。建築は，イに次いでヘ．「インターンシップ（就業体験）」を重視し，現場経験を重んじている。

本調査で得られた回答から専門の人々の回答を抽出し，学科による分類と進路による分類の二通りに分析して，それぞれの特徴を検討した。その結果，以下の諸点が明らかになった。

（1）　学科による分類からの特徴

学科毎の特性があり，各学科の結果の特徴を具体的にみてみよう。

機械科では，就職後の仕事と高校の専門教育との関係については「専門教育を受けなくてもできる仕事であるが，専門教育を受けたことが役立つ仕事であった。」が最も多い。就職先がかなり多分野にわたっているため，高校での専門が直接役立てられないことがあるためと考えられる。一方で，専門科目の有用性の評価は土木科とほぼ並んで最も高い。とくに製図への評価が高く，仕事において製図で学んだことが直接役立っていると多くが認めている。また，専門科目での理論の基礎や実際的技術的知識への評価が高く，永く職業生活を送る上で，とりわけ理論の基礎の学習が基盤になることを示している。

電気科は多くの点で機械科とかなり類似した傾向を示している。専門科目の有用性については，専門科目での理論の基礎が最も高く評価され，さらに実際的技術的知識も高い評価を示している。ただ，平均値は他の学科に比べ低い。専門教育のあり方（科目，内容）については，「課題解決能力」や「情報技術」を強く推奨している。

建築科では，経験した仕事は，「技術的デスクワーク」が抜きん出て多く，高校の専門教育と就職後の仕事との関係も，「専門教育を受けなかったらできない仕事」が最も多い。さらに就職後の学習も「高校や大学などでの専門に関連したことをさらに勉強した」が非常に多い点で，他学科とかなり異なり，専門への志向が特に強い。

土木科でも，経験した仕事は「技術的デスクワーク」が建築科に次いで多く，高校の専門教育と就職後の仕事との関係も「専門教育を受けなかったらできない仕事」が最も多い。このように多くの点で建築科と類似した傾向を示している。

工業化学科では，建築科などと対照的な傾向を示している。まず，進路状況がかなり異なり，すぐに就職が少なく，進学が多い。しかも専門と関連しない分野に進んでいる割合も多い。また，就職後の仕事もその他が最も多く，各種の仕事に広く分散している。

さらに，工業化学科は専門教育のあり方に関しても，独自の傾向を示す。「専門教育をもっと充実して行う。」がかなり少ない点である。しかし，その一方で専門科目の有用性の評価は，製図以外は低くなく，むしろ高い。理論の基礎，実験・実習での技能や段取りなどを高く評価している。大学等に進学し，さらに就職してからの実務に具体的に役立っているためと考えられる。

（2） 進路による分類からの特徴

高校を卒業してすぐに就職した人たちと大学等に進学した後に就職した人たちとをグループ分けして，各質問項目に対する回答を比較する。

第一に，経験した仕事では高卒と大卒の違いはさほど大きくない。ただ，「研究技術開発」では大卒がかなり多く，「生産ライン」「生産ラインの保守・保全・補修」は高卒がかなり上回っている。

第二に，中堅時の仕事については，高卒と大卒でかなり異なっている。高卒では「専門教育を受けなくてもできる仕事であるが，専門教育を受けたことが役立つ仕事」が多いものの「専門教育を受けなかったらできない仕事」もかなり多い。大卒では，前者が相当多く，後者はかなり少ない。高卒の方が仕事の内容が高校での専門に近い職場で働いていると考えられる。

第三に，専門教育に対する評価は，大卒の方が高い。とくに，「専門科目で学んだ実際的技術的知識」や「専門科目で学んだ理論の基礎」の評価が高い。また，「製図で習得した技能，技術的知識」もかなり高く評価されている。高校でのかかる学習が大学での学習の基礎として，重要性が認められている。

第四に，高校教育の影響や就職後の学習については，両者は同様の傾向を示している。

第五に，専門教育のあり方（教育課程）に対する考え方は，両者ではっきり異なっている。高卒では，小差ながら「普通教育と専門教育とのバランスをとって行う」「専門教育をもっと充実して行う」「生徒たちが選択できる幅を増やした教育課程を用意する」の順である。一方，大卒では，「生徒たちが選択できる幅を増やした教育課程を用意する」が１位，「普通教育と専門教育とのバランスをとって行う」が２位，「専門教育をもっと充実して行う」が３位の順で差も開いている。

第六に，専門教育のあり方の科目・内容については，両者とも同様の傾向で，「体験を通して学べる実験や実習」「課題研究などによる課題解決能力の育成」「情報技術」の順に重要性を認めている。

以上のように，両者は職場における学歴による位置づけの違いに基づく意識の相違をはっきり示しているとみられる。一方，工業教育の内容についての有用性・重要性を両者とも同様に認めている。

本調査の結果全体から，次のように要約できよう。

回答者の多くが高校工業教育を高く評価している。とくに職業上の仕事が工業高校時の専門と何らかの関係をもつ人々はより高く評価している。就職後にした仕事は，「設計・製図・見積もりなどのデスクワーク」が非常に多い。また，中堅の頃の仕事が高校の専門教育と何らかの関係がある人が80％台と大多数を占めている。

なお，学科による相違がかなりある。とくに建築科・土木科は社会における職業と密接に接続し，工業教育への評価が高く，信頼も篤い。資格取得や就職後の学習状況などにも顕著に現れている。一方，機械科・電気科は就職先が多様で，専門教育と職業との接続関係が多面的である。工業化学科では，さらに拡散傾向が強く，多くの面で他の学科と状況を異にしている。このため，工業教育の専門性の検討は学科毎の個別的な考察が必要かつ重要と考えられる。

社会における仕事に役立つと評価された科目内容は「専門科目で学んだ理論の基礎」と「専門科目で学んだ実際的技術的知識」である。学科により評価が分かれたが，「製図で習得した技能，技術的知識」は建築科・機械科・土木科で評価が非常に高い。

生活への高校教育の影響は，「具体的な体験を通じて，関連分野の技術的イメージが構成しやすくなった」「15歳からの技術・技能教育によって技術的なセンスが身に付いた」など多感な時期の教育だけに，影響が大であると考えられる。

今後の工業教育のあり方に対しては，「普通教育と専門教育とのバランスをとる」「専門教育をもっと充実して行う」「生徒たちが選択できる幅を増した教育課程を用意する」が拮抗して多い。また，充実させる科目・内容は「体験を通して学べる実験や実習」「課題研究」「情報技術」が相接近して多い。

本調査は，それぞれに歴史ある４つの工業高校の事例である。それらの学校間には，国立の１校と公立の３校でかなりはっきりと相違が現れている。とくに進路状況の違いが大きいためか，回答の傾向が相当違って現れている。いわば大卒と高卒の違いが概ね現れているようにもみられる。

また，地域の差については，大阪，鹿児島の公立工業高校間の相違は顕著には認められない。各工業高校に集まっている生徒の状況と各学校の伝統や歴史による力量が関係しており，相違が現れにくくなっている。学科毎の相違は，共通してみられた。

総じて回答者の多くは高校工業教育の意義を確かに認めていると考えられる。時代背景の違いによる受け止め方の違いなどもみられる反面，時代を超えて大切にすべき工業技術教育の意義も見出されると考えられる。今後の工業教育の充実のために，そうしたプラス面をどのように活かすかが重要な課題である。

なお，本アンケート調査には自ら限界があるため，回答者への聴き取り調査などを実施する必要がある。そのため，2005 年度から 2007 年度に面接調査を実施した。[2)] 次節にその結果の概要を述べる。

付記　本文で引用できなかった重要な質問項目を示す。

Q6　あなたは就職後の社会生活で，高校教育の影響と感じられることがありますか。影響と考えられることを以下の選択肢から選んで下さい。（複数回答可）

〈選択肢〉

イ．15 歳からの技術・技能教育によって技術的なセンスが身に付いた。ロ．個性豊かな友人や先生に出会え，いろいろな人とコミュニケーションが自然にとることができるようになった。ハ．15 歳から専門的な勉強ができ，事実に基づいて考えるようになった。ニ．課題に対し，積極的・主体的に取り組む心構えが身に付いた。ホ．仕事の意味や社会のしくみを具体的にみられるようになった。ヘ．ものをつくる際，全体の流れ・見通しをつけられるようになった。ト．具体的な体験を通じて，関連分野の技術的なイメージが構成しやすくなった。チ．その他

（長谷川　雅康）

第2節　工業科卒業生への面接調査

前節で述べた教育内容に対する卒業生の評価に関するアンケート調査の結果を受けて，その際の回答者から対象者を募り，面接調査を行った。専門的な工業教育の効果並びに問題点を具体的な個々人の職業生活と関わらせながら，総括し，専門的な工業教育の要件を検討する基礎資料とした[3)]。

2-1　調査方法

面接対象者：2000年度のアンケート調査（前節参照）の回答者（東工大附属工業高校，大阪市立都島工業高校）から対象者を選択した。面接に応じられた卒業生は，1969（昭和44）年卒から1989（昭和64）年卒まで。学科内訳は，機械科卒9名，電気科卒3名，電子科卒4名，工業化学科卒4名，建築科卒4名，計24名であった。それぞれ了解を得て面接調査を実施した。面接者は2～5名で行った。

聞き取り項目：① 卒業後の経歴，② 経験した職務の内容，③ 業務に必要とされる知識・技能，④ 工業高校時の学習科目・内容の有効性・問題点，⑤ 就職後の学習歴・内容，⑥ 工業高校在校中の学習内容への関心度，⑦ 工業高校入学前の関心事，⑧ 今後の工業高校の専門教育のあり方。

面接調査時期：2006年1月，7月，12月，2007年1月，2月

面接会場：鹿児島大学東京リエゾンオフィス（東京都港区芝浦キャンパス・イノベーションセンター），大阪市立都島工業高等学校機械科別館

2-2　面接結果

面接した内容は上記①から⑧までの項目について聞き取りした。これらの中から，工業教育の前提となる⑦および主に④と⑧を出身学科毎に紹介したい。

⑦　工業高校入学前の関心事

回答者の多くが，幼少のころからものを分解したり，遊びながら工作で種々のものを自作したりして，技術への関心を高めていた。具体的なもの・材料に直接触れて五感を育てたと考えられる。家庭環境・親戚関係が工場などを経営して職人の生き様を小さい頃から見聞きしていた。時代的に情報は専門雑誌や現物の品々に触れて得ていたことも重要であろう。この聞き取り項目への代表的な回答を紹介する。

「小さい頃のプラモデルから始まり，クリスマスツリーの電飾を壊し，オーディオを組み，木工，板金加工などが好きで，エンジンと自動車に強く興味があり，就職も考えたほど。カッターで作品を切り落としたり，半田ごてで床を焦がしたりの失敗を沢山した。」「小さいときからものづくりは好きだった。両親が職人さんですから何かものをつくるのが好きだった。」機械科，「物を壊したりすることが小さい頃から好きでした。小学校の５年生ぐらいに，『初歩のラジオ』とか『子供の科学』というのがありまして，秋葉原にひとりで部品を買いに行っていました。中学から，文化祭でアマチュア無線をやっていました」電気科，「高校卒業後，就職するつもりだったので，高校教育が最後だと思い，吸い取れるものは全部吸い取っていこうと勉強した。ものづくりに関しては真空管が大好きだったので，何よりも部品を買うことを優先した。20年先になって何か発展するものっていうと確信が持てるのはコンピュータしかなかったので，電子科を選択した。」電子科，「中学時代は理科が好きで得意だった。普通高校よりも『実習』『実験』に興味があった。小さいときはプラモデルが趣味で，作文の宿題はとても苦手だったが工作は逆に得意だった。」工業化学科，「中学校の頃は，アンプを作るなど，電子関係に興味があった。高校進学に際しても，当初は電子関係学科志望であったが，進路の相談に応じてくれた人が建築のおもしろさを話し，建築に興味をもつようになり，建築科に進学した。」建築科

④　工業高校の学習科目・内容の有効性・問題点

実社会で仕事する中で，工業高校で学んだ科目や内容が有効であったこと，問題と感じたことなどを答えて頂いた。学科ごとに回答を示そう。

機械科卒がまず指摘した点は，製図に関する力を工業高校でしっかり身に付けることが，仕事をする上で非常に有効であること。図面から必要な技術情報を読み取り，逆にものをつくることのできる図面をどこでも画くことができること。しっかりした立体感覚と原理に基づく製図法を基礎から身に付けさせることの重要性が示された。９名中５名が強調している。ただ，模範の図面を写すのみの製図の授業が無益であるという意見も示された。代表的な回答を以下に示す。

たとえば，「製図で獲得した技能は，やはり取引先から出てきた図面の見方，それから材料など，そういうものがすんなり理解できる。」「製図が一番役立った。三角法など原理が身に付いたので，実務・教育に有用。公差などを具体的に学び，理解できた。実践で使える知識が重要。」「図面の見方も重要。」「工業高校で学んだ製図とか材料とかは設計に非常に役立ってくる。」「機械実習で行った旋盤・フライス加工実習など手作業で実際に材料に触れ，機械を動かしたこと。また，手書きで図面を描いたこと。」「昨今のCADソフトの普及により，製図もどきの図面が画けるが，そこが盲点になる可能性がある。本当に使える図面を描かせられる製図教育がとりわけ大切である。」

加えて，次の回答では実習での技能習得もその重要性が指摘され，なかでも身体で習得することの大切さが強調されている。

「実践で使える知識が重要。旋盤・フライス盤・溶接などの実習で手と身体で覚えたことが役立っている。」「技能というよりも，まず機械を怖がらないような状態ができた。」「溶接検査をＸ線検査で行う中で，溶接・溶断の実際的な知識が有用。旋盤などの機械の使い方や火花試験，材料試験などが有用で，そのため業者任せにせずに行えた。」「NC 旋盤の制御回路とプログラムを組んで学んだことが，外国人に現場でシステムの全体を説明する際，有益だった。浅く広くやる部分と深く突き詰めて行く部分，総合力と専門力の双方が必要。総合的なイメージを持って作るのがベストだが，やはり身体で覚え，体得して専門的なものをある程度細分化し，深いものを習得させることが大切。高校でやったことは体に染みついている感じですね。」「特に実習でやった実際の作業が生きている。実際に車を開発する中で，暫定的にボディの補強をやったり，車に火を入れたり，部品を加工して付けたりの作業をする。補修の時，実習でしたことが役に立っている。」「実習助手の最初の数年は木型の先生から，徹底的に木型の技能を仕込まれた。職人技というものを，それが今生徒に指導する基盤になっている。ものづくりのセンスを身に付けた。工業高校で学んだことは多く役立っている。」「鍛造とか，鋳造とかは他では味わえない。鋳造は熔けたアルミのどろどろを自分が作った砂型へ入れて冷えたらできる。あぁいう瞬間の感動というか，あぁいう原理原則が有効。電気でも部品が，抵抗も一度自分で作ってみる。抵抗を並べて自分で組み合わせて半田付けして電気通したら，道理が分かる。基本的なことでラジオを作るとか，『原理原則でこうやったら動くんだ』とか『こうやって作るんねん』といったものを教えるのが大事。」

これらの指摘事項に加えて，機械科関係でなくとも，下記の他学科関係の実習や実験でも現物を相手に種々の現象に五感で触れたことの大切さも共通して語られた。緊要な指摘であろう。

電気科卒は 3 名に面接をした。学習内容の有効性については，製図や実験などを若くして学んだことで，工学的・自然科学的な観点をもって実務ができる素養を培われたとの回答があった。さらに，高校時代に密度の濃い教育をすることの重要性を述べていた。コミュニケーション力の大事さも強調している。

「普通高校から四年制大学に進学した同僚と比べて，3年間早く専門分野を学べたため，目の付け所やものの考え方・とらえ方が工学的・自然科学的である点が若干違う。一番役に立ったのは，頭が柔らかいうちに体験的に覚えるセンス。これは若いうちからやらないとできないこと。」「実際，どういったものを使って世の中が動いているかなどは，高校のときに学んだことが有益だった。とくに，今やっているのは原動機で，物理現象の一番基本となっているものなので，高校のときの実習が役立っている。」

電子科卒は同じクラスメート4名に面接した。4名のうち3名が大学電気・電子系に進学し，大学卒業後に就職。他の1名は高校卒業後に就職。

工業高校の学習科目・内容の有効性については，物に触れる，事象を観察することは，大学での学習に限らず，就職後の職務にきわめて重要な意義があると認めている。高校までに，こうした体験をしてこなかった職場での先輩，同輩，後輩とのセンスの違いを実感し，貴重な学習機会であったと受け止めている。

「わかりやすい教授で，理論の基礎の概念をつかめた。高校の実験が面白かった。大学で学ぶ内容と変わらないが，感性が違った。実際にものに触れたことで物事を考える時の考え方のベースができた。」「数学と物理の基礎は役にたっている。学校の雰囲気として，回路を組み立てたりとか専門書を読んだりとかする人たちが多かったので，友人と話が合う，専門の話が合い，話しやすいし，勉強もしやすい。高校の時はわからなかったことが，大学で似たような実験をやってやっとわかったこともあり，有効だった。」「実験のレポートを書いたこと。実験したこと，集めたデータ以外にレポートを書くために調べてレポートを書くこと。生徒の主体性を認める校風だったこと，選択科目制があり，好きなことを勉強できたこと。その中で，UNIX，C言語を勉強したことが現在の職業に活きている。」

建築科卒はいずれも，工業高校時代の専門教育の有効性に関して有意義である，役立った，役立っていると回答している。有意義な点は，工業高校の専門教育がその後の学習の基礎となったこと。主な回答をあげれば，次の通りである。

「土台を，しっかりしたところをこの学校で学べたことはよかったと思う。」「工業高校は，良くも悪しくも半分は強制でやるので，身についている。大学は勉強について，ある程度自由に任されているので，身につき方に差がある。大学に入ってすぐの授業で，いっていることがすぐにわかった。試験でもそんなに苦労しなかった。そういった意味では，まず大学に入ってから役立っていた。」「高校生にやる専門なので，そんなに高度な話にはならないと思うのですが，逆にベーシックな話は時間をかけてできると思う。そんなに幅は広くないけれどもベーシックなことはできていて，やっぱりそれを知っているかどうか。その世界で働くのであれば，違いはどこかに出てくると思う。」「高校時代の学習は，広く浅くということであったと思う。今の基礎になっている。基礎があって，仕事でどんどん膨らませていくという感じである。」

工業高校時代の学習に関して，とくに製図が高く評価されていた。その他，材料試験等の実験・実習，課題研究が評価された。製図に関しては，次の通りである。

「製図の授業はためになった。図面をよむ，かくことは残っている。」「製図は…大学に入れば手取り足取りしてくれない。会社に入ってからも，4-6年しても，本気でやらない人は上手くならない。工業高校ではきちんと指導がある。」「製図の手書きの経験は生きている。スケール感などが大事だから，手書きがよいと思う。」

材料試験等に関しては，特徴的な回答をあげれば，次の通りである。

「工業高校で一番身についたと感じることは，工業高校でのコンクリート潰しなどが印象的。工業高校でしたことは100%覚えていなくても，そういう場面になると，うっすら覚えているので，何をいわんとしているかくらいはわかる。」「材料試験など，それはまさに社会に出て同じことをしている。コンクリートの試験片を作って圧縮したりなど。鉄筋を引張ったり。あと，測量などもした。そういうのも，すぐに現場だったので役に立ったと思う。」

以上のように，面接調査対象の4名は，建築に関わる業務に従事していた。従事している業務との関係もあり，いずれも工業高校時代の専門教育を有意義なものとみており，とくに，その後の学習の基礎の構築という点が高く評価されている。また，建築科特有の問題として，建築科で学ぶ内容と建築関係の業務との密接な関連を指摘できる。今後，業務内容を精査するなどして検討を深める必要がある。

工業化学科卒は4名の回答を得た。卒業後の進路・専門等がかなり幅広いため，共通点は見出しにくい。在学中の関心は，4名が何らかの形で実験に触れている。それは，かなり多くの時間を実験に費やすカリキュラムに因るとみられる。いろいろな経験を事物に即して学べる機会をより多く用意することが重要と考えられる。本質を若いうちに学び，理論的に組み立てる実験やレポートを作成するトレーニングが大切である。

「“ちゃんとしたことをやらないと，ちゃんとした結果が出てこない”という点は，化学天秤でなるほどと思いました。分析機器でも，蛍光X線なり赤外で簡単に数字が出てきます。でも，中で『何をやっているのか』をわかっていないとトラブルが起こったときに，対応できない時がありますね。仕事でそんなことをやる暇は無いので，教育の現場で身をもって体験できたのは良かったと思います。その辺は残していた方がいいと思います。」「工業高校で学んだことと大学で学んだことは大きくかけ離れていない。色々実験したことが，一応のPDCAサイクルを身に付けることにつながったと思う。」「学んだ事に対して，その中からスッとわかる瞬間があって，大学に行ってからも色々な分野に関わってくるのですけれども，とにかくよさそうな本を読んで，ある日スッとわかるという様な勉強の道筋というかやり方は，1番ここで感じたとこですね。」「感覚的なものは残っているのですけど，それに対して“高校時代の知識がそのまま返ってきて，それが人体のどういう部分に悪いのか説明してご覧なさい”というとそこまではよみがえってこない。美しい文章はいらないわけで，それこそ間違いなくわかりやすく伝わること，これを第一にすること。そういうことですね。それが確かにこの学校でも習いましたし，大学のレポートでも習いましたし，その出発点がここでのレポートになるのではないでしょうか。」

⑧　今後の工業高校の専門教育のあり方について

工業高校で学び，実社会で技術に関わる業務に携わった経験を基に，今後の工業高校のあり方について見解を伺った。学科別に回答を紹介しよう。

機械科卒

各回答者の生き方に関係するそれぞれ重要と考えておられる回答であった。基礎をしっかりと教える，あるいは原理原則をきちんと教えること。プライドを持てる専門教育を行う。講義と実習とを生徒のわかるように繋げて指導する。現実との繋がりを示しながら，原理を教授する。手を使って計算し，手で図面をかくことなど身体で学ぶことを重視する。課題研究のように生徒が主体的に取り組むような仕掛けが必要である。また，教員自身の専門性を確保する体制の必要性などが述べられている。

たとえば，「ただ単に実習だけでなく，一般教養分野も非常に重要視して頂きたい。汎用の旋盤が，なぜこう回転している物に金属を当てて削れるのか，主に加工についての理論的なことが大切である。一般的な教養が必要である。専門能力をもった人材の育成が大切。いろんな見方・考え方で問題解決できるように。工業高校の特徴を生かす，それをもっと前面に出していくしかない。」「生徒が自分の枠をはめているので，先生が夢を与える良い事例を示す。自分の手でつくる体験（実務経験）をもたせる。プライドの持てる専門教育が必要。国内の研究機関の研究者と一緒に研究する。興味をもって掘り下げることが重要で，それができる環境を整えるべきだ。受験英語よりも英語会話，コミュニケーションがとれる力を養成すべきだ。」「これからITは避けて通れないが，コンピュータ制御をしっかりと。しかし，機械系の部品（機構）をいろいろ試し，大いに失敗経験を積ませるべきだ。また生徒同士の縦（学年を超えて）の繋がりやものを通した知識や経験の継承を大切に育てること。講義だけでなく，実際の実習と繋げること。現実とどのように繋がるかを示し，解らせることにより意欲を高める必要がある。」「一連の工業の専門科目は，それぞれの学科に専門教育として座学があり，実習がそれに対応してあり，専門教育の部分のどこかが実習に繋がってくる。実際にやってみることによって，知識として定着する。目でみて耳から聞いて手で触って，学習したことが頭の中ですべて繋がる。それでようやく使える頭になってくる。それを一回経験してしまうと，他に生かせると思います。」「手で計算し，手で図面がかけるように教育する必要がある。課題研究のような主体的に学べるシステムが必要だ。モノを組み立てること，モノの精度・測定・評価について学ぶ必要。身体で覚えることが重要で，それが工業高校の良い点であるから，それを大事にすべきだ。」「本物の技術をみられる企業とのインターシップ事業をもっともっと活用して，逆に企業の方から学校に教えに来てもらう。我々が出て行くのではなくて，企業の方から来てもらって教えてもらうような。団塊世代の技術を持った方は，半分ボランティア精神で，俺が工場で鍛えた技術を教えたるかという風になれば良い。教員自身の専門性が高められるシステムが望まれる。」「本物の根本の技術を，機械に関わる物で原理原則の専門の部分を，原理原則を自分で体験することは，学校のような環境が要るので，充分使って欲しい。機械だったら，鉄を作る，ギヤを作る，空気だったら空気の原理原則を教えればいい。情報処理だったら，情報の原理・原則です。そういうほんまの所をちゃんと教えることが学校として重要です。最先端のことなんて教えても仕方がない。」

電気科卒

3名の面接者で，回答内容に顕著な共通点が見出せなかった。ただ，入学前の環境には，いずれもものづくりに触れる環境にあった。また，学習内容の有効性については，製図や実験などを若くして学んだことが，工学的・自然科学的な観点をもって実務ができる素養をなしている。さらに，高校時代に密度の濃い教育をすることの重要性を述べている。コミュニケーション力の大事さも強調されている。

「この時期にしか入らない事柄というものがあると思います。好きな事柄を濃く教えた方が良い気がします。作戦を練って密度を濃くしたほうが良いということです。あまり猶予を与えるよりもみっちりやらせる方が良いと思います。それで取りこぼしがあったとしても良いのではないか。」「これからの技術者はものをつくるだけでは成り立たない。つくったものや考えたことを他の人に理解してもらう，もっといえば仲間作りをすることができないとだめ。どんなにいい技術でも仲間を増やしていかないとできない。仲間を増やすためには，自分の思っていることを伝えなければならない。別のいい方をすればコミュニケーション能力。これがどうしても必須になる。」「工業高校があまり魅力的ではなくなってきている気がする。ただ，学んできた3年間の内容は大学の1・2年に相当するので，飛び級してでも，早めに卒業し，即戦力になれればよいと思う。」

電子科卒

学習の中で物に触れ，事象を観察しながら学習する機会をできる限り多くする。それを通じて，学習することの必要性を生徒自らに悟らせ，学習動機を高めて，並行して，理論の基礎を学べるような教育システムを維持，発展させる。また，大学へ進学できる道をつける。

たとえば，「大学進学を前提にしたバランスのとれた教育課程。これからの技術者には語学力が必要。基礎を徹底的に物に触る学習，実験実習が必要。」「ある程度大学進学を前提に考えた方がいいと思うので，バランスをとった教育課程がいいと思います。高校を出てすぐそのまま就職するというよりは大学の専門課程の準備，各学科の基礎を徹底的にやった方がいいと思います。物を触る学習，実験実習，そうですね，実験実習です。対象を通して学べる，物を触る学習というのは，大学ではあんまりできない。」「自分たちで作らせることは絶対必要である。若いときに，物に触れる機会があるとよい。物は潤沢ではなくても，設備，指導者がいる。やれる環境が必要である。」「高校を出てすぐに『就職したい人』と『進学したい人』ではかなり違うので，『進学コース』と『就職コース』と分ける。高校の時にいろんなことをやって自分はこれが『向いてる』とか『向いていない』とか『これが好き』とか『これはやりたくないな』とかそういったことをできるだけ増やすべきだ。」

工業化学科卒

4名の回答の共通点は，その後の進路・専門等の違いにより，見出しにくい。高校入学前の関心事については，理数系が好きだったこと，ものづくり・工作などが得意で好きだったことなどは共通する。在学中の関心については，何らかの形で実験に触れているのは，かなり多くの時間を実験に費やすカリキュラムに因るとみられる。「『何をやっているのか』をわかっていないとトラブルが起こったときに，わからない時があります。仕事でそんなことやる暇は無いので，教育の現場で身をもって体験できたのは良かったと思います。」といった意見からは，いろいろな経験を事物に即して学べる機会をより多く用意することが重要と考えられる。本質を若いうちに学び，理論的に組み立てる実験やトレーニングが大切であろう。

「色々な経験，切り口を持っている人間を育てることが大切だと思う。本質を若いうちから学び，理論的に組み立てる実験やトレーニング，講師を招くことも大切。高校は学ぶだけでなく，関係者・地域の人を含めて，情報を発信したり吸収したりする場所であってほしい。入ってからも化学の人間が情報のことを学べる横の関係も大切。」「高卒レベルの教養部分は必要である。今はそれが非常に小さくなってきたと思う。専門性を強調しすぎている。普通高校にはない，手を動かすことを残すべきである。」

建築科卒

面接調査を行った４名は，建築に関わる業務に従事していた。従事している業務との関係もあると思われるが，いずれも工高時代の専門教育を有意義なものとみており，とくに，その後の学習の基礎の構築という点を高く評価している。

また，建築科特有の問題として，建築科で学ぶ内容と建築関係の業務との密接な関連を指摘できると思われる。この点に関しては，業務内容を精査するなどし，検討を深める必要がある。

「大学で学ぶ機会があることを考えると，少しやわらかい授業でもよいかなと思う。やわらかいとは，スキルの話ではなく，学問としての面白さといったもの。皆が普通科に行き，読み書き算盤だけやってきて，さあ，何をやろうといわれても何がしたいのかわからないと思う。その意味で，農業・商業・工業というところで，より深く学んでいく興味対象にしてあげることが必要なのではないかと思う。」「① 工業高校で学んだことは基礎的な知識として役立つ。② 実践では工業高校で学んだことは強い。身に染みついている。即戦力として強い。③ 課題研究はよいと思う。コンペなどにも出していたので，よいと思う。」「実習，体験型の授業の重視。要は座学ばかりでなく，実習的な要素の，体験型の授業。コンクリートを捏ねたり，旋盤で何かを削ったり，高校でやったら，職業によっては多分二度とやらないかもしれないことがある。しかし，逆にそういうことは他ではやらない。高校の実習だからこそ，そういう『出だしの一歩』みたいなことができると思う。」「工業高校の目的として就職を考えるのであれば，IT とかタイムリーなものにする必要がある。大学に進学するとすれば，大学で学ぶようなことではなく，基礎的なことをしっかりとやり，普通科的なものを増やしてもよいのではないか。それらは，コース選択制で教育のあり方を変えてもよいのではないかと思う。」

24 名の面接協力者からの聞き取りの結果をまとめる。概ね工業高校で受けた教育が各人の人生にプラスの影響を与えていると評価する方が多い。その方々の多くは幼少の頃に，ものづくりに興味があり，種々の経験をいたずらや失敗なども含めしていた。ものを分解したり，組み立てたりとものいじりが好きで，技術に対する関心が非常に高かった。これらの回答から，工業高校へ入学する素地が備わっていたとみられる。

工業高校在学中の関心事は，所属する学科の専門科目における実技を伴う実験・実習を挙げる方が多かった。頭で知識・理論を理解するだけでなく，手や身体を使って物や対象に正面から取り組み，先生に助けられながらも困難を乗り越え，自力で目的にたどり着いたこと。その過程で，技能・技術を五感で感得し，習得しての達成感・成就感を述べている。高校生という吸収力旺盛な時期に，あまり雑音に惑わされず専門的な学習に没頭できたことを多くが語っている。さらに，座学での理論の基礎を学習しながら，実験でその検証・確認をして，調べたうえでレポートをまとめることを繰り返す。その蓄積の結果，職業人として働くための力量が蓄えられたと雄弁に語っている。仕事に必要な専門的な学習をするための基盤が工業高校でしっかり築かれたと指摘している。

工業高校の学習科目・内容の有効性・問題点は，製図に関する力が工業高校でしっかり身に付き，仕事をする上で非常に有効であること。図面から必要な技術情報を読み取り，逆にどこでもものをつくることのできる図面をかくことができること。しっかりとした立体感覚と原理に基づく製図法を基礎から身に付けることの重要性が示されている。ただ，模範の図面を写すのみの製図の授業が無益ではないかとの指摘がある。

工作機械などを実際に使い，ものを具体的につくる作業をしたことが，現場で作業が必要な場合に役立つこと。溶接などして赤くなった鉄の熱さを実感する経験をしたことが，現場で作業する際に，その実感が蘇り，危険回避に役立つなど身体が学び取る大切さを語っている。

材料試験でコンクリートなどを具体的に圧縮して強度を測る経験は，そうして得られる材料をみる目が養われる。ものづくりのセンスを体得し得たと語る。基本的なこと，原理原則をストレートに学べる教材で，頭の柔らかい時期に学ばせることが最も大切で，一生使いうる基盤を培うことになる。それこそ学校が行うべきことと主張された。

選択科目の形で，自主的にUNIXやC言語をしっかり勉強したことが，かなり永くソフトウェア開発の仕事をこなす基になった。主体的な学びの大切さを物語る事例とみられる。

工業高校で実習，製図，専門科目群を学ぶことによって，物事を考える時の考え方のベースを培われた。勉強の筋道，やり方を最も深く学ばされた。高校時代を通じて，目の付け所，ものの考え方が工学的・自然科学的になり，体験的に覚える（学ぶ）センスが身に付いた。等々いわば方法論を具体的な学習を通して体得した。ただ形式のみを無理矢理たたき込む式の方法もある部分行われているが，問題は多いとみられる。また，全体との関係が解らないままの勉学もやはり問題を残すであろう。

今後の工業高校のあり方

基礎をしっかり学び，専門的なことを勉強できるように組織する。プライドを持てる専門教育が必要である。手で計算し，手で図面が画け，身体でものを製作できるように教育する。専門教育には座学有り，実習有りだが，その部分がどこかで実習に繋がる。実際やってみることによって，知識が定着し，目でみて，耳から聴いて，手で触って，学習したことが頭の中ですべて繋がる。それでようやく使える頭になる。そうした学びができるように教育体制を組む必要がある。

大学などへの進学をある程度前提に考える方が現実に合うのではないか。各学科（学問分野）の基礎を徹底的に学ばせること。わけても物を触る学習，実験実習により対象を通して学べるようなカリキュラムを考えるべきだ。五感で感得・習得することを重視する。

学問としての面白さ，奥深さが実感できる教育内容を用意する。原理原則を体験できるよう教育内容を整備することが肝要であり，学校のような環境が必要だ。いろいろな経験ができ，いろいろな切り口を持った人間を育てられるよう，本質を学び，理論的に組み立てる実験やトレーニングができる環境を整えることが大切。

技術者はものをつくるだけでは成り立たなくなる。自らの考え方をものづくりに反映させ，かつその考え方を他者（仲間，社会一般）に対して，うまく伝えられる能力（コミュニケーション能力）を備える必要がある。そのような能力を育てる教育が望まれる。課題研究を本来の研究の方法を学べるように実践することが，生徒の主体性や創造的な活動力を育むことに繋がる。また，外国語をコミュニケーション力の養成の観点から学ばせる。

こうした教育を実現するためには，指導する教員の専門的な力量をいかに高めるかが重要な課題である。一定の間隔毎に自主的な勉学の機会を保障する。研修・研究の機会を等しく確保することが求められる。また，職場自体の教育力を向上させる措置が必要であろう。

（長谷川　雅康）

第3節　実習の教育的意義

実習の教育的意義に関して，これまで依田有弘[4]，斎藤武雄[5]，田中萬年[6]，小林志希男[7]らが論じてきている。それらを踏まえつつ，筆者なりに要点を検討する。

3-1　能動性，目的意識性の獲得

製作的実習においては，道具や機械を使って直接素材に働きかけて生産物を製作する作業を通して学習する。その過程では，学習対象が言語化され文字を通して学習するのとは異なり，“もの”自体を直接扱う。そこには学習対象となるすべての要素が存在する。たとえば，旋盤作業であれば，旋盤の回転音，切削される金属の発する軋む音，におい，切り屑の出てくる様子，ハンドルを握る手に伝わる感覚など言語化されるときには抽象されてしまうようなすべての要素が存在する。それらが示すものを受け止め，読み取って作業を進める必要がある。作業する生徒は直接それらを頭，手，身体のすべてで感受し，自分のもてる知力，体力，感性などすべての能力を総動員して作業する。生徒は学習内容に直接結びつき，途中で投げ出すことはできない。作業には必ず参加せざるを得ず，最後までやり抜いて作業を完結させなくてはならない。自分で作業しなければならないので，必ず何らかの能動性，目的意識性をもつことになる。自分自身が目的を描かなければ作業できない。そこに至る手立ては道具・機械と材料の関係などから必然性と法則性をもって作業者に迫る。その必然性に自らを従わせなければ作業は失敗する。細心の注意と緊張と忍耐を伴った努力が求められる。

生徒たちはそうした作業をやり遂げることにより，道具や機械の仕組み，材料（労働対象）の性質，製作プロセス等についてのイメージや概念を獲得する。その結果，道具や機械を扱うための作業段取りの技能，自分の心身のコントロールの仕方等を身につけ，習得する。そうして獲得した能力は製品となって現れ，これまでできなかったことができるようになったことに自分の能力の

発達と展開を自覚する。そこで感じる喜びが達成感の中身である。

実習では，教育内容そのものに直接的にふれる確かな学習が成立しやすい。具体的な教育価値が成立しやすい。生徒はやり抜いたこと，それによってできるようになったことを実感できる。それが自分自身についての見方を変え，学習観を変革するきっかけとなる。できる自分を発見するチャンスが確かに存在するからである。

3-2　本物の学習意欲の形成―学習観の転換―

職業学科における実習は，実社会で行われている作業の要素を学校の中に取り入れたものを対象とする。自分たちが学んでいることが社会でも通用するという実感をもって，社会に有用な能力を身につけていることを確認できた喜びが表明される。より高い技術的能力を獲得したいという学習への新たな意欲が増すのである。こうした認識に根ざす学習意欲は本物であり，こうした学習観の転換により本物の学習意欲が形成される。

学習とは自分を変えることにほかならない。今の自分を批判的に対象化し，自分を変革して行く課題を自分に課すことが学習にとって不可欠である。もの，自然，状況と対決して自分を変えなければ相手を変革できないという緊張感をもってものの創造に立ち向かう。その中でこそ自分を磨くことができる。対象の特性や法則性などを理解し，それに見合う技を自分に身に付けることによって対象に働きかけ変革して独自の作品を創り出すことができる。技術的能力の獲得は，社会的有用性・商品価値をもつ作品を生み出す職業的能力を獲得したという自信につながる。習得した技術の延長に今日の生活のすべての基盤があると実感し，さらに主権者意識の芽生えが生まれる。そして自分づくりの方法も発見させてくれる。

3-3　人・ものとのコミュニケーション

実習では多くの場合，生徒が少人数の班に分れて作業を行う。班作業や複数での作業もしばしばあり，チームワークが求められる。班員同士でコミュニケーションをとり，協力しなくては作業が上手く進まない。こうした集団作業の中で，コミュニケーションの取り方，目標に向かっての相互関係のつくり方，集団の組織の仕方などを体験的に学ぶ。

その過程でそれまでみえなかった級友や自分の新しい面を発見し，新しい友人関係をつくるチャンスとなる。こうしたコミュニケーションの方法は，社会に出て労働する場で必ず活かされるであろう。職業教育こそが学校の中から社会の職業世界について実感をもって知らせることができることを明示している。

ものづくりの過程では，作業者は自分が使っている道具や機械，そして加工している材料とのコミュニケーションを絶えずとっている。たとえば，旋盤工で多くの著作がある小関智弘は「鉄とのコミュニケーション」という一文で以下のように記している[8)]。

「旋盤工になるためには，腕も磨くが，耳も鍛えなければならない。耳を鍛えるという言葉が適当でないとすれば，耳を肥やす，かも知れない。むろん，眼も肥やさなければいけない。旋盤工に限らず，およそモノを作る人間の腕を磨くとか，腕前とかの言葉には，手先の器用さのほかに，耳や眼や鼻などの五官が，重要な役割を果たすものとして含まれる。」

また，機械技術の雑誌に載ったドイツ人技術者のマイスター制度についての下記の言葉が忘れられないという。

「わたしたちは，どんなに機械技術が進歩しても，若者たちにまず，金属に親しみ，自分の手で金属の特性を知ること，を教えます。これが変わることは今後も決してないでしょう」

技術がいかに進んでも，ものづくりは手作業に始まり手作業に終わるといわれる。実習において，ものとコミュニケーションすることは最も大切な経験であると考えられる。

3-4　レポート作成による言語表現の自信

実習では，作業終了後まとめのレポート作成が課される。たとえ中学校まで文字に苦手意識をもってしまった生徒が多くとも，実習のレポートに書くことは自分の体験したことなので，実体的イメージをもって具体的に書きやすい。いわば，レポート作成を通して，言語表現への苦手意識を克服できるチャンスが得られる。

実験でも，レポートの作成が課される。その内容は，一般的に①目的，②原理・理論，③実験方法，④使用機器，材料など，⑤結果の整理，⑥結果の考察，⑦感想，⑧参考文献などから構成される。こうしたレポートを各実験テーマに必ず作成することにより，行った実験の全体を総括することになり，そのテーマの意味を深く理解する。このレポート作成は社会に出て，実務に携わる際にも必ず行うことになる。5-2で述べた卒業生の面接においても，工業高校時代に多くレポート作成したことが職業人として仕事をする際に大いに役立ったと語っている。レポート作成の技能は繰り返し行うことで定着する。レポート作成の技能習得は実習教育の大切な役割である。

3-5　実験による学び

実験とは，「理論や仮説が正しいかどうかを人工的に一定の条件を設定してためし，確かめてみること」といわれる。（『広辞苑第7版』）この実験の捉え方は，ガリレオ・ガリレイが実験によって科学を確立した実験的方法に始まり，そののち永きにわたる科学者の研究によって創り上げられた方法論である。自然のあるがままの法則性を明らかにする方法である。「あくまで自然の対象を相手にし，それがどんなものか，どうなっているか，その運動がどんな法則に従っているかを問い正すのが実験である。（中略）すべての実験が理論の建設と相まって行われ，理論によってつながれ，常に自然に対して問いただすという態度であり，決して行き当りばったりのものではないのである。[9]」

一方，学校における実験は一般の自然科学研究における実験とは本質的な違いがある。学校実験は何より生徒に対する教授法の目的から逸脱できない。実験の帰結が教師にとって自明であっても生徒には未知であるということから，科学（理科）の教授における他の手段である講義，対話，直観教具の提示などと相互に関連して，はじめて教授法の意味をもつと考えなければならない。

かつて化学教授法の科学的な基礎を創設した化学教育者ヴェルホフスキーは，学校における実験は必ず成功しなくてはならず，そのために予備研究と点検が必要であることを力説している[10)]。

一方，自らの目的を実現するために積極的に自然を変革する技術の教育においては，人工的な条件下で理論や動作原理等を検証するために行う観察や計測等を実験と捉えている。工業技術の科学的根拠を理解する上で，実験は不可欠の要素である。実験によって，技術的知識の習得を可能とし，技術の理論を体験的に確認することができる。実験の方法を習得するために，実験の原理・順序・仕方を理解し，実験機器の原理・構造・機能を理解し，その取扱いや実験の方法を具体的に習得する。総じて，準備から結果の整理までの実験の方法を確実に習得して，「自分で実験ができる」という能力と自信を持つことができる。その結果，実験で習得した能力を十分に活用するとともに，その他いろいろ起こる現象に対して，その原因の究明にあたり，これを実験的・実際的に解明し処理する態度と習慣を養うことが期待される。

工業高校における実験は，とくに各工業科目との関連で理論的な裏づけを必要とする学習内容を実習において検証する。技術の急速な発展に対して，実験を通して理論を体験的に理解し，研究心と応用能力を養うことが必要である。

また，平成元年改訂高等学校学習指導要領で新設された「課題研究」は科目目標を「工業に関する課題を設定し，その課題の解決を図る学習を通して，専門的な知識と技術の深化，総合化を図るとともに，問題解決の能力や自発的，創造的な学習態度を育てる。」として，今日まで多様な実践が活発に展開されている。これらの中で，課題によっては理論的な考察のもとに検証のための実験が必要となると考えられる。この場合には，仮説を設定した上で，実験科学の方法に則り，実験を実施し，その結果の評価をすることが求められる。

以上，実習教育の意義を大切な５つの側面から考察した。「能動性，目的意識性の獲得」「本物の学習意欲の形成―学習観の転換―」「人・ものとのコミュニケーション」「レポート作成による言語表現の自信」「実験による学び」はいずれも実習を通じて学習者が習得しうる大切な要素と考える。ゆえに，今後の工業教育がより豊かに発展するためには実習が必須の要件と考えられる。そのため，その充実を十全に図る方策が是非とも必要である。

（長谷川　雅康）

注

1）長谷川雅康他，前掲書（序章8）2003年，pp.1-95。
2）長谷川雅康他，前掲書（序章5）2008年，pp.57-127。
3）長谷川雅康他，前掲書（序章5）2008年，pp.57-127。
4）依田有弘「2. 職業指導と職業教育」斉藤武雄・佐々木英一・田中喜美・依田有弘編著『ノンキャリア教育としての職業指導』学文社，2009年4月。
5）斉藤武雄・田中喜美・依田有弘編，前掲書（第1章第1節），pp.62-83。
6）田中萬年「モノづくり学習の意味―『実習論』再論―」『山形県立産業技術短期大学校紀要』第4号，1998年3月，pp.61-70。
7）小林志希男「卒業生のインタビューにみる高校工業教育における実習の教育的意義」技術教育研究会第54回全国大会（オンライン開催）B分科会報告資料2021年7月31日。
8）小関智弘『鉄を削る　町工場の技術』太郎次郎社，1985年，p.24，p.56。
9）武谷三男「実験について」『続弁証法の諸問題』勁草書房，1968年6月，pp.277-290。
10）ヴェルホフスキー著，大竹三郎訳『化学実験教授法』明治図書，1961年9月。

終　章

本書では，1970年代後半から2010年代後半までの凡そ40年間の高校工業科の実習教育の実態，とくに教育課程，実習内容の構成の変遷などを実際の調査結果をもとに検討した。戦後，国の教育政策の推移を背景に，高等学校学習指導要領の変遷をどのように高等学校の現場が受け止め，どのように教育内容を編成して実践に取り組んだか。その実態が端的に表れる実習の実態・在り方を40年余りに渡り実証的に分析した。

これまでの各章の内容をまとめておこう。まず，序章では戦後の新制高等学校の70年余りの推移を高等学校・大学・大学院への進学率の推移，国の経済政策及び教育政策との関連から概観した。本研究の調査期間（1970年代半ばから2010年代後半まで）における工業科の実態の背景を考察した。加えて，本実習内容調査を開始したきっかけが，学校現場で日々生徒たちと対峙する立場で，個々の実習テーマの妥当性を新人教員として意味と意義を認識することであった。そして本調査の実際を概説した。

第1章では，戦後の高等学校教育政策史を次の3期に分けて，高校工業科の形成と展開の過程を概観した。Ⅰ．新制高校発足期，Ⅱ．1950年代から1980年代まで，Ⅲ．1990年代以降として，法令史料等を踏まえつつ，工業科に関する歴史的・法政策面の経緯を分析した。

次に，高校工業科の教育課程基準の変遷を，戦後の形成期から1951年高等学校学習指導要領工業科編（試案）に遡り，中堅技術者の育成を目標に掲げて発足してから，工業高校卒業生の位置づけの変化の過程を辿った。中堅技術者の育成から技能工の育成に重点を移す経緯を跡付けた。1990年代末から単位数の削減が進められ，専門教育の希薄化が危惧される時代に入ったと認識された。

工業教育はもとより財政面の裏付けが必要不可欠である。旧実業教育費国庫補助法が1950年度に打切られたことを受け，産業教育振興法が1951年に制定された。同法により技術・職業教育に対する国の助成が規定され，施設・設備の整備・充実に大きな役割を果たした。しかし，小泉内閣の「三位一体の改革」により，産業教育振興法による国庫補助制度も対象になり，同法が2005・2006年に法改正され，高校の施設・設備の国庫補助に関する規定が廃止された。その予算は，地方交付税として一般財源化し，各都道府県がその使途を委ねられた。かかる事態の高校職業教育への影響を考察した。

第2章では，1976年以来5回にわたる実習内容調査の結果を，教育課程の変遷，機械科，電気科，電子科，建築科，土木科，化学系学科，情報技術科，電子機械科の実習内容および工業基礎・工業技術基礎の変遷とその導入の実習への影響などについて調査結果をもとに検討した。

第1節の工業科の教育課程は，戦後の1951年から卒業に必要な単位数が85単位から80単位，74単位へと順次削減され，それに伴い，工業教科の下限単位数も30単位から35単位を経て，25単位に削減された。そのため，工業教科の在り方も小学科の専門性をいかに位置づけるかが焦点となってきた。また，小学科の特性もそれぞれあり，さらに地域毎の違いもあり，多様な教育課程が生まれている。

工業教科の中で実習が最も変化が大きく，図終.1に示すように単位数の大

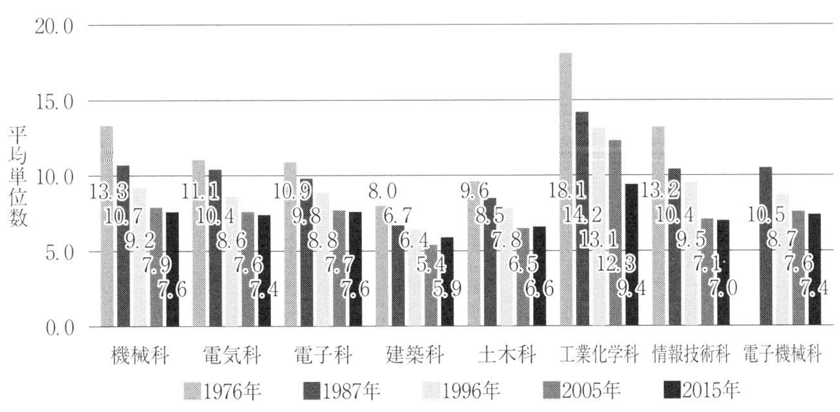

図終.1　実習の平均単位数推移

幅な減少が特に危惧される。とりわけ，技能の修得は身体と頭で習得する側面が強く，繰り返しの練習時間の確保が重要のためである。第2節から第9節まで，機械科など8学科・系の実習内容として実験・実習テーマの変遷を定量的に分析・考察した。第10節・第11節で原則履修科目「工業基礎」の導入の実習への影響について考察した。なお，実習の単位数に，原則履修科目「工業基礎」「課題研究」などの単位数を加えて比較すると違いは大きくないが，科目分散による指導上の問題も生じている。現場の指導力が問われている。

第3章では，実習の実際例を事例研究として示した。歴史研究として，戦後の東京工業大学附属高校の機械実習の実習分野の変遷と施設設備・指導教員等の条件との関連性を考察した。また，戦前から実習教育を重視してきた大阪府立今宮工業高等学校の機械科の実習教育の改革の歩みを同学科の研究資料を踏まえ，具体的に辿った。第3節と第4節では，個人の教諭として教材研究と指導方法の改善に情熱をもって継続して取り組んだ具体例を示した。現場工業科教員の典型例として今後の現場教員の模範と考えられる。

第4章では，工業科教員養成の問題を分析・検討した。工業科教員養成の現状は，高等学校教諭一種免許状（工業）を取得した者の約6割が私立大学卒業者で，私立大学の役割が特段に大きい。国立大学の一般学部の卒業生が約3割，教員養成系学部は1割未満。制度的な課題として，高等学校「工業」の教員免許状取得における特例措置が認められていること。具体的には，「教育職員免許法」及び「教育職員免許法施行規則」に定められている高等学校教諭一種免許状を取得するための「教科および教科の指導法に関する科目」24単位に関して，「工業」の教員免許状を取得する場合，「教科に関する専門的事項」の単位修得のみで教員免許状の取得が可能とされる措置。この措置は，教育学的視点でも国際的な視点でも教育現場の実情からも不適切であり，撤廃すべきである。

第2節では，愛知県（1951～1971年）と岩手県（1948～1990年）の工業科担当教員の最終学歴が把握できる資料を発見。それらを分析した結果，両県とも，旧制高等工業学校出身から私立大学工学系学部出身へと世代交代が進んだ。岩手県の場合，県内の国立岩手大学工学部出身が多く，愛知県の場合，国立大学工学部出身は少ない。教員養成の実際を検討する歴史研究である。

第3節では，大学工学部と工業高校の機械実習および電気実験・実習の内容を比較して，教員養成の立場から改善の方策を検討した。機械実習では，実習中の生徒の安全を担保するために指導者の作業中の危険を予知しうる高度な技能と知識が必要であるが，大学の実習教育は，工業高校と比較して，授業時間数があまりにも少ない。たとえば，機械実習の中で代表的な旋盤実習では，大学の実習時間数は5分の1以下である。大学工学部での実習に何らかの補充的なプログラムが必要と考える。現行教育課程で選択科目の実習を含む科目がある場合は，それを教員免許の取得を目指す学生には必修とするなどきめ細かな対応が必要である。

一方，電気系学科の場合，大学工学部と工業高校の実験・実習の内容を比較すると比較的類似している。これは電気主任技術者の資格認定が強く関係していると考えられる。このため，電気系については，工業高校に入職した場合，大きな齟齬は考えにくい。ただ，電気工事や製作実習などの分野は補う工夫が必要。新任者の指導力向上には，学校現場での研修の充実が最も重要で，指導者の授業時間の軽減が必須である。

第5章では，実習の教育的意義をこれまでの先行研究と調査研究の結果を基に考察し，今後の実習の充実と発展の糸口を展望する。

第1節は，工業科卒業者（4校の工業高校対象）で産業界において工業技術にかかわる人々が，高校工業科で受けた教育内容をどのように評価しているかを追跡調査した結果，1,689名の有効回答者の多くが高校工業教育を高く評価。とくに職業上の仕事が工業高校時の専門と何らかの関係をもつ人々はより高く評価。就職後にした仕事は，「設計・製図・見積もりなどのデスクワーク」が非常に多く，それらの中で中堅の頃の仕事が高校の専門教育と何らかの関係がある人が80％台と大多数を占める。工業教育の有益性の一端を示すと考えられる。

学科による相違がかなりある。社会での仕事に役立つと評価された科目内容は「専門科目で学んだ理論の基礎」と「専門科目で学んだ実際的技術的知識」。「製図で習得した技能，技術的知識」は建築科・機械科・土木科で評価が非常に高い。生活への高校教育の影響は，「具体的な体験を通じて，関連分野の技術的イメージが構成しやすくなった」「15歳からの技術・技能教育によって技術的なセンスが身に付いた」など多感な時期の教育だけに，影響が大きいと考えられる。今後の工業教育で充実させる科目・内容は「体験を通して学べる実験や実習」「課題研究」「情報技術」が相接近して多い。

第2節では，前節の調査の回答者から受諾された24名の面接協力者からの聞き取りをまとめる。概ね工業高校で受けた教育が各人の人生にプラスの影響を与えていると評価する方が多い。

工業高校在学中の関心事は，所属する学科の専門科目における実技を伴う実験・実習を挙げる方が多数。さらに，座学での理論の基礎を学習しながら，実験でその検証・確認をして，調べたうえでレポートを纏めることを繰り返す。その蓄積の結果，職業人として働くための力量が蓄えられたと雄弁に語っている。

工業高校の学習科目・内容の有効性・問題点は，製図に関する力量が工業高校でしっかり身に付き，仕事をする上で非常に有効であること。図面から必要な技術情報を読み取り，逆にどこでもものをつくることのできる図面をかくことができること。溶接して赤くなった鉄の熱さを実感する経験をしたことが，現場で作業する際に，その実感が蘇り，危険回避に役立つなど身体で学び取る大切さを語っている。工業高校で実習，製図，専門科目群を学ぶことによって，物事を考える時の考え方のベースが培われた。高校時代を通じて，目の付け所，ものの考え方が工学的・自然科学的になり，体験的に覚える（学ぶ）センスが身に付いた。方法論を具体的な学習を通して体得した。

今後の工業高校のあり方については，基礎をしっかり学び，専門的なことを勉強できるように組織する。プライドを持てる専門教育が必要。手で計算し，手で図面が画け，身体でものを製作できるように教育する。実際やってみることによって，知識が定着し，目でみて，耳から聴いて，手で触って，学習したことが頭の中ですべて繋がる。それでようやく使える頭になる。そうした学びができるように教育体制を組む必要がある。技術者はものをつくるだけでは成り立たなくなる。自らの考え方をものづくりに反映させ，かつその考え方を他者（仲間，社会一般）に対して，うまく伝えられる能力（コミュニケーション能力）を備える必要がある。課題研究を本来の研究方法を学べるように実践することが，生徒の主体性や創造的な活動力を育むことに繋がる。こうした教育を実現するためには，指導する教員の専門的な力量をいかに高めるかが重要な課題である。一定の間隔毎に自主的な勉学・研究の機会を保障する。また，職場自体の教育力を向上させる措置が緊要である。

第3節では，実習教育の意義について先行研究を踏まえ，大切な5つの側面から考察した。1. 能動性，目的意識性の獲得，2. 本物の学習意欲の形成—学習観の転換—，3. 人・ものとのコミュニケーション，4. レポート作成による言語表現の自信，5. 実験による学び。これらはいずれも実習を通じて学習者が習得しうる大切な要素と考える。ゆえに，今後の工業教育がより豊かに発展するためには，充実した実習が必須の要件と考える。その充実を十全に図る方策が是非とも必要である。

以上，本書の内容を概略みてきたが，工業科の確かな将来に向けて諸課題を検討したい。本調査研究の結果，最も指摘したい点は，実習の量的削減と質的変化が顕著に起こっている事実である。この現実は，実習の存在ひいては工業教育の専門性に相当の危機をもたらすのではないかと深く憂慮している。

（1） 高等学校学習指導要領の工業の目標・各科目の再検討を

この事態は，国の工業教育に関する政策の転換がもたらした可能性がある。すなわち，高等学校学習指導要領の1978（昭和53）年改訂が示した工業の目標は，「工業の各分野の基礎的・基本的な知識と技術を習得させ，現代社会における工業の意義や役割を理解させるとともに，工業技術の諸問題を合理的に解決し，工業の発展を図る能力と態度を育てる。」であった。この前代の1970

（昭和 45）年版の工業の目標は，「1 工業の各分野における中堅の技術者に必要な知識と技術を習得させる。2 工業技術の科学的根拠を理解させ，その改善進歩を図る能力と態度を養う。3 工業の社会的・経済的意義を理解させ，共同して責任ある行動をする態度と勤労に対する正しい信念とをつちかい，工業の発展を図る態度を養う。」とあった。両者を比較すると，「中堅の技術者に必要な」と「工業技術の科学的根拠を理解」の文言が消え，「基礎的・基本的な」に置き換わった。この目標の変更は，昭和 51（1976）年 12 月 8 日付け「教育課程審議会の答申」に専門教育に関する各教科・科目については「高等学校進学率の上昇に伴う生徒の能力・適性や興味・関心等の多様化，進路選択の時期の変化などから，職業教育を主とする学科における教育については，実験・実習等の実際的・体験的な学習を重視しつつ，より基礎的・基本的な内容に重点を置くとともに，各学校において地域や生徒の実態に応じて弾力的に教育課程を編成することができるようにする。」（答申の ⑬ ⓘ イ改善の基本方針）と主旨が記されている[1)]。このような考え方を基に学習指導要領の工業が改訂されたと考えられる。

かかる意図を基に，いわば「中堅技術者育成」から「技能工育成」への転換が行われ，その結果が実習の現状となったと考えられる。実習の量的（単位数）削減とともに質的な変化も注目すべき側面である。実習の内容から実験的内容が相当減少している事実が明らかにみられる。

たとえば，第 2 章第 2 節の機械科・系における機械実習で実習的分野と実験的分野の実施率の推移（図終.2）から実習的分野はほぼ維持されている反面，実験的分野は 1987 年以降急激に減少している。こうした実験的分野の減少は建築科・系などでも明らかにみられる。工業科の目標から，「工業技術の科学的根拠を理解」の文言が消えたことの影響の一つと考えられる。生徒の技術に対する定量的，科学的認識を育てるという意味で深く憂慮される。

第 2 章で述べた各学科の実習の推移に原則履修科目の導入による影響が数値的にも認められ，各学科の専門性の弱体化の様子が明らかに伺われる。実習の直面する危機が随所に認められる。

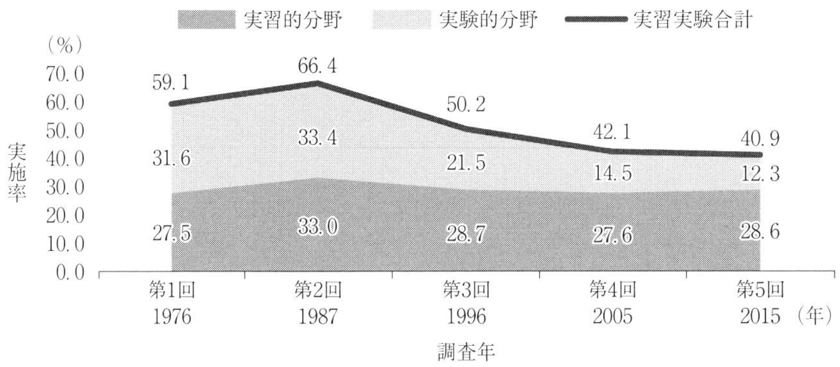

図終.2　機械実習の分野別実施率

ところで，第５章で紹介した卒業生の工業教育に対する評価では，多くの卒業生が実習での学びを強く支持している。技術に関わる職業人として生きる上での素地を工業教育により培われたと述懐している。高校時代は誰もが成長いちじるしい期間であり，そこで身体とくに五官に直接働きかける刺激を受けながら学ぶことの大切さと同時に，理論から導かれる仮説を抱きながら直面する現象を受け止める科学性を修得する必要がある。そうした環境で習得した認識が社会に出て，技術に関する専門家として活躍する重要な基盤をなすと多くの卒業生の証言が示している。

人間はやがて社会で職業を得て，働き，生きて行くが，そこで活かされる力の基礎を培うことこそ学校教育の本務である。そのために技術教育・職業教育が不可欠の要素であると考える。そもそも技術教育は，生産活動に必要な知識・技術・技能や技術学の基礎を目的とする教育といわれている。技術を教え，伝えること，すなわち技術教育は社会の根幹をなす大切な営みであり，私たちがなぜ文化的な生活をできているのかを身体と頭で一体として学ぶ営みである。実習による学びはその中核をなす欠くべからざる要素である。よって，実習をより良い環境で営むことができるよう文部科学行政も，学校関係者も，学校に関わる地域社会も手を取り合って取り組む必要がある。厳しい現実を踏まえた方策が求められている。本書の各章で現実を踏まえた対応策を検討してきた。

これまで述べてきた工業科の現状を踏まえ，それをもたらしたと考えられる1978（昭和53）年の高等学校学習指導要領の工業の目標転換を再検討することから始めなければならない。実習等の専門教科目の単位数の復活を第一に検討することが必要である。技術・技能を修得するためには，作業の練習を繰り返し行うことが必須であり，それを可能とする授業時間数を保障するためである。授業時数の不足は，充実した授業を追求する現場教員を最も苦しめている主因である。さらに，各学校が教育課程を構築する際，工業教科の内，「工業技術基礎」が原則履修科目であることの影響を考慮して，扱い方を工夫する必要がある（第2章第10節，第11節参照）。専門教科目の単位数配分の自由度を増す方向への改善が必要と考えられる。各学校の特徴を出し易くなるようにすべきであろう。

（2） 工業科教員養成システムの現代化と工業教育所管の拡張を

第4章第1節で工業科教員養成の現状を分析した結果を踏まえ，高等学校「工業」の教員免許状取得における「特例措置」の廃止を含めた工業科教員養成のあり方の改善が強く求められる。「工業」の取得に際して，「教科および教科の指導法に関する科目」の24単位修得を免除する措置を廃し，その修得を促す。現実の教育現場では，生徒理解の必要性と生徒指導の困難性が指摘される中，アクティブ・ラーニングなど特色ある授業実践が求められており，そうした事態に確実に対応できるような変更が求められる。そもそもこの「特例措置」は1960年12月の閣議決定「国民所得倍増計画」の実施にともなう工業科教員供給源の増大を図った措置であり，社会状況の変化にもかかわらず60年以上も抜本的な見直しが行われていない。文部科学省の省令で変更可能である事案ゆえ，早急な対応が望まれる。

さらに視野を広げて考えてみたい。これまで工業教育を所管する官庁は，文部科学省であるが，工業教育を受けた卒業生が一般社会で活躍する分野を所管する官庁は経済産業省，国土交通省，農林水産省など多岐にわたる。今日世の中であまねく人手不足が叫ばれており，社会を運営する基盤が危ぶまれている。何事をするにも専門を有する人と資金が必要であり，工業教育もしかりである。産業教育振興法はあるが，小泉内閣の行財政改革「三位一体の改革」による聖域なき国庫支出の見直しが行われ，同法は2005・2006年に改正され，高校の施設・設備の国庫補助に関する規定が廃止され，高校職業教育の財政基盤を心もとなくしている[2)]。そこで工業教育の分野については文部科学省と社会の実業を管轄する経済産業省，農林水産省，国土交通省などが相互に連携する体制を創り，適切な予算配分とともに産業界で各専門の知識とスキルを豊富に蓄え，教育に関心のある人々を学校現場・教育界に招き，次代を担う生徒たちに蘊蓄（うんちく）を直接教授しうるシステムが切望される。海外では一部実施されているシステムであるが，わが国では縦割り行政の壁を破る政治決断が必要である。豊かな次世代を育てることこそが社会経済の健全な存続にとって至上命題であると考える。

（3）　中学校教育における技術教育の充実のために

高校に入学してくる生徒を育てる中学校教育について，とりわけ技術・家庭科の授業時数の激減という現実がある。中学校の技術・家庭科が初めて導入された1958（昭和33）年の中学校学習指導要領改訂では，男子は技術を，女子は家庭を別々に週3時間3年間学習していた。その後，国際的な男女差別撤廃の流れの中で，1998（平成10）年改訂以降技術と家庭の同内容を男女がともに学習している。しかし，技術・家庭の授業時間は1977（昭和52）年改訂以降削減が続き，1998（平成10）年改訂以降各学年週2時間・2時間・1時間合計週5時間（総時間175時間）となっている。この授業時間を技術と家庭で折半し，ともに週1時間・1時間・0.5時間に押し詰められている。技術・家庭は当初別学で3年間週3時間づつ合計9時間学習していたものが，現行では技術・家庭がそれぞれ3年間週2.5時間しか学習できていない。導入当時の何と3分の1以下になっている!!

この事態の主因の一つは，技術・家庭が1教科扱いされていることにある。

教育職員免許法は，中学校教員に技術と家庭は個別に教員免許を定めており，技術・家庭という教員免許は定めていない。しかし，中学校学習指導要領では，技術・家庭という教科を置き，実質1教科と扱っている。本来別教科とすべきであり，異常な措置といわざるを得ない。小学校も高等学校も家庭は単独で置かれている。技術も家庭もそれぞれ独自の目標と内容を備えているため，免許法は別教科の免許として定めている。このため，中学校にも技術と家庭を独立して置き，いわゆる主要教科（入試教科目）の授業時間を一部削減して，両者に相応の授業時間を配分するべきと考える。

こうした中学校技術科の状況から，高校工業科に入学してくる生徒の技術的素養が以前に比べ，かなり低下してきた。そのため，従来の工業科における教科内容の水準維持がむずかしくなる事態もみられるようになり，それに対して国は，前述したように1978（昭和53）年の高等学校学習指導要領改訂において工業科の目標を大きく変更するに至った。高校進学率が90％を超える時代の大きな課題が高校等の教育機関に突き付けられたといえよう。ただ，中学生，大学生等々生きた人間は誰もが多様な個性を持ちつつ共存している。教育の諸問題を考えるとき，人間の本源に立ち帰ることが必要である。

（4） すべての高校生に技術の学びを

さらに，日本の高校教育に関しては重要な問題が存在する。それは高校の普通科において技術を学ぶ教科が置かれていないという問題である。高校生の約4分の3弱が係る事態の下で高校生活を過ごしている。主に大学等への進学に目標を絞った学習を懸命にしているが，進学先で何を学ぼうとしているか。高校の普通教科で学ぶ分野の延長上で考えられる分野は進路選択に手応えがあると思うが，学ぶことができない教科の分野，特に技術系の工学，農学，水産学等々の分野は直接の手応えがない中での進路選択となっていると推測される。数学や理科などの興味・関心を手掛かりにした選択となっていると思われる。近代・現代社会において技術は社会の存立を支える重要な分野である。いわゆる「情報」が解れば良いとよくいわれるが，果たしてそうだろうか。慎重な検討が必要であろう。昨今の社会で指導的な立場にある人々の多くが高校普通科の出身者であろう。そうした人々の技術的素養が，たとえば地球規模の環境問題に対する政策の決定に深く関わる重要な要素となる。単に専門家に任せられる問題ではない。単なる知識というより知恵の問題であり，身体で感じる必要のある問題を包含している。デジタル化した遊びに過度に慣れ親しんで育った人々の感性にいささかの危惧を感じざるを得ない。幼少期から自然に親しみ，現物と手を用いて奮闘しながら五感を豊かに育んだ人々が，人間や自然に本来の意義のある技術を創出することを願って止まない。

(5)　人間と自然―手作業の重要性

人間は，自然との循環的な相互作用である「物質代謝」を営む存在であり，自然との絶えざる循環過程の中でしか，この地球上で生きていくことができない。約700万年の間に多くの人類が二足直立歩行により手の自由を獲得し，それを使って石器などの道具を製作し，さらに火の使用も発見しながら進化してきたと考えられる。それゆえ，個体としての人間が手で道具や機械を使ってもの（材料）に働き掛ける行為は，労働ともいわれ，人間自身の発達にとってきわめて重要である。手と頭の連携が密となり，新しいものを創造する源となる。ものをつくる過程では，五官をフルに働かせ，かつ仲間と協同・饗応しつつ作業する。

その際，手作業による学びがとりわけ重要である。F. ヘリッヒは，「手が地上における最も驚嘆すべき道具であり，あらゆる道具や機械の模範であり，道具や機械とともに人類の確実な文化財である。」と指摘する[3)]。手は，①物の操作・加工，②情報の表現・伝達，③情報の検出・センシングの3つの働きを担う。とくに最後の「探る手」は手の感覚機能を意味しており，手には触覚，圧覚，振動感覚，温覚，痛覚などの感覚器（センサー）が多く分布し，制御器官である脳とそれぞれが繋がれている。手作業により得られる多様な感覚信号を脳とやり取りすることにより，発達途上にある子どもたち・青年たちの手の感覚器と脳を発達・進化させてゆく。繰り返し作業することにより，一層柔軟かつ強い連携関係が形成され，創造活動の基盤となる。

こうした手作業の重要性は，幼少期，小学校，中学校，高校など各段階を通して，子ども，青年らの人間としての豊かな発達にとって最も重視しなければならない。こうした意味でも，工業科における実習教育の重要性をとくに強調したい。著者が工業科教員であった頃，機械実習室で生徒たちと共に作業し，終了時共に機械の清掃をした記憶が甦る。そして，3年の課程を経て卒業してゆく後ろ姿に，一つの専門を学んだ自信に伴う成長を見てきた。実習教育の健全で豊かな営みが，工業教育の未来を創造すると信ずるばかりである。

（長谷川　雅康）

 注

1）文部省『高等学校学習指導要領解説　工業編』MEJ I-7914 昭和54年5月，p.1。
2）佐藤史人，前掲書（第1章第3節），pp.26-31。
3）F. ヘリッヒ著，勝見勝訳『手と機械』科学新興社，1944年（原著1934年）。

あとがき

本書では，高等学校工業科の教育課程と実習内容の変遷を1970年代から2010年代までの調査結果を基に，国の高等学校政策との関連と高校現場の受け止め方を突き合わせ，教育的効果を含め検討した。1976年に全国の工業高校の約3割の学校に実習内容等のアンケート調査を依頼し，回答を頂いた106校の回答の集計分析から始まった当調査研究は，学習指導要領の改訂毎に調査を続け，都合5回の調査を40年余りの期間を要して実施した。第2回以降は第1回の回答校に限定して調査を依頼してきた。調査に回答し続けて頂いた学校に改めて深く感謝申し上げる。また，その都度集計・分析等の作業にご協力を頂いた方々は延べ38名に及んだ。ご芳名を以下に記し，ここに心より感謝申し上げたい。

毎回調査報告書や科学研究費補助金の交付を受けた際には，研究成果報告書を刊行してきた。それらは鹿児島大学図書館リポジトリにhttps://ir.kagoshima-u.ac.jp/ pdfファイルとして収蔵・公開している。本書はこれまでの5回の調査結果を通して総括し，日本の高校工業教育の歴史的変遷を教育内容という断面から概観すべく企画した。細やかではあるが，これまでにはない形の教育史料として提案したい。編著者長谷川が工学部・工学研究科を修了した関係もあり，教育活動を数量的にすくい取ることができないかと模索してきた。弱点も多い著作であるが，次世代の研究と実践に何らかの参考になれば，望外の幸いである。

本調査は，著者が1973年4月東京工業大学工学部附属工業高等学校（当時）の機械科教諭に就き，2年後に同教諭に着任した川上（三田）純義氏と授業をどのように創ってゆくかを相談していたことがきっかけであった。全国の工業高校ではどのような実習が展開されているかを調べてみようと，校長先生に相談して実施した。その時期は，高校進学率の急増に伴う教育問題への対応に教育界を挙げて議論を戦わせていた熱い時代であった。学校現場の教員らも職場や研究会などでそうした問題・課題を真摯に話し合っていたことを思い出す。それから50年近く経過して，今日の教育界はどうか。とても平穏というか平静というか，何を考えているのだろうか。不気味とさえ感じる。

本書第2章で記述した調査結果は，工業教育の現在と将来が厳しい状況にあることを示唆している。しかし，世の中での高校問題は進学に関する事項が支配的で，高校生が将来社会で何をして生きて行くのかという問題が表に現れにくい状況である。その中で，生徒が社会に出てから行うであろう実務に関する知識・技能・技術に関する見方などを真摯に教授している専門高校は視野に入りにくい状況とみられる。

世の中が真の専門性を尊重するのはいつの日であろうか。それを真摯に受け止めることができるのか，実に厳しい状況である。社会に生きる一人ひとりが自らの頭と身体で考えなければならない。それが実行されれば，確かな世の中が到来するとねがうばかりである。

しかし，今日の世界では戦争が現に行われ，日々人命が失われている。多くの資源・エネルギーが浪費され，環境の悪化が進行して，気候の乱高下が顕著となり，「地球沸騰」とも表現されている。科学・技術の利用の仕方が深刻に問われている。再度，日本国憲法の掲げる理想を吟味してみなければならない。

著者を技術教育・職業教育の世界に導かれた長谷川淳先生，原正敏先生，佐々木享先生方を始め，多くの方々のご指導・ご協力により本書が生みだされた。関係の皆様に深くお礼申し上げたい。

さらに，鹿児島大学に転任して間もなく，5カ月程治療・療養を要した病を超えて第3回以降の調査研究を行い，本書の公刊に至った。本研究の進行に伴う期間，変わらず実生活を支えてくれた妻恵子，長女麻子，二女実子には19年に亘る鹿児島赴任を含め多くのご負担を掛けた。お詫びと感謝を心より申し上げる。

最後に，本書の刊行を担って下さる㈱学文社の田中千津子代表取締役をはじめ同社の皆様の迅速で懇切な対応に深謝申し上げる。

2024（令和6）年11月

著者代表　長谷川　雅康

協力者一覧

[科学研究費補助金]

三田（川上）純義（3），佐藤史人（3），佐藤浩章（1），吉留久晴（1），丸山剛史（2），荻野和俊（1），疋田祥人（1），坂田桂一（1），石田正治（1），内田徹（1），辰巳育男（1），竹谷尚人（1），渡部容子（1），坂口謙一（1），長谷川雅康（3）

[実習内容調査]

井上道男（3），三田（川上）純義（5），橋川隆夫（4），内田青蔵（3），尾高広昭（1），門田和雄（2），池田剛（1），村上淳一（1），佐藤史人（3），丸山剛史（2），吉留久晴（1），野澤徹（1），荻野和俊（1），辰巳育男（1），坂田桂一（1），竹谷尚人（1），内田徹（1），疋田祥人（1），丸山剛史（1），長谷川雅康（5）

（　）内は回数を示す。

付　　表

第2章に記述した実習内容の調査結果の集計元データを参考のため掲載する。第2章の記述順に，1. 機械科・系，2. 電気科・系，3. 電子科・系，4. 建築科・系，5. 土木科・系，6. 化学系学科，7. 情報技術科，8. 電子機械科を表示する。

データ表は，各科・系の実習分野毎に，表の横軸に，調査回（調査年）と回答校数を示し，調査回ごとに実施数を学年別と3学年合計などを示す。表の縦左端に実習（作業）テーマ・内容と実施時間数幅を示す。

実習テーマは，第1回の集計結果を基に，第2回以降の新しいテーマ・内容を順次加えている。この集計元データはすべての実習テーマを示し，各実習テーマを横に辿ることにより，時の流れのもと技術の変化・進化の影響や盛衰などを読み取って頂きたい。

機械科・系　集計元データ

実習の実施内容

① 鋳造

調査年　回答校数		第1回（1976年）85校					第2回（1987年）74校					第3回（1996年）69校					第4回（2005年）60校					第5回（2015年）64校				
実習（作業）テーマ・内容	時間数	1学年	2学年	3学年	計	平均	1学年	2学年	3学年	計	平均	1学年	2学年	3学年	計	平均	1学年	2学年	3学年	計	平均	1学年	2学年	3学年	計	平均
基本解説（導入）	1～25	24	1		25	0.29	36	39	5	80	1.08	28	19	6	53	0.77	22	12	3	37	0.62	22	13	1	36	0.56
原型の製作（木型等）	1～28	28	4	1	33	0.39	8	6	1	15	0.20	7	6	3	16	0.23	7	3		10	0.17	11	5	1	17	0.27
鋳型の製作　砂型	1～55	63	17	8	88	1.04	31	41	6	78	1.05	29	22	5	56	0.81	20	15	3	38	0.63	20	17	2	39	0.61
鋳型の製作　金型	1～10	4	4	1	9	0.11	1	5	1	7	0.09	4	2		6	0.09	3			3	0.05	3			3	0.05
鋳型の製作　ガス型	1～2	15	3	2	20	0.24	1	10	2	13	0.18		4	1	5	0.07	1			1	0.02	3	1		4	0.06
鋳型の製作　シェル型	1～10	16	22	7	45	0.53	8	24	6	38	0.51	8	14	3	25	0.36	1	5	2	8	0.13	4	5	1	10	0.16
鋳型の製作　中子の製作	1～20	16	17	5	38	0.45	5	17	3	25	0.34	6	8	3	17	0.25		3		3	0.05	4	3	1	8	0.13
融解（るつぼ炉，キュポラ，電気炉）	1～40	40	27	14	81	0.95	22	35	10	67	0.91	21	21	6	48	0.70	17	12	2	31	0.52	12	13	2	27	0.42
鋳込み	0.5～10	31	25	12	68	0.80	19	31	9	59	0.80	24	20	7	51	0.74	21	13	3	37	0.62	18	17	2	37	0.58
砂落とし，鋳ばり，湯口除去	0.5～10	15	3	1	19	0.22	15	30	8	53	0.72	17	17	4	38	0.55	18	12	2	32	0.53	13	13	2	28	0.44
鋳物砂試験	1～20	24	22	7	53	0.62	7	16	5	28	0.38	1	4		5	0.07		2		2	0.03	1			1	0.02
ダイカスト鋳造法	0.5～7	8	17	5	30	0.35	3	13		16	0.22	3	8		11	0.16	1	1	1	3	0.05	1	1		2	0.03
ロストワックス	3				0	0				0	0				0	0	1	1		2	0.03	1			1	0.02
合計		284	162	63	509		156	267	56	479		148	145	38	331		111	78	16	205		112	88	12	212	
一校当たりの実施テーマ数（平均）						5.99					6.47					4.80					3.45					3.33

材料：アルミニウム合金，鋳鉄，亜鉛，シルミンなど低融点合金，青銅，銅合金，ホワイトメタル，真鍮

製品：V ブロック，ハンドル車素材，歯車素材，卓上万力素材，プーリー，灰皿，トースカン台，軸受，フランジ付パイプ，歯車ポンプ素材，中空丸棒，ブラケット，鉄アレー，ジャッキケース，テストピース，表札，スパナ，校章入りプレート，文鎮，メダル，SL 部品，ペンダント，家紋，トロフィ，ペーパーウェイト，シャコ万力，バルブなど

② 手仕上

調査年　回答校数		第1回（1976年）85校					第2回（1987年）74校					第3回（1996年）69校					第4回（2005年）60校					第5回（2015年）64校				
実習（作業）テーマ・内容	時間数	1学年	2学年	3学年	計	平均	1学年	2学年	3学年	計	平均	1学年	2学年	3学年	計	平均	1学年	2学年	3学年	計	平均	1学年	2学年	3学年	計	平均
けがき作業	0.5～15	53	7	3	63	0.74	36	22	16	74	1.00	43	15	6	64	0.93	40	7	2	49	0.82	41	13	8	62	0.97
やすり仕上	0.5～40	55	7		62	0.73	38	20	12	70	0.95	49	17	6	72	1.04	41	8	2	51	0.85	41	11	6	58	0.91
ねじ立て作業（タップ，ダイスによる）	0.5～10	41	7		48	0.56	30	17	19	66	0.89	39	13	8	60	0.87	36	8	3	47	0.78	38	13	6	57	0.89
きさげ作業	0.3～10	34	3	4	41	0.48	7	8	4	19	0.26	3	1	1	5	0.07	5		1	6	0.10	2	1	2	5	0.08
はつり	0.5～12	10	2		12	0.14	7	7	5	19	0.26	7	2	2	11	0.16	10	1	1	12	0.20	5	2		7	0.11
弓のこによる切断	0.2～15	5			5	0.06	21	16	13	50	0.68	23	6	3	32	0.46	27	4	1	32	0.53	25	6	1	32	0.50
リーマ通し	0.2～9	3	1		4	0.05	9	4	11	24	0.32	7	5	5	17	0.25	5	1		6	0.10	4	1	2	7	0.11
組立，調整	0.5～16				0	0				0	0				0	0			1	1	0.02	26	9	8	43	0.67

合計	201	27	7	235		148	94	80	322		171	59	31	261		164	29	11	204		182	56	33	271	
一校当たりの実施テーマ数（平均）					2.80					4.40					3.80					3.40					4.20

製品：文鎮，取付小型万力，外パス，内パス，片パス，ボルト，ナット，衝撃試験片，センターポンチ，トースカン，板ゲージ，立方体，直角定規，Vブロックの仕上，六角柱，コンパス，平行台，はめあい部品，ハンマー，花台，遊星歯車装置，テスターパネル，L金具，回転台，ジャッキ，ギヤポンプ，充電器，クランプ，栓抜き，ちりとり，ペーパーウェイト，帽子掛け，たがね，スコヤ，ロウソク立てなど

③ 切削加工（1）（旋盤）

調査年　回答校数		第1回（1976年）85校					第2回（1987年）74校					第3回（1996年）69校					第4回（2005年）60校					第5回（2015年）64校				
実習（作業）テーマ・内容	時間数	1学年	2学年	3学年	計	平均	1学年	2学年	3学年	計	平均	1学年	2学年	3学年	計	平均	1学年	2学年	3学年	計	平均	1学年	2学年	3学年	計	平均
旋盤作業の解説	1～25	68	4	2	74	0.87	41	52	24	117	1.58	55	49	13	117	1.70	53	40	17	110	1.83	51	42	20	113	1.77
旋盤・センタ作業	1～100	60	52	22	134	1.58	23	44	33	100	1.35	36	45	16	97	1.41	34	40	17	91	1.52	32	41	28	101	1.58
同・チャック作業	1～156	28	50	20	98	1.15	36	53	37	126	1.70	44	55	21	120	1.74	44	46	23	113	1.88	45	48	26	119	1.86
同・ローレットかけ	0.3～36	24	16	4	44	0.52	11	28	17	56	0.76	15	33	8	56	0.81	8	21	7	36	0.60	4	11	8	23	0.36
タレット旋盤	0.4～14		14	24	38	0.45	1	11	23	35	0.47	2	4	7	13	0.19	1	3	4	8	0.13	1	1	2	4	0.06
自動旋盤	1～25		2	12	14	0.16		4	6	10	0.14		3	1	4	0.06	1	3	1	5	0.08	1	2	4	7	0.11
ならい旋盤	0.6～54	6	16	34	56	0.66		12	21	33	0.45		6	7	13	0.19		2	4	6	0.10		1	1	2	0.03
旋盤の精度検査	1～15	2	4	19	25	0.29	2	1	11	14	0.19	1	2	4	7	0.10				0	0	1	7	3	11	0.17
ねじ切り	1～24				0	0				0	0				0	0		1		1	0.02	3	31	18	52	0.81
合計		188	158	137	483		114	205	172	491		153	197	77	427		141	156	73	370		138	184	110	432	
一校当たりの実施テーマ数（平均）						5.68					6.64					6.19					6.17					6.75

製品：ねじ切り，段付丸棒，引張試験片，テーパ切削，歯車素材，ハンドル握り，ねじゲージ，文鎮つまみ，豆ジャッキ部品，リング，ナット，旋盤用センター，栓ゲージ，クランクの旋削，トースカン，ウインチ，中空丸棒，エンドミル素材，平フライス素材，ポンチ，回転台，万力，栓抜き，プラグゲージ，技能検定3級課題など

④ 切削加工（2）（平面加工，特殊機械加工など）

調査年　回答校数		第1回（1976年）85校					第2回（1987年）74校					第3回（1996年）69校					第4回（2005年）60校					第5回（2015年）64校				
実習（作業）テーマ・内容	時間数	1学年	2学年	3学年	計	平均	1学年	2学年	3学年	計	平均	1学年	2学年	3学年	計	平均	1学年	2学年	3学年	計	平均	1学年	2学年	3学年	計	平均
横フライス盤作業	1～85	12	56	18	86	1.01	6	43	25	74	1.00	10	38	19	67	0.97	3	28	8	39	0.65	3	20	16	39	0.61
立フライス盤作業	1～84	10	56	19	85	1.00	8	45	32	85	1.15	10	45	21	76	1.10	9	39	15	63	1.05	11	41	22	74	1.16
万能フライス盤作業	1～100	1	18	15	34	0.40	12	21	21	54	0.73	2	19	12	33	0.48		8	5	13	0.22		7	4	11	0.17
形削り盤作業	1～58	14	46	15	75	0.88	6	35	20	61	0.82	6	18	9	33	0.48	2	13	6	21	0.35	1	7	8	16	0.25
ボール盤作業	0.5～32	20	11	3	34	0.40	20	24	26	70	0.95	26	28	12	66	0.96	20	17	10	47	0.78	22	30	14	66	1.03
歯切盤作業（ホブ盤・フェロース歯切盤）	1～36	2	23	59	84	0.99		10	41	51	0.69		18	28	46	0.67		7	17	24	0.40	1	7	23	31	0.48
平面研削盤作業	0.5～43	2	34	25	61	0.72	2	23	25	50	0.68	2	19	20	41	0.59	1	8	15	24	0.40	1	8	14	23	0.36
円筒研削盤作業	1～9		18	25	43	0.51	2	10	26	38	0.51		7	16	23	0.33		1	8	9	0.15		3	6	9	0.14
万能研削盤作業	2～8		8	9	17	0.20	1	4	13	18	0.24		2	3	5	0.07			1	1	0.02			1	1	0.02
万能工具研削盤作業	1～8	2	4	15	21	0.25	1	2	9	12	0.16		1	1	2	0.03				0	0				0	0
NC旋盤，NCボール盤，NCフライス盤など	3～204		3	27	30	0.35	2	16	42	60	0.81	5	39	42	86	1.25	5	22	26	53	0.88	1	21	19	41	0.64

実習（作業）テーマ・内容	時間数	1	2	3	計	平均	1	2	3	計	平均	1	2	3	計	平均	1	2	3	計	平均	1	2	3	計	平均
平削盤作業	1～16	1	5	1	7	0.08	1	2	1	4	0.05			2	2	0.03			2	2	0.03				0	0
中ぐり盤	3～8	2	3		5	0.06			4	4	0.05			1	1	0.01		1	1	2	0.03				0	0
ドリル研磨盤	2～30		1	1	2	0.02		3	2	5	0.07		2	1	3	0.04		1		1	0.02				0	0
立削盤	0.5～10		1		1	0.01		3	6	9	0.12		1	1	2	0.03			1	1	0.02			1	1	0.02
合計		66	287	232	585		61	241	293	595		61	237	188	486		40	145	115	300		40	144	128	312	
一校当たりの実施テーマ数（平均）						6.88					8.04					7.04					5.00					4.88

製品：平歯車，Ｖブロック，衝撃試験片，平行台，はすば歯車，六面体，ねじれ溝棒，角柱，六角柱，Ｔ溝削り，小型万力部品，引張試験片仕上，トースカン部品，歯車素材，ブロックゲージ，栓ゲージ，マイクロメータスタンド，文鎮部品，豆ジャッキ，回転台，ギアボックス，箱万力，ギアポンプ，小定盤，手巻きウインチ部品，校章，ハンドルなど

⑤ 塑性加工（鍛造，板金，転造）

調査年　回答校数		第1回（1976年）85校					第2回（1987年）74校					第3回（1996年）69校					第4回（2005年）60校					第5回（2015年）64校				
実習（作業）テーマ・内容	時間数	1学年	2学年	3学年	計	平均	1学年	2学年	3学年	計	平均	1学年	2学年	3学年	計	平均	1学年	2学年	3学年	計	平均	1学年	2学年	3学年	計	平均
鍛造（空気ハンマによるものを含む）	2～68	61	18	4	83	0.98	17	20	3	40	0.54	14	5	1	20	0.29	14	5	3	22	0.37	12	6	2	20	0.31
板金加工	1～86	19	12	13	44	0.52	7	15	10	32	0.43	14	9	1	24	0.35	9	4	1	14	0.23	7	5	1	13	0.20
転造（ねじ転造）	1～18		6	16	22	0.26	1	3	9	13	0.18		2	4	6	0.09	2	2	1	5	0.08		1	1	2	0.03
合計		80	36	33	149		25	38	22	85		28	16	6	50		25	11	5	41		19	12	4	35	
一校当たりの実施テーマ数（平均）						1.75					1.15					0.73					0.68					0.55

製品：タガネ，角柱，バイト，火ばし，ちりとり，けがき針，かすがい，片・内パス，バケツ・ジョウロ，ポンチ，やっとこ，くさび，直角定規，ドライバー，文鎮，ボルト・ねじ，ハンマー，スクラッチ，焼却炉，植木棚，園芸用土入れ，ジャッキハンドル，はすば歯車，トースカン，くぎ抜き，傘立て，工具箱，万力，帽子掛け，ペン立てなど

⑥ 溶接

調査年　回答校数		第1回（1976年）85校					第2回（1987年）74校					第3回（1996年）69校					第4回（2005年）60校					第5回（2015年）64校				
実習（作業）テーマ・内容	時間数	1学年	2学年	3学年	計	平均	1学年	2学年	3学年	計	平均	1学年	2学年	3学年	計	平均	1学年	2学年	3学年	計	平均	1学年	2学年	3学年	計	平均
ガス溶接	1～90	25	46	14	85	1.00	23	45	14	82	1.11	38	39	7	84	1.22	29	32	6	67	1.12	37	30	10	77	1.20
アーク溶接	2～90	22	39	17	78	0.92	19	51	22	92	1.24	29	45	8	82	1.19	30	37	8	75	1.25	28	41	13	82	1.28
抵抗溶接	0.5～24	8	13	15	36	0.42	13	21	10	44	0.59	10	15	6	31	0.45	6	7	2	15	0.25	1	4	2	7	0.11
ガス切断	1～90	8	18	11	37	0.44	11	38	13	62	0.84	16	29	9	54	0.78	20	17	4	41	0.68	12	16	5	33	0.52
イナートガス溶接	0.5～12	2	14	11	27	0.32	2	12	10	24	0.32	1	14	3	18	0.26	3	10	4	17	0.28	2	4	3	9	0.14
ろう付	1～16	5	2	2	9	0.11	4	6	4	14	0.19	2	2	2	6	0.09	1	3	1	5	0.08	1		1	2	0.03
実技テスト	1～4		1		1	0.01	5	15	11	31	0.42	5	11	3	19	0.28	4	7	2	13	0.22	2	3	2	7	0.11
溶接ロボット	2～18				0	0				0	0				0	0		1		1	0.02	1	2	1	4	0.06
フライパンサブマージアーク溶接，半自動溶接	1～40				0	0				0	0				0	0					0	4	13	4	21	0.33
合計		70	133	70	273		77	188	84	349		101	155	38	294		93	114	27	234		88	113	41	242	
一校当たりの実施テーマ数（平均）						3.21					4.72					4.26					3.90					3.78

製品：箱・工具箱，曲げ試験片，植木台，脚立，パイプ接合，筆立，ごみ焼却炉，ちりとり，花台，文庫本台，ゴミ箱，はしご，長椅子，本棚，手ぐわ，減速機台枠，角型水槽，JIS検定試験課題，傘立て，鉄板，コンロ，盆栽棚，ブックエンド，箱，正三角錐，小物入れ

⑦ 精密工作

調査年　回答校数		第1回（1976年）85校					第2回（1987年）74校					第3回（1996年）69校					第4回（2005年）60校					第5回（2015年）64校				
実習（作業）テーマ・内容	時間数	1学年	2学年	3学年	計	平均	1学年	2学年	3学年	計	平均	1学年	2学年	3学年	計	平均	1学年	2学年	3学年	計	平均	1学年	2学年	3学年	計	平均
放電加工	1～18		3	28	31	0.36			23	23	0.31		4	8	12	0.17			6	6	0.10	1		1	2	0.03
ホーニング盤作業	0.5～10		1	7	8	0.09		1	8	9	0.12				0	0				0	0			1	1	0.02
超仕上	0.5～4		3	12	15	0.18		1	9	10	0.14			3	3	0.04				0	0			1	1	0.02
電解研磨	0.5～5			4	4	0.05		1	2	3	0.04				0	0				0	0				0	0
超音波加工，洗滌	1～2		1		1	0.01		1	1	2	0.03			1	1	0.01				0	0				0	0
WEDM	3～10				0	0				0	0				0	0			1	1	0.02	1	1	5	7	0.11
合計		0	8	51	59		0	4	43	47		0	4	12	16		0	0	7	7		2	1	8	11	
一校当たりの実施テーマ数（平均）　9						0.69					0.64					0.23					0.12					0.17

製品：穴あけ，金属組織試験用試料，ギヤポンプ　校章，キーホルダーの飾りなど

⑧ 総合実習

調査年　回答校数		第1回（1976年）85校					第2回（1987年）74校					第3回（1996年）69校					第4回（2005年）60校					第5回（2015年）64校				
実習（作業）テーマ・内容	時間数	1学年	2学年	3学年	計	平均	1学年	2学年	3学年	計	平均	1学年	2学年	3学年	計	平均	1学年	2学年	3学年	計	平均	1学年	2学年	3学年	計	平均
上述の各種機械作業等を総合的に組み合わせて，一個の製品を完成するように考えられたもの	4～210		5	40	45	0.53	4	11	33	48	0.65	1	5	25	31	0.45		2	12	14	0.23	1	3	16	20	0.31
一校当たりの実施テーマ数（平均）						0.53					0.65					0.45					0.23					0.31

製品：豆ジャッキ，小型万力，歯車ポンプ，手巻ウインチ，トースカン，空気ポンプ，ダイヤルゲージ測定台，機構模型（遊星歯車模型），カットエンジン，ホース巻取り機，OHP，テレビスタンド，風力発電機，滑車，マシンバイス，電気スタンド，リヤカー，平行クランク，マイクロメータスタンド，パンタグラフ式ねじジャッキ，穴あけ台，X-Y プロッタ，X-Y テーブル，カム装置，エンジン付きキックボード，エンジンカート，ポケバイ，モーターカート，行きエンジン，ダンベル，ペンスタンド，動く恐竜，アームロボット，ギアポンプ，バーベキューコンロ

⑨ その他

調査年　回答校数		第1回（1976年）85校					第2回（1987年）74校					第3回（1996年）69校					第4回（2005年）60校					第5回（2015年）64校				
実習（作業）テーマ・内容	時間数	1学年	2学年	3学年	計	平均	1学年	2学年	3学年	計	平均	1学年	2学年	3学年	計	平均	1学年	2学年	3学年	計	平均	1学年	2学年	3学年	計	平均
NC 旋盤	3～9				0	0	1	1	2	4	0.05				0	0		9	6	15	0.25	1	16	10	27	0.42
NC フライス盤の制御	4～35				0	0			1	1	0.01				0	0	1	5	4	10	0.17	1	3	4	8	0.13
マシニングセンター（MC）実習	2～16				0	0			2	2	0.03		5	13	18	0.26	3	21	40	64	1.07	1	28	37	66	1.03
FA（FMS，ロボット）	3～66				0	0				0	0			7	7	0.10		4	8	12	0.20		4	5	9	0.14
FMS	6～10				0	0			1	1	0.01				0	0	1	2	3	6	0.10			1	1	0.02
メカトロ	12				0	0				0	0		2	1	3	0.04	3	3	7	13	0.22	1	4	5	10	0.16
ポケコン制御	3～57				0	0				0	0		7	8	15	0.22	7	12	3	22	0.37	1	1	1	3	0.05
パソコン（アプリケーションソフトの利用）	9				0	0				0	0	1	2	6	9	0.13	14	15	8	37	0.62	8	6	7	21	0.33
PC	16				0	0				0	0		2	3	5	0.07	2	3	5	10	0.17	1	2	5	8	0.13

溶接ロボット実習	12				0	0			1	1	0.01				0	0			1	1	0.02				0	0
CAD 実習	3～30				0	0	2	5	5	12	0.16				0	0		15	33	48	0.80	4	25	27	56	0.88
CAD/CAM	3～108				0	0				0	0		8	14	22	0.32	2	5	11	18	0.30		4	11	15	0.23
スケッチ	2～50				0	0		1		1	0.01				0	0		2	3	5	0.08			1	1	0.02
塗装	4～45				0	0				0	0		1		1	0.01	2			2	0.03	3	1	2	6	0.09
遊星歯車装置の設計製図	4～40				0	0			1	1	0.01				0	0				0	0				0	0
実習机・椅子の製作	6～42				0	0		1		1	0.01				0	0				0	0				0	0
調光器の製作	2～27				0	0		1		1	0.01				0	0				0	0				0	0
プリント基板	3～126				0	0				0	0	2			2	0.03	5	2	1	8	0.13	2	2	4	8	0.13
自動車整備実習	6～34				0	0			1	1	0.01				0	0		2	5	7	0.12		3	4	7	0.11
管工事	1～36				0	0			1	1	0.01				0	0				0	0				0	0
レーザ加工機	3～5				0	0				0	0				0	0				0	0	1	2	4	7	0.11
3D プリンタ	3～21				0	0				0	0				0	0				0	0	1		3	4	0.06
マイコンカー（ベーシック）の製作	15				0	0				0	0				0	0				0	0		1	2	3	0.05
合計							3	9	15	27		3	27	52	82		40	100	138	278		25	102	133	260	
一校当たりの実施テーマ数（平均）						0					0.36					1.19					4.63					4.06

実験の実施内容

① 材料実験

調査年	回答校数	第1回（1976年）85校					第2回（1987年）74校					第3回（1996年）69校					第4回（2005年）60校					第5回（2015年）64校				
実習（作業）テーマ・内容	時間数	1学年	2学年	3学年	計	平均	1学年	2学年	3学年	計	平均	1学年	2学年	3学年	計	平均	1学年	2学年	3学年	計	平均	1学年	2学年	3学年	計	平均
引張試験	1～25	14	55	25	94	1.11	11	42	21	74	1.00	21	31	16	68	0.99	12	27	15	54	0.90	14	34	13	61	0.95
衝撃試験	1～25	8	43	26	77	0.91	9	37	20	66	0.89	13	25	13	51	0.74	7	20	11	38	0.63	6	19	12	37	0.58
硬さ試験	1～25	14	55	27	96	1.13	11	42	21	74	1.00	20	30	14	64	0.93	14	22	16	52	0.87	13	24	15	52	0.81
金属組織試験	1～25	8	42	33	83	0.98	10	35	25	70	0.95	8	29	11	48	0.70	3	16	8	27	0.45	4	11	10	25	0.39
熱処理	1～27	4	35	22	61	0.72	4	31	23	58	0.78	3	18	10	31	0.45		12	8	20	0.33	2	13	9	24	0.38
X 線透過試験	2～8	1	4	5	10	0.12	2	1	4	7	0.09				0	0			1	1	0.02	1		1	2	0.03
超音波探傷試験	2～20	2	8	13	23	0.27		4	2	6	0.08			3	3	0.04		1	2	3	0.05			1	1	0.02
磁気探傷試験	2～8			2	2	0.02		1	2	3	0.04		1	1	2	0.03			1	1	0.02			1	1	0.02
熱分析	1～6	1	7	3	11	0.13		9	1	10	0.14		1		1	0.01		1		1	0.02			1	1	0.02
鉄鋼中の炭素含有量分析	2～9		3	7	10	0.12	2		7	9	0.12		1	1	2	0.03				0	0			1	1	0.02
火花試験	1～25		14	6	20	0.24	1	12	8	21	0.28	1	6	5	12	0.17	2	5	4	11	0.18	1	5	2	8	0.13
光弾性試験	1～5	1	10	21	32	0.38	4	5	8	17	0.23		2	2	4	0.06	1	1	1	3	0.05				0	0
エリクセン試験	1～3	1	3	1	5	0.06	1	3		4	0.05			2	2	0.03				0	0				0	0
圧縮試験	1～3	2	9	2	13	0.15		1	2	3	0.04		3	1	4	0.06		2		2	0.03				0	0
疲れ試験	1～6		8	8	16	0.19		1	2	3	0.04			1	1	0.01				0	0				0	0

実習（作業）テーマ・内容	時間数	1学年	2学年	3学年	計	平均	1学年	2学年	3学年	計	平均	1学年	2学年	3学年	計	平均	1学年	2学年	3学年	計	平均	1学年	2学年	3学年	計	平均
捻り試験	1～3		2	3	5	0.06		2	1	3	0.04		1		1	0.01				0	0				0	0
曲げ試験	2～3	1	2	5	8	0.09		2	4	6	0.08			1	1	0.01	1		1	2	0.03	1	2		3	0.05
深絞り試験	2～6			2	2	0.02				0	0		1		1	0.01				0	0				0	0
抵抗線ひずみ計によるひずみと応用測定（縦弾性係数の測定）	1～8	1	2	9	12	0.14		1	10	11	0.15		1	2	3	0.04			2	2	0.03				0	0
溶接試料の引張試験・曲げ試験	0.5～4		1	2	3	0.04	1	5	3	9	0.12		4	2	6	0.09		3	1	4	0.07	2	1	1	4	0.06
溶接試料のＸ線撮影	2～10	1	1	2	4	0.05			3	3	0.04			1	1	0.01				0	0				0	0
ジョミニー式焼入性試験	2～5			2	2	0.02		3	2	5	0.07		1	1	2	0.03				0	0				0	0
密度	9				0	0				0	0				0	0				0	0		1		1	0.02
浸透操傷試験	7				0	0				0	0				0	0				0	0		1	1	2	0.03
磁粉操傷試験	7				0	0				0	0				0	0				0	0		1	1	2	0.03
合計		59	304	226	589		56	237	169	462			155	87	308		40	110	71	221		44	112	69	225	
一校当たりの実施テーマ数（平均）						13.86					12.49					8.93					7.37					7.03

② 工業計測

調査年　回答校数		第1回（1976年）85校					第2回（1987年）74校					第3回（1996年）69校					第4回（2005年）60校					第5回（2015年）64校				
実習（作業）テーマ・内容	時間数	1学年	2学年	3学年	計	平均	1学年	2学年	3学年	計	平均	1学年	2学年	3学年	計	平均	1学年	2学年	3学年	計	平均	1学年	2学年	3学年	計	平均
外側マイクロメータの性能試験	1～36	10	22	38	70	0.82	5	16	31	52	0.70	4	14	16	34	0.49	2	6	4	12	0.20	7		4	11	0.17
ダイヤルゲージの性能試験	1～36	6	23	38	67	0.79	5	12	33	50	0.68	4	11	19	34	0.49	4	7	4	15	0.25	4	2	4	10	0.16
プラグゲージの公差測定	0.5～6	4	10	21	35	0.41	2	3	8	13	0.18	1	1	4	6	0.09	1	1	1	3	0.05	1		1	2	0.03
空気マイクロメータによる長さの測定	1～18	3	11	47	61	0.72	1	6	29	36	0.49	1	5	10	16	0.23	1		3	4	0.07			2	2	0.03
空気マイクロメータの精度測定	1～4	1	3	6	10	0.12		3	12	15	0.20	1	1	8	10	0.14	1		2	3	0.05				0	0
電気マイクロメータによる長さの測定（真円度測定を含む）	1～18	2	9	25	36	0.42	1	4	11	16	0.22		3	8	11	0.16		2	1	3	0.05			1	1	0.02
電気マイクロメータの精度測定	1～8		1	2	3	0.04		5	6	11	0.15		1	2	3	0.04	1	1	3	5	0.08				0	0
表面アラサの測定	1～36	1	9	38	48	0.56	1	5	17	23	0.31	2	5	11	18	0.26		2	9	11	0.18			4	4	0.06
オートコリメータによる真直度の測定	1～9	1	10	41	52	0.61	1	3	23	27	0.36	1	2	13	16	0.23	1	1	2	4	0.07	1	1	2	4	0.06
オートコリメータによる定盤の平面度測定	1～6		1	3	4	0.05		7	14	21	0.28			4	4	0.06		2	1	3	0.05	1		2	3	0.05
三針法によるネジの測定	1～12	2	9	34	45	0.53	2	7	18	27	0.36	1	3	6	10	0.14		3	3	6	0.10	4	1	2	7	0.11
工具顕微鏡によるネジの測定	1～12	3	15	48	66	0.78		9	32	41	0.55		3	11	14	0.20	1	3	2	6	0.10	3		1	4	0.06
歯車試験機による歯車の測定	1.5～6		6	45	51	0.60		6	26	32	0.43			11	11	0.16				0	0	1		1	2	0.03
歯車の歯厚測定	1～6		2	37	39	0.46		8	20	28	0.38		3	8	11	0.16			2	2	0.03			1	1	0.02
万能投影機による形状の測定	1～6	3	10	26	39	0.46		10	26	36	0.49		3	12	15	0.22		2	5	7	0.12			4	4	0.06
ブロックゲージの取扱い	0.5～9	6	8	13	27	0.32	4	14	29	47	0.64	6	7	19	32	0.46	4	6	7	17	0.28	8		4	12	0.19
抵抗線ひずみ計による切削力の測定	2～9	1	6	51	58	0.68			10	10	0.14			3	3	0.04				0	0	4		1	5	0.08
差動トランスの特性試験	1～6			10	10	0.12			3	3	0.04				0	0				0	0				0	0

動つりあい試験	2~3			3	3	0.04				0	0				0	0				0	0				0	0
振動計による振動測定		1		4	5	0.06				0	0				0	0				0	0				0	0
円柱体積の間接測定	1~6	1	1	2	4	0.05	1	2	5	8	0.11	1	1		2	0.03	2	3		5	0.08		1		1	0.02
ノギスによる円周率の測定	1~4			1	1	0.01		1		1	0.01	1	3	2	6	0.09				0	0	2		1	3	0.05
オプチカルフラットによる平面度, 平行度の測定	0.5~12	1	1	7	9	0.11	2	7	20	29	0.39	2	6	9	17	0.25		2	1	3	0.05	1		1	2	0.03
水準器による平面度測定	1~2			2	2	0.02	1		2	3	0.04				0	0				0	0				0	0
測長機	1~5		2	1	3	0.04			2	2	0.03		1		1	0.01				0	0	1			1	0.02
工具顕微鏡による長さの測定	1~4		1		1	0.01		2	9	11	0.15			2	2	0.03	1			1	0.02				0	0
アングルブロックゲージによる角度目盛の精度検査	1~3		1		1	0.01	1	1		2	0.03				0	0				0	0				0	0
スケール目盛の検査	1~3			1	1	0.01	1	1	1	3	0.04				0	0	1			1	0.02	1			1	0.02
比較測定（電気マイクロ, 空気マイクロ, 指針測微器）	0.5~105			2	2	0.02	1	2	15	18	0.24		2	8	10	0.14			1	1	0.02	1		1	2	0.03
空気マイクロを利用して製品寸法のバラツキの測定	1~12			1	1	0.01	2	1	8	11	0.15		1	7	8	0.12			2	2	0.03				0	0
ストロボスコープによる回転数の測定	0.5~3			3	3	0.04			7	7	0.09	2		1	3	0.04		2		2	0.03				0	0
回転計の精度検査	2			1	1	0.01				0	0				0	0				0	0				0	0
歪計によるはりの測定	2~6	1		1	2	0.02			3	3	0.04			2	2	0.03				0	0				0	0
圧力計の検定	2~4	2		1	3	0.04				0	0				0	0		1		1	0.02				0	0
熱電対の実験	1~2			5	5	0.06				0	0			1	1	0.01		1		1	0.02				0	0
直示天秤	1~4	1			1	0.01		1		1	0.01				0	0	1			1	0.02				0	0
任意図形の求積（アムスラー面積計）	1~3			1	1	0.01			1	1	0.01			1	1	0.01				0	0				0	0
騒音計	1			2	2	0.02	2			2	0.03				0	0				0	0				0	0
ディジタルカウンタを利用した重力加速度, 振り子の周期の測定	3			1	1	0.01	2			2	0.03				0	0				0	0				0	0
三次元測定機	6				0	0				0	0				0	0			3	3	0.05			2	2	0.03
サインバーによる試験片の測定	3				0	0				0	0				0	0			1	1	0.02			1	1	0.02
ノギス, マイクロメータ, ハイドロゲージによる測定						0					0					0					0	2		1	3	0.05
機械検査						0					0					0					0	1		1	2	0.03
ボアゲージの測定方法	2					0					0					0					0	1			1	0.02
合計		50	161	562	773		35	136	421	592		27	76	198	301		21	45	57	123		44	5	42	91	
一校当たりの実施テーマ数（平均）						9.09					8.00					4.36					2.05					1.42

③ 熱機関

調査年	回答校数	第1回（1976年）85校					第2回（1987年）74校					第3回（1996年）69校					第4回（2005年）60校					第5回（2015年）64校				
実習（作業）テーマ・内容	時間数	1学年	2学年	3学年	計	平均	1学年	2学年	3学年	計	平均	1学年	2学年	3学年	計	平均	1学年	2学年	3学年	計	平均	1学年	2学年	3学年	計	平均
ガソリン機関の性能試験	1~36		2	72	74	0.87	1	3	53	57	0.77	1	4	47	52	0.75		4	27	31	0.52		1	24	25	0.39

ディーゼル機関の性能試験	2～12		4	52	56	0.66			38	38	0.51		1	21	22	0.32		1	12	13	0.22			9	9	0.14
引火点試験	1～4			21	21	0.25		1	10	11	0.15			5	5	0.07		1	2	3	0.05			4	4	0.06
潤滑油の粘度測定	1～18		1	30	31	0.36			16	16	0.22			5	5	0.07		1	1	2	0.03			4	4	0.06
ガソリンエンジンの分解，組立	1～59	3	3	33	39	0.46	3	5	45	53	0.72	8	10	36	54	0.78	5	4	36	45	0.75	3	5	35	43	0.67
自動車エンジンの点検と調整	1～20	2	4	5	11	0.13	1	1	20	22	0.30		2	9	11	0.16		2	2	4	0.07		2	5	7	0.11
ディーゼルエンジンの分解，組立	2～6			2	2	0.02			1	1	0.01			3	3	0.04	1			1	0.02			1	1	0.02
自動車の分解，組立，整備	1～70			4	4	0.05			8	8	0.11		2	4	6	0.09			4	4	0.07			2	2	0.03
エンジンアナライザによるガソリン機関のアナライズ	1～8	1	2	7	10	0.12		1	14	15	0.20		1	4	5	0.07				0	0				0	0
インジケータ線図の解析	1～6			2	2	0.02			5	5	0.07			6	6	0.09			1	1	0.02				0	0
エンジンスコープによる電気系統試験	1～3			1	1	0.01			5	5	0.07			1	1	0.01				0	0				0	0
自動車の電気に関する実習	1～30			1	1	0.01			7	7	0.09			2	2	0.03			1	1	0.02				0	0
ロータリ機関の性能試験	1～6			1	1	0.01			2	2	0.03				0	0				0	0			1	1	0.02
ロータリ機関の構造	0.5～9			3	3	0.04			13	13	0.18			3	3	0.04			2	2	0.03				0	0
石油エンジンの馬力測定	1～3			1	1	0.01	1		1	2	0.03			2	2	0.03				0	0				0	0
石油エンジンの分解，組立	2～9	1	1	2	4	0.05			3	3	0.04			1	1	0.01	1			1	0.02				0	0
手回し機関の始動と調整	1～2			1	1	0.01			4	4	0.05			1	1	0.01				0	0				0	0
発熱量測定	1～3		1	9	10	0.12			4	4	0.05			1	1	0.01				0	0				0	0
熱電導度測定			1		1	0.01				0	0				0	0				0	0				0	0
ディーゼル機関噴射ポンプの分解	1～3			1	1	0.01			4	4	0.05			3	3	0.04				0	0				0	0
オルザート式ガス分析	3			2	2	0.02			2	2	0.03				0	0				0	0				0	0
CO 測定試験	1～30			1	1	0.01	1		3	4	0.05			2	2	0.03		1	1	2	0.03				0	0
燃焼ガス分析	2～4			1	1	0.01			1	1	0.01				0	0		1		1	0.02				0	0
ボイラ	1～20	1	1	28	30	0.35		1	23	24	0.32		1	13	14	0.20		2	10	12	0.20			8	8	0.13
タービン	1～5			16	16	0.19		1	16	17	0.23		1	4	5	0.07			3	3	0.05			3	3	0.05
過熱器実験	0.5～3			1	1	0.01		1	6	7	0.09		1	1	2	0.03			2	2	0.03				0	0
蒸気の絞り試験	0.5～4			1	1	0.01			3	3	0.04			2	2	0.03				0	0				0	0
圧縮比測定	1～3			1	1	0.01	1		2	3	0.04			5	5	0.07				0	0			2	2	0.03
冷凍機の実験	3～6	1	1	3	5	0.06			2	2	0.03			1	1	0.01				0	0				0	0
冷凍機の取り扱い	6			1	1	0.01			1	1	0.01				0	0				0	0				0	0
合計		9	21	303	333		8	14	312	334		9	23	182	214		7	17	104	128		3	8	98	109	
一校当たりの実施テーマ数（平均）						3.92					4.51					3.10					2.13					1.70

④ **流体機械**

調査年 回答校数		第1回（1976年）85校					第2回（1987年）74校					第3回（1996年）69校					第4回（2005年）60校					第5回（2015年）64校				
実習（作業）テーマ・内容	時間数	1学年	2学年	3学年	計	平均	1学年	2学年	3学年	計	平均	1学年	2学年	3学年	計	平均	1学年	2学年	3学年	計	平均	1学年	2学年	3学年	計	平均
オリフィスによる流量測定	1～9		10	38	48	0.56		15	28	43	0.58		8	20	28	0.41		3	10	13	0.22		3	4	7	0.11

ベンチュリー計による流量測定	1～10		10	40	50	0.59		14	32	46	0.62		9	23	32	0.46		2	11	13	0.22		2	9	11	0.17
三角せきによる流量測定	1～18	1	13	47	61	0.72		16	43	59	0.80		13	33	46	0.67		8	17	25	0.42		4	16	20	0.31
うず巻ポンプの性能試験	1～18		8	52	60	0.71		13	35	48	0.65		7	27	34	0.49		2	11	13	0.22		3	5	8	0.13
ペルトン水車の性能試験	1～6		6	27	33	0.39		7	17	24	0.32		2	17	19	0.28		2	7	9	0.15		2	3	5	0.08
フランシス水車の性能試験	1～18		1	15	16	0.19		4	11	15	0.20		1	2	3	0.04		1	3	4	0.07			2	2	0.03
管路抵抗の測定	1～18		12	31	43	0.51		10	24	34	0.46		7	12	19	0.28		1	3	4	0.07			1	1	0.02
タービンポンプの分解，組立	2～4			1	1	0.01		1		1	0.01			1	1	0.01				0	0			1	1	0.02
ベルヌーイの定理実験装置	1～4		1		1	0.01		1	2	3	0.04		2	3	5	0.07		1	1	2	0.03			1	1	0.02
水路内の流速測定	1～7			1	1	0.01		2	2	4	0.05		2	3	5	0.07		1	2	3	0.05			2	2	0.03
レイノルズ数測定	1～9			1	1	0.01		3	3	6	0.08			1	1	0.01		1	1	2	0.03			1	1	0.02
送風機の性能試験	2～18	1	3	29	33	0.39		4	18	22	0.30		2	3	5	0.07			3	3	0.05			4	4	0.06
ピトー管による風速，風量の測定	1～9		1	9	10	0.12		1	11	12	0.16		1	5	6	0.09				0	0			3	3	0.05
風胴実験	1～9	1	1	8	10	0.12			6	6	0.08		1	7	8	0.12			4	4	0.07		1	5	6	0.09
空気圧縮機の測定	3～18			2	2	0.02			2	2	0.03				0	0				0	0			1	1	0.02
空気調和の測定	2～12			1	1	0.01		1		1	0.01				0	0				0	0				0	0
油圧回路実験	1～12		5	45	50	0.59		8	23	31	0.42		4	11	15	0.22		1	4	5	0.08		2	1	3	0.05
リリーフバルブの特性試験	1～6		2	24	26	0.31		4	9	13	0.18		1	1	2	0.03				0	0			2	2	0.03
流量制御弁の特性試験	1～6		2	23	25	0.29		4	7	11	0.15		1		1	0.01				0	0			2	2	0.03
ベーンポンプの特性試験	0.5～6		3	39	42	0.49		1	12	13	0.18		1	4	5	0.07			1	1	0.02			5	5	0.08
ギヤポンプの特性試験	0.5～8			1	1	0.01	1		6	7	0.09			4	4	0.06	1			1	0.02			2	2	0.03
油圧機器の分解，組立	1.5～5			2	2	0.02		2	4	6	0.08			2	2	0.03				0	0				0	0
工作機械における油圧応用	1			2	2	0.02		1		1	0.01				0	0				0	0				0	0
サーボ弁の周波数応答	6			1	1	0.01				0	0				0	0				0	0				0	0
合計		3	78	439	520		1	112	295	408		0	62	179	241		1	23	78	102		0	17	70	87	
一校当たりの実施テーマ数（平均）						6.12					5.51					3.49					1.70					1.34

⑤ 電気実験

調査年	回答校数	第1回（1976年）85校					第2回（1987年）74校					第3回（1996年）69校					第4回（2005年）60校					第5回（2015年）64校				
実習（作業）テーマ・内容	時間数	1学年	2学年	3学年	計	平均	1学年	2学年	3学年	計	平均	1学年	2学年	3学年	計	平均	1学年	2学年	3学年	計	平均	1学年	2学年	3学年	計	平均
電圧降下法による抵抗測定	1～5	1	4	28	33	0.39	8	3	13	24	0.32	9	4	5	18	0.26	2	3		5	0.08	1	4	2	7	0.11
ホイートストンブリッジによる抵抗測定	1～6	1	5	35	41	0.48	1	9	20	30	0.41	5	7	5	17	0.25	2	7	2	11	0.18	1	3	3	7	0.11
オームの法則実験	1～12			6	6	0.07	11	9	16	36	0.49	18	8	8	34	0.49	8	4	4	16	0.27	3	6	2	11	0.17
キルヒホッフの法則	1～5		2	4	6	0.07	3	5	5	13	0.18	8	3	6	17	0.25	4	2	1	7	0.12	2	3	2	7	0.11
電流計，電圧計の取扱い	0.5～10		3	12	15	0.18	13	8	18	39	0.53	15	6	8	29	0.42	9	7	2	18	0.30	3	6	3	12	0.19
回路計の取扱い	1～6		1	10	11	0.13	9	8	10	27	0.36	12	3	5	20	0.29	4	6	2	12	0.20	6	3	2	11	0.17

絶縁抵抗計による絶縁抵抗の測定	0.5～4		3	6	9	0.11	1	4	2	7	0.09	5	2		7	0.10	1	2		3	0.05				0	0
直流回路の電力，電力量の測定	1～3		1	2	3	0.04		4	1	5	0.07	4	2	1	7	0.10		2		2	0.03		1		1	0.02
直流電位差計による電池の起電力測定	1～6	1		9	10	0.12	1	2	3	6	0.08	2	1		3	0.04				0	0				0	0
接地抵抗計	1		1	3	4	0.05	1			1	0.01				0	0				0	0				0	0
コールラウシュブリッジ	2		1		1	0.01			1	1	0.01				0	0				0	0				0	0
電球の電圧，電流特性試験	1～4			1	1	0.01	2	5	3	10	0.14		2	1	3	0.04		2		2	0.03				0	0
白熱電球の温度係数	1			1	1	0.01				0	0		2		2	0.03				0	0				0	0
電圧計の目盛校正	1～3			1	1	0.01	2		2	4	0.05	3	1		4	0.06		1		1	0.02				0	0
真空管電圧計の取扱い				1	1	0.01				0	0				0	0				0	0				0	0
ヒューズの溶断特性	1～4		1	3	4	0.05	3		2	5	0.07			1	1	0.01				0	0				0	0
電池の特性	1～3			2	2	0.02	2			2	0.03			1	1	0.01	1			1	0.02				0	0
テスターの製作	2～18			5	5	0.06	14	1	2	17	0.23	15			15	0.22	7	2	1	10	0.17	6	1		7	0.11
可溶片の溶断試験				1	1	0.01				0	0				0	0				0	0	1			1	0.02
組試験器の取扱い方	3			2	2	0.02	1	1		2	0.03				0	0				0	0				0	0
RLC 回路実験	1～25		1	5	6	0.07	2	2	2	6	0.08		3		3	0.04				0	0		2	1	3	0.05
電圧降下法によるL，Cの測定	1～5	1			1	0.01	2	1	1	4	0.05		1		1	0.01				0	0				0	0
共振現象によるL，Cの測定	1.5	1			1	0.01	1	1	2	4	0.05				0	0				0	0				0	0
ブリッジによるR，L，Cの測定	3			1	1	0.01	1	1	1	3	0.04				0	0				0	0				0	0
単相交流位相測定	1～3			1	1	0.01	2	2	1	5	0.07		1		1	0.01				0	0				0	0
単相交流回路の電力，電力量の測定	1～6		2	6	8	0.09		4	3	7	0.09	1	2		3	0.04				0	0				0	0
単相交流回路の電力，力率の測定	1～3	1		5	6	0.07	1	2	2	5	0.07		2	1	3	0.04				0	0				0	0
基本交流回路の負荷実験	1～3		1		1	0.01		1	1	2	0.03	2		1	3	0.04				0	0				0	0
単相変圧器の変圧比と極性試験	1～4		1	12	13	0.15	1	1	2	4	0.05				0	0				0	0				0	0
単相変圧器の特性試験	1～6	1	1	8	10	0.12	1	1	4	6	0.08		1		1	0.01				0	0				0	0
変圧器の各種結線	1～3		1	8	9	0.11		2	1	3	0.04				0	0				0	0				0	0
直流電動機の始動と速度制御	1～6		2	8	10	0.12		1	4	5	0.07			1	1	0.01		1		1	0.02		1		1	0.02
三相誘導電動機の特性試験	1～15		2	27	29	0.34	1	4	13	18	0.24	1	1	2	4	0.06				0	0			1	1	0.02
三相誘導電動機の始動と速度制御	1～4		1	2	3	0.04		1	3	4	0.05			1	1	0.01		1		1	0.02				0	0
三相誘導電動機の正逆転運転	1～10	1			1	0.01		5	3	8	0.11			4	4	0.06	1			1	0.02			1	1	0.02
誘導電動機の分解，手入，組立試験	1～4			2	2	0.02		2		2	0.03			1	1	0.01				0	0				0	0
単相誘導電動機の特性試験	2			1	1	0.01				0	0				0	0				0	0				0	0
交流電力計の誤差試験	3			2	2	0.02				0	0				0	0				0	0				0	0
三相回路の電力測定	1～4			3	3	0.04		5	3	8	0.11			1	1	0.01				0	0		1		1	0.02
トランスの製作	20			1	1	0.01				0	0				0	0				0	0				0	0
工作機械回路の点検	1～2			1	1	0.01		1		1	0.01				0	0		1		1	0.02				0	0

力率, 効率の取扱い(電球, 蛍光灯, 三相モータ)	1～4		1		1	0.01	2	3	5	10	0.14	1	1	1	3	0.04				0	0			1	1	0.02
巻線抵抗の測定（モータ, 変圧器等）	1			1	1	0.01			1	1	0.01			1	1	0.01				0	0				0	0
周波数計	1～3			1	1	0.01		1	2	3	0.04				0	0				0	0				0	0
二極真空管の作用および静特性	2		1		1	0.01				0	0				0	0				0	0				0	0
三極管の静特性	4～6	1		3	4	0.05			1	1	0.01				0	0				0	0				0	0
トランジスタの静特性	1～9		2	5	7	0.08	6	6	5	17	0.23	3	5	2	10	0.15	1	2		3	0.05				0	0
低周波増幅器の特性実験	4	1			1	0.01				0	0				0	0				0	0		1		1	0.02
ラジオの製作	3～18			1	1	0.01	1	1		2	0.03				0	0		1		1	0.02				0	0
ゲルマニウムラジオの製作	6			1	1	0.01				0	0				0	0				0	0				0	0
配線図の見方（五球スーパーラジオ）	2			1	1	0.01			1	1	0.01				0	0				0	0				0	0
ラジオ受信機の測定（テスターオシロスコープによる）	2～3			1	1	0.01			2	2	0.03				0	0				0	0				0	0
単相整流回路, 平滑回路	1～6			2	2	0.02	5	2	7	14	0.19	2	4	1	7	0.10		3		3	0.05				0	0
発振器	1～3			1	1	0.01		2	3	5	0.07				0	0				0	0				0	0
乾式整流器と露光計の実験				1	1	0.01				0	0				0	0				0	0				0	0
光電池照度計による照度測定	2～3		1		1	0.01			1	1	0.01			1	1	0.01				0	0				0	0
ディジタルカウンタによる測定	2～3		1		1	0.01			1	1	0.01				0	0				0	0				0	0
電気工事		1		4	5	0.06	3	3	3	9	0.12	2	1	1	4	0.06	1	1	2	4	0.07	2		2	4	0.06
ベクトル軌跡の扱い方	3	1			1	0.01				0	0				0	0				0	0				0	0
波形整形回路の測定	2～6			1	1	0.01				0	0		1		1	0.01		1		1	0.02				0	0
オシロスコープによる測定	1～28				0	0		1	4	5	0.07	4	10	3	17	0.25	2	6	3	11	0.18	2	1	1	4	0.06
周波数測定	1～2				0	0			1	1	0.01		2	1	3	0.04	1	2		3	0.05				0	0
電子回路実習	2～45				0	0		1	1	2	0.03	2	9	5	16	0.23	2	1		3	0.05			1	1	0.02
A/D, D/A 変換	4～10				0	0		1		1	0.01				0	0		1	2	3	0.05			2	2	0.03
電子回路	2～24				0	0	1	6	1	8	0.11				0	0	2	6	3	11	0.18	1	2	2	5	0.08
ダイオードの特性と電源回路	4				0	0				0	0				0	0				0	0		2		2	0.03
変調・復調回路	4				0	0				0	0				0	0				0	0			1	1	0.02
合計		12	40	248	300		102	123	183	408		114	85	69	268		48	65	22	135		28	37	27	92	
一校当たりの実施テーマ数（平均）						3.53					5.51					3.88					2.25					1.44

⑥ 自動制御

調査年	回答校数	第1回（1976年）85校					第2回（1987年）74校					第3回（1996年）69校					第4回（2005年）60校					第5回（2015年）64校				
実習（作業）テーマ・内容	時間数	1学年	2学年	3学年	計	平均	1学年	2学年	3学年	計	平均	1学年	2学年	3学年	計	平均	1学年	2学年	3学年	計	平均	1学年	2学年	3学年	計	平均
モデルプラントによる流量, 液面, 圧力制御実験	3～12			4	4	0.05			3	3	0.04				0	0				0	0			1	1	0.02
液面制御（各種制御動作）	2～15			7	7	0.08		1	5	6	0.08		1		1	0.01				0	0				0	0
風量制御	2～6			2	2	0.02			1	1	0.01				0	0				0	0				0	0

実習（作業）テーマ・内容	時間数	第1回 1学年	第1回 2学年	第1回 3学年	第1回 計	第1回 平均	第2回 1学年	第2回 2学年	第2回 3学年	第2回 計	第2回 平均	第3回 1学年	第3回 2学年	第3回 3学年	第3回 計	第3回 平均	第4回 1学年	第4回 2学年	第4回 3学年	第4回 計	第4回 平均	第5回 1学年	第5回 2学年	第5回 3学年	第5回 計	第5回 平均
比例制御，比例積分制御の最適調整	1～4			2	2	0.02		1	5	6	0.08				0	0				0	0				0	0
温度制御	1～4			2	2	0.02			6	6	0.08				0	0				0	0				0	0
圧力制御	2～4			1	1	0.01			3	3	0.04				0	0				0	0				0	0
ON-OFF 制御（電気コタツ）	1～14			1	1	0.01		2	3	5	0.07		1	2	3	0.04			1	1	0.02			1	1	0.02
PID 三動作の動作	3～6			3	3	0.04			4	4	0.05			1	1	0.01				0	0				0	0
シミュレータによる最適調整	3～5			2	2	0.02			3	3	0.04				0	0			1	1	0.02				0	0
サーボ機構	2.5～18			1	1	0.01			3	3	0.04			1	1	0.01			1	1	0.02			1	1	0.02
一次遅れ要素（水位系，空気系，電気系）	2			2	2	0.02			1	1	0.01				0	0				0	0			1	1	0.02
調節計及び調節計による手動制御	1～3			1	1	0.01			1	1	0.01				0	0				0	0				0	0
ノズル・フラッパの静特性	2～3			3	3	0.04			2	2	0.03				0	0				0	0				0	0
調整弁の静特性	2～3			2	2	0.02				0	0				0	0				0	0				0	0
ダイヤフラム弁の分解，組立調整	2			1	1	0.01			1	1	0.01				0	0				0	0				0	0
熱電温度計の動特性	1～2			1	1	0.01			1	1	0.01				0	0				0	0				0	0
発動発電機による電圧制御実験	3			1	1	0.01				0	0		1		1	0.01				0	0				0	0
電気シーケンス回路	1～30	1	1	10	12	0.14	1	8	30	39	0.53	3	18	22	43	0.62		5	15	20	0.33	2	10	17	29	0.45
空気圧シーケンス回路	2～28	1		5	6	0.07	1	5	9	15	0.20		5	7	12	0.17		4	2	6	0.10		1	2	3	0.05
シーケンスシミュレータ実験	3～18			2	2	0.02			4	4	0.05		3	6	9	0.13	1		4	5	0.08	1	3	5	9	0.14
空気圧回路と工業ロボット	3～40			1	1	0.01		1	2	3	0.04		1	9	10	0.15		2	1	3	0.05		1	1	2	0.03
電磁開閉器の結線	1～9			1	1	0.01		4	3	7	0.09		1	2	3	0.04			1	1	0.02				0	0
ダイヤフラム弁の特性実験				3	3	0.04				0	0				0	0				0	0				0	0
測温抵抗体による温度制御	3～4			1	1	0.01		1		1	0.01				0	0				0	0				0	0
PLC 制御	6				0	0		1	4	5	0.07				0	0		1	7	8	0.13				0	0
パルスモータの制御	4～10				0	0		1	1	2	0.03				0	0		3	6	9	0.15				0	0
ロボットの制御	4～20				0	0			1	1	0.01				0	0				0	0				0	0
マイコン制御	2～15				0	0		1	14	15	0.20				0	0		2	5	7	0.12				0	0
LED 点滅の制御	2～18				0	0		1	1	2	0.03				0	0	2	5	8	15	0.25				0	0
センサーの制御	2～10				0	0		1	1	2	0.03				0	0		5	3	8	0.13				0	0
マブチモータの制御	1～12				0	0		1		1	0.01				0	0	1	5	4	10	0.17				0	0
制御の応用	6～35				0	0				0	0				0	0				0	0			1	1	0.02
合計		2	1	59	62		2	29	112	143		3	31	50	84		4	32	59	95		3	15	30	48	
一校当たりの実施テーマ数（平均）						0.73					1.93					1.22					1.58					0.75

⑦ 生産管理

調査年　回答校数		第1回（1976年）85校					第2回（1987年）74校					第3回（1996年）69校					第4回（2005年）60校					第5回（2015年）64校				
実習（作業）テーマ・内容	時間数	1学年	2学年	3学年	計	平均	1学年	2学年	3学年	計	平均	1学年	2学年	3学年	計	平均	1学年	2学年	3学年	計	平均	1学年	2学年	3学年	計	平均
工程研究	2～14			5	5	0.06	1	1	3	5	0.07			2	2	0.03				0	0				0	0

動作研究	1～3			6	6	0.07	1	1	2	4	0.05			1	1	0.01				0	0				0	0
時間研究	1～2			6	6	0.07	1		1	2	0.03			1	1	0.01				0	0				0	0
安全管理	1～6			1	1	0.01	1	1	1	3	0.04			1	1	0.01		1	1	2	0.03	1	1	2	4	0.06
工具管理	1～9			5	5	0.06	2	1	1	4	0.05			1	1	0.01				0	0	1	1	1	3	0.05
工場整備	1～3			3	3	0.04			1	1	0.01			1	1	0.01				0	0	2	2	2	6	0.09
データのまとめ方（正規分布図ヒストグラム，平均値，標準偏差）	1～18			10	10	0.12	1	2	7	10	0.14			3	3	0.04			3	3	0.05	1		1	2	0.03
抜取検査（OC 曲線）	3～18			14	14	0.16	1		6	7	0.09			1	1	0.01			1	1	0.02				0	0
管理図	2～18			12	12	0.14	1	2	6	9	0.12			1	1	0.01			2	2	0.03		1	1	2	0.03
制御の応用					0	0			1	1	0.01				0	0			2	2	0.03				0	0
リレーシーケンス					0	0			2	2	0.03				0	0	1	6	11	18	0.30				0	0
ワンボードマイコン					0	0			1	1	0.01				0	0		1	3	4	0.07				0	0
合計		0	0	62	62		9	8	32	49		0	0	12	12		1	8	23	32		5	5	7	17	
一校当たりの実施テーマ数（平均）						0.73					0.66					0.17					0.53					0.27

⑧ 電子計算機

調査年	回答校数	第1回（1976年）85校					第2回（1987年）74校					第3回（1996年）69校					第4回（2005年）60校					第5回（2015年）64校				
実習（作業）テーマ・内容	時間数	1学年	2学年	3学年	計	平均	1学年	2学年	3学年	計	平均	1学年	2学年	3学年	計	平均	1学年	2学年	3学年	計	平均	1学年	2学年	3学年	計	平均
フォートランプログラミング	6～64	2	6	16	24	0.28	5	12	12	29	0.39		1		1	0.01				0	0				0	0
プロッターによる歯形検査				1	1	0.01				0	0				0	0				0	0				0	0
穴明け用プログラム（製図機として利用）	3～9			1	1	0.01			3	3	0.04				0	0				0	0		1		1	0.02
BASIC プログラミング	3～105				0	0	13	12	12	37	0.50	14	20	8	42	0.61	8	1	1	10	0.17	1			1	0.02
マシン語プログラミング	3～16				0	0			1	1	0.01		4	6	10	0.15	1		1	2	0.03	1			1	0.02
C 言語	6～45				0	0				0	0		2	1	3	0.04	7	3	2	12	0.20	6	2	2	10	0.16
コンピュータ	1～45				0	0		1	1	2	0.03				0	0	2	1	2	5	0.08	6	6	1	13	0.20
LAN の構築	24				0	0				0	0				0	0				0	0		1		1	0.02
サーバの構築とネットワーク制御	16				0	0				0	0				0	0				0	0			1	1	0.02
3DCG	16				0	0				0	0				0	0				0	0			1	1	0.02
合計		2	6	18	26		18	25	29	72		14	27	15	56		18	5	6	29		14	10	5	29	
一校当たりの実施テーマ数（平均）						0.31					0.97					0.81					0.48					0.45

⑨ 物理実験

調査年	回答校数	第1回（1976年）85校					第2回（1987年）74校					第3回（1996年）69校					第4回（2005年）60校					第5回（2015年）64校				
実習（作業）テーマ・内容	時間数	1学年	2学年	3学年	計	平均	1学年	2学年	3学年	計	平均	1学年	2学年	3学年	計	平均	1学年	2学年	3学年	計	平均	1学年	2学年	3学年	計	平均
天秤の使用と比重測定	1	1			1	0.01				0	0				0	0		1		1	0.02				0	0
針金による伸び，弾性率の測定		1			1	0.01				0	0				0	0				0	0				0	0

クントの実験		1			1	0.01				0	0				0	0				0	0				0	0
固体の線膨張率の測定		1			1	0.01				0	0				0	0				0	0				0	0
比熱の測定	2	1			1	0.01				0	0				0	0		1		1	0.02				0	0
落体の実験	1	1			1	0.01				0	0				0	0		1		1	0.02				0	0
半導体の性質	1	1			1	0.01				0	0				0	0			1	1	0.02				0	0
棒のたわみとヤング率		1			1	0.01				0	0				0	0				0	0				0	0
電気抵抗と熱（ジュール熱）	1	1			1	0.01				0	0				0	0		1		1	0.02				0	0
静電気（摩擦電気，静電誘導，コンデンサ，静電容量）	1	1			1	0.01				0	0				0	0			1	1	0.02				0	0
磁気現象（磁石，磁気誘導，電流による磁界）		1			1	0.01				0	0				0	0				0	0				0	0
電磁エネルギ（ヒステリシス特性）		1			1	0.01				0	0				0	0				0	0				0	0
電磁力		1			1	0.01				0	0				0	0				0	0				0	0
変圧器の働きと原理		1			1	0.01				0	0				0	0				0	0				0	0
電気メッキ		1			1	0.01				0	0				0	0				0	0				0	0
比電荷の測定		1			1	0.01				0	0				0	0				0	0				0	0
プラトー特性曲線				1	1	0.01				0	0				0	0				0	0				0	0
β線の吸収曲線				1	1	0.01				0	0				0	0				0	0				0	0
γ線の吸収曲線	1			1	1	0.01				0	0				0	0			1	1	0.02				0	0
合計		16	0	3	19		0	0	0	0		0	0	0	0		0	4	3	7		0	0	0	0	
一校当たりの実施テーマ数（平均）						0.22					0					0					0.12					0

⑩ その他

調査年　回答校数		第1回（1976年）85校					第2回（1987年）74校					第3回（1996年）69校					第4回（2005年）60校					第5回（2015年）64校				
実習（作業）テーマ・内容	時間数	1学年	2学年	3学年	計	平均	1学年	2学年	3学年	計	平均	1学年	2学年	3学年	計	平均	1学年	2学年	3学年	計	平均	1学年	2学年	3学年	計	平均
テクニカルイラストレーション					0	0			1	1	0.01				0	0			1	1	0.02	1		1	2	0.03
一校当たりの実施テーマ数（平均）						0					0.01					0					0.02					0.03

電気科・系　集計元データ

(1-1) 直流回路の電圧・電流・電力

調査年　回答校数		1976年調査　76校				1987年調査　68校				1996年調査　74校				2005年調査　54校				2015年調査　62校			
実習テーマ	時間数	1学年	2学年	3学年	計	1学年	2学年	3学年	計	1学年	2学年	3学年	計	1学年	2学年	3学年	計	1学年	2学年	3学年	計
オームの法則の実験	1.5～12	27	1		28	44	2		46	48	3		51	45			45	51	2		53
キルヒホッフの法則の実験	2～6	25	2		27	39	6		45	38	8		46	38	4		42	41	5		46
抵抗における電圧降下	1～3	14			14	19	4		23	22	3		25	20			20	22	1		23
重ね合わせの理の実験	3～6		1		1	3			3				0	2			2	4	1		5
テブナンの定理の実験	1～3		1		1	1			1				0				0				0
標準抵抗を用いた電流測定	2～3	52	3		55	20	17		37	13	6	1	20				0	3	1		4
ジュール熱に関する実験	2～4	18			18	12	2		14	10	2		12	7	1		8	10	1		11
熱の仕事当量の測定	2～4	3			3	5			5	3			3	2	1		3				0
電熱器の効率測定	1～4	7			7	8	1		9	1	2		3	2	1		3	3			3
直流電力測定	3	6			6	7	2		9	6	7		13	5	4		9	12	6		18
最大供給電力の条件	3		1		1	7	5		12	7	4		11	6			6	5	2		7
電源・負荷の許容量	6				0				0				0	1			1				0
合計		152	9	0	161	165	39	0	204	148	35	1	184	128	11	0	139	151	19	0	170
1校あたりの実施テーマ数		2.0	0.1	0.0	2.1	2.4	0.6	0.0	3.0	2.0	0.5	0.0	2.5	2.4	0.2	0.0	2.6	2.4	0.3	0.0	2.7

(1-2) 電気抵抗

調査年　回答校数		1976年調査　76校				1987年調査　68校				1996年調査　74校				2005年調査　54校				2015年調査　62校			
実習テーマ	時間数	1学年	2学年	3学年	計	1学年	2学年	3学年	計	1学年	2学年	3学年	計	1学年	2学年	3学年	計	1学年	2学年	3学年	計
抵抗の直並列回路実験	1.5～6	28	1		29	41	3		44	38	2		40	36	1		37	36	3		39
電位降下法による抵抗の測定	1.5～4	47	2		49	34	8		42	30	6		36	17	2		19	12	2		14
置換法による抵抗測定	2～3	22			22	3	2		5				0	3			3	1	1		2
白熱電球の抵抗測定	1～3	13	4		17	8	3		11	4	3		7	4	5		9	3			3
抵抗の温度係数	3～4	19	1		20	17	1		18	14	1		15	8			8	4	2		6
抵抗率の測定	3		1		1	8	1		9	6	1		7	3	1		4	1	2		3
分流器，倍率器	2～12				0				0				0	1			1	43	3		46
ホイートストンブリッジによる抵抗測定	2～8	59	3		62	41	21		62	44	9		53	34	6		40	45	7		52
すべり線ブリッジによる抵抗測定	3	9	1		10		2		2	1			1				0	1	1		2
ケルビンダブルブリッジによる低抵抗測定	3	52	3		55	20	17		37	13	6	1	20	4			4	2	1	1	4
電位差計による低抵抗測定	2～6	1			1	8	7		15	9			9	2	1		3	3	3		6
直偏法による絶縁抵抗測定	1.5～4	9	1		10	1	1		2	2	2		4	2		1	3		4		4
メガによる屋内配線などの絶縁抵抗測定	1～6	36	6		42	18	18		36	23	15		38	14	10	4	28	6	16	3	25
コールラウシュブリッジによる電解液抵抗	3～4	27	6	1	34	7	13		20	1	2		3	3			3	2	1		3

コールラウシュブリッジによる接地抵抗	1.5～3	44	7		51	11	19		30	9	12		21	7	5	2	14	4	3	2	9
測温抵抗体の特性	3～4				0		2		2				0	1		1	2				0
※抵抗による電圧の分圧	3				0				0				0				0	1			1
※抵抗による電流の分流	3				0				0				0				0	1			1
※接地抵抗の測定	1～4				0				0				0				0	3	3		6
合計		237	27	1	265	106	100	0	206	102	46	1	149	67	22	8	97	168	52	6	226
1校あたりの実施テーマ数		3.1	0.4	0.0	3.5	1.6	1.5	0.0	3.0	1.4	0.6	0.0	2.0	1.2	0.4	0.1	1.8	2.7	0.8	0.1	3.6

(1-3) 電気の各種作用

調査年　回答校数		1976年調査　76校				1987年調査　68校				1996年調査　74校				2005年調査　54校				2015年調査　62校			
実習テーマ	時間数	1学年	2学年	3学年	計	1学年	2学年	3学年	計	1学年	2学年	3学年	計	1学年	2学年	3学年	計	1学年	2学年	3学年	計
乾電池の内部抵抗と放電特性	3	29	2		31	12	7		19	9			9	4	1		5	4	1		5
電圧計法による電池の内部抵抗測定	3	3	1		4	4	4		8	5	2		7	6	1		7	2	2		4
直流電位差計による電池の起電力測定	2～4	33	6	1	40	8	14		22	2	2		4	11	3		14	5	5		10
アルカリ・鉛蓄電池の取扱いと充放電特性	1	8			8	1			1	1		1	2	1	1		2	1			1
ゼーベック・ペルチェ効果	1	1			1				0				0				0	1			1
電子冷却実験	1		1	7	8	1	2	1	4		1		1				0	1			1
合計		74	10	8	92	26	27	1	54	17	5	1	23	22	6	0	28	14	8	0	22
1校あたりの実施テーマ数		1.0	0.1	0.1	1.2	0.4	0.4	0.0	0.8	0.2	0.1	0.0	0.3	0.4	0.1	0.0	0.5	0.2	0.1	0.0	0.4

(2) 磁気と静電気

調査年　回答校数		1976年調査　76校				1987年調査　68校				1996年調査　74校				2005年調査　54校				2015年調査　62校			
実習テーマ	時間数	1学年	2学年	3学年	計	1学年	2学年	3学年	計	1学年	2学年	3学年	計	1学年	2学年	3学年	計	1学年	2学年	3学年	計
磁性体の着磁と脱磁	1～4				0		1		1				0				0		1	1	2
ガウスメーターによる磁界測定	3				0		1		1				0				0				0
円形コイルによる磁界測定	3～6	9			9	8			8	7	3		10	3	2		5	4	1		5
電流による磁界と地球磁界	1～3				0	1			1				0	2			2	2	2	1	5
ホール効果による磁束密度測定	3		1		1				0				0				0				0
電磁力の測定	1～6				0				0	1			1	2	1		3	3	2		5
フレミング・アンペールの法則	1	5			5	1	1		2	1	1		2	1			1			1	1
磁束計によるB-H曲線の測定	1～4	41	14	1	56	19	23	3	45	17	12	1	30	7	6		13	6	6	1	13
エプスタイン装置による鉄損測定	2～3	6	41	11	58	1	15	4	20	1	8		9	1	3		4		3		3
うず電流実験	2	1			1				0				0				0				0
自己インダクタンスの測定	1～6	2	14		16	3	7	1	11	4	5		9		8		8	3	3		6
相互インダクタンスの測定	1～4	1	4		5		4	1	5	1	4		5		4		4	2	2		4
電位に関する実験	3	9			9	7	3		10	9	2		11	9			9	1	1		2

カーボン紙による電位分布	2～3	4			4	4	1		5	1			1	1			1				0
クーロンの法則	2～4	1			1				0				0		2		2				0
静電容量と静電エネルギーの測定	1～4	1			1	5	3		8	6	2		8	3	1		4	3	6		9
コンデンサの直並列接続回路	3～6	1	1		2	7	3		10	6	4		10	2	3		5	7	2	2	11
コンデンサの充放電特性	2～6				0	1	1		2	1			1	4	2		6	4	6	2	12
比誘電率・誘電正接の測定	3				0			1	1				0			1	1			1	1
合計		81	75	12	168	57	63	10	130	55	41	1	97	35	32	1	68	35	35	9	79
1校あたりの実施テーマ数		1.1	1.0	0.2	2.2	0.8	0.9	0.1	1.9	0.7	0.6	0.0	1.3	0.6	0.6	0.0	1.3	0.6	0.6	0.1	1.3

(3) 交流回路

調査年	回答校数	1976年調査 76校				1987年調査 68校				1996年調査 74校				2005年調査 54校				2015年調査 62校			
実習テーマ	時間数	1学年	2学年	3学年	計	1学年	2学年	3学年	計	1学年	2学年	3学年	計	1学年	2学年	3学年	計	1学年	2学年	3学年	計
交流の基本回路の実験	1～12				0		2		2		2		2	13	24		37	3	22		25
交流回路の電圧・電流特性	1～8	1	26		27	3	9		12	2	11	2	15		5	1	6		18		18
交流計算盤	3～4			2	2		1	1	2				0				0				0
インピーダンスの測定	2～6				0	1			1				0	3	7		10		10	2	12
インピーダンス法による LC 測定	2～8				0				0		1		1		7		7		4	1	5
交流ブリッジによる L，C，R の測定	2～6	3	56	3	62	1	38	7	46	2	29	2	33		15	7	22		10	4	14
CR 回路ベクトル軌跡	2～6		20		20	1	11	3	15	1	9	3	13		2		2		10		10
リアクタンスの周波数特性	1～4		4		4		6		6		7	1	8		4	1	5		10		10
直並列共振回路	2～9	3	50	3	56	2	48	3	53		53	1	54		34	6	40		36	7	43
複共振回路特性	3			1	1		4		4		3		3		1		1		1		1
単相交流回路の電力・力率測定	2～6	7	44	1	52	3	46	4	53	3	56	4	63	6	39		45	3	38	5	46
三相回路（ベクトル図）	3～4				0				0				0			3	3			4	4
三相交流回路の電力・力率測定	3～7	2	44	4	50		40	12	52		28	22	50		14	18	32		12	13	25
三電流計法・三電圧計法による電力測定	3～4		4		4		11		11		3	4	7		4	2	6		1	3	4
二電力計法による三相電力の測定	3～4		8		8		15	5	20		12	11	23		8	8	16		2	6	8
RC 回路の充放電特性試験	1.5～4	2	8	16	26	1	9	14	24	4	7	3	14		4	2	6	1	5		6
CR 直列回路の過度現象	3～7				0				0				0		1		1		4	5	9
合計		18	264	30	312	12	240	49	301	12	221	53	286	22	169	48	239	7	183	50	240
1校あたりの実施テーマ数		0.2	3.5	0.4	4.1	0.2	3.5	0.7	4.4	0.2	3.0	0.7	3.9	0.4	3.1	0.9	4.4	0.1	3.0	0.8	3.9

(4) 電気・電子計測

調査年	回答校数	1976年調査 76校				1987年調査 68校				1996年調査 74校				2005年調査 54校				2015年調査 62校			
実習テーマ	時間数	1学年	2学年	3学年	計	1学年	2学年	3学年	計	1学年	2学年	3学年	計	1学年	2学年	3学年	計	1学年	2学年	3学年	計
電気回路の接続練習	1～6	1			1	14	4		18	16	2		18	12			12	20	2	1	23

電圧計・電流計の取り扱い	1～6	44			44	37	3		40	41	2		43	35			35	30	3	1	34
電圧計・電流計の内部抵抗測定	1～6				0	2			2	1			1	13	2		15	16	2		18
可変抵抗器の取り扱い	1～4	44	1		45	25	3		28	30	2		32	20			20	15	1		16
回路計の取り扱いと倍率器	1～9	33	1		34	29	4		33	36	3		39	37	1		38	20	2	1	23
検流計と分流器の取り扱い	1～6	32	1		33	21	5		26	30	4		34	32			32	8	2		10
ケルビン法による検流計の抵抗	3～4	6			6	1	1		2	1			1				0				0
検流計の内部抵抗測定	2～4	10	5		15	3			3	1			1				0				0
反照検流計の感度測定	2～4	47	2		49	34	8		42	30	6		36				0				0
電位差計の原理	2～3	36	6		42	18	18		36	23	15		38	2			2	3	2		5
直流電位差計による目盛定め実験	3～4	59	3		62	41	21		62	44	9		53	1			1		2		2
直流電位差計による電圧計・電流計の校正	2～3	9	1		10	1	1		2	2	2		4	3	1		4	2	2		4
電力量計の誤差試験	3～7	2	37	3	42		26	8	34		15	8	23		4	9	13	1	5	5	11
熱電対の目盛定めおよび温度特性	3	25	6	1	32	5	12		17	9	1		10	4		1	5	1	1		2
Qメーターによる Q，L，R，εの測定	3～4	2	36	10	48		11	11	22		10	4	14		4	1	5		1	1	2
シンクロスコープの取扱い	1～6	5	49	4	58	22	31	5	58	18	42	2	62	20	28	1	49	9	36		45
シンクロスコープによる周波数，位相差測定	1～6		15	1	16	13	32	4	49	6	36	2	44	7	18	2	27	3	24	2	29
電磁オシログラフの取り扱い	3～4		2	2	4	1	1	1	3			1	1			1	1				0
X-Y レコーダによる波形観測	2～5	1	2	5	8	1	7	6	14		1	2	3			1	1				0
真空管電圧計（VTVM）の使用法	2～4	1	5	3	9	1	2	1	4				0				0				0
カウンタによる周波数測定	3～4		1	4	5		2	4	6		5	3	8	1	3		4		1	1	2
パソコンによる計測（GP-IB）	3				0				0			1	1				0		1	1	2
自動平衡記録計	1～5			1	1		1	1	2			1	1				0				0
ひずみ率の測定	3				0			1	1				0				0				0
合計		357	173	34	564	269	193	42	504	288	155	24	467	187	61	16	264	128	87	13	228
1校あたりの実施テーマ数		4.7	2.3	0.4	7.4	4.0	2.8	0.6	7.4	3.9	2.1	0.3	6.3	3.5	1.1	0.3	4.9	2.1	1.4	0.2	3.7

(5-1) 電子管と半導体

調査年	回答校数	1976年調査　76校				1987年調査　68校				1996年調査　74校				2005年調査　54校				2015年調査　62校			
実習テーマ	時間数	1学年	2学年	3学年	計	1学年	2学年	3学年	計	1学年	2学年	3学年	計	1学年	2学年	3学年	計	1学年	2学年	3学年	計
二極管の静特性	2～4	10	31	4	45		1		1				0				0				0
三極管の静特性	2～4	10	48	4	62		3		3				0				0				0
四・五極管の静特性	2～3	2	35	3	40				0				0				0				0
定電圧放電管の特性試験	3		14		14				0		2		2				0				0
ダイオードの特性	1.5～6	5	44	5	54	5	50	1	56	2	50	1	53	6	37	2	45	7	38	1	46
シリコン整流器の特性試験	1～4		2	11	13		14	6	20		10	2	12		1	1	2		4	1	5
セレン整流器の特性試験	1～4		11	2	13		5		5		4		4				0				0

水銀整流器の特性試験	3～4			8	8			2	2				0				0				0
サイリスタ（SCR）の特性試験	3～5		27	26	53		14	28	42		14	22	36		10	5	15		1	13	14
トライアックの特性試験	3～4				0			1	1				0		2	6	8		1	8	9
ツェナーダイオードの特性	1～4				0				0		1		1	1	5	2	8	2	7	3	12
バリスタ・サーミスタの特性	2～3	2	20	4	26	2	16	4	22		10	2	12	1	4	2	7		1	1	2
トランジスタの静特性	1～6	1	58	4	63	3	58	6	67	1	58		59	1	50	2	53	1	46	7	54
トランジスタｈ定数の測定	1～4	1	15	23	39		12	4	16		16	1	17		4	2	6		9	1	10
FETの静特性	3～4		13	8	21		13	7	20		14	5	19	1	10	3	14		10	6	16
各種センサーの実習	3				0				0			1	1		4	3	7	2	2	2	6
フォトトランジスタの特性	3		12	7	19		7	3	10		2		2		1		1			2	2
光電管の特性試験	3		11	2	13				0				0				0				0
ICの取扱いと実験	2～26			11	11	1	7	16	24	1	9	9	19		7	6	13	3	9	9	21
オペ・アンプの特性	3～8				0		1	2	3		3	2	5		9	31	40	1	9	30	40
サイラトロンの特性試験	3		11	1	12				0				0				0				0
合計		31	352	123	506	11	201	80	292	4	193	45	242	10	144	65	219	16	137	84	237
1校あたりの実施テーマ数		0.4	4.6	1.6	6.7	0.2	3.0	1.2	4.3	0.1	2.6	0.6	3.3	0.2	2.7	1.2	4.1	0.3	2.2	1.4	3.8

(5-2) 電子回路

調査年	回答校数	1976年調査 76校				1987年調査 68校				1996年調査 74校				2005年調査 54校				2015年調査 62校			
実習テーマ	時間数	1学年	2学年	3学年	計	1学年	2学年	3学年	計	1学年	2学年	3学年	計	1学年	2学年	3学年	計	1学年	2学年	3学年	計
トランジスタ回路の動作と測定	1.5～4		15		15		15	10	25		12	8	20		7	4	11	1	15	3	19
トランジスタの増幅作用	1.5～9				0				0		1		1		24	10	34	1	27	12	40
エミッタ・フォロワ回路	3				0			1	1				0		1		1		1		1
低周波増幅回路の周波数特性	1.5～6		37	31	68		35	25	60		33	22	55		14	15	29		12	9	21
プッシュプル電力増幅回路の特性	2～4		10	15	25		3	7	10		2	4	6		1	1	2				0
トランス結合電力増幅回路	4				0			1	1				0				0				0
OTL電力増幅回路	3				0			1	1				0				0			1	1
負帰還増幅回路	3～4			11	11		6	11	17		6	13	19		5	3	8		1	3	4
直流増幅回路	3			3	3		1	4	5		1	3	4				0		1		1
中間周波増幅回路	4		2	6	8		1	6	7		1	2	3		1	2	3		1		1
高周波増幅回路	4			8	8		1	8	9		1	3	4			2	2		1		1
整流回路の特性	1～4		14	26	40	1	20	6	27	1	13	7	21	1	15	7	23	1	20	5	26
整流平滑回路	1～4				0				0				0		9	1	10	2	9	2	13
安定化電源回路	1～6		1	6	7	1	5	11	17		8	3	11		6	4	10	1	7	3	11
トランジスタ発振回路	3～6		6	31	37		6	25	31		4	19	23		4	7	11		3	5	8
真空管発振回路の発振特性	3～4		2	5	7			1	1				0				0				0

移相形CR発振回路	3~4			15	15	1	7	19	27		11	12	23		1	3	4		2	3	5
反結合発振回路	2~5		1	5	6			2	2		2		2				0				0
ウィーンブリッジ発振回路	3~4				0				0			1	1				0			2	2
ブロッキング発振回路	2~4			3	3	1	1	2	4			2	2			1	1				0
放電管によるのこぎり波発生	5		1	6	7				0				0			1	1				0
LC発振回路	2~4		5	7	12		1	4	5	1			1				0		7	6	13
水晶発振回路	1~4			8	8	1	5	17	23		7	18	25		4	6	10				0
変調回路の特性	2~8			11	11		2	4	6			1	1			2	2		1	10	11
検波器の特性試験	3				0				0				0			1	1			1	1
UJTによる発振回路	3~5			8	8			2	2				0		1		1				0
AMと検波回路	4		3	35	38		2	25	27		1	21	22		1	6	7		1	1	2
FMと検波回路	4		1	10	11		1	8	9			11	11			3	3			1	1
プレート検波とグリッド検波回路	3~4		4	2	6		1	1	2				0				0				0
周波数変換回路	3~6			2	2			5	5			3	3				0				0
パルスコード変調（PCM）	3				0				0			1	1				0		1	1	2
フィルターの減衰特性	3~6		6	29	35		5	17	22		4	10	14		4	10	14		2	4	6
四端子網の回路定数	4		1	3	4		1	1	2				0		1		1			1	1
※オペアンプの増幅特性	3																			1	1
合計		0	109	286	395	5	119	224	348	2	107	164	273	1	99	89	189	6	112	74	192
1校あたりの実施テーマ数		0.0	1.4	3.8	5.2	0.1	1.8	3.3	5.1	0.0	1.4	2.2	3.7	0.0	1.8	1.6	3.5	0.1	1.8	1.2	3.1

(5-3) 音響・画像

調査年　回答校数		1976年調査　76校				1987年調査　68校				1996年調査　74校				2005年調査　54校				2015年調査　62校			
実習テーマ	時間数	1学年	2学年	3学年	計	1学年	2学年	3学年	計	1学年	2学年	3学年	計	1学年	2学年	3学年	計	1学年	2学年	3学年	計
スピーカの周波数特性	2~4			11	11			8	8		1	3	4		1	1	2	1		3	4
超音波実験	3		1	9	10		1	2	3			2	2			1	1				0
スピーカのインピーダンス特性	4				0				0				0				0			1	1
合計		0	1	20	21	0	1	10	11	0	1	5	6	0	1	2	3	1	0	4	5
1校あたりの実施テーマ数		0.0	0.0	0.3	0.3	0.0	0.0	0.1	0.2	0.0	0.0	0.1	0.1	0.0	0.0	0.0	0.1	0.0	0.0	0.1	0.1

(6-1) 直流機

調査年　回答校数		1976年調査　76校				1987年調査　68校				1996年調査　74校				2005年調査　54校				2015年調査　62校			
実習テーマ	時間数	1学年	2学年	3学年	計	1学年	2学年	3学年	計	1学年	2学年	3学年	計	1学年	2学年	3学年	計	1学年	2学年	3学年	計
直流機の分解・スケッチ	3		1		1		2	1	3				0		1		1		4		4
直流分巻電動機の始動および速度制御	1~6		53	7	60		56	4	60	1	54	11	66		51		51		52	3	55
直流分巻電動機の負荷特性	1~6		40	6	46		44	3	47		26	17	43		31	6	37		28	7	35

直流直巻電動機の負荷特性	1.5~4		30	2	32		22	10	32		10	2	12		13		13		13	2	15
直流分巻発電機の無負荷特性	1.5~4		53	10	63		52	2	54		51	3	54		40	3	43		39	4	43
直流分巻発電機の負荷特性	1.5~4		41	6	47		53	5	58		42	7	49		31	4	35		30	3	33
直流直巻発電機の外部特性	2~4				0				0				0		3	1	4		9		9
直流複巻機の負荷特性	2~3		10	3	13		14	5	19		7	4	11		3		3		3	1	4
直流発電器の並行運転	3~6				0				0				0		2	1	3		2		2
直流機の効率算定法と損失分離	2				0				0				0		1		1		1		1
直流分巻機の効率試験	2				0				0				0		2		2		2		2
返還負荷法による電動機試験	3				0				0				0		1		1		1		1
ワードレオナード方式による速度制御	3		3	5	8		1	6	7			3	3			1	1			2	2
合計		0	231	39	270	0	244	36	280	1	190	47	238	0	179	16	195	0	184	22	206
1校あたりの実施テーマ数		0.0	3.0	0.5	3.6	0.0	3.6	0.5	4.1	0.0	2.6	0.6	3.2	0.0	3.3	0.3	3.6	0.0	3.0	0.4	3.3

(6-2) 変圧器

調査年	回答校数	1976年調査 76校				1987年調査 68校				1996年調査 74校				2005年調査 54校				2015年調査 62校			
実習テーマ	時間数	1学年	2学年	3学年	計	1学年	2学年	3学年	計	1学年	2学年	3学年	計	1学年	2学年	3学年	計	1学年	2学年	3学年	計
単相変圧器の変圧比・極性試験	1~6		40	9	49		46	13	59	1	43	8	52		30	10	40		34	9	43
単相変圧器の特性試験	1~6		44	15	59		45	15	60	1	40	15	56		34	12	46		34	16	50
返還負荷法による単相変圧器の温度上昇試験	2~8		5	12	17		6	7	13		3	3	6			1	1				0
変圧器の三相・六相結線	2~4		34	14	48		26	15	41		21	14	35		13	12	25		15	13	28
三相変圧器の特性試験	2~4		7	7	14		5	10	15		2	7	9		4	8	12		5	8	13
変圧器の並列運転	3~4				0				0				0			1	1		1	2	3
変圧器の絶縁耐力試験	4			1	1			6	6		1		1			1	1			1	1
単相誘導電圧調整器の特性	2~6		4		4		1	2	3			1	1		1	1	2		2	5	7
三相誘導電圧調整器の特性	1~4				0			2	2				0			1	1		2	4	6
合計		0	134	58	192	0	129	70	199	2	110	48	160	0	82	47	129	0	93	58	151
1校あたりの実施テーマ数		0.0	1.8	0.8	2.5	0.0	1.9	1.0	2.9	0.0	1.5	0.6	2.2	0.0	1.5	0.9	2.4	0.0	1.5	0.9	2.4

(6-3) 誘導機

調査年	回答校数	1976年調査 76校				1987年調査 68校				1996年調査 74校				2005年調査 54校				2015年調査 62校			
実習テーマ	時間数	1学年	2学年	3学年	計	1学年	2学年	3学年	計	1学年	2学年	3学年	計	1学年	2学年	3学年	計	1学年	2学年	3学年	計
三相誘導電動機の起動と無負荷特性	1~6		13	10	23		5	35	40		4	34	38		4	23	27		2	40	42
三相誘導電動機の特性（円線図）	1~6		25	40	65		5	54	59		1	52	53		2	50	52		2	26	28
電気動力計による三相誘導電動機の特性	1.5~4				0			2	2				0			22	22			16	16
三相誘導電動機の周波数特性	3~4				0			1	1			1	1			3	3			5	5
三相誘導電動機の速度制御	2~4				0			1	1				0		2	10	12			12	12

実習テーマ	時間数	1976 1学年	1976 2学年	1976 3学年	1976 計	1987 1学年	1987 2学年	1987 3学年	1987 計	1996 1学年	1996 2学年	1996 3学年	1996 計	2005 1学年	2005 2学年	2005 3学年	2005 計	2015 1学年	2015 2学年	2015 3学年	2015 計
クレーマ方式による速度制御	1～6			2	2			2	2				0				0				0
三相誘導電動機の実負荷試験と比例推移	3～4				0			1	1				0			5	5			5	5
プロニーブレーキによる誘導電動機の負荷試験	1～4				0				0				0		1		1		1		1
単相誘導電動機の始動と特性	[illegible]		6	7	13		2	20	22		3	11	14		4	8	12		2	3	5
合計		0	44	59	103	0	12	116	128	0	8	98	106	0	13	121	134	0	7	107	114
1校あたりの実施テーマ数		0.0	0.6	0.8	1.4	0.0	0.2	1.7	1.9	0.0	0.1	1.3	1.4	0.0	0.2	2.2	2.5	0.0	0.1	1.7	1.8

(6-4) 同期機など

調査年	回答校数	1976年調査　76校				1987年調査　68校				1996年調査　74校				2005年調査　54校				2015年調査　62校			
実習テーマ	時間数	1学年	2学年	3学年	計	1学年	2学年	3学年	計	1学年	2学年	3学年	計	1学年	2学年	3学年	計	1学年	2学年	3学年	計
三相同期電動機の始動特性	1～6		11	35	46			40	40		1	39	40		1	24	25		2	25	27
三相同期電動機の特性	1～6			2	2			1	1				0			1	1		2	26	28
三相同期発電機の特性	1～4		12	48	60			52	52		1	50	51		3	37	40		1	34	35
三相同期発電機の並行運転	2～6		5	45	50			40	40		1	28	29		3	15	18			10	10
三相分巻整流子電動機の特性	3～4		6	36	42			15	15			1	1			1	1			2	2
合計		0	34	166	200	0	0	148	148	0	3	118	121	0	7	78	85	0	5	97	102
1校あたりの実施テーマ数		0.0	0.4	2.2	2.6	0.0	0.0	2.2	2.2	0.0	0.0	1.6	1.6	0.0	0.1	1.4	1.6	0.0	0.1	1.6	1.6

(6-5) パワーエレクトロニクス

調査年	回答校数	1976年調査　76校				1987年調査　68校				1996年調査　74校				2005年調査　54校				2015年調査　62校			
実習テーマ	時間数	1学年	2学年	3学年	計	1学年	2学年	3学年	計	1学年	2学年	3学年	計	1学年	2学年	3学年	計	1学年	2学年	3学年	計
パワーエレクトロニクス	3～4				0				0				0		1	5	6			3	3
SCRによる電力制御	3～6				0			1	1				0	1		5	6		1	6	7
DCチョッパー	[illegible]				0				0			1	1				0			1	1
単相インバータ	3				0				0			1	1		1	2	3			1	1
インバータによる速度制御	2～4				0				0			5	5		1	5	6			8	8
ジーゼル発電機の運転と特性	3～4			2	2				0				0			1	1				0
※太陽光発電	3				0				0				0				0			2	2
合計		0	0	2	2	0	0	1	1	0	0	7	7	1	3	18	22	0	1	21	22
1校あたりの実施テーマ数		0.0	0.0	0.0	0.0	0.0	0.0	0.0	0.0	0.0	0.0	0.1	0.1	0.0	0.1	0.3	0.4	0.0	0.0	0.3	0.4

(7-1) 発電・送電・配電

調査年	回答校数	1976年調査　76校				1987年調査　68校				1996年調査　74校				2005年調査　54校				2015年調査　62校			
実習テーマ	時間数	1学年	2学年	3学年	計	1学年	2学年	3学年	計	1学年	2学年	3学年	計	1学年	2学年	3学年	計	1学年	2学年	3学年	計
過電流遮断器	1～6				0		1		1				0		2	4	6	1	5	11	17
自動遮断器の遮断特性試験	1～5				0			1	1				0		1	4	5		1	7	8

漏電遮断器	1～4				0			1	1				0			3	3	1	2	6	9
誘導形過電流継電器の限時特性	1～6		15	24	39		8	31	39		7	30	37		3	17	20			18	18
電力用保護継電器の特性	1～4			8	8			14	14			10	10		1	7	8			7	7
ヒューズの溶断特性	2～4	26	5		31	8	7		15	6	4		10	3	6	1	10	2	3		5
模擬送電線の実験	1～6		3	47	50		1	35	36		1	39	40			26	26			27	27
定電圧送電	3～4				0			1	1				0			3	3				0
送電線路（円線図）	2～4				0			1	1				0			6	6			5	5
架空配電線の弛度の実験	3			1	1				0			1	1				0				0
高圧受電設備の取扱い	1～6				0		1	1	2				0		1	4	5			16	16
変電総合実習	3				0			1	1				0			1	1				0
自家用施設	3				0			1	1			2	2		1		1		1		1
合計		26	23	80	129	8	18	87	113	6	12	82	100	3	15	76	94	4	12	97	113
1校あたりの実施テーマ数		0.3	0.3	1.1	1.7	0.1	0.3	1.3	1.7	0.1	0.2	1.1	1.4	0.1	0.3	1.4	1.7	0.1	0.2	1.6	1.8

(7-2) その他の電力技術

調査年	回答校数	1976年調査　76校				1987年調査　68校				1996年調査　74校				2005年調査　54校				2015年調査　62校			
実習テーマ	時間数	1学年	2学年	3学年	計	1学年	2学年	3学年	計	1学年	2学年	3学年	計	1学年	2学年	3学年	計	1学年	2学年	3学年	計
簡易照度計による照度測定	3～4		13	10	23	1	1	11	13		5	5	10			7	7		2	8	10
球形・長形光束計による光束測定	3～4		14	25	39			16	16		3	7	10		1	3	4		1	6	7
光束測定（蛍光管・着色含む）	3～4				0			1	1				0			2	2			4	4
白熱電球の配光・光度曲線	1.5～4		14	23	37	1	6	12	19		7	6	13		2	2	4		1	4	5
白熱電球の特性試験	1.5～4				0			1	1				0	3	2	1	6		1	7	8
けい光灯・水銀灯・ナトリウム灯の特性	3		13	13	26	1	7	10	18		5	10	15		1	4	5			4	4
調光器	4～6			1	1	5		4	9	2	2	1	5	2	2	1	5			3	3
電気化学の実験	3	6		1	7	1	1		2	1			1				0	1			1
銅電量計による銅の電気化学当量	3～4	6	2		8	2	1		3	1			1				0				0
ホログラフィの特性実験	3			4	4			1	1				0				0				0
レーザー	3			1	1			1	1				0				0				0
ラジオアイソトープ実験	3			1	1				0				0				0				0
GM 計数管による放射線測定	3			2	2				0				0				0				0
放射性元素の検知測定	5			1	1				0				0				0				0
高圧実験	1～6		2	38	40		2	34	36		1	31	32		5	35	40		3	36	39
球・火花ギャップによる絶縁破壊	1～6		8	16	24			28	28		2	30	32		3	20	23		3	24	27
衝撃電圧の測定	1～4			19	19			8	8			12	12		1	8	9			8	8
衝撃電圧による閃絡試験	3～4			1	1			3	3			9	9			2	2			3	3
絶縁破壊試験	1～4		5	11	16		2	18	20		1	19	20		4	13	17		2	11	13

誘電体損失測定実験	3				0				0			1	1				0			1	1
合計		12	71	167	250	11	20	148	179	4	26	131	161	5	21	98	124	1	13	119	133
1校あたりの実施テーマ数		0.2	0.9	2.2	3.3	0.2	0.3	2.2	2.6	0.1	0.4	1.8	2.2	0.1	0.4	1.8	2.3	0.0	C.2	1.9	2.1

(8) 通信技術

調査年　回答校数		1976年調査　76校				1987年調査　68校				1996年調査　74校				2005年調査　54校				2015年調査　62校			
実習テーマ	時間数	1学年	2学年	3学年	計	1学年	2学年	3学年	計	1学年	2学年	3学年	計	1学年	2学年	3学年	計	1学年	2学年	3学年	計
光ファイバーケーブル実験	1.5～6				0			2	2				0				0			4	4
光通信	1.5～6				0				0			2	2			3	3		1	9	10
PCM 光通信装置の取扱と伝送特性	3～8				0			1	1				0			2	2				0
電界強度の測定	2～3		2	7	9			9	9		1	4	5		1		1		1	1	2
空中線回路の実験	3～6			1	1			2	2			1	1			2	2				0
アンテナの特性試験	3～6				0				0				0			1	1		2	2	4
マイクロ波の測定	3			26	26			10	10			3	3			3	3			1	1
受信機の総合特性	3～4			5	5		1	13	14		1	3	4				0			3	3
ラジオ受信機の組立と調整	3			1	1		4	8	12	1	2	2	5	1	1	3	5		1		1
TV の特性試験	3				0			1	1			1	1			2	2				0
衛星放送の受信	3				0			1	1		2	1	3		1	4	5			1	1
レーダーの取扱い	4			1	1			2	2				0				0				0
合計		0	2	41	43	0	5	49	54	1	6	17	24	1	3	20	24	0	5	21	26
1校あたりの実施テーマ数		0.0	0.0	0.5	0.6	0.0	0.1	0.7	0.8	0.0	0.1	0.2	0.3	0.0	0.1	0.4	0.4	0.0	C.1	0.3	0.4

(9-1) 自動制御

調査年　回答校数		1976年調査　76校				1987年調査　68校				1996年調査　74校				2005年調査　54校				2015年調査　62校			
実習テーマ	時間数	1学年	2学年	3学年	計	1学年	2学年	3学年	計	1学年	2学年	3学年	計	1学年	2学年	3学年	計	1学年	2学年	3学年	計
自動制御の概念	1～4				0			1	1				0		1	1	2	1	7	7	15
シーケンス制御	1～18		2	27	29		7	55	62	2	12	54	68	1	12	21	34	2	17	29	48
リレー・シーケンスの実験	2～18				0				0			1	1	1	17	17	35	5	22	17	44
プロセスシミュレーターによる制御動作	3			15	15			2	2			3	3			1	1			3	3
三相誘導電動機のシーケンス制御	3～4				0				0				0		1		1		2	1	3
サーボ機構の静・動特性	3			25	25			18	18			4	4			1	1			1	1
ボード線図による一次遅れ要素	2～5			17	17			12	12			4	4				0				0
周波数応答	2～8			16	16			11	11			4	4		1		1				0
周波数伝達函数	4				0			1	1				0			1	1				0
インディシャル応答試験	1～10			2	2			7	7			5	5			1	1				0
二次遅れ制御系の特性	3			1	1			4	4			3	3				0			1	1

		1976年 1学年	1976年 2学年	1976年 3学年	1976年 計	1987年 1学年	1987年 2学年	1987年 3学年	1987年 計	1996年 1学年	1996年 2学年	1996年 3学年	1996年 計	2005年 1学年	2005年 2学年	2005年 3学年	2005年 計	2015年 1学年	2015年 2学年	2015年 3学年	2015年 計
アンプリダインの特性試験	3		1	1	2		3		3				0				0				0
ロートトロールの特性試験	3			2	2		2		2				0				0				0
調節計による制御	3～5			10	10			8	8			3	3			1	1				0
電動発電機の自動制御	3		3	18	21			15	15			6	6			1	1			1	1
誘導電動機の各種制御	6				0				0			5	5			2	2			1	1
DC モーターとパルスモータによる位置制御	3～4				0				0			1	1	3			3				0
自動制御プラント運転	3～9			11	11			14	14			7	7		1	3	4				0
最適制御	4				0			1	1				0				0				0
磁気増幅器の特性	4				0			4	4				0				0				0
差動変圧器とシンクロ特性	6			1	1				0				0				0				0
合計		0	6	146	152	0	12	153	165	2	12	100	114	2	36	50	88	8	48	61	117
1校あたりの実施テーマ数		0.0	0.1	1.9	2.0	0.0	0.2	2.3	2.4	0.0	0.2	1.4	1.5	0.0	0.7	0.9	1.6	0.1	0.8	1.0	1.9

(9-2) コンピュータによる制御

調査年 回答校数		1976年調査 76校				1987年調査 68校				1996年調査 74校				2005年調査 54校				2015年調査 62校			
実習テーマ	時間数	1学年	2学年	3学年	計	1学年	2学年	3学年	計	1学年	2学年	3学年	計	1学年	2学年	3学年	計	1学年	2学年	3学年	計
メカトロニクス実験	3				0			1	1			1	1		2	7	9		1		1
ポケコンによる制御	3～12				0			2	2		4	6	10	3	10	16	29	1	6	3	10
マイコンによる制御	1.5～18				0				0		2	4	6		4	8	12	2	9	15	26
ワンボードマイコンによる制御	1.5～8				0				0			3	3		3	5	8	1	2	4	7
パソコンによる制御	3～21				0			4	4				0	2	4	9	15	1	1	5	7
マシン語による制御	8				0			1	1				0		2	2	4			1	1
プログラマブルシーケンサ（PC）による制御	3～24				0			2	2			4	4		8	27	35	2	10	27	39
LED の点滅制御	2～8				0				0			1	1	1	3	9	13	1	5	6	12
ステッピングモータによる制御	3～4				0				0			1	1			3	3			4	4
パルスモーターの速度制御	2～4				0			1	1				0		1	2	3				0
演奏ロボットによる自動演奏	4				0				0			1	1			1	1				0
ボール盤の自動運転	3				0				0			1	1				0				0
ロボット	4～9				0				0			1	1		1	4	5		1	3	4
コンピュータによるロボット制御	3～21				0			2	2				0		1	6	7	1		6	7
多関節ロボットの制御（C 言語）	6				0				0			1	1			2	2	1	1		2
ファクトリーオートメーション（FA）	4				0				0		1	2	3			1	1		1		1
※ PIC による制御	4				0				0				0				0		1		1
合計		0	0	0	0	0	0	13	13	0	7	26	33	6	39	102	147	10	38	74	122
1校あたりの実施テーマ数		0.0	0.0	0.0	0.0	0.0	0.0	0.2	0.2	0.0	0.1	0.4	0.4	0.1	0.7	1.9	2.7	0.2	0.6	1.2	2.0

(10-1) ハードウェア技術

調査年　回答校数		1976年調査　76校				1987年調査　68校				1996年調査　74校				2005年調査　54校				2015年調査　62校			
実習テーマ	時間数	1学年	2学年	3学年	計	1学年	2学年	3学年	計	1学年	2学年	3学年	計	1学年	2学年	3学年	計	1学年	2学年	3学年	計
ディジタル	4～6				0				0			1	1		1	2	3				0
論理回路実習	2～18		3	46	49	1	11	51	63	3	28	36	67	4	16	13	33	9	22	18	49
マルチバイブレータ	[illegible]～6		1	31	32	1	3	39	43			25	25	1	7	31	39	4	5	16	25
非安定マルチバイブレータ	[illegible]～4			7	7	1		27	28	1	1	14	16		1	6	7	1	1	6	8
単安定マルチバイブレータ	[illegible]～3			13	13	1		24	25		2	13	15			5	5			4	4
双安定マルチバイブレータ	[illegible]～3			6	6			16	16		1	10	11			4	4			4	4
シュミットトリガ回路	[illegible]			10	10			5	5			4	4			1	1			2	2
波形整形回路	1～6		2	44	46		4	36	40		6	21	27	1	3	12	16		5	15	20
微分積分回路	1～6			23	23		4	36	40		2	25	27	1	3	14	18		1	18	19
A-D 変換	3～6			12	12			10	10		5	12	17		1	4	5		2	10	12
コンピュータートレーナー	4				0			1	1				0				0			1	1
電子計算機実習	4				0		1	4	5				0	2	2	1	5		1		1
マイコン実習	4～9				0			4	4				0	2	3	7	12		1	1	2
パソコン実習	3～12				0	1	1		2				0	12	19	16	47	4	4	5	13
パソコン通信	4				0				0			1	1		1	3	4			1	1
アナログコンピュータ	3～40		3	39	42			11	11		1		1				0				0
コンピュータ	3～18				0				0			1	1	1	2	1	4				0
※パルス回路測定	3～4				0				0				0				0			2	2
※電子回路シミュレータ	6				0				0				0				0			1	1
合計		0	9	231	240	5	24	264	293	4	46	163	213	24	59	120	203	18	42	104	164
1校あたりの実施テーマ数		0.0	0.1	3.0	3.2	0.1	0.4	3.9	4.3	0.1	0.6	2.2	2.9	0.4	1.1	2.2	3.8	0.3	0.7	1.7	2.6

(10-2) ソフトウェア技術

調査年　回答校数		1976年調査　76校				1987年調査　68校				1996年調査　74校				2005年調査　54校				2015年調査　62校			
実習テーマ	時間数	1学年	2学年	3学年	計	1学年	2学年	3学年	計	1学年	2学年	3学年	計	1学年	2学年	3学年	計	1学年	2学年	3学年	計
プログラミング	4～35	3	17	27	47	12	12	42	66	20	37	28	85	8	8	6	22	5	1	5	11
ワンボードマイコン・プログラミング	3～16				0			3	3				0		3	2	5	1	4	5	10
BASIC	4～24				0	1			1				0	13	2	2	17	4	2	1	7
FORTRAN	12				0			2	2				0				0			1	1
C 言語	6				0				0				0	1	3	2	6	14	15	10	39
市販ソフトの利用（CAD・ワープロ等）	3～24				0				0		1	3	4	12	9	9	30	6		4	10
表計算	3～12				0				0			1	1	6	11	5	22	19	17	15	51
ワープロ	2～18				0				0		1		1	10	7	4	21	18	7	10	35

パワーポイント	2～16				0				0				0		1		1	9	9	28	46
CAD	3～35				0			1	1				0	1	2	12	15		2	23	25
簡易 CAD	3～10				0				0		1	1	2		2	3	5		2	3	5
ホームページ作成	3～6				0				0				0		1		1		2	2	4
※ LT spice	9				0				0				0				0			1	1
※コンピュータの基本操作	10				0				0				0				0	1			1
※動画編集	4				0				0				0				0			1	1
※データベース	3																			1	1
合計		3	17	27	47	13	12	48	73	20	40	33	93	51	49	45	145	77	61	110	248
1校あたりの実施テーマ数		0.0	0.2	0.4	0.6	0.2	0.2	0.7	1.1	0.3	0.5	0.4	1.3	0.9	0.9	0.8	2.7	1.2	1.0	1.8	4.0

(11-1) 機械加工

調査年	回答校数	1976年調査 76校				1987年調査 68校				1996年調査 74校				2005年調査 54校				2015年調査 62校			
実習テーマ	時間数	1学年	2学年	3学年	計	1学年	2学年	3学年	計	1学年	2学年	3学年	計	1学年	2学年	3学年	計	1学年	2学年	3学年	計
作業実習	2～30				0			1	1				0		1		1	6	4	4	14
木工工作	4～6				0				0				0	1			1	2	1		3
手仕上工作	3	12	4	3	19	9		1	10	7	1	2	10	1			1	1			1
金属加工	1～15				0			1	1				0	2		2	4	7	5	2	14
旋盤・ボール盤	1～16	11	4	6	21	8	2	3	13	6	2	2	10	4	2	2	8	7	4	3	14
電気・ガス溶接	1～16	4	4	10	18	1	4	3	8	5	3	4	12	3	1	8	12	2	5	3	10
ブンチンの製作	1～9	2			2	3			3	4			4	3			3	6			6
合計		29	12	19	60	21	6	9	36	22	6	8	36	14	4	12	30	31	19	12	62
1校あたりの実施テーマ数		0.4	0.2	0.3	0.8	0.3	0.1	0.1	0.5	0.3	0.1	0.1	0.5	0.3	0.1	0.2	0.6	0.5	0.3	0.2	1.0

(11-2) 電気・電子工作

調査年	回答校数	1976年調査 76校				1987年調査 68校				1996年調査 74校				2005年調査 54校				2015年調査 62校			
実習テーマ	時間数	1学年	2学年	3学年	計	1学年	2学年	3学年	計	1学年	2学年	3学年	計	1学年	2学年	3学年	計	1学年	2学年	3学年	計
半田ごての扱い方	1～10	8	1		9	19	1		20	18	1		19	15			15	24	3	1	28
コイルの設計と製作	3				0				0	1			1	2	1		3	2			2
単相トランス製作	3	1		1	2	3	2	2	7		3		3				0	1			1
単相モータ巻線	3				0				0				0	1			1				0
三相誘導電動機の組立	3～24				0				0			1	1	1		4	5		1	4	5
誘導機の組立と特性	1～8		4	6	10		4	15	19		2	6	8		2	6	8				0
電気工事	3～72	44	47	22	113	45	48	14	107	46	47	10	103	43	39	10	92	49	36	9	94
金属管工事	2～8				0				0				0			1	1	13	9	3	25
写真（現像・焼付・プリント基板）	6		1		1	1	2	2	5	2	4	2	8			1	1		1	1	2

CADによる基板加工	6				0				0				0			1	1	1	2	1	4
電子工作	3～21				0				0			1	1	6	4	2	12	10	10	4	24
時計製作	3～15				0			1	1				0		2	1	3	1	2	2	5
電圧分圧回路の製作	3～4	2			2				0	1		1	2				0				0
増幅器の組立	3				0				0				0			2	2		1		1
トランジスターによる増幅回路設計	3～4				0		1	1	2				0			3	3		3		3
ICアンプ	1.5～6				0		1		1			1	1		1	1	2		1	2	3
デジタルICによるOPアンプの製作	1.5～3				0		1		1				0			3	3		1	3	4
増幅回路の製作と特性	3～6				0		1		1				0		1	3	4		2	2	4
増幅・発振回路の製作	8				0				0			2	2			4	4			1	1
位相回路の製作	9			1	1		1	1	2				0				0				0
振幅変調器の製作	3～40				0				0			1	1			1	1				0
移相形発振器の製作	3～4				0		1		1				0			1	1				0
論理回路の製作	6～8			1	1	2	1	8	11	1	2	5	8		1	1	2		1	3	4
整流器の製作	3～27		1		1	1	1	1	3	3	2		5	1			1				0
安定化電源回路の製作	3～19			1	1	7	5	5	17	7	8	4	19		4	1	5	1		1	2
電圧調整器	2				0				0	1			1				0				0
充電器	9～40				0				0	1			1	1		1	2				0
導電チェッカー	6				0				0			1	1				0		1		1
光センサー	3				0				0			1	1		1		1	1			1
赤外線センサー	12～18				0				0			1	1	1			1				0
人体センサー	35				0				0				0	1			1				0
トランスミッター	6				0				0			1	1				0				0
テスターの製作	3～24	10	3	1	14	23	7	2	32	37	3		40	30	2		32	33	1	1	35
電子工作キット	3～6				0				0		1		1	4		1	5	3	1		4
風呂ブザーの製作	3～40				0	1			1	2			2			1	1				0
電子オルゴール	3				0				0			1	1	1		1	2	1			1
調光器とアクリルケース	9～10				0				0	2	4		6	1	4	1	6	1		1	2
ワイヤレスマイク	8～40				0				0			1	1		1	1	2				0
ラジオ製作	3～16	1	2	3	6	1	5	6	12				0	1	6	3	10	1	6	1	8
ラジオ製作＋アンプ	8～48				0				0	2	6	2	10			1	1				0
ゲルマニウムラジオの製作	3				0				0				0		1		1		1		1
2石トランジスタラジオの製作	3				0				0				0		1		1		1		1
TV受像機の組立と調整，波形観測	3			35	35			16	16			5	5			1	1			1	1
マルチバイブレータによるLED点滅回路	3～9				0				0		1		1	1	1	5	7	3	1	1	5
ワンボードマイコン	3～16				0				0		1	1	2	2			2	2	2	4	8

インターフェース	3				0				0	1			1	1			1			1	1
マイコンインターフェースの製作	6				0			1	1				0	1	1	2	4	1	1	1	3
ポケコン用I／0ボード	4～9				0				0	1	1		2	1	3	1	5		2		2
ステッピングモーター制御回路製作	40				0			1	1				0			1	1				0
リニアモーターカー製作実習	12～40				0			1	1				0			1	1				0
ライントレーサー	3～18				0				0		1		1	4	4		8	3	2	2	7
マイコンカーの製作	6～12				0				0				0	2			2	1	4	1	6
カウンタの製作	3～40				0				0			1	1			2	2				0
製図	2～35				0				0				0	1			1	2	2	7	11
CADによる図面作成（受電役備・屋内配線）	3～14				0				0			1	1		2	6	8		3	5	8
※メロディーICキットの製作	6				0				0				0				0	1			1
※各種ヒューズ	3				0				0				0				0		1		1
※OPアンプを使用したスピーカアンプ製作	18				0				0				0				0	1			1
※技能士課題2のBOX製作	12				0				0				0				0			1	1
※制御盤製作	9				0				0				0				0	1	1		2
※電気系保全作業	6				0				0				0				0			1	1
※クリップモーターの製作	3				0				0				0				0	1			1
※スイッチ付テーブルタップの製作	24				0				0				0				0	1			1
合計		66	59	71	196	103	82	77	262	126	87	50	263	122	82	75	279	159	103	65	327
1校あたりの実施テーマ数		0.9	0.8	0.9	2.6	1.5	1.2	1.1	3.9	1.7	1.2	0.7	3.6	2.3	1.5	1.4	5.2	2.6	1.7	1.0	5.3

(12) その他

調査年 回答校数		1976年調査 76校				1987年調査 68校				1996年調査 74校				2005年調査 54校				2015年調査 62校			
実習テーマ	時間数	1学年	2学年	3学年	計	1学年	2学年	3学年	計	1学年	2学年	3学年	計	1学年	2学年	3学年	計	1学年	2学年	3学年	計
オリエンテーション	1～15				0				0		1	1	2	30	8	7	45	30	9	8	47
社会人講師	2～36				0				0			1	1		2	6	8	7	12	11	30
発電所・変電所・工場見学	3～66	1	1	1	3	15	23	33	71	16	28	36	80	12	14	12	38	23	28	27	78
現場実習	4～40				0				0		1		1		10	2	12	4	11	1	16
安全教育	0.5～9	2			2	9	2	1	12	6	4	5	15	11	1	1	13	16	5	5	26
※課題研究の予備調査	9				0				0				0				0		1		1
※電気工事士筆記対応学習	15				0				0				0				0		1		1
※高大連携授業	12				0				0				0				0		1		1
※修学旅行事前学習	9				0				0				0				0		1		1
※情報リテラシー	3				0				0				0				0		1		1
合計		3	1	1	5	24	25	34	83	22	34	43	99	53	35	28	116	80	70	52	202
1校あたりの実施テーマ数		0.0	0.0	0.0	0.1	0.4	0.4	0.5	1.2	0.3	0.5	0.6	1.3	1.0	0.6	0.5	2.1	1.3	1.1	0.8	3.3

電子科・系　集計元データ

(1-1) 直流回路の電圧・電流・電力

調査年	回答校数	1976年調査　36校				1987年調査　29校				1996年調査　26校				2005年調査　14校				2015年調査　20校			
実習テーマ	時間数	1学年	2学年	3学年	計	1学年	2学年	3学年	計	1学年	2学年	3学年	計	1学年	2学年	3学年	計	1学年	2学年	3学年	計
オームの法則の確認（抵抗の直並列回路）	1~9	18			18	15	3		18	20	2		22	12			12	18			18
各種抵抗の電圧と電流	2~8	1	1		2	5			5	5			5	2			2	7			7
キルヒホッフの法則	1~9	17	2		19	15	5		20	18	2		20	10	1		11	12	3		15
重ね合わせの理の確認	3~6	2			2									1			1				0
回路計による電圧，電流，抵抗の測定	1~8	10			10	13	3		16	12			12	8			8	8	1		9
直流電位差計による電圧，電流の測定	1~6	2			2	3	3		6		2		2					1			1
電位の測定と電圧降下	2~3													1			1	2			2
電位のつりあい	3	2			2	2			2		2		2	1			1	1			1
ジュール熱の実験	3~4	1			1	2	3		5	1			1	3			3	1			1
直流電力の測定	2~4	8	1		9	9	3		12	4	4		8	2			2	2			2
電気コンロの実験	3	4			4	2			2	1			1								0
電球の電圧，電流，電力の関係	2~3	1			1	1	2		3	2	2		4		1		1	2	1		3
最大電力供給条件に関する実験	3	2			2	3			3	3	3	1	7		1		1				0
合計		68	4	0	72	70	22	0	92	66	17	1	84	40	3	0	43	54	5	0	59
1校あたりの実施テーマ数		1.9	0.1	0.0	2.0	2.4	0.8	0.0	3.2	2.5	0.7	0.0	3.2	2.9	0.2	0.0	3.1	2.7	0.3	0.0	3.0

(1-2) 電気抵抗

調査年	回答校数	1976年調査　36校				1987年調査　29校				1996年調査　26校				2005年調査　14校				2015年調査　20校			
実習テーマ	時間数	1学年	2学年	3学年	計	1学年	2学年	3学年	計	1学年	2学年	3学年	計	1学年	2学年	3学年	計	1学年	2学年	3学年	計
電圧降下法による抵抗測定	1~4	27			27	8	2		10	10	1		11	2	1		3	2			2
置換法による抵抗測定	3	10			10	1			1	1	1		2	1			1	1			1
電球の抵抗測定	2~4	3			3	1	3		4	3			3								0
温度による抵抗率変化	3~4	7			7	2	4	1	7	3			3					1			1
分流器と倍率器	2~8	17			17	15	6		21	16	1		17	9			9	8	2		10
ホイートストンブリッジ（P.O.BOX）による抵抗測定	2~9	31	2		33	19	5		24	19	2		21	6			6	9	3		12
直流電位差計による抵抗測定	1~4	1			1	1	2		3												0
すべり線ブリッジによる中位抵抗の測定	3	4			4	1			1					1			1				0
メートルブリッジによる中位抵抗の測定	3	1	1		2	1			1												0
ケルビンダブルブリッジによる低抵抗の測定	2~4	24	4		28	8	3		11	4	1		5	1			1				0
コールラウシュブリッジによる電解液の抵抗測定	2~3	12	1		13	5	1		6	1			1								0
接地抵抗計による接地抵抗測定	1~5	15	2		17	5	2		7	3			3	4	1		5	2			2

メガによる絶縁抵抗の測定	1～3	10			10	3	1		4	4			4	3	2		5	2	2	1	5
反照検流計による絶縁抵抗測定	3	1			1																0
合計		163	10	0	173	70	29	1	100	64	6	0	70	27	4	0	31	25	7	1	33
1校あたりの実施テーマ数		4.5	0.3	0.0	4.8	2.4	1.0	0.0	3.4	2.5	0.2	0.0	2.7	1.9	0.3	0.0	2.2	1.3	0.4	0.1	1.7

(1-3) 電気の各種作用

調査年	回答校数	1976年調査 36校				1987年調査 29校				1996年調査 26校				2005年調査 14校				2015年調査 20校			
実習テーマ	時間数	1学年	2学年	3学年	計	1学年	2学年	3学年	計	1学年	2学年	3学年	計	1学年	2学年	3学年	計	1学年	2学年	3学年	計
乾電池の特性試験	2～3	18			18	5	1		6	2			2								0
直流電位差計による電池の起電力測定	2～4	28	1		29	13	5		18	10	1		11								0
蓄電池の充放電	3	1	1		2						1		1								0
熱電対の特性	3	14	1		15	3			3	1	1		2								0
※電池の内部抵抗特性	3																	1	1		2
合計		61	3	0	64	21	6	0	27	13	3	0	16	0	0	0	0	1	1	0	2
1校あたりの実施テーマ数		1.7	0.1	0.0	1.8	0.7	0.2	0.0	0.9	0.5	0.1	0.0	0.6	0.0	0.0	0.0	0.0	0.1	0.1	0.0	0.1

(2) 磁気と静電気

調査年	回答校数	1976年調査 36校				1987年調査 29校				1996年調査 26校				2005年調査 14校				2015年調査 20校			
実習テーマ	時間数	1学年	2学年	3学年	計	1学年	2学年	3学年	計	1学年	2学年	3学年	計	1学年	2学年	3学年	計	1学年	2学年	3学年	計
鉄の磁化特性	2～3		1		1		1	1	2	1	1		2					1			1
磁力線と磁界の方向	2～3	1			1	1			1					2			2	2			2
円形コイルによる磁界の測定	1～3	1			1	2			2	1	1		2	1			1	1	1		2
円形コイルによる地球磁界の測定	1～4	4			4	2			2	1	1		2	2			2	2			2
フレミングの左手の法則の実験	1～3	1			1	1		1	2	1			1	2			2	3			3
磁束計による磁心材料のヒステリシス特性	2～4	18	4		22	9	3		12	3	2		5	2			2	1	1		2
相互インダクタンスの測定	3～4	1	1		2		1	1	2		2		2								0
電磁誘導現象の実験	3～4		1		1		1	1	2		1		1	1			1				0
エプスタイン装置による鉄損の測定	2～3	1	2	1	4																0
電位分布の測定	2～3	4	1		5	3	1		4	1			1	1			1				0
電位傾度の測定	3	1			1																0
コンデンサの直並列接続に関する測定	2～4	2			2	4	3		7	1	3		4	1	1		2	6		1	7
平行板コンデンサの静電容量測定	3	1			1					1			1	1			1		1		1
静電容量と静電エネルギの測定	3～4	3			3	4	1		5	3	2		5	2			2	2			2
合計		38	10	1	49	26	11	4	41	13	13	0	26	15	1	0	16	18	3	1	22
1校あたりの実施テーマ数		1.1	0.3	0.0	1.4	0.9	0.4	0.1	1.4	0.5	0.5	0.0	1.0	1.1	0.1	0.0	1.1	0.9	0.2	0.1	1.1

(3) 交流回路

調査年　回答校数		1976年調査　36校				1987年調査　29校				1996年調査　26校				2005年調査　14校				2015年調査　20校			
実習テーマ	時間数	1学年	2学年	3学年	計	1学年	2学年	3学年	計	1学年	2学年	3学年	計	1学年	2学年	3学年	計	1学年	2学年	3学年	計
交流基本回路の電圧と電流	2～20	2	3		5	3	13		16	5	7		12		6		6	3	4		7
R，L，Cの特性に関する実験	2～12	3			3	1	8		9		5	1	6		4		4		6	1	7
RLC回路の位相量，ベクトル軌跡の測定	2～8	2	8	1	11		4	1	5		5	1	6		2	1	3		2		2
交流ブリッジによるL，C，Rの測定	2～6	6	26	1	33	1	15		16		10		10							1	1
マックスウェルブリッジによるL，Mの測定	2～3	1	1		2		1		1												0
電圧降下法によるL，Cの測定	2～4	1			1																0
直列抵抗法による容量測定	3		1		1																0
コイルのインピーダンス測定	3		2		2		4		4										1		1
置換法によるL，Cの測定	1～6		1		1		2		2		1		1		1		1				0
共振回路（RLC直並列回路）の特性	2～9	3	24		27	2	19	3	24		21	1	22		9	1	10		9		9
複共振回路の特性測定	2～8		2		2		1		1		1		1		1		1			1	1
単相交流電力及び力率の測定	3～6	3	14		17	2	9		11	1	12	1	14		6	1	7		7	2	9
キャンベルブリッジによる周波数測定	3		1		1																0
三相交流電力の測定	3～4		3		3		2	5	7		2		2			2	2		1		1
CR回路の過渡現象	3～8		3	7	10	1	5	4	10	1	4	2	7		2	2	4	1	1	1	3
RLC回路の過渡応答特性	2～6		1	7	8		1		1		1	1	2		1	2	3				0
ひずみ波の波形分析	2～4			8	8		1	1	2												0
ひずみ波交流のひずみ率測定	3～6			4	4		2	1	3		1	1	2								0
パルス波の基本的扱い	3～8			1	1		3	4	7		2	2	4		1	1	2		1		1
非正弦波交流の実験	3		1		1		1		1												0
合計		21	91	29	141	10	91	19	120	7	72	10	89	0	33	10	43	4	32	6	42
1校あたりの実施テーマ数		0.6	2.5	0.8	3.9	0.3	3.1	0.7	4.1	0.3	2.8	0.4	3.4	0.0	2.4	0.7	3.1	0.2	1.6	0.3	2.1

(4) 電気・電子計測

調査年　回答校数		1976年調査　36校				1987年調査　29校				1996年調査　26校				2005年調査　14校				2015年調査　20校			
実習テーマ	時間数	1学年	2学年	3学年	計	1学年	2学年	3学年	計	1学年	2学年	3学年	計	1学年	2学年	3学年	計	1学年	2学年	3学年	計
配線練習	3～4									1			1	6	1	1	8	2	1	1	4
電流計，電圧計の取扱い	2～6	11			11	17	3		20	12			12	9			9	10			10
抵抗器の使用法	1～4	4			4	3	2		5	3			3	2			2	2			2
電位差計による計器の補正	2～6	16	1	1	18	5	1		6	3			3	1			1				0
比較法による直流電流計，電圧計の補正	2	1	1		2	1			1		1		1								0
熱電対型電流計の目盛定め	3	1			1																0
指針検流計の取扱い，特性測定	2	5	1		6	2			2												0

反照検流計の感度測定	3	5			5	1			1												0
検流計と分流器の取扱い	3~4	1	1		2	2			2					1			1	1			1
半偏法, 等偏法による検流計の内部抵抗の測定	2	1	1		2																0
直流電圧計の内部抵抗測定	2													1			1	1			1
直流電流計の内部抵抗測定	1~2													1			1	1			1
ケルビン法による電流計, 電圧計, 検流計の内部抵抗測定	3~4	3			3	1	2		3												0
ブリッジによる電流計, 電圧計の内部抵抗測定	2~3	2			2	2	1		3	1			1					1			1
電圧計の内部抵抗測定	3~4													1			1				0
電流計の内部抵抗測定	3													1			1				0
電力量計の誤差試験	3~4		1		1		2		2		1		1			1	1		1		1
電力計, 積算電力計の実習	2~4	1	2		3																0
Q メータの使い方	3~5	2	23	7	32		14	3	17		6		6								0
高周波定数の測定	6			1	1																0
高周波計器の実験	3~4			1	1																0
シンクロスコープの取扱い方	2~10	2	23	7	32	8	13	1	22	11	15		26	3	5		8	8	7		15
リサージュ図形による位相周波数測定	2~6			1	1	2	7		9		3	2	5		1		1		2	1	3
ディジタルストレージの使い方	3											1	1		1		1				0
XY レコーダの使い方	2~4	1			1		4	3	7												0
真空管電圧計の使用法	3~4			1	1		1		1												0
電子電圧計の原理の取扱い方	3~4			4	4		1		1	1	1		2		1		1				0
ペン書きオシログラフの使い方	3		1		1		1		1												0
ヘテロダイン周波数計	3	1		1	2																0
周波数計による周波数測定	3			2	2																0
空気, 電気マイクロメータ	6	1			1																0
合計		58	55	26	139	44	52	7	103	32	27	3	62	26	9	2	37	26	11	2	39
1校あたりの実施テーマ数		1.6	1.5	0.7	3.9	1.5	1.8	0.2	3.6	1.2	1.0	0.1	2.4	1.9	0.6	0.1	2.6	1.3	0.6	0.1	2.0

(5-1) 電子管・半導体

調査年　回答校数		1976年調査　36校				1987年調査　29校				1996年調査　26校				2005年調査　14校				2015年調査　20校			
実習テーマ	時間数	1学年	2学年	3学年	計	1学年	2学年	3学年	計	1学年	2学年	3学年	計	1学年	2学年	3学年	計	1学年	2学年	3学年	計
2極管の特性	2~6	10	9		19	1	1		2												0
3極管の特性	2~4	1	25		26		3		3												0
4, 5極管の特性	3~6	2	13		15																0
真空管試験器	4		1	1	1																0
定電圧放電管	2~4	1	3		4		1		1												0

ダイオードの特性測定	2～8	11	13		24	5	21		26	3	16		19	4	6		10	1	15	1	17
ダイオードの動的波形観測	3	1			1		2		2		1		1								0
半導体整流器の特性	3	1	1		2		6		6	1	5		6		1	1	2		1		1
セレン整流器の特性	3	1	1		2		2		2												0
金属整流器の特性	3	1	1		2		1		1												0
各種整流素子の特性測定	3	2			2	1	2		3		1		1					1			1
定電圧ダイオードの特性試験	1～3	1	6		7		9		9	1	6		7	1			1	1	2		3
エサキダイオードの特性試験	4		1		1		1		1												0
トランジスタの静特性測定	2～6	6	32	2	40	2	26		28	2	21		23	2	10	1	13	1	14	3	18
トランジスタのｈ定数測定	2～6	1	18	3	22		9		9		8	1	9		1		1		3		3
トランジスタの静特性とバイアス回路	3～4		4		4		5		5		4		4		4		4		5		5
FET の特性測定	2～6		12	2	14	1	17		18	2	11		13	1	6		7	1	6	1	8
UJT の特性測定	3		3		3		1		1												0
SCR の特性測定	3～6	2	9	5	16		7	4	11	1	1	3	5		1	2	3			1	1
ホト・トランジスタの特性測定	2～4	2	5	3	10	1	2	3	6	1	1	1	3	1	1		2		1	2	3
光伝導セルと光電管の静特性	3～4	1	4	1	6		2		2		2		2						1		1
サーミスタ，バリスタの特性測定	3～4	8	4		12	1	5		6		3	1	4							1	1
熱電対とサーミスタの特性	2～4		1		1		2		2	1	1		2								0
ホール効果	4～6		1	1	2																0
クライストロンの特性	3～8			4	4			1	1			2	2								0
サイラトロンの特性測定	2～6		6		6																0
※光電素子の特性試験	3																			1	1
合計		52	173	22	246	12	125	8	145	12	81	8	101	9	30	4	43	5	48	10	63
1校あたりの実施テーマ数		1.4	4.8	0.6	6.8	0.4	4.3	0.3	5.0	0.5	3.1	0.3	3.9	0.6	2.1	0.3	3.1	0.3	2.4	0.5	3.2

(5-2) 増幅回路・電源回路

調査年　回答校数		1976年調査　36校				1987年調査　29校				1996年調査　26校				2005年調査　14校				2015年調査　20校			
実習テーマ	時間数	1学年	2学年	3学年	計	1学年	2学年	3学年	計	1学年	2学年	3学年	計	1学年	2学年	3学年	計	1学年	2学年	3学年	計
真空管増幅器の特性	3～6		3		3																0
低周波増幅回路の特性測定	2～8	2	32		34		19	3	22		14	5	19		9	2	11		4	2	6
トランジスタ増幅回路の設計と特性測定	2～9		11	4	15		16	1	17		12	4	16		3		3		7	1	8
負帰還増幅回路の特性測定	3～8	1	11	4	16		11	2	13		9	7	16		2	1	3		2		2
直流増幅回路の特性測定	3		2	2	4		1	1	2		1	2	3								0
各種増幅器の周波数特性	4			1	1		3	3	6		3	2	5							1	1
チョッパ増幅回路	3		1		1		1		1			1	1								0
広帯域増幅回路	3		1	1	2																0

低周波電力増幅回路の特性測定	3～6		14	2	16		8	3	11		8	5	13		1	2	3		1	1	2
プッシュプル増幅器の製作	8		1		1		1	1	2		1	3	4								0
電力増幅回路（効率測定，最適負荷）	4～12		1		1		1	2	3		2		2						1	1	2
高周波増幅器の特性	3～6		5	2	7		3	6	9		4	1	5							1	1
中間周波増幅回路の特性	3～4			8	8		3	4	7												0
差動増幅回路	3			1	1			2	2		1	3	4			2	2				0
FET 回路	3			1	1		4		4		3	1	4			1	1		1		1
OP アンプの測定	3～18										1	1	2			2	2		3	8	11
映像増幅回路の特性	3～4			2	2			1	1												0
整流回路の特性	3～5		19	2	21		18	3	21	2	14	4	20	1	3		4		4	2	6
安定化電源回路の特性	3～6	1	6	6	13		10	5	15	1	8	4	12		1	1	2		2	2	4
SCR 交流電圧制御装置による電圧制御	3			3	3		3	1	4		1	2	3								0
※定電圧回路の特性測定	3																			1	1
合計		4	107	39	150	0	102	38	140	3	82	45	129	1	19	11	31	0	25	20	45
1校あたりの実施テーマ数		0.1	3.0	1.1	4.2	0.0	3.5	1.3	4.8	0.1	3.2	1.7	5.0	0.1	1.4	0.8	2.2	0.0	1.3	1.0	2.3

(5-3) その他の電子回路

調査年　回答校数		1976年調査　36校				1987年調査　29校				1996年調査　26校				2005年調査　14校				2015年調査　20校			
実習テーマ	時間数	1学年	2学年	3学年	計	1学年	2学年	3学年	計	1学年	2学年	3学年	計	1学年	2学年	3学年	計	1学年	2学年	3学年	計
発振回路の特性	3～4		6	1	7		4	2	6		1	2	3		1	4	5		3	5	8
CR 発振回路の特性試験	3～6		16	8	24		8	8	16		7	4	11		1	2	3		2	3	5
反結合発振器の特性	3		1		1		2		2		1		1		2		2				0
LC 発振回路の特性試験	3～6		7	3	10		5	5	10		5	6	11		1	1	2		1	2	3
水晶発振回路の特性測定	3		7	5	12		2	4	6		1	4	5		1	1	2				0
ブロッキング発振回路の特性	2～4		2	5	7			3	3												0
のこぎり波発振回路	3		1	5	6																0
UJT によるパルス波，のこぎり波発生回路	3			1	1																0
階段波発生回路	3		1	2	3																0
タイマー信号発生回路	3～6			1	1															1	1
パルス発振器の原理	3～8			1	1			2	2		1	2	3			1	1			2	2
微積分回路	2～6		5	9	14		4	16	20		4	5	9		4	2	6		2	3	5
周波数変換回路	3			1	1		1	1	2												0
変調回路の特性	3～5		1	2	3		1	3	4			4	4								0
AM 変調と復調	1～6	1	7	16	24		3	20	23		3	14	17			7	7		2	4	6
FM 変調と復調	3～6		1	18	19		2	14	16			10	10			3	3			2	2
PM 変調と復調	3～6			2	2			1	1			1	1								0

リング変調，復調の特性	3			1	1							1	1								0
パルス変調回路	2		1		1							1	1							1	1
検波回路の特性	4		1		1		1	2	3			2	2								0
陽極検波	3		1	3	4																0
位相検波	9			1	1																0
ダイオード検波	6			2	2			3	3		1	1	2								0
PLLの基礎	6															1	1				0
TV水平垂直偏向回路	2			1	1			1	1												0
四端子網	4	1	2		3		1	1	2												0
フィルタ回路	3~5															1	1			1	1
フィルターの実験	2~6		3	25	28		5	12	17		1	6	7		1	3	4				0
フィルターの設計と周波数特性の測定	3~8	1	2		3		1	2	3			4	4			3	3				0
抵抗減衰器の特性測定	2~8		1	5	6		2		2		1	3	4								0
ブリッジT形抵抗減衰器の設計	3			1	1			2	2			2	2								0
※波形整形	4																			1	1
合計		3	66	119	188	0	42	102	144	0	26	72	98	0	11	29	40	0	10	25	35
1校あたりの実施テーマ数		0.1	1.8	3.3	5.2	0.0	1.4	3.5	5.0	0.0	1.0	2.8	3.8	0.0	0.8	2.1	2.9	0.0	0.5	1.3	1.8

(5-4) 音響・画像

調査年	回答校数	1976年調査　36校				1987年調査　29校				1996年調査　26校				2005年調査　14校				2015年調査　20校			
実習テーマ	時間数	1学年	2学年	3学年	計	1学年	2学年	3学年	計	1学年	2学年	3学年	計	1学年	2学年	3学年	計	1学年	2学年	3学年	計
スピーカーの特性	3~9		1	21	22		2	16	18			8	8			3	3			2	2
マイクロホンの特性	3			7	7			7	7			4	4			1	1			1	1
磁気録音機・再生機	4			2	2																0
防音装置	4			1	1																0
※マルチメディア応用実習	15																			1	1
合計		0	1	31	32	0	2	23	25	0	0	12	12	0	0	4	4	0	0	4	4
1校あたりの実施テーマ数		0.0	0.0	0.9	0.9	0.0	0.1	0.8	0.9	0.0	0.0	0.5	0.5	0.0	0.0	0.3	0.3	0.0	0.0	0.2	0.2

(6) 電気機器

調査年	回答校数	1976年調査　36校				1987年調査　29校				1996年調査　26校				2005年調査　14校				2015年調査　20校			
実習テーマ	時間数	1学年	2学年	3学年	計	1学年	2学年	3学年	計	1学年	2学年	3学年	計	1学年	2学年	3学年	計	1学年	2学年	3学年	計
絶縁耐圧試験	4			2	2			1	1							1	1				0
直流機の実験	3~5		1	15	16			1	1										1		1
直流電動機の特性	3~4		2	10	12		2	4	6			1	1		1		1		2		2
直流電動機の速度制御	3~8		2	3	5		1	1	2		2	1	3		1	1	2		3		3

直流発電機の特性	3~9		1	11	12		1	4	5		1	1	2		2		2				0
変圧器の特性測定	3~6	1	10	8	19		2	4	6		2	1	3		2	1	3		2	1	3
変圧器の絶縁抵抗	3		1		1														1	1	2
返還負荷法による変圧器の温度上昇試験	3			1	1																0
変圧器油の絶縁破壊による放電試験	2			1	1																0
単相変圧器の変圧及び三相結線	3~4		3		3			2	2			1	1							2	2
三相変圧器の結線	3~6			1	1											1	1			1	1
鉄共振	2~4	1			1																0
誘導電動機の起動法	3		1	1	2			1	1											1	1
三相誘導電動機の特性	3~6			1	1			3	3							1	1			2	2
単相誘導電動機の特性	6			1	1																0
三相同期発電機の特性	4		1	3	4			1	1							1	1				0
三相同期電動機の特性	3~6			3	3																0
電動発電機の特性	4		1		1											1	1			1	1
原動機実験	6			1	1															1	1
※三相誘導電動機による円線図の作成	3																			1	1
合計		2	23	62	87	0	6	22	28	0	5	5	10	0	6	7	13	0	9	11	20
1校あたりの実施テーマ数		0.1	0.6	1.7	2.4	0.0	0.2	0.8	1.0	0.0	0.2	0.2	0.4	0.0	0.4	0.5	0.9	0.0	0.5	0.6	1.0

(7) 電力技術

調査年	回答校数	1976年調査　36校				1987年調査　29校				1996年調査　26校				2005年調査　14校				2015年調査　20校			
実習テーマ	時間数	1学年	2学年	3学年	計	1学年	2学年	3学年	計	1学年	2学年	3学年	計	1学年	2学年	3学年	計	1学年	2学年	3学年	計
模擬送電線路	3															1	1				0
ヒューズの溶断試験	3~4	4	1		5	2	1		3		1		1	1			1	1			1
蛍光灯	2~8	4			4		2		2			1	1	1			1	1			1
火花間隙による高電圧の測定	3			1	1											1	1			1	1
放射線実習	3~8			2	2															1	1
超音波に関する実習	3			2	2																0
真空蒸着装置の取扱い	4			1	1																0
※過電流継電器の特性測定	3																			1	1
合計		8	1	6	15	2	3	0	5	0	1	1	2	2	0	2	4	2	0	3	5
1校あたりの実施テーマ数		0.2	0.0	0.2	0.4	0.1	0.1	0.0	0.2	0.0	0.0	0.0	0.1	0.1	0.0	0.1	0.3	0.1	0.0	0.2	0.3

(8-1) 有線通信

調査年	回答校数	1976年調査　36校				1987年調査　29校				1996年調査　26校				2005年調査　14校				2015年調査　20校			
実習テーマ	時間数	1学年	2学年	3学年	計	1学年	2学年	3学年	計	1学年	2学年	3学年	計	1学年	2学年	3学年	計	1学年	2学年	3学年	計
有線と搬送に関する実験	4			1	1			1	1		1		1								0

自動交換機の実験	3			5	5							1	1								0
搬送通信機の調整及び特性	3～9			4	4			1	1												0
搬送電話装置	3			3	3			2	2											1	1
電話擬似線路の特性	4			1	1			1	1												0
通信用継電器の基本回路の動作測定	3			1	1			1	1		1		1								0
テレタイプ装置	3			1	1																0
光通信	3～8							3	3			2	2			2	2			3	3
※ ISDN	10															1	1				0
※情報配線・施工実習	8																		1		1
合計		0	0	16	16	0	0	9	9	0	2	3	5	0	0	3	3	0	1	4	5
1校あたりの実施テーマ数		0.0	0.0	0.4	0.4	0.0	0.0	0.3	0.3	0.0	0.1	0.1	0.2	0.0	0.0	0.2	0.2	0.0	0.1	0.2	0.3

(8-2) 無線通信

調査年　回答校数		1976年調査　36校				1987年調査　29校				1996年調査　26校				2005年調査　14校				2015年調査　20校			
実習テーマ	時間数	1学年	2学年	3学年	計	1学年	2学年	3学年	計	1学年	2学年	3学年	計	1学年	2学年	3学年	計	1学年	2学年	3学年	計
受信機の特性	3～6		2	8	10							1	1			3	3			1	1
ラジオ受信機の調整試験	3～5		2	5	7						2	1	3		1	1	2		1		1
五級スーパ受信機の特性	6～8		3	1	4							1	1								0
無線受信機の総合試験	9～28			2	2			4	4			5	5								0
短波受信機の総合試験	4			1	1																0
VHF 受信機の総合試験	4			1	1							1	1								0
FM 受信機	3～5			1	1		1	6	7							1	1				0
ロラン受信機の実験	2		1		1							1	1								0
送信機の特性	3～6			7	7			7	7												0
FM 送信機	3～5		1	1	2			1	1												0
SSB 送受信装置	3			1	1																0
無線器の取扱いと特性	3～5		1	2	3			1	1			1	1								0
無線局の運用(トランシーバの運用)	4			1	1			1	1												0
搬送波実験	4		1	1	2			1	1												0
マイクロ波の測定(電力, インピーダンス)	3～10			31	31			15	15			3	3			2	2				0
超短波におけるインピーダンスの測定	3		1		1			1	1												0
電界強度の測定	3～6			14	14		1	9	10			5	5			1	1			2	2
アンテナの実験	3～6			6	6		1	5	6			4	4			1	1			3	3
空中線の固有周波数及び定数の測定	3～6			4	4			1	1												0
超短波発振器の波長及び指向特性	3			1	1			1	1							1	1				0

VHF，OSC とλ測定	3			1	1																0
テレビジョン受像機	3～25			33	33			14	14							1	1				0
カラーテレビジョン	3			3	3			9	9												0
レーダー	4			1	1			1	1												0
FS 通信	6			1	1																0
レーザ通信	3			2	2			1	1			1	1								0
※電磁波測定	4																		1		1
合計		0	12	129	141	0	3	78	81	0	2	24	26	0	1	11	12	0	2	6	8
1校あたりの実施テーマ数		0.0	0.3	3.6	3.9	0.0	0.1	2.7	2.8	0.0	0.1	0.9	1.0	0.0	0.1	0.8	0.9	0.0	0.1	0.3	0.4

(9-1) シーケンス制御

調査年	回答校数	1976年調査 36校				1987年調査 29校				1996年調査 26校				2005年調査 14校				2015年調査 20校			
実習テーマ	時間数	1学年	2学年	3学年	計	1学年	2学年	3学年	計	1学年	2学年	3学年	計	1学年	2学年	3学年	計	1学年	2学年	3学年	計
リレーの動作測定	2～24		1		1		1		1			3	3					1	2	1	4
リレー回路の実験（基本回路）	1～12	2		7	9		3	2	5	1	1	4	6		1	1	2		4	3	7
トランジスタ1石リレー駆動回路の基礎	5～12			1	1		1		1		3		3								0
シーケンス制御の基礎（リレー，無接点回路）	1～18			5	5		2	10	12	2	4	7	13	1	2	4	7		5	8	13
シーケンスボードによるトレーニング	2～42			1	1			2	2		1	3	4			1	1		2	2	4
エレベータのシーケンス制御	6～15			1	1							3	3			1	1				0
※ PLC	8																			1	1
合計		2	1	15	18	0	7	14	21	3	9	20	32	1	3	7	11	1	13	15	29
1校あたりの実施テーマ数		0.1	0.0	0.4	0.5	0.0	0.2	0.5	0.7	0.1	0.3	0.8	1.2	0.1	0.2	0.5	0.8	0.1	0.7	0.8	1.5

(9-2) フィードバック制御

調査年	回答校数	1976年調査 36校				1987年調査 29校				1996年調査 26校				2005年調査 14校				2015年調査 20校			
実習テーマ	時間数	1学年	2学年	3学年	計	1学年	2学年	3学年	計	1学年	2学年	3学年	計	1学年	2学年	3学年	計	1学年	2学年	3学年	計
サーボ機構	2～9			11	11			2	2			1	1								0
サーボモータの実験	3～4		1	2	3			2	2			1	1								0
サーボ増幅器の動特性	3			1	1			1	1			1	1								0
シンクロサーボ機構の動作	3			1	1																0
ボード線図の測定	3			1	1			1	1			1	1								0
伝達関数，ステップ応答の特性	3～5			1	1			1	1												0
周波数応答，系の安定性判別	5		1	1	2		1	2	3												0
RC 回路の周波数の応答特性	3～4			3	3			2	2			1	1			1	1				0
2次遅れ系の特性	3～8			1	1							1	1								0
CR 補償回路の特性	3			2	2																0

プロセスシミュレータによる周波数応答	3			1	1			1	1												0
自動平衡計器	3			1	1																0
電気式調節計	3			1	1																0
調節計によるPID動作特性	3～5			3	3																0
液面制御	3～4			5	5																0
温度，流量，液面プラント装置での制御	3～5			6	6			1	1			1	1								0
流量の測定と制御	3			1	1																0
液面タンクとダイヤフラム弁の特性	3			2	2																0
電動発電機の自動制御	4～6			2	2							1	1								0
直流モータの制御	3											1	1			1	1		1	2	3
インバータによる誘導電動機の速度制御	3											1	1								0
電気炉の温度制御	3			1	1																0
差動変圧器の特性	3		1		1																0
差動変圧器，セルシンのテスト	3			2	2																0
磁気増幅器	3～8		2	5	7																0
合計		0	5	54	59	0	1	13	14	0	0	10	10	0	0	2	2	0	1	2	3
1校あたりの実施テーマ数		0.0	0.1	1.5	1.6	0.0	0.0	0.4	0.5	0.0	0.0	0.4	0.4	0.0	0.0	0.1	0.1	0.0	0.1	0.1	0.2

(9-3) コンピュータによる制御

調査年	回答校数	1976年調査　36校				1987年調査　29校				1996年調査　26校				2005年調査　14校				2015年調査　20校			
実習テーマ	時間数	1学年	2学年	3学年	計	1学年	2学年	3学年	計	1学年	2学年	3学年	計	1学年	2学年	3学年	計	1学年	2学年	3学年	計
ポケコン制御	3～15										5	3	8	2		2	4	1			1
マイコン制御	3～45										1	2	3		2	3	5	1	10	8	19
コンピュータ制御（VB）	5～26															1	1		2	1	3
マシン語による制御	12～16											1	1			1	1		1		1
Z80モータ制御	5											1	1								0
8ビットPIOボード(ステッピングモータ，AD-DA，RS232C)	3～18											1	1			1	1		1	1	2
GPIB制御計測	15											1	1			1	1				0
アームロボット制御	3～16															1	1		1	1	2
レゴロボット制御	3～24													1	1		2	3	1		4
プログラマブルコントローラによるシーケンス制御	3～20											1	1			7	7		3	4	7
ステッピングモータの制御	1～4											2	2			2	2		2	2	4
計算機による制御系の模擬	4～6			1	1			1	1	1		1	2								0
※人型ロボットの制御	8																			1	1
※PICによる制御（C言語）	8～42																			2	2
合計		0	0	1	1	0	0	1	1	1	6	13	20	3	3	19	25	5	21	20	46

1校あたりの実施テーマ数	0.0	0.0	0.0	0.0	0.0	0.0	0.0	0.0	0.0	0.2	0.5	0.8	0.2	0.2	1.4	1.8	0.3	1.1	1.0	2.3

(10-1) ハードウェア技術

調査年　回答校数		1976年調査　36校				1987年調査　29校				1996年調査　26校				2005年調査　14校				2015年調査　20校			
実習テーマ	時間数	1学年	2学年	3学年	計	1学年	2学年	3学年	計	1学年	2学年	3学年	計	1学年	2学年	3学年	計	1学年	2学年	3学年	計
論理演算回路	3～20		1	21	22		10	22	32	8	17	11	36	2	8	8	18	2	7		9
論理素子に関する実験	3～6			1	1		2	9	11	1	4	4	9		1	2	3	2	4		6
ロジックトレーナーによる論理回路	4～12			9	9		4	7	11	1	4	2	7		3		3		1		1
IC による演算回路	2～12			4	4		2	3	5		2	3	5			1	1	1	2		3
スイッチング回路の特性	3			1	1			1	1							1	1				0
マルチバイブレータの特性	3～6		7	21	28		5	14	19		3	8	11		1	5	6			2	2
双安定マルチバイブレータ	3～6			1	1		1	10	11	1	5	3	9		1		1				0
単安定マルチバイブレータ	2～6			2	2		2	10	12		2	3	5		1		1				0
無安定マルチバイブレータ	3		2	2	4		2	10	12	1	4	2	7		1		1				0
シュミット回路	3～4			3	3		1	3	4			1	1								0
波形整形回路	3～16		9	24	33		7	12	19		4	12	16		1	3	4		4	3	7
パルス計数回路	3～6			2	2			2	2		2	3	5								0
カウンター回路	3～4										1		1			1	1		3	1	4
AD・DA 変換	3～12			4	4			3	3		1	7	8			3	3			1	1
加算回路	3～4			1	1			1	1	1	4	2	7						2	1	3
DA・AD 変換（PCM 通信）	3～6			1	1			2	2			1	1			1	1			1	1
コンピュータトレーナ	3～9		1	1	2		1	2	3		2	1	3								0
卓上電子計算機	6～12	1		1	2	4	2	4	10	1	1	1	3					1			1
ポケコン操作	9									7			7	1			1				0
パソコンの活用	3～12										1	1	2			1	1	3	2		5
ミニコン実習	3										1		1								0
コンピュータ実習	3～24										1		1	1	1	1	3			1	1
アナログ電子計算機の使用法	4～24			31	31			8	8												0
※ CPLD による論理回路実習	42																			1	1
合計		1	20	130	151	4	39	123	166	21	59	65	145	4	18	27	49	9	25	11	45
1校あたりの実施テーマ数		0.0	0.6	3.6	4.2	0.1	1.3	4.2	5.7	0.8	2.3	2.5	5.6	0.3	1.3	1.9	3.5	0.5	1.3	0.6	2.3

(10-2) ソフトウェア技術

調査年　回答校数		1976年調査　36校				1987年調査　29校				1996年調査　26校				2005年調査　14校				2015年調査　20校			
実習テーマ	時間数	1学年	2学年	3学年	計	1学年	2学年	3学年	計	1学年	2学年	3学年	計	1学年	2学年	3学年	計	1学年	2学年	3学年	計
プログラミング	8～80		1	26	27	9	24	25	58	7	18	15	40	3	6	4	13	1		1	2

Z80アセンブラ	5~8										2		2		1	1	2				0
バイナリーマスタのプログラミング	3~5			2	2		1	1	2												0
加算機のプログラミング	3~5			1	1			1	1		1		1								0
Z80コンピュータサイコロ	5											1	1								0
PIC アセンブラ	3~33															1	1	1	3	2	6
C 言語	4~34													1	1	1	3	7	11	4	22
LED 点灯制御	3~16											1	1					1	1	1	3
CASL	3~45										1	1	2			1	1		1		1
オペレーティングシステム	6~23										1		1			3	3	1		1	2
アプリケーションソフト	6~15										1	1	2	4	6	6	16	2	1	4	7
CAD，回路の CAD	3~20														1	3	4	1	3	2	6
表計算	3~34														1		1	5	10	5	20
Web ページ，メール設定，情報モラル	9													1			1		1		1
グループウェア	8													1			1				0
データベース	4~16															1	1		1	6	7
ワープロ	3~15													1			1	10	1	2	13
インターネットホームページの作成	4~6											1	1			1	1			2	2
画像処理（気象衛星）	6											1	1								0
コンピュータシミュレータ	4~8			2	2						1		1						1	1	2
※組み込みマイコン	8																		1	1	2
※プレゼンテーションソフト	4																			1	1
合計		0	1	31	32	9	25	27	61	7	25	21	53	11	16	22	49	29	35	33	97
1校あたりの実施テーマ数		0.0	0.0	0.9	0.9	0.3	0.9	0.9	2.1	0.3	1.0	0.8	2.0	0.8	1.1	1.6	3.5	1.5	1.8	1.7	4.9

（11-1）機械加工

調査年　回答校数		1976年調査　36校				1987年調査　29校				1996年調査　26校				2005年調査　14校				2015年調査　20校			
実習テーマ	時間数	1学年	2学年	3学年	計	1学年	2学年	3学年	計	1学年	2学年	3学年	計	1学年	2学年	3学年	計	1学年	2学年	3学年	計
機械実習	3~24	9	1		10	1	1		2	1			1	1			1		2		2
シャーシの製作	3~5	3			3	3			3	3			3						1		1
ヤスリ作業	2~5	2			2			1	1	3			3					1			1
板金実習	3~9	1			1	3	1		4	1			1								0
アルミ定規の製作	4	1			1																0
ネームプレートの製作	3			1	1																0
小型ドリル立ての製作	3	1			1					1			1								0
ツマミの製作	4			1	1																0
アーク溶接	3~16															1	1			2	2

旋盤実習	3～12	4			4		2		2	1			1					2		1	3
引張試験片の製作	4			1	1																0
金属材料試験	15			1	1																0
引張試験	6	1			1																0
合計		22	1	4	27	7	4	1	12	10	0	0	10	1	0	1	2	3	3	3	9
1校あたりの実施テーマ数		0.6	0.0	0.1	0.8	0.2	0.1	0.0	0.4	0.4	0.0	0.0	0.4	0.1	0.0	0.1	0.1	0.2	0.2	0.2	0.5

(11-2) 電気・電子工作

調査年	回答校数	1976年調査 36校				1987年調査 29校				1996年調査 26校				2005年調査 14校				2015年調査 20校			
実習テーマ	時間数	1学年	2学年	3学年	計	1学年	2学年	3学年	計	1学年	2学年	3学年	計	1学年	2学年	3学年	計	1学年	2学年	3学年	計
ハンダ付の練習	3～9	6			6	11	1	1	13	9			9					8	2		10
半田ごて	3～12	3			3	3			3	3			3	1			1	1			1
電線の支持法	3	1	1		2							1	1								0
電線の接続	2～4	6			6	5	3		8	4	1	1	6		1		1	1			1
電気工事	6～36	7	4	2	13	6	9	2	17	8	6	1	15	6	4		10	10	5		15
金属管工事	3～9	2			2	1	2		3		1	1	2							1	1
電話工事の基礎実習	3										1		1								0
抵抗器の製作	2	1			1	1			1	1			1								0
コイルの製作と特性	1～6	6			6	2	1	1	4		1		1								0
C・Rボックスの製作	6～12	1			1	1			1	1			1								0
変圧器の製作と特性	6		2		2		1		1						1		1				0
プリント基板の製作	3～6	6	1		7	6	1		7	6	1		7					2	1	3	6
プリント基板の自動製作	3										1		1	1		1	2			1	1
テスターの製作	2～30	22	4		26	22	4		26	22	4		26	9	2		11	7	1		8
電卓の製作	12			1	1			1	1			1	1								0
定電圧回路の製作	6														1		1				0
安定化電源の製作	9～24			1	1			1	1			1	1		1	1	2		1	1	2
ディジタル時計の製作	6～12			3	3			3	3			3	3	2			2	1			1
調光器の製作	6～12									1	1		2		1		1	1	1		2
インターホンの設計と製作	60			1	1			1	1			1	1								0
FMワイヤレスマイクの製作	3～8										1		1						1	1	2
ラジオの製作	6～32	2	4		6	2	4		6	2	4		6		3	1	4		1	2	3
2石トランジスタラジオの製作	15	1			1	1			1	1			1								0
6石トランジスタラジオの製作	16～40		6	1	7		6	1	7		6	1	7		2	1	3				0
2バンドラジオの組立，調整	6～10		1		1		1		1		1		1							1	1
スーパーヘテロダイン受信機の製作と調整	3～6		7		7			2	2						1	1	2				0

無線機器の製作	6		1	1	2																0
トランジスタ増幅回路の製作	8										1		1					1	2		3
パワーアンプの製作	3~8										1		1								0
発振回路の製作	3										1		1						1	1	2
しきい値論理回路の製作	5~9										1		1								0
マルチバイブレータの製作	5										1		1					1	1		2
加算器デューダ回路の製作	4~6										1		1	1	1		2				0
Z80による LED 点灯回路の製作	5										1		1		1	2	3				0
PIC による LED 点灯回路の製作	5														1		1	2	1	3	6
インターフェース回路の製作	6~28										1		1								0
ポケコン自走カーの製作	8											1	1	1	1		2				0
PIC による LED 実習ボード	33														1		1				0
PIC 自走カーの製作	9													1			1				0
ライントレーサの製作	18														1	1	2	2	2	1	5
パソコン組み立て	12~45														1	2	3			3	3
ネットワーク設定	3~16														1	1	2	1		3	4
ものづくりコンテストの作品制作	9~18																			1	1
※ PIC 回路の製作	6																		1		1
※ネットワークの構築と分析	16																			1	1
※ PCBE と基板加工機による電子回路製作	26																		1		1
※ EAGECAD と基板加工機による電子回路製作	42																			1	1
合計		64	31	10	105	61	33	13	107	58	37	12	107	22	25	11	58	38	22	24	84
1校あたりの実施テーマ数		1.8	0.9	0.3	2.9	2.1	1.1	0.4	3.7	2.2	1.4	0.5	4.1	1.6	1.8	0.8	4.1	1.9	1.1	1.2	4.2

(12) その他

調査年	回答校数	1976年調査　36校				1987年調査　29校				1996年調査　26校				2005年調査　14校				2015年調査　20校			
実習テーマ	時間数	1学年	2学年	3学年	計	1学年	2学年	3学年	計	1学年	2学年	3学年	計	1学年	2学年	3学年	計	1学年	2学年	3学年	計
ガイダンス	1~5													1			1	10	3	2	15
プレゼンテーション	2~12															1	1	1	4	6	11
工場見学	3~14										1	1	2	1	2	2	5	7	8	4	19
写真	20		1	1	2																0
※製図	8																	1	1	1	3
※知的財産権	6~8																	1			1
※職業指導	15																			1	1
合計		0	1	1	2	0	0	0	0	0	1	1	2	2	2	3	7	20	16	14	50
1校あたりの実施テーマ数		0.0	0.0	0.0	0.1	0.0	0.0	0.0	0.0	0.0	0.0	0.0	0.1	0.1	0.1	0.2	0.5	1.0	0.8	0.7	2.5

建築科・系　集計元データ

実習の実施内容

① 測量実習

調査年　回答校数		第1回（1976年）43校					第2回（1987年）42校					第3回（1996年）43校					第4回（2005年）34校					第5回（2015年）40校				
実習（作業）テーマ・内容	時間数	1学年	2学年	3学年	計	平均	1学年	2学年	3学年	計	平均	1学年	2学年	3学年	計	平均	1学年	2学年	3学年	計	平均	1学年	2学年	3学年	計	平均
距離測量	1～30	10	7	10	27	0.63	12	11	11	34	0.81	11	6	6	23	0.53	11	8		19	0.56	13	7	5	25	0.63
平板測量	2～36	11	7	19	37	0.86	14	16	11	41	0.98	17	14	12	43	1.00	9	12	4	25	0.74	12	10	3	25	0.63
水準測量	2～36	8	12	19	39	0.91	3	20	22	45	1.07	5	22	17	44	1.02	4	21	9	34	1.00	11	18	9	38	0.95
トランシット測量(トータルステーション)	3～36	4	12	25	41	0.95	2	13	30	45	1.07	1	17	29	47	1.09	2	12	18	32	0.94	6	13	14	33	0.83
建築工事測量（測設）	2～39	1	3	17	21	0.49	2	4	24	30	0.71		3	19	22	0.51		2	13	15	0.44	1	4	10	15	0.38
面積，体積の計算(測量CADを含む)	2～24		1	2	3	0.07	2	9	16	27	0.64	3	8	14	25	0.58	2	5	3	10	0.29		1	4	5	0.13
コンピューターの利用	3～24				0	0.00	1		3	4	0.10				0	0.00	1	2	3	6	0.18	1	2	2	5	0.13
一校当たりの実施テーマ数（平均）						3.91					5.38					4.74					4.15					3.65

⑥ 施工実習

	調査年　回答校数		第1回（1976年）43校					第2回（1987年）42校					第3回（1996年）43校					第4回（2005年）34校					第5回（2015年）40校				
	実習（作業）テーマ・内容	時間数	1学年	2学年	3学年	計	平均	1学年	2学年	3学年	計	平均	1学年	2学年	3学年	計	平均	1学年	2学年	3学年	計	平均	1学年	2学年	3学年	計	平均
基本	木工機械	1～30	4	2	4	10	0.23	6	5	4	15	0.36	4	1	3	8	0.19	1	2	2	5	0.15	5	6	5	16	0.40
	なわ張り，水盛りやりかた	2～20	4	5	5	14	0.33	2	3	12	17	0.40	1	4	10	15	0.35	1	1	13	15	0.44	1	4	15	20	0.50
	地業，基礎	2～10	2	1		3	0.07		1	5	6	0.14		2	2	4	0.09			2	2	0.06	0	1	3	4	0.10
木造実習	木造実習	3～63	18	10	3	31	0.72	7	18	7	32	0.76		2	3	5	0.12				0	0.00	3	5	5	13	0.33
	工具の手入れ	1～60	12	3	1	16	0.37	6	8	3	17	0.40	9	5	7	21	0.49	4	4	3	11	0.32	13	12	6	31	0.78
	墨つけ	1～24	6	2	2	10	0.23	7	12	4	23	0.55	9	7	8	24	0.56	5	4	3	12	0.35	15	15	6	36	0.90
	加工（継手，指口）	2～42	18	6		24	0.56	7	11	4	22	0.52	12	6	8	26	0.60	8	4	4	16	0.47	13	20	7	40	1.00
	建方	2～12	2	5		7	0.16	2	6	1	9	0.21	1	1	3	5	0.12		3	1	4	0.12	0	4	4	8	0.20
	原寸図	2～24	11	3	1	15	0.35	3	3	5	11	0.26		4	2	6	0.14		2	1	3	0.09	0	0	3	3	0.08
	飾り棚の製作	3～17	1			1	0.02	3	1	1	5	0.12		3		3	0.07		1	1	2	0.06	0	0	1	1	0.03
	木造倉庫の製作	2～20		1		1	0.02	2	4	1	7	0.17		2	4	6	0.14		1	1	2	0.06	0	1	2	3	0.08
鋼構造実習	鋼構造実習	6～36		8	16	24	0.56	1	8	9	18	0.43			3	3	0.07				0	0.00	0	0	0	0	0.00
	現寸図	2～16		4	6	10	0.23		8	7	15	0.36		2	5	7	0.16		1	4	5	0.15	0	1	4	5	0.13
	加工（けがき，工作）	3～8		3	3	6	0.14	1	4	3	8	0.19		1	1	2	0.05		1		1	0.03	0	1	0	1	0.03
	建方（組立セット）	3～24		8	10	18	0.42		4	8	12	0.29		2	6	8	0.19		1	5	6	0.18	0	1	2	3	0.08
	溶接	3～23	1	6	4	11	0.26	1	4	4	9	0.21	1	3	6	10	0.23		1	5	6	0.18	1	0	1	2	0.05
	自転車置場			1	1	2	0.05			1	1	0.02				0	0.00				0	0.00	0	0	0	0	0.00
	自動車庫				1	1	0.02			2	2	0.05				0	0.00				0	0.00	0	0	0	0	0.00

	実習（作業）テーマ・内容	時間数	第1回 1学年	2学年	3学年	計	平均	第2回 1学年	2学年	3学年	計	平均	第3回 1学年	2学年	3学年	計	平均	第4回 1学年	2学年	3学年	計	平均	第5回 1学年	2学年	3学年	計	平均
鉄筋コンクリ	鉄筋コンクリート	6～35		6	13	19	0.44		1	15	16	0.38			3	3	0.07				0	0.00	0	0	1	1	0.03
	地業・墨出し	1～30		1	1	2	0.05		1	8	9	0.21		2	2	4	0.09			4	4	0.12	0	0	3	3	0.08
	加工・組立	1～21		4	13	17	0.40		1	9	10	0.24	1	3	7	11	0.26		1	6	7	0.21	0	2	9	11	0.28
	現寸図（施工図）	1～36		3	3	6	0.14		1	6	7	0.17		4	3	7	0.16		1	4	5	0.15	0	0	3	3	0.08
	型枠の組立・解体	18				0	0.00				0	0.00				0	0.00				0	0.00	0	0	1	1	0.03
ブロック造実習	ブロック造実習	2～18		3	7	10	0.23			4	4	0.10				0	0.00				0	0.00	0	0	1	1	0.03
	現寸図			1	2	3	0.07		1	2	3	0.07			1	1	0.02				0	0.00	0	0	0	0	0.00
	ブロック積み	4		2	5	7	0.16		1	4	5	0.12			2	2	0.05				0	0.00	0	0	0	0	0.00
	積算 木造, 鉄筋コンクリート造, 鉄骨造, ブロック造	2～70		1	11	12	0.28	1	4	17	22	0.52	2	3	13	18	0.42		2	7	9	0.26	0	2	15	17	0.43
計算・資料作成	確認申請書の書き方	1～10		1		1	0.02			4	4	0.10		1	2	3	0.07				0	0.00	0	0	0	0	0.00
	工程表作成・計算	3				0	0.00				0	0.00				0	0.00				0	0.00	0	0	1	1	0.03
	耐震診断, 避量計算	6				0	0.00				0	0.00				0	0.00				0	0.00	0	0	1	1	0.03
製作	椅子の製作	12				0	0.00				0	0.00				0	0.00				0	0.00	0	1	1	2	0.05
	ベンチの製作	21				0	0.00				0	0.00				0	0.00				0	0.00	0	0	1	1	0.03
	小屋組	12				0	0.00				0	0.00				0	0.00				0	0.00	0	0	1	1	0.03
	ベンチテーブルセット	105				0	0.00				0	0.00				0	0.00				0	0.00	0	0	1	1	0.03
	インテリアエレメントの製作	105				0	0.00				0	0.00				0	0.00				0	0.00	0	0	1	1	0.03
	見学 木造, ブロック造, 鉄骨造, 鉄筋コンクリート造工事現場, 各種の住宅	3～24	4	2	4	10	0.23	6	8	11	25	0.60	11	14	15	40	0.93	4	11	7	22	0.65	6	13	7	26	0.65
	コンピュータ利用					0	0.00			2	2	0.05				0	0.00				0	0.00	0	0	0	0	0.00
	（資格）建築施工技術者試験	6～50				0	0.00				0	0.00			2	2	0.05			11	11	0.32	0	0	6	6	0.15
	足場の組立	2～12				0	0.00				0	0.00	1			1	0.02		1	7	8	0.24	0	1	10	11	0.28
	計量天井	6				0	0.00				0	0.00				0	0.00			1	1	0.03	0	0	0	0	0.00
	塗装実習	2～6		1	1	2	0.05			1	1	0.02				0	0.00		1		1	0.03	2	1	0	3	0.08
	地盤調査, 地耐力載荷試験			1	1	2	0.05		1		1	0.02				0	0.00				0	0.00	0	0	0	0	0.00
	一校当たりの実施テーマ数（平均）						6.86					8.05					5.70					4.65					6.93

⑦ 製図

	調査年　回答校数		第1回（1976年）43校					第2回（1987年）42校					第3回（1996年）43校					第4回（2005年）34校					第5回（2015年）40校				
	実習（作業）テーマ・内容	時間数	1学年	2学年	3学年	計	平均	1学年	2学年	3学年	計	平均	1学年	2学年	3学年	計	平均	1学年	2学年	3学年	計	平均	1学年	2学年	3学年	計	平均
製図の基礎 用具, 線, 投影法, 切断, 相貫体		1～70	9	1		10	0.23	24			24	0.57	30	1	1	32	0.74	15	2		17	0.50	16	2	2	20	0.50
造形	透視図法 点, 線, 面, 立体の透視, 建築物外観および内部透視	2～70	15	7	2	24	0.56	17	17	9	43	1.02	17	18	10	45	1.05	11	7	7	25	0.74	8	12	4	24	0.60

造形	色彩	2～81	5		1	6	0.14	7	10	2	19	0.45	8	8	5	21	0.49	6	2	2	10	0.29	5	3	3	11	0.28
	面の構成	2～12	5		1	6	0.14	2	5		7	0.17	2	3	1	6	0.14	2			2	0.06	2	0	0	2	0.05
	立体の構成	1～30	2			2	0.05	2	3	1	6	0.14	2	3	1	6	0.14	3		1	4	0.12	4	0	0	4	0.10
	石膏デッサン	2～30	1			1	0.02	3	1		4	0.10	4			4	0.09	2			2	0.06	2	0	0	2	0.05
	デッサン	1～9	6			6	0.14	1	1		2	0.05	1			1	0.02	1			1	0.03	1	0	0	1	0.03
	写生	2～9	1			1	0.02	4	4	1	9	0.21	1			1	0.02	1			1	0.03	0	0	0	0	0.00
	水彩画	2～14	2			2	0.05	1	2		3	0.07	2			2	0.05	1		1	2	0.06	0	0	0	0	0.00
	スケッチ（静物および建物）	2～12	2			2	0.05	4	3	2	9	0.21	4	3		7	0.16	1	1		2	0.06	3	2	1	6	0.15
	写真模写	4～6			1	1	0.02				0	0.00	2			2	0.05				0	0.00	0	0	1	1	0.03
	立体作成（粘土，マット紙）	2～14	1			1	0.02	1		2	3	0.07	1		1	2	0.05	2			2	0.06	0	0	0	0	0.00
	彫塑	2～6	1			1	0.02				0	0.00					0.00	1			1	0.03	0	0	0	0	0.00
	建築模型製作 材料：バルサ，マット紙，スチロンボード 事務所，住宅，木造倉庫，洋風小屋組	3～104	6	4	3	13	0.30	8	7	3	18	0.43	17	6	8	31	0.72	12	8	4	24	0.71	27	12	7	46	1.15
	透視図の着彩（混合描法）	4～26				0	0.00				0	0.00					0.00		1		1	0.03	13	3	2	18	0.45
	パース	6～40				0	0.00				0	0.00					0.00		1		1	0.03	5	2	4	11	0.28
設計製図	木構造の設計製図	4～216	2	3	3	8	0.19	25	22	7	54	1.29	21	25	6	52	1.21	14	18	4	36	1.06	25	25	1	51	1.28
	鉄骨造の設計製図	3～120		1	2	3	0.07	2	17	10	29	0.69		11	9	20	0.47		7	9	16	0.47	0	4	13	17	0.43
	鉄筋コンクリート造の設計製図	3～256		1	5	6	0.14		13	25	38	0.90		10	28	38	0.88		5	18	23	0.68	1	12	21	34	0.85
	ブロック造の設計製図	6～40		2		2	0.05		4	2	6	0.14		2	1	3	0.07				0	0.00	0	0	0	0	0.00
CAD	CAD	3～72				0	0.00				0	0.00		1	2	3	0.07	4	5	5	14	0.41	14	19	16	49	1.23
	CAD（W. RC）	6～70				0	0.00				0	0.00		1		1	0.02	2	2	2	6	0.18	2	4	3	9	0.23
	CAD（RC. S）	10～21				0	0.00				0	0.00			1	1	0.02				0	0.00	0	0	1	1	0.03
	CADによる設計図	5～60				0	0.00				0	0.00			1	1	0.02			3	3	0.09	1	2	3	6	0.15
	CADによる木造平屋建住宅	2～107				0	0.00				0	0.00	1			1	0.02	4	10	5	19	0.56	7	9	1	17	0.43
	CADによる木造2階建住宅	3～70				0	0.00				0	0.00		1		1	0.02	1	4	7	12	0.35	3	9	6	18	0.45
	RC造	6～140				0	0.00				0	0.00			1	1	0.02		3	6	9	0.26	1	4	7	12	0.30
	JW CAD	6～72				0	0.00				0	0.00				0	0.00		1	1	2	0.06	4	2	5	11	0.28
	3D CAD	6～26				0	0.00				0	0.00				0	0.00			1	1	0.03	7	6	3	16	0.40
自由設計	自由課題	10～110				0	0.00		1	1	2	0.05				0	0.00	1	5	6	12	0.35	2	12	11	25	0.63
	卒業製作	2～98				0	0.00				0	0.00			1	1	0.02			10	10	0.29	0	0	7	7	0.18
	卒業設計	15～140				0	0.00		1	4	5	0.12				0	0.00				0	0.00	0	0	16	16	0.40
	自由設計					0	0.00				0	0.00				0	0.00				0	0.00	0	0	1	1	0.03
	資格取得	10～40				0	0.00				0	0.00			1	1	0.02	3	2	3	8	0.24	1	1	4	6	0.15
	構造と構造設計演習	6～100				0	0.00				0	0.00				0	0.00		1		1	0.03	0	0	0	0	0.00
	一校当たりの実施テーマ数（平均）						2.21					6.69					6.60					7.85					11.05

⑧ その他

	調査年　回答校数		第1回（1976年）43校					第2回（1987年）42校					第3回（1996年）43校					第4回（2005年）34校					第5回（2015年）40校				
	実習（作業）テーマ・内容	時間数	1学年	2学年	3学年	計	平均	1学年	2学年	3学年	計	平均	1学年	2学年	3学年	計	平均	1学年	2学年	3学年	計	平均	1学年	2学年	3学年	計	平均
	コンピュータ	9～42				0	0.00	5	5	5	15	0.36		2	1	3	0.07	1	1	1	3	0.09	4	5	4	13	0.33
	一太郎　文字入力	2～12				0	0.00				0	0.00		2		2	0.05	9	1	2	12	0.35	0	0	1	1	0.03
文書作成	ワード	1～20				0	0.00				0	0.00				0	0.00	2	1		3	0.09	4	3	7	14	0.35
文書作成	コンピュータ（ワープロ）	5～20				0	0.00				0	0.00	1			1	0.02			1	1	0.03	2	0	0	2	0.05
文書作成	一太郎　表作成	2～12				0	0.00				0	0.00		2		2	0.05	8	1	1	10	0.29	1	0	1	2	0.05
表計算	ロータス	5～9				0	0.00				0	0.00		1		1	0.02	1			1	0.03	0	0	0	0	0.00
表計算	エクセル	2～12				0	0.00				0	0.00				0	0.00	3	1	2	6	0.18	10	18	11	39	0.98
表計算	パワーポイント	3～15				0	0.00				0	0.00				0	0.00		1		1	0.03	13	0	0	13	0.33
	ワープロ・BASICプログラム	22				0	0.00				0	0.00		1		1	0.02				0	0.00	2	0	0	2	0.05
	情報処理	70				0	0.00				0	0.00		1	1	2	0.05				0	0.00	2	0	0	2	0.05
	計算技術検定3級対策	2～21				0	0.00				0	0.00				0	0.00	1			1	0.03	2	9	7	18	0.45
	一校当たりの実施テーマ数（平均）						0.00					0.36					0.28					1.12					2.65

実験の実施内容

② 材料実習

調査年　回答校数		第1回（1976年）43校					第2回（1987年）42校					第3回（1996年）43校					第4回（2005年）34校					第5回（2015年）40校				
実習(作業)テーマ・内容　学年	時間数	1学年	2学年	3学年	計	平均	1学年	2学年	3学年	計	平均	1学年	2学年	3学年	計	平均	1学年	2学年	3学年	計	平均	1学年	2学年	3学年	計	平均
木材	1～20	7	8	3	18	0.42	6	12	4	22	0.52		1	1	2	0.05				0	0.00	0	1	0	1	0.03
圧縮試験 （比重，含水率，年輪の測定を含む）	1～12	7	6	1	14	0.33	5	9	3	17	0.40	1	6	2	9	0.21	2	4	1	7	0.21	3	9	4	16	0.40
せん断試験	1～4	3	1		4	0.09	1	2	3	6	0.14		1		1	0.02		2		2	0.06	1	2	1	4	0.10
引張試験	1.5～6	4	3		7	0.16		3	3	6	0.14		3		3	0.07					0.00	0	2	0	2	0.05
曲げ試験	1～6	5	3	1	9	0.21	2	4	4	10	0.24	2	3	1	6	0.14	1	2		3	0.09	1	2	2	5	0.13
セメント	2～36	8	9	8	25	0.58	4	27	5	36	0.86		1	1	2	0.05		0		0	0.00	0	3	0	3	0.08
比重試験	1～8	6	10	2	18	0.42	1	19	4	24	0.57	4	15	4	23	0.53	1	6	1	8	0.24	1	3	0	4	0.10
凝結試験	1～12	4	8	1	13	0.30	2	4	1	7	0.17	1	5	1	7	0.16				0	0.00	0	2	0	2	0.05
強さ試験	1～24	6	14	5	25	0.58	5	23	5	33	0.79	7	16	5	28	0.65	3	11	1	15	0.44	2	9	1	12	0.30
粉末度試験	1～3	3	6	1	10	0.23	1	6		7	0.17	1	4		5	0.12				0	0.00	0	2	0	2	0.05
安定性試験	1～2	3	6	1	10	0.23		3		3	0.07		2	1	3	0.07				0	0.00	0	0	0	0	0.00
骨材	1～48	5	21	6	32	0.74	4	24	7	35	0.83		2	1	3	0.07		2		2	0.06	0	2	0	2	0.05
ふるいわけ試験	1～12	7	15	3	25	0.58	4	21	5	30	0.71	5	18	5	28	0.65	1	9	1	11	0.32	1	10	4	15	0.38
細骨材の比重および吸水量試験	1～8	4	10	5	19	0.44	1	13	7	21	0.50	5	11	3	19	0.44	3	6		9	0.26	0	5	1	6	0.15
粗骨材の比重および吸水量試験	1～8	4	8	5	17	0.40	1	12	6	19	0.45	4	11	3	18	0.42		7		7	0.21	0	4	1	5	0.13

表面水量	1~12	4	7	3	14	0.33	1	8	4	13	0.31		4	2	6	0.14		2		2	0.06	0	2	1	3	0.08
単位容積重量試験	1~12	5	10	3	18	0.42	1	12	5	18	0.43	3	9	3	15	0.35		2		2	0.06	0	6	2	8	0.20
有機不純物試験	0.5~4	3	7	3	13	0.30		7	3	10	0.24		3		3	0.07		0		0	0.00	0	0	0	0	0.00
洗い試験		1	2	1	4	0.09		2		2	0.05		1		1	0.02				0	0.00	0	0	0	0	0.00
コンクリート	2~38	1	26	10	37	0.86	2	18	21	41	0.98		4	1	5	0.12				0	0.00	1	4	3	8	0.20
スランプ試験	0.5~8	2	13	6	21	0.49		13	17	30	0.71	2	21	11	34	0.79	2	14	7	23	0.68	0	14	12	26	0.65
空気量試験	1~8	1	9	4	14	0.33		1	8	9	0.21		7	5	12	0.28	1	4	2	7	0.21	0	3	4	7	0.18
圧縮強さ試験	1~12	1	20	5	26	0.60	2	18	19	39	0.93	2	20	14	36	0.84	1	13	6	20	0.59	0	17	14	31	0.78
調合設計	1~12	2	19	6	27	0.63		12	20	32	0.76	1	17	12	30	0.70		11	6	17	0.50	0	13	13	26	0.65
透水試験	1.5~2		1	1	2	0.05			1	1	0.02		3		3	0.07				0	0.00	0	0	0	0	0.00
検査（シュミット法）	1~10		2	1	3	0.07		2	6	8	0.19		4	2	6	0.14		3	1	4	0.12	0	1	1	2	0.05
AE コンクリート調合	2~4		1		1	0.02			3	3	0.07		1	1	2	0.05	1			1	0.03	0	0	1	1	0.03
超音波非破壊試験	1				0	0.00			1	1	0.02			1	1	0.02				0	0.00	0	0	0	0	0.00
鋼材	2~24	2	9	8	19	0.44	2	23	10	35	0.83		3	1	4	0.09				0	0.00	0	2	0	2	0.05
鉄筋の引張試験	1~12	1	18	8	27	0.63	2	21	10	33	0.79	4	18	12	34	0.79	2	15	5	22	0.65	1	19	10	30	0.75
鉄筋の曲げ試験	1.5~12		3		3	0.07		2	1	3	0.07	1	1	2	4	0.09		1		1	0.03	0	0	3	3	0.08
鉄及びコンクリートのヤング係数求める	2				0	0.00				0	0.00				0	0.00				0	0.00	0	0	1	1	0.03
鉄筋コンクリート梁の載荷試験	6				0	0.00				0	0.00				0	0.00				0	0.00	0	0	1	1	0.03
一校当たりの実施テーマ数（平均）						11.05					13.19					8.21					4.79					5.70

③ 構造実験

	調査年　回答校数		第1回（1976年）43校					第2回（1987年）42校					第3回（1996年）43校					第4回（2005年）34校					第5回（2015年）40校				
	実習（作業）テーマ・内容　学年	時間数	1学年	2学年	3学年	計	平均	1学年	2学年	3学年	計	平均	1学年	2学年	3学年	計	平均	1学年	2学年	3学年	計	平均	1学年	2学年	3学年	計	平均
部材実験	平鋼の曲げ試験	2~6		2	3	5	0.12		2	4	6	0.14		2	2	4	0.09	0	2	0	2	0.06	0	0	1	1	0.03
	平鋼の引張試験	2~8		1	4	5	0.12		4	2	6	0.14		1	1	2	0.05		1		1	0.03	0	0	0	0	0.00
	帯板の破壊線の測定	2~3			1	1	0.02		1		1	0.02				0	0.00				0	0.00	0	0	0	0	0.00
	H 形鋼の曲げ試験	2~4		1	1	2	0.05		1	1	2	0.05			1	1	0.02				0	0.00	0	0	0	0	0.00
	長柱試験	2~4			2	2	0.05			1	1	0.02			1	1	0.02				0	0.00	0	0	0	0	0.00
	鋼材の曲げ（片持梁）	2~6			2	2	0.05		1	3	4	0.10			1	1	0.02		1	1	2	0.06	0	0	0	0	0.00
	薄鋼板はりのたわみと横座屈実験	2~6			1	1	0.02		1	2	3	0.07				0	0.00			1	1	0.03	0	0	0	0	0.00
接合部実験	木材継手実験（釘，ボルト接合，接着剤）	2~18	1	1	5	7	0.16	1	5	8	14	0.33	1	1	4	6	0.14		1		1	0.03	0	2	2	4	0.10
	リベット切継試験	3~4		1		1	0.02			1	1	0.02				0	0.00				0	0.00	0	0	0	0	0.00
	鉄骨造接合部	2~4			1	1	0.02	1	2	1	4	0.10				0	0.00				0	0.00	0	0	0	0	0.00
	高力ボルト結合と普通ボルト結合との比較	1~6			2	2	0.05		2	3	5	0.12				0	0.00				0	0.00	0	0	0	0	0.00
骨組み実験	ストレンゲージによる鋼構造物試験	1~24		2	3	5	0.12		1	7	8	0.19			4	4	0.09			1	1	0.03	0	0	2	2	0.05
	鉄筋コンクリートばりの載荷試験	2~18		1	10	11	0.26			8	8	0.19			3	3	0.07			4	4	0.12	0	0	1	1	0.03

	実習(作業)テーマ・内容	時間数	1学年	2学年	3学年	計	平均	1学年	2学年	3学年	計	平均	1学年	2学年	3学年	計	平均	1学年	2学年	3学年	計	平均	1学年	2学年	3学年	計	平均
骨組み実験	鉄骨ラーメンの曲げ試験	2～9			1	1	0.02			1	1	0.02			2	2	0.05				0	0.00	0	0	1	1	0.03
	鉄筋コンクリート山形ラーメンの強度試験				1	1	0.02				0	0.00				0	0.00				0	0.00	0	0	0	0	0.00
	木造構造物試験	4～12		1	1	2	0.05				0	0.00				0	0.00	1		1	2	0.06	0	0	1	1	0.03
	木材の組み立て曲げ材の強さ（平行トラス）	4～7	1			1	0.02		1		1	0.02				0	0.00				0	0.00	0	0	0	0	0.00
	木造トラスの載荷試験	3～16		1	1	2	0.05		1		1	0.02		1	1	2	0.05				0	0.00	0	2	1	3	0.08
	溶接強度試験	3～9			2	2	0.05	1	1	2	4	0.10			1	1	0.02	1			1	0.03	0	0	0	0	0.00
	溶接部の非破壊試験	3～9		1	1	2	0.05				0	0.00				0	0.00			1	1	0.03	0	0	0	0	0.00
	ラーメンの光弾性試験	2～8		3	9	12	0.28		3	7	10	0.24		2	2	4	0.09		2	1	3	0.09	0	1	0	1	0.03
	鉄筋コンクリートの非破壊試験	2～8			1	1	0.02			6	6	0.14				0	0.00				0	0.00	0	0	0	0	0.00
	電気抵抗線ひずみ計によるひずみの測定	1～14		1	1	2	0.05		1	7	8	0.19		1	4	5	0.12			1	1	0.03	0	0	0	0	0.00
	構造計算（鉄骨造，鉄筋コンクリート造工場，事務所等，基礎演習）	6～140		2	7	9	0.21	1	1	13	15	0.36			4	4	0.09			1	1	0.03	0	0	1	1	0.03
	コンクリートの曲げ，付着	9				0	0.00				0	0.00			1	1	0.02				0	0.00	0	0	0	0	0.00
	コンピュータ利用	2～45				0	0.00		1	1	2	0.05				0	0.00		3	3	6	0.18	0	1	1	2	0.05
	鉄骨組立実習	3～12				0	0.00				0	0.00				0	0.00			1	1	0.03	0	0	3	3	0.08
	鉄筋組立実習	15				0	0.00				0	0.00				0	0.00				0	0.00	0	0	1	1	0.03
	一校当たりの実施テーマ数（平均）						1.86					2.64					0.95					0.82					0.53

④ 計画実習

	調査年　回答校数		第1回（1976年）43校					第2回（1987年）42校					第3回（1996年）43校					第4回（2005年）34校					第5回（2015年）40校				
	実習(作業)テーマ・内容　学年	時間数	1学年	2学年	3学年	計	平均	1学年	2学年	3学年	計	平均	1学年	2学年	3学年	計	平均	1学年	2学年	3学年	計	平均	1学年	2学年	3学年	計	平均
建築と気候	日影曲線と隣棟間隔の測定	1～22	3	8	7	18	0.42	2	13	11	26	0.62		10	7	17	0.40	2	8	2	12	0.35	2	6	6	14	0.35
	有効温度の測定	1～8	2	7	7	16	0.37		13	6	19	0.45		8	6	14	0.33	2	5	1	8	0.24	2	4	2	8	0.20
	じんあい量の測定	2～8	1	6	8	15	0.35		1	2	3	0.07		2	1	3	0.07	1	1		2	0.06	0	1	1	2	0.05
	炭酸ガス濃度の測定	1～8	1	8	7	16	0.37		5	4	9	0.21		4	1	5	0.12	1	4	1	6	0.18	0	4	2	6	0.15
	室内気流の測定（喚起・通風）	1～4		2	5	7	0.16		5	3	8	0.19		4	2	6	0.14		1		1	0.03	1	1	1	3	0.08
	カタ寒暖計による室内風速の測定	1～8		1	1	2	0.05	1	12	3	16	0.38		3	5	8	0.19	2	4		6	0.18	1	5	1	7	0.18
	気温，気圧，湿度の測定	1～6	1	5	1	7	0.16		5	4	9	0.21		4	2	6	0.14	1	1		2	0.06	0	6	0	6	0.15
	壁体の熱貫流率の測定	3～9				0	0.00			1	1	0.02				0	0.00			1	1	0.03	0	0	1	1	0.03
	室内温度分布の測定	3～4				0	0.00			1	1	0.02				0	0.00				0	0.00	0	1	0	1	0.03
建築音響	騒音測定	0.5～15	2	13	14	29	0.67	1	18	13	32	0.76		12	11	23	0.53	2	9	5	16	0.47	1	13	10	24	0.60
	室内音圧分布の測定	0.5～8		1	3	4	0.09		4	3	7	0.17			1	1	0.02		3		3	0.09	0	0	2	2	0.05
	室内残響時間の測定	0.5～10		2	4	6	0.14		6	5	11	0.26		2	2	4	0.09	1	2		3	0.09	0	1	2	3	0.08
	明りょう度の測定	0.5～4		1	2	3	0.07		1	3	4	0.10				0	0.00		1		1	0.03	0	0	0	0	0.00
	しゃ音特性の測定	0.5～8		3	5	8	0.19		2	4	6	0.14				0	0.00		2		2	0.06	0	1	0	1	0.03

分類	実習（作業）テーマ・内容	時間数	第1回 1学年	2学年	3学年	計	平均	第2回 1学年	2学年	3学年	計	平均	第3回 1学年	2学年	3学年	計	平均	第4回 1学年	2学年	3学年	計	平均	第5回 1学年	2学年	3学年	計	平均
採光と照明	昼光率の測定	1～12	3	8	8	19	0.44	1	9	10	20	0.48		8	7	15	0.35	1	8	2	11	0.32	2	5	9	16	0.40
	照度の測定	1～12	2	10	12	24	0.56		12	12	24	0.57		7	5	12	0.28		9	2	11	0.32	2	6	6	14	0.35
	日射量の測定	1～5		1	1	2	0.05		2	2	4	0.10		1	1	2	0.05		5		5	0.15	1	0	0	1	0.03
	日照時間の測定	1～6			1	1	0.02		1	3	4	0.10		1	2	3	0.07		2		2	0.06	0	1	1	2	0.05
	電燈数の算出	0.5～3			1	1	0.02			3	3	0.07		1		1	0.02		1	0	1	0.03	0	0	0	0	0.00
	建築と色彩（色の測定）	1～30	3	2	2	7	0.16		4	3	7	0.17		2		2	0.05	1			1	0.03	1	1	2	4	0.10
	コンピュータ利用	2～24				0	0.00			1	1	0.02				0	0.00	2	2	1	5	0.15	2	4	1	7	0.18
	気候	2～3				0	0.00				0	0.00			1	1	0.02				0	0.00	0	2	1	3	0.08
	伝熱	2～3				0	0.00				0	0.00			1	1	0.02				0	0.00	0	1	1	2	0.05
	照明設計	2～3				0	0.00				0	0.00			1	1	0.02		2		2	0.06	0	0	1	1	0.03
	換気	2				0	0.00				0	0.00			1	1	0.02				0	0.00	0	0	0	0	0.00
	パース着色	3～35				0	0.00				0	0.00				0	0.00	1			1	0.03	8	6	6	20	0.50
	太陽光発電測定	1～6				0	0.00				0	0.00				0	0.00		1		1	0.03	1	0	1	2	0.05
	透視図の作成	2～36				0	0.00				0	0.00				0	0.00				0	0.00	12	4	4	20	0.50
	軸組模型	9				0	0.00				0	0.00				0	0.00				0	0.00	1	0	0	1	0.03
	鉄骨実測・鉄骨模型	12				0	0.00				0	0.00				0	0.00				0	0.00	0	0	1	1	0.03
	鉄骨加工・鉄骨組立	12				0	0.00				0	0.00				0	0.00				0	0.00	0	0	1	1	0.03
	一校当たりの実施テーマ数（平均）						4.30					5.12					2.93					3.03					4.33

⑤ 設備実習

	調査年 回答校数		第1回（1976年）43校					第2回（1987年）42校					第3回（1996年）43校					第4回（2005年）34校					第5回（2015年）40校				
	実習（作業）テーマ・内容 学年	時間数	1学年	2学年	3学年	計	平均	1学年	2学年	3学年	計	平均	1学年	2学年	3学年	計	平均	1学年	2学年	3学年	計	平均	1学年	2学年	3学年	計	平均
給排水設備	直管,曲管,ベンチュリ管等の抵抗と流量測定	3			1	1	0.02				0	0.00				0	0.00				0	0.00	0	0	1	1	0.03
	給排水設備，衛生設備	2～24			2	2	0.05			5	5	0.12			2	2	0.05			1	1	0.03	1	1	2	4	0.10
	配管の接合，検査	2～10			1	1	0.02			1	1	0.02				0	0.00			1	1	0.03	0	0	2	2	0.05
空気調和設備	空気調和設備の実験 空気調和装置の取扱い ダクトの抵抗と風量測定の気流分布の測定	2～16			10	10	0.23		1	8	9	0.21			6	6	0.14			1	1	0.03	0	2	3	5	0.13
	事務室の暖房負荷計算	2～4			1	1	0.02			3	3	0.07				0	0.00				0	0.00	0	0	0		0.00
	空気線図と空調計算	3～8			1	1	0.02			3	3	0.07				0	0.00				0	0.00	0	0	1	1	0.03
	簡易冷暖房負荷計算	2～6		1	2	3	0.07			4	4	0.10				0	0.00				0	0.00	0	0	0	0	0.00
	パッケージ型空調機の冷暖房能力の計算	8		1		1	0.02			1	1	0.02				0	0.00				0	0.00	0	0	0	0	0.00
	設備の設計と製図	3～10		1	4	5	0.12			2	2	0.05			3	3	0.07				0	0.00	0	0	0	0	0.00
	電気設備 住宅の屋内電灯配線設計	2～35		1	1	1	0.02	1		7	8	0.19			3	3	0.07			1	1	0.03	0	1	2	3	0.08
	防災設備	3				0	0.00				0	0.00				0	0.00				0	0.00	0	0	1	1	0.03
	一校当たりの実施テーマ数（平均）						0.60					0.86					0.33					0.12					0.43

土木科・系　集計元データ

実習の実施内容

① 測量実習

調査年　回答校数		第1回（1976年）40校					第2回（1987年）33校					第3回（1996年）34校					第4回（2005年）26校					第5回（2015年）34校				
実習（作業）テーマ・内容	時間数	1学年	2学年	3学年	計	平均	1学年	2学年	3学年	計	平均	1学年	2学年	3学年	計	平均	1学年	2学年	3学年	計	平均	1学年	2学年	3学年	計	平均
距離測量	1～18	26	1		27	0.68	24	5	2	31	0.94	18	6	1	25	0.74	18	1		19	0.73	23	2	0	25	0.74
平板測量	2～54	34	5	3	42	1.05	25	11		36	1.09	23	18	2	43	1.26	17	11	2	30	1.15	17	8	3	28	0.82
トラバース測量	2～100	16	12	3	31	0.78	16	23	5	44	1.33	19	26	6	51	1.50	9	17	2	28	1.08	9	26	10	45	1.32
トランシット測量	2～49	22	5	2	29	0.73	20	13		33	1.00	19	20	2	41	1.21	16	7	2	25	0.96	18	12	3	33	0.97
水準測量	2～78	29	21	3	53	1.33	19	21	5	45	1.36	20	23	3	46	1.35	20	15	5	40	1.54	27	18	7	52	1.53
スタジア測量	2～20	5	9	3	17	0.43	4	9	5	18	0.55	1	5	4	10	0.29		1	1	2	0.08	0	0	0	0	0.00
三角測量	3～62	2	18	11	31	0.78	1	11	12	24	0.73	1	11	7	19	0.56		5	3	8	0.31	1	2	1	4	0.12
地形測量	3～80		13	9	22	0.55		14	18	32	0.97		5	6	11	0.32		2	1	3	0.12	0	5	2	7	0.21
路線測量	2～54		13	12	25	0.63	1	15	13	29	0.88	1	10	12	23	0.68		7	10	17	0.65	1	8	10	19	0.56
河川測量	2～12		3	5	8	0.20		1	3	4	0.12		1	1	2	0.06		1	2	3	0.12	0	0	0	0	0.00
写真測量	1～12		3	8	11	0.28		5	6	11	0.33	1	3	1	5	0.15		2	1	3	0.12	1	1	1	3	0.09
体積・面積測量	1～20	10	8	2	20	0.50	10	8	5	23	0.70	3	12	6	21	0.62	1	6	2	9	0.35	4	9	4	17	0.50
曲線設置	2～56		9	11	20	0.50		13	18	31	0.94		11	17	28	0.82		6	11	17	0.65	0	10	12	22	0.65
総合測量	6～20																			0	0.00	0	1	2	3	0.09
学校の校地の測量	3～66		1	6	7	0.18	2	4	15	21	0.64	1	7	16	24	0.71			9	9	0.35	1	4	7	12	0.35
学校周囲の道路等の測量	4～53																	1	3	4	0.15	1	2	7	10	0.29
測量士補講習	4～100				0	0.00				0	0.00	1	1	1	3	0.09	4	9	8	21	0.81	3	7	10	20	0.59
トータルステーション測量	4～36				0	0.00				0	0.00				0	0.00		2	1	3	0.12	5	15	11	31	0.91
工事測量	3～18				0	0.00				0	0.00				0	0.00			1	1	0.04	0	0	10	10	0.29
地図作製	3～27				0	0.00				0	0.00				0	0.00	1			1	0.04	1	3	5	9	0.26
GPS 測量　3D レーザースキャナ	4				0	0.00				0	0.00				0	0.00				0	0.00	0	0	1	1	0.03
電子平板	9				0	0.00				0	0.00				0	0.00				0	0.00	0	0	1	1	0.03
内業計算	20				0	0.00				0	0.00				0	0.00				0	0.00	1	1	1	3	0.09
一校当たりの実施テーマ数（平均）						8.58					11.58					10.35					9.35					10.44

⑥ 施工実習

調査年　回答校数		第1回（1976年）40校					第2回（1987年）33校					第3回（1996年）34校					第4回（2005年）26校					第5回（2015年）34校				
実習（作業）テーマ・内容	時間数	1学年	2学年	3学年	計	平均	1学年	2学年	3学年	計	平均	1学年	2学年	3学年	計	平均	1学年	2学年	3学年	計	平均	1学年	2学年	3学年	計	平均
現場見学	3～24	1	1	4	6	0.15	3	4	6	13	0.39	3	8	6	17	0.50	5	7	5	17	0.65	8	8	5	21	0.62
やり形設置（側溝,盛土,切り取り）	1～26			10	10	0.25		2	11	13	0.39		1	6	7	0.21		3	7	10	0.38	0	1	14	15	0.44

木工	のり面保護	2~8			1	1	0.03				0	0.00	1	1		2	0.06			1	1	0.04	0	1	4	5	0.15
コンクリート工	コンクリート打ち	1~18	1	1	4	6	0.15		1	6	7	0.21	3	2	3	8	0.24	3	2	4	9	0.35	1	2	4	7	0.21
	型枠づくり，すえ付け	1~25	1	1	2	4	0.10		1	6	7	0.21	2		2	4	0.12	2		2	4	0.15	1	1	1	3	0.09
	U型鉄筋コンクリート側溝，側溝ふた	1.5~6			1	1	0.03		1	1	2	0.06	1	1	1	3	0.09	1			1	0.04	0	0	0	0	0.00
	鉄筋コンクリート擁壁	4~6			1	1	0.03			2	2	0.06				0	0.00				0	0.00	0	0	0	0	0.00
	単純式鉄筋コンクリート床版橋	4			1	1	0.03				0	0.00				0	0.00				0	0.00	0	0	0	0	0.00
	鉄筋コンクリート橋の設計に用いるコンクリートの配合設計	2~8			1	1	0.03			1	1	0.03	1	1		2	0.06			2	2	0.08	0	0	0	0	0.00
	コンクリート舗装	3~18			2	2	0.05				0	0.00	1		1	2	0.06				0	0.00	0	0	1	1	0.03
	アスファルト舗装工	6~16			1	1	0.03				0	0.00				0	0.00			1	1	0.04	0	1	1	2	0.06
	石積	6			1	1	0.03				0	0.00				0	0.00				0	0.00	0	0	0	0	0.00
	ブロック積	2~18			1	1	0.03		1	1	2	0.06				0	0.00		1		1	0.04	0	0	0	0	0.00
施工機械	小型ガソリンエンジンの取扱い	1~2			1	1	0.03				0	0.00				0	0.00				0	0.00	0	0	4	4	0.12
	ディーゼルエンジンの取扱い	1~3			1	1	0.03				0	0.00				0	0.00			1	1	0.04	0	0	2	2	0.06
	ペルトン水車の取扱い	2			1	1	0.03				0	0.00				0	0.00				0	0.00	0	0	0	0	0.00
	ベルトコンベア				2	2	0.05				0	0.00				0	0.00				0	0.00	0	0	0	0	0.00
	ランマー実習	1~12			1	1	0.03				0	0.00				0	0.00			1	1	0.04	0	0	4	4	0.12
	ロードローラの取扱い	2~10			3	3	0.08		1	2	3	0.09		1	1	2	0.06			1	1	0.04	0	0	0	0	0.00
	小型ブルトーザーの取扱い	3~26		1	5	6	0.15		1	4	5	0.15		2	3	5	0.15		1	1	2	0.08	0	0	0	0	0.00
	振動ローラー	3~20			1	1	0.03				0	0.00		1	2	3	0.09				0	0.00	0	0	1	1	0.03
	小型車両系建設機の取扱い	1.5~16				0	0.00				0	0.00				0	0.00			1	1	0.04	2	0	4	6	0.18
	溶接実習	2~15			2	2	0.05			2	2	0.06	1	2	2	5	0.15	1	1	1	3	0.12	3	1	0	4	0.12
	積算	3~16		1	2	3	0.08			2	2	0.06			2	2	0.06		2		2	0.08	0	0	7	7	0.21
	総合施工実習（校内通路の新設作業）	3~60			1	1	0.03			4	4	0.12		1	2	3	0.09		1	1	2	0.08	0	0	3	3	0.09
	土木施工技術者試験対策	3~60				0	0.00				0	0.00			2	2	0.06		1	8	9	0.35	0	0	20	20	0.59
	基礎地業（土工）	2~9				0	0.00				0	0.00				0	0.00			2	2	0.08	0	0	4	4	0.12
	足場組み立て	4				0	0.00				0	0.00				0	0.00				0	0.00	0	0	1	1	0.03
	不明	21				0	0.00				0	0.00				0	0.00				0	0.00	0	1	1	2	0.06
	木材加工（仕口の作成）	17				0	0.00				0	0.00				0	0.00				0	0.00	0	1	0	1	0.03
	住宅模型製作	40				0	0.00				0	0.00				0	0.00				0	0.00	0	0	1	1	0.03
	一校当たりの実施テーマ数（平均）						1.45					1.91					1.97					2.69					3.35

⑦ 情報処理

調査年　回答校数		第1回（1976年）40校					第2回（1987年）33校					第3回（1996年）34校					第4回（2005年）26校					第5回（2015年）34校				
実習（作業）テーマ・内容	時間数	1学年	2学年	3学年	計	平均	1学年	2学年	3学年	計	平均	1学年	2学年	3学年	計	平均	1学年	2学年	3学年	計	平均	1学年	2学年	3学年	計	平均

フォートラン	10～87	1	5	8	14	0.35	5	6	16	27	0.82	2		2	4	0.12				0	0.00	0	0	0	0	0.00
プロムラミングの基礎	2～70									0	0.00	2		1	3	0.09	3	2		5	0.19	2	0	0	2	0.06
数表の作成（逆数，平方根，三角関数）	4～18									0	0.00	1			1	0.03	1			1	0.04	1	0	1	2	0.06
面積の計算	3～16									0	0.00	1			1	0.03	1	1		2	0.08	1	2	1	4	0.12
測量の計算	2～32									0	0.00	1			1	0.03		2		2	0.08	1	5	3	9	0.26
構造計算（たわみ，曲げ応力度，トラス橋の内部応力）	4									0	0.00				0	0.00				0	0.00	0	1	0	1	0.03
擁壁の設計										0	0.00				0	0.00				0	0.00	0	0	0	0	0.00
静水圧の計算										0	0.00				0	0.00				0	0.00	0	0	0	0	0.00
CAD	3～70									0	0.00		1	2	3	0.09		5	8	13	0.50	2	10	19	31	0.91
ポケットコンピュータ	2～9									0	0.00	1	1		2	0.06	1	1		2	0.08	1	1	0	2	0.06
パソコンの基礎	1～18									0	0.00	1			1	0.03	10	2		12	0.46	6	1	0	7	0.21
BASIC	2～100						4	2	3	9	0.27	2	4	3	9	0.26	3	2		5	0.19	2	0	0	2	0.06
ワープロ，表計算	2～60							1	2	3	0.09	2	1	1	4	0.12	12	4	5	21	0.81	16	9	4	29	0.85
プレゼンテーション（パワーポイント）	3～36									0	0.00				0	0.00			1	1	0.04	5	4	13	22	0.65
GIS	20				0	0.00				0	0.00				0	0.00				0	0.00	0	1	0	1	0.03
一校当たりの実施テーマ数（平均）						0.35					1.18					0.85					2.46					3.29

実験の実施内容

② 材料実験

	調査年	回答校数	第1回（1976年）40校					第2回（1987年）33校					第3回（1996年）34校					第4回（2005年）26校					第5回（2015年）34校				
	実習（作業）テーマ・内容	時間数	1学年	2学年	3学年	計	平均	1学年	2学年	3学年	計	平均	1学年	2学年	3学年	計	平均	1学年	2学年	3学年	計	平均	1学年	2学年	3学年	計	平均
セメント	比重測定	1～12	8	11	4	23	0.58	7	13	5	25	0.76	6	9	4	19	0.56	4	6	1	11	0.42	2	7	3	12	0.35
セメント	粉末度試験	2～12	6	5		11	0.28	3	6	2	11	0.33		2	1	3	0.09		2		2	0.08	0	2	0	2	0.06
セメント	凝結試験	1～8	5	5	3	13	0.33	3	3	2	8	0.24	1	2		3	0.09				0	0.00	0	0	0	0	0.00
セメント	安定性試験	1～9	5	7	2	14	0.35	4	6		10	0.30	3	3	1	7	0.21		2		2	0.08	0	1	0	1	0.03
セメント	強さ試験	1～18	9	12	6	27	0.68	8	13	5	26	0.79	6	10	2	18	0.53	5	8	1	14	0.54	4	5	2	11	0.32
セメント	密度試験	6				0	0.00				0	0.00				0	0.00				0	0.00	0	1	0	1	0.03
骨材	ふるい分け試験	1～12	12	18	9	39	0.98	6	18	10	34	1.03	6	14	7	27	0.79	7	12	3	22	0.85	6	14	9	29	0.85
骨材	細骨材の比重・吸水率試験	1～12	11	16	10	37	0.93	6	18	8	32	0.97	6	18	5	29	0.85	6	11	2	19	0.73	3	12	8	23	0.68
骨材	粗骨材の比重・吸水率試験	1～12	11	18	9	38	0.95	6	18	7	31	0.94	5	17	5	27	0.79	6	11	2	19	0.73	2	13	7	22	0.65
骨材	細骨材の表面水量	1～12	10	15	5	30	0.75	6	11	5	22	0.67	4	9	2	15	0.44	2	5	1	8	0.31	0	5	6	11	0.32
骨材	単位容積重量試験	1～8	7	14	8	29	0.73	6	14	6	26	0.79	3	10	1	14	0.41	3	6	1	10	0.38	1	6	6	13	0.38
骨材	粗骨材のすりへり試験	1～6	5	11	3	19	0.48	2	8	2	12	0.36	1	2		3	0.09		1	1	2	0.08	0	0	3	3	0.09
骨材	砂の有機不純物試験	1.5～5	2	4	2	8	0.20		3	2	5	0.15		1		1	0.03				0	0.00	0	0	0	0	0.00

骨材	洗い試験	1～5	3	6	1	10	0.25		1		1	0.03				0	0.00				0	0.00	0	0	0	0	0.00
	粗骨材の軟石量	1～3		2		2	0.05		1		1	0.03				0	0.00				0	0.00	0	0	0	0	0.00
	安定性試験	1～2	1	2		3	0.08		1		1	0.03				0	0.00				0	0.00	0	0	1	1	0.03
コンクリート	スランプ試験	0.5～13	2	2	14	18	0.45	3	10	15	28	0.85	3	15	13	31	0.91	1	17	6	24	0.92	1	16	13	30	0.88
	まだ固まらないコンクリートの空気量測定	0.5～12	1	11	8	20	0.50	2	5	8	15	0.45		3	7	10	0.29		9	3	12	0.46	0	9	6	15	0.44
	圧縮強度試験	1～12	2	16	18	36	0.90	3	12	17	32	0.97	4	13	15	32	0.94	1	16	5	22	0.85	2	18	14	34	1.00
	引張強度試験	1～6		3	8	11	0.28		7	5	12	0.36		3	5	8	0.24		4	1	5	0.19	0	6	1	7	0.21
	曲げ強度試験	1～12	1	10	13	24	0.60	2	5	5	12	0.36		3	5	8	0.24		2	2	4	0.15	0	3	2	5	0.15
	配合の設計	1～12	2	9	19	30	0.75	3	8	15	26	0.79	1	9	16	26	0.76	2	8	5	15	0.58	2	15	11	28	0.82
	シュミットハンマによるコンクリート強度の非破壊試験	1～6		2	4	6	0.15		2	3	5	0.15		3	5	8	0.24		4	3	7	0.27	1	3	2	6	0.18
	まだ固まらないコンクリートの洗い分析			2	1	3	0.08				0	0.00				0	0.00				0	0.00	0	0	0	0	0.00
	AE コンクリートの空気量	0.5～4		1		1	0.03	1	1	3	5	0.15		1	1	2	0.06		3		3	0.12	0	2	0	2	0.06
	ミキサで練りまぜたコンクリート中のモルタルの差及び粗骨材料の差（強度）	1～2	1	1		2	0.05				0	0.00				0	0.00		1		1	0.04	0	1	0	1	0.03
	使用水量によるコンクリート強度の変化	2～42			1	1	0.03		1	2	3	0.09	1		2	3	0.09		3		3	0.12	0	1	1	2	0.06
	ブリージング試験（コンクリート中の粗骨材の分離状態）	1～3			1	1	0.03	1			1	0.03				0	0.00		1		1	0.04	0	0	0	0	0.00
	混和剤及び砂の種類によるモルタルの強度	3～42			1	1	0.03				0	0.00			1	1	0.03				0	0.00	0	0	0	0	0.00
	養生と強度の関係	0.5～42			1	1	0.03		2	2	4	0.12	1	1	2	4	0.12		2	1	3	0.12	0	1	0	1	0.03
	風化セメントの強度	1.5～42			1	1	0.03			2	2	0.06				0	0.00				0	0.00	0	3	0	3	0.09
鉄筋	鉄筋の引張試験	1～9	1	1	12	14	0.35	3	5	9	17	0.52	2	5	12	19	0.56	1	6	4	11	0.42	1	4	7	12	0.35
	鉄筋の曲げ試験	1～4			5	5	0.13		1	2	3	0.09				0	0.00		2		2	0.08	0	0	0	0	0.00
	鋼板の座屈	4			1	1	0.03				0	0.00				0	0.00				0	0.00	0	0	0	0	0.00
	鋼板の引張試験	4			1	1	0.03				0	0.00				0	0.00				0	0.00	0	0	0	0	0.00
アスファルト	針入度試験	1～4.5	3	3	16	22	0.55	2	5	11	18	0.55	1	4	7	12	0.35		1	3	4	0.15	0	1	1	2	0.06
	伸度試験	1～4.5	3	3	16	22	0.55	2	5	10	17	0.52	1	3	6	10	0.29		1	2	3	0.12	0	1	0	1	0.03
	軟化点試験	1～4.5	3	3	13	19	0.48	1	4	11	16	0.48		4	7	11	0.32			1	1	0.04	0	0	1	1	0.03
	引火点試験	1～4.5	3	3	13	19	0.48	1	2	5	8	0.24		2	2	4	0.12				0	0.00	0	0	1	1	0.03
	アスファルト乳剤のエングラー度試験	1～3		2	5	7	0.18	1		2	3	0.09				0	0.00				0	0.00	0	0	0	0	0.00
	アスファルト混合物の安定度試験（マーシャル式）	1～12	1	10	17	28	0.70	1	5	7	13	0.39		2	9	11	0.32		1	1	2	0.08	0	1	2	3	0.09
	アスファルト混合物の安定度試験（ハーバード式）	3			2	2	0.05				0	0.00		1	1	2	0.06				0	0.00	0	1	0	1	0.03
	アスファルト混合物の配合設計	1～20	1	4	12	17	0.43	2	1	4	7	0.21		2	3	5	0.15				0	0.00	0	0	0	0	0.00
	アスファルト混合物の抽出試験	3～8	1	3	5	9	0.23				0	0.00		1	1	2	0.06		1	1	2	0.08	0	0	0	0	0.00

			第1回（1976年）40校					第2回（1987年）33校					第3回（1996年）34校					第4回（2005年）26校					第5回（2015年）34校				
			1学年	2学年	3学年	計	平均	1学年	2学年	3学年	計	平均	1学年	2学年	3学年	計	平均	1学年	2学年	3学年	計	平均	1学年	2学年	3学年	計	平均
アスファルト	比重試験	2～3	1		1	2	0.05		1		1	0.03				0	0.00				0	0.00	0	0	0	0	0.00
	瀝青材料	1～3	1		1	2	0.05	1			1	0.03		1		1	0.03				0	0.00	0	0	0	0	0.00
	密粒度式アスファルトコンクリートの配合設計	3～42			1	1	0.03		1	2	3	0.09		1	1	2	0.06				0	0.00	0	0	0	0	0.00
	トペカ，修正の配合設計	9～42			1	1	0.03			1	1	0.03				0	0.00				0	0.00	0	0	0	0	0.00
	道路舗装施工（スライド）	2～8			1	1	0.03				0	0.00				0	0.00				0	0.00	0	0	1	1	0.03
一校当たりの実施テーマ数（平均）							15.80					15.09					11.12					9.00					8.38

③ 構造実験

調査年　回答校数		第1回（1976年）40校					第2回（1987年）33校					第3回（1996年）34校					第4回（2005年）26校					第5回（2015年）34校				
実習（作業）テーマ・内容	時間数	1学年	2学年	3学年	計	平均	1学年	2学年	3学年	計	平均	1学年	2学年	3学年	計	平均	1学年	2学年	3学年	計	平均	1学年	2学年	3学年	計	平均
電気抵抗線ひずみ計によるひずみの測定	2～10		1	7	8	0.20		3	7	10	0.30		1	1	2	0.06				0	0.00	0	1	0	1	0.03
構造用鋼材の引張試験	2～3			2	2	0.05		2	6	8	0.24			2	2	0.06		1		1	0.04	0	0	0	0	0.00
コンクリート部材の圧縮試験	2～9			2	2	0.05		2	10	12	0.36	1	1	2	4	0.12		1		1	0.04	0	1	1	2	0.06
金属部材の曲げ試験	2～6			2	2	0.05		1	4	5	0.15		1	1	2	0.06				0	0.00	0	0	0	0	0.00
はりの曲げ応力度	2～7.5			1	1	0.03		1	5	6	0.18		2	1	3	0.09		1	1	2	0.08	0	2	0	2	0.06
はりの支点反力	2～6		3	4	7	0.18		2	2	4	0.12		2	1	3	0.09		1	1	2	0.08	0	3	1	4	0.12
はりのたわみ	2～4		1	5	6	0.15		1	4	5	0.15			1	1	0.03		1	1	2	0.08	0	1	0	1	0.03
はりの実験	2～10		1	2	3	0.08				0	0.00		1		1	0.03			1	1	0.04	0	3	1	4	0.12
偏心荷重を受ける短柱の応力分布	2			1	1	0.03				0	0.00				0	0.00				0	0.00	0	0	0	0	0.00
片持ばりの実験	2～6			1	1	0.03			2	2	0.06		2		2	0.06				0	0.00	0	1	0	1	0.03
片持ばりの振動測定	2～6			1	1	0.03				0	0.00			1	1	0.03				0	0.00	0	1	0	1	0.03
トラスの部材応力	2～9		1	7	8	0.20		1	5	6	0.18		1	1	2	0.06		1	1	2	0.08	0	2	0	2	0.06
ラーメンの実験	2～6			1	1	0.03			1	1	0.03			1	1	0.03				0	0.00	0	0	0	0	0.00
鉄筋コンクリートばりの実験	3～9			3	3	0.08			2	2	0.06			1	1	0.03				0	0.00	0	0	0	0	0.00
コンクリート板の載荷試験	3			1	1	0.03				0	0.00				0	0.00				0	0.00	0	0	0	0	0.00
光弾性実験による応力測定	1～9		1	10	11	0.28		1	6	7	0.21			1	1	0.03				0	0.00	0	0	0	0	0.00
コンクリートの非破壊試験	1～9			3	3	0.08			3	3	0.09		1	1	2	0.06		2		2	0.08	0	1	0	1	0.03
構造製作実習（トラス橋模型）	2～16		1		1	0.03		1	1	2	0.06		1	1	2	0.06		1	1	2	0.08	0	1	2	3	0.09
構造製作実習（プレチガタン橋）	3～16				0	0.00				0	0.00		1	1	2	0.06				0	0.00	1	0	0	1	0.03
課題研究発表会	2～27				0	0.00					0.00				0	0.00		1	1	1	0.04	0	1	6	7	0.21
製図の図面による模型作り	12～48				0	0.00					0.00				0	0.00				0	0.00	0	1	1	2	0.06
部材断面の性質	4				0	0.00					0.00				0	0.00				0	0.00	0	0	1	1	0.03
図心，内力の図式解法					0	0.00					0.00				0	0.00				0	0.00	0	1	0	1	0.03
一校当たりの実施テーマ数（平均）						1.55					2.21					0.94					0.62					1.00

④ 土質実験

調査年	回答校数	第1回（1976年）40校					第2回（1987年）33校					第3回（1996年）34校					第4回（2005年）26校					第5回（2015年）34校				
実習（作業）テーマ・内容	時間数	1学年	2学年	3学年	計	平均	1学年	2学年	3学年	計	平均	1学年	2学年	3学年	計	平均	1学年	2学年	3学年	計	平均	1学年	2学年	3学年	計	平均
土粒子の比重試験	1～16		23	17	40	1.00	3	16	12	31	0.94	4	13	11	28	0.82	2	10	7	19	0.73	1	12	8	21	0.62
土の含水量試験	0.5～12		18	13	31	0.78	3	12	11	26	0.79	3	14	19	36	1.06	1	12	5	18	0.69	1	12	10	23	0.68
土の粒度試験	2～18		18	16	34	0.85	1	16	10	27	0.82	1	12	8	21	0.62	1	2	2	5	0.19	0	4	6	10	0.29
土の液性限界試験	1～8		18	19	37	0.93	3	15	14	32	0.97	2	13	10	25	0.74	1	12	6	19	0.73	1	11	10	22	0.65
土の塑性限界試験	1～8		18	18	36	0.90	3	15	14	32	0.97	2	11	9	22	0.65	1	12	5	18	0.69	1	11	10	22	0.65
土の遠心含水当量試験	1～8		8	2	10	0.25		2	7	9	0.27		3	3	6	0.18		1		1	0.04	0	1	1	2	0.06
土の収縮常数試験	1～12		11	10	21	0.53	1	2	7	10	0.30		1		1	0.03		1		1	0.04	0	0	0	0	0.00
突き固めによる土の締固め試験	2～24		11	24	35	0.88		12	19	31	0.94		14	15	29	0.85	1	13	7	21	0.81	1	7	10	18	0.53
室内 CBR 試験	2～12		3	32	35	0.88		5	20	25	0.76		2	14	16	0.47	1	5	4	10	0.38	0	3	4	7	0.21
現場 CBR 試験	3～4		3	7	10	0.25			2	2	0.06			3	3	0.09				0	0.00	0	0	1	1	0.03
土の一軸圧縮試験	2～10		5	25	30	0.75		8	13	21	0.64		9	8	17	0.50		8	4	12	0.46	0	4	4	8	0.24
土の圧密試験	3～9		2	15	17	0.43		2	4	6	0.18		2	4	6	0.18		1	2	3	0.12	0	0	0	0	0.00
一面せん断試験	2～9		5	22	27	0.68		6	15	21	0.64		5	10	15	0.44		5	5	10	0.38	0	0	3	3	0.09
三軸圧縮試験	2～8		2	16	18	0.45			8	8	0.24		1	4	5	0.15		1	2	3	0.12	0	0	1	1	0.03
試料調整	1～4		14	5	19	0.48	1	1	1	3	0.09	1	2		3	0.09				0	0.00	0	1	0	1	0.03
遠水試験	2～6		1	5	6	0.15		1	3	4	0.12		2	2	4	0.12			1	1	0.04	0	0	0	0	0.00
載荷試験	2～6		1	8	9	0.23			3	3	0.09			2	2	0.06				0	0.00	0	0	1	1	0.03
現場における土の単位体積重量試験	1～6		1	2	3	0.08		3	8	11	0.33		2	2	4	0.12		3	1	4	0.15	0	0	1	1	0.03
セメント添加による地盤改良	8			1	1	0.03				0	0.00				0	0.00				0	0.00	0	0	1	1	0.03
粒度による地盤改良				1	1	0.03				0	0.00				0	0.00				0	0.00	0	0	0	0	0.00
橋台の設計	42			1	1	0.03				0	0.00				0	0.00				0	0.00	0	0	0	0	0.00
矢板の設計	42			1	1	0.03				0	0.00				0	0.00				0	0.00	0	0	0	0	0.00
擁壁の設計	2～42			1	1	0.03			1	1	0.03			1	1	0.03			2	2	0.08	0	0	0	0	0.00
圧密沈下の試験と圧密計算	3～42			1	1	0.03				0	0.00			2	2	0.06			1	1	0.04	0	0	0	0	0.00
土質柱状図	3				0	0.00				0	0.00				0	0.00			1	1	0.04	0	0	0	0	0.00
アスファルト舗装厚の設計	2				0	0.00				0	0.00				0	0.00		1		1	0.04	0	0	0	0	0.00
透水試験（定水位・変水位）	3～6				0	0.00				0	0.00				0	0.00			1	1	0.04	0	0	1	1	0.03
砂置換法による土の密度試験	12				0	0.00				0	0.00				0	0.00				0	0.00	0	1	0	1	0.03
一校当たりの実施テーマ数（平均）						10.60					9.18					7.24					5.81					4.24

⑤ 水理実験

調査年　回答校数		第1回（1976年）40校					第2回（1987年）33校					第3回（1996年）34校					第4回（2005年）26校					第5回（2015年）34校				
実習（作業）テーマ・内容	時間数	1学年	2学年	3学年	計	平均	1学年	2学年	3学年	計	平均	1学年	2学年	3学年	計	平均	1学年	2学年	3学年	計	平均	1学年	2学年	3学年	計	平均
粘性の測定	4～12		1	1	2	0.05				0	0.00				0	0.00		1	1	2	0.08	0	0	0	0	0.00
直角三角せきの検定の実験	1～9		8	14	22	0.55		4	15	19	0.58		5	12	17	0.50		4	5	9	0.35	0	2	6	8	0.24
四角せきの実験	2～9		1	1	2	0.05		3	5	8	0.24		2	2	4	0.12		1		1	0.04	0	0	0	0	0.00
全幅せきの実験	2～4			1	1	0.03		1	1	2	0.06		1	2	3	0.09		1		1	0.04	0	1	1	2	0.06
ベンチュリメータの実験	1～12		6	10	16	0.40		3	11	14	0.42	1	3	6	10	0.29		4	3	7	0.27	0	1	2	3	0.09
層流と乱流（レイノルズ数）	1～12		4	5	9	0.23		3	4	7	0.21	1	2	5	8	0.24		3	4	7	0.27	0	1	1	2	0.06
常流と射流	1～8		1	3	4	0.10		1	4	5	0.15		2	2	4	0.12		2	2	4	0.15	0	0	3	3	0.09
マノメータの実験	1～6		4	5	9	0.23		1	10	11	0.33	1	2	6	9	0.26		3	4	7	0.27	0	0	0	0	0.00
水門の流出実験	1～6		3	5	8	0.20		1	2	3	0.09		1	1	2	0.06		1		1	0.04	0	0	0	0	0.00
開水路流速分布の測定	1～9		4	13	17	0.43		4	6	10	0.30	1	2	6	9	0.26		3	1	4	0.15	0	1	5	6	0.18
開水路の等流・不等流の実験	1～6		1	2	3	0.08																				
管水路の摩擦損失水頭	2～8		2	11	13	0.33		3	8	11	0.33			4	4	0.12		2	1	3	0.12	0	2	2	4	0.12
浮体の安定	2～4		2		2	0.05		1	1	2	0.06		2	1	3	0.09				0	0.00	0	0	1	1	0.03
管水路の摩擦以外の損失水頭	1～6		1		1	0.03		2	1	3	0.09	1		4	5	0.15		1		1	0.04	0	0	1	1	0.03
開水路の粗度係数	2～6		1	1	2	0.05			2	2	0.06			1	1	0.03				0	0.00	0	0	1	1	0.03
模型実験	1～4			1	1	0.03			1	1	0.03		2		2	0.06				0	0.00	0	0	0	0	0.00
波圧の測定	4			1	1	0.03			1	1	0.03				0	0.00				0	0.00	0	0	0	0	0.00
流量自動制御装置と量水槽による流量測定	1～6			1	1	0.03			1	1	0.03		1		1	0.03			1	1	0.04	0	1	3	4	0.12
流速・流量水深径深の測定	2～10				0	0.00				0	0.00		1		1	0.03		2		2	0.08	0	2	4	6	0.18
水の単位体積質量の測定	3～4				0	0.00				0	0.00	1			1	0.03		1		1	0.04	0	1	1	2	0.06
管水路の流速分布の測定	2～3				0	0.00		4	6	10	0.30				0	0.00			1	1	0.04	0	0	2	2	0.06
オリフィスからの流出実験	2～6		5	9	14	0.35		1	9	10	0.30				0	0.00			1	1	0.04	0	1	2	3	0.09
一校当たりの実施テーマ数（平均）						3.20					3.64					2.47					2.04					1.41

化学系学科　集計元データ

① 基礎実験

調査年　回答校数		第1回（1976年）53校					第2回（1987年）48校					第3回（1996年）38校					第4回（2005年）28校					第5回（2015年）37校				
実習（作業）テーマ・内容	時間数	1学年	2学年	3学年	計	実施率	1学年	2学年	3学年	計	実施率	1学年	2学年	3学年	計	実施率	1学年	2学年	3学年	計	実施率	1学年	2学年	3学年	計	実施率
物質の精製	1～13	16			16	0.30	17	1	1	19	0.40	10	5		15	0.39	10		2	12	0.43	1	4	2	7	0.19
ガラス細工，バーナーの取り扱い	1～12	26	1		27	0.51	32	3		35	0.73	22	4		26	0.68	26			26	0.93	6	6	1	13	0.35
沈殿の生成，濾過，洗浄，溶解	1～21	8			8	0.15	18	4		22	0.46	10	4		14	0.37	12	4	1	17	0.61	3	4	3	10	0.27
沈殿の乾燥，灼熱	1～20	5			5	0.09	13	3		16	0.33	3	6		9	0.24	5	4		9	0.32	1	3	3	7	0.19
試薬調製方法	1～15	3			3	0.06	22	6		28	0.58	15	6	1	22	0.58	15	7		22	0.79	6	10	4	20	0.54
物質の生成と観察	1～18	14			14	0.26	15	2	1	18	0.38	5	3	1	9	0.24	6	2		8	0.29	1	4	2	7	0.19
天秤の取り扱い	1～20	49	6		55	1.04	30	8		38	0.79	18	5		23	0.61	20	2		22	0.79	5	4	1	10	0.27
PH 指示薬	0.5～15	2			2	0.04	7	8		15	0.31	8	8		16	0.42	11	5		16	0.57	4	2	2	8	0.22
あぶり出し。金属と酸の反応。針金とスチールウール。アンモニアの性質。塩化水素と塩酸。亜硫酸ガスと硫酸。硝酸と窒素の酸化物。ハロゲン化物の性質。金属イオンの反応。酸，塩基の性質。ポリエチレン細工等。	1～40	1			1	0.02						7	1		8	0.21	3			3	0.11	2			2	0.05
合計		124	7	0	131		154	35	2	191		98	42	2	142		108	24	3	135		29	37	18	84	
1校あたりの実施テーマ数					2.47					3.98					3.74					4.82					2.27	

② 定性分析

調査年　回答校数		第1回（1976年）53校					第2回（1987年）48校					第3回（1996年）38校					第4回（2005年）28校					第5回（2015年）37校				
実習（作業）テーマ・内容	時間数	1学年	2学年	3学年	計	実施率	1学年	2学年	3学年	計	実施率	1学年	2学年	3学年	計	実施率	1学年	2学年	3学年	計	実施率	1学年	2学年	3学年	計	実施率
分析基礎実験	0.5～20	7			7	0.13	28	8		36	0.75	17	3		20	0.53	10	5		15	0.54	5	5		10	0.27
第1属陽イオン定性分析	1～18	31	1		32	0.60	29	9		38	0.79	19	5		24	0.63	15	8		23	0.82	8	9	2	19	0.51
第2属陽イオン定性分析	1～24	28	1		29	0.55	28	12		40	0.83	16	5		21	0.55	14	8		22	0.79	8	9	2	19	0.51
第3属陽イオン定性分析	1～20	27	2		29	0.55	26	9		35	0.73	15	5		20	0.53	12	7		19	0.68	8	8	1	17	0.46
第4属陽イオン定性分析	0.5～18	22	2		24	0.45	22	9		31	0.65	11	4		15	0.39	8	5		13	0.46	6	6	1	13	0.35
第5属陽イオン定性分析	0.5～18	21	2		23	0.43	16	8		24	0.50	7	2		9	0.24	8	4		12	0.43	6	4	1	11	0.30
第6属陽イオン定性分析	0.5～18	18	2		20	0.38	14	7		21	0.44	6	2		8	0.21	7	4		11	0.39	6	3	1	10	0.27
第1～第6属混合未知定性分析	2～24	9			9	0.17	14	8		22	0.46	15	3		18	0.47	9	5		14	0.50	4	4	2	10	0.27
金属不明	3～12	14	3		17	0.32	3	3		6	0.13	3			3	0.08		2		2	0.07	1	1		2	0.05
陰イオン	3～30	21	3		24	0.45	3	2		5	0.10	2	2		4	0.11	1			1	0.04		1		1	0.03
有機定性分析	3～12	1	1		2	0.04	2	3		5	0.10	1	2		3	0.08	2			2	0.07				0	0
合計		199	17	0	216		185	78	0	263		112	33	0	145		86	48	0	134		52	50	10	112	

1校あたりの実施テーマ数				4.08					5.48					3.82					4.79					3.03	

③ 定量分析

調査年　回答校数		第1回（1976年）53校					第2回（1987年）48校					第3回（1996年）38校					第4回（2005年）28校					第5回（2015年）37校				
実習（作業）テーマ・内容	時間数	1学年	2学年	3学年	計	実施率	1学年	2学年	3学年	計	実施率	1学年	2学年	3学年	計	実施率	1学年	2学年	3学年	計	実施率	1学年	2学年	3学年	計	実施率
結晶硫酸銅中の結晶水の定量	3～25	37	3		40	0.75	25	9		34	0.71	12	10		22	0.58	12	3		15	0.54	5	6	1	12	0.32
結晶硫酸銅中の銅の定量	3～27	37	1		38	0.72	28	10		38	0.79	9	12		21	0.55	7	5	1	13	0.46	3	4		7	0.19
結晶硫酸銅中の硫酸根の定量	3～27	32	3		35	0.66	15	5		20	0.42	2	7		9	0.24	2	4		6	0.21	1	1		2	0.05
ミョウバン中のアルミの定量	4～15	9	3		12	0.23	2	3		5	0.10		5		5	0.13		1		1	0.04				0	0.00
ニッケル塩中のニッケルの定量	5～18	9	3		12	0.23	2	2		4	0.08	1	2		3	0.08				0	0.00				0	0.00
結晶塩化バリウム中の結晶水の定量	3～15	2			2	0.04	1	2		3	0.06				0	0.00		2		2	0.07				0	0.00
燐酸の定量	2～12		1		1	0.02				0	0.00		1		1	0.03				0	0.00		2		2	0.05
炭酸ソーダ標準溶液の調製	1～15	25	12		37	0.70	17	27		44	0.92	7	17		24	0.63	2	1	13	16	0.57	4	10		14	0.38
塩酸溶液の調製	1～16	23	12		35	0.66	17	23		40	0.83	9	18		27	0.71	3	1	12	16	0.57	1	1		2	0.05
苛性ソーダ溶液の調製	1～10	18	12		30	0.57	16	22		38	0.79	9	21		30	0.79				0	0.00	3	2		5	0.14
硫酸溶液の調製	1～6	1	1		2	0.04	3	13		16	0.33		5		5	0.13				0	0.00	3	1		4	0.11
工業用塩基の純度測定	2～10	12	3		15	0.28	8	15		23	0.48	2	7		9	0.24	2	11		13	0.46		1		1	0.03
工業用酸の純度測定	2～11	12	4		16	0.30	5	7		12	0.25	3	8		11	0.29	3	9		12	0.43	6	20		26	0.70
混合アルカリの分別定量	2～10	14	12		26	0.49	8	14		22	0.46	3	6		9	0.24	2	3		5	0.18				0	0.00
食酢及び氷酢酸中の酢酸の定量	3～30	11	5		16	0.30	11	17	1	29	0.60	8	15		23	0.61	6	14		20	0.71				0	0.00
硫安中のアンモニアの定量	3～9	8	5		13	0.25	1	3		4	0.08	1	2		3	0.08				0	0.00			0	0	0.00
中和滴定のうち分類が不明の学校	2～30	13	1		14	0.26		2		2	0.04	1	1	1	3	0.08	1	3	1	5	0.18		4		4	0.11
KMnO4標準溶液の調製	1～15	16	18		34	0.64	5	34		39	0.81		22	1	23	0.61		9	1	10	0.36		19	3	22	0.59
K2Cr2O7標準溶液の調製	2～12	3	9		12	0.23	1	14		15	0.31		4		4	0.11	1	1		2	0.07		3	0	3	0.08
Na2S2O3標準溶液の調製	1～7	4	16		20	0.38	2	16		18	0.38		7		7	0.18		5	1	6	0.21		3	1	4	0.11
シュウ酸ソーダ標準溶液の調製	1～10	4	3		7	0.13	4	26		30	0.63		16		16	0.42		7	1	8	0.29		9	1	10	0.27
第1鉄塩中の鉄の定量	2～15	13	24		37	0.70	2	25		27	0.56	1	18		19	0.50		7	1	8	0.29		5	1	6	0.16
二酸化マンガン中の Mn の定量	3～12	3	2		5	0.09	1	5		6	0.13		3		3	0.08				0	0.00				0	0.00
軟マンガン鉱中の Mn の定量	4～6	1	4		5	0.09	1	5		6	0.13	1	1		2	0.05				0	0.00				0	0.00
ヨーソ滴定	0.5～20	2	3		5	0.09		9		9	0.19	1			1	0.03			1	1	0.04		2		2	0.05
サラシ粉及び次亜塩素酸ナトリウム中の有効塩素の定量	2～10	4	14		18	0.34	1	14		15	0.31		5		5	0.13		3		3	0.11		2		2	0.05
炭酸カルシウム中の Ca の定量	2～10	2	6		8	0.15		5		5	0.10		1		1	0.03		2		2	0.07		1	1	2	0.05
セメント中の Ca の定量	4～12		2		2	0.04		3	1	4	0.08			1	1	0.03		2		2	0.07		1	2	3	0.08
銅の定量	3～9		4		4	0.08		4	1	5	0.10		3	1	4	0.11		1	2	3	0.11				0	0.00

過酸化水素水中の H_2O_2 の定量	3～6	2	7		9	0.17		2	1	3	0.06		2		2	0.05		2		2	0.07		1	1	2	0.05
クロム鉱中の Cr の定量			1		1	0.02				0	0.00				0	0.00		1		1	0.04				0	0.00
亜砒酸中の砒素の定量			1		1	0.02				0	0.00				0	0.00				0	0.00				0	0.00
$SnCl_2$ 中の Sn の定量			1		1	0.02				0	0.00				0	0.00				0	0.00		3	1	4	0.11
亜硫酸ソーダ中の亜硫酸の定量	6	1	2		3	0.06		2		2	0.04				0	0.00				0	0.00		15	4	19	0.51
酸化還元滴定のうち分類が不明の学校	5～28	13	2		15	0.28		6		6	0.13		1	1	2	0.05				0	0.00		3	1	4	0.11
キレート滴定	2～27	4	8	1	13	0.25		12	3	15	0.31		13		13	0.34	1	8	4	13	0.46		15	4	19	0.51
$AgNO_3$ 標準溶液の調製	1～6	3	7		10	0.19	1	4	1	6	0.13		1	1	2	0.05		2		2	0.07	1	2	1	4	0.11
Cl の定量	2～12	2	6		8	0.15	1	5	1	7	0.15	1	1	2	4	0.11		1		1	0.04		2	1	3	0.08
KCN 中の CN^- の定量	3		1		1	0.02		1		1	0.02				0	0.00				0	0.00				0	0.00
沈殿滴定で分類が不明な学校	6～8	4	2		6	0.11		1		1	0.02					0.00				0	0.00				0	0.00
合計		344	224	1	569		178	367	9	554		71	235	8	314		42	108	38	188		27	138	23	188	
1校あたりの実施テーマ数					10.74					11.54					8.26					6.71					5.08	

④ 製造化学他

調査年 回答校数		第1回（1976年）53校					第2回（1987年）48校					第3回（1996年）38校					第4回（2005年）29校					第5回（2015年）37校				
実習（作業）テーマ・内容	時間数	1学年	2学年	3学年	計	実施率	1学年	2学年	3学年	計	実施率	1学年	2学年	3学年	計	実施率	1学年	2学年	3学年	計	実施率	1学年	2学年	3学年	計	実施率
① **無機化合物の製造**																										
$NaHCO_3$ 及び Na_2CO_3	4～9	1	2		3	0.06	9	3		12	0.25	8	4		12	0.32		1	1	2	0.07		3	1	4	0.11
硫酸銅	3～25	3	1		4	0.08		2		2	0.04	1			1	0.03	7	4		11	0.38	1	4		5	0.14
硫酸第1鉄	3～10		2		2	0.04		2		2	0.04		5		5	0.13				0	0.00			1	1	0.03
アルミニウムミョウバン	3～12	1	2		3	0.06				0	0.00				0	0.00		5		5	0.17		2		2	0.05
塩酸，硫酸，硫酸亜鉛	2～12	1			1	0.02		2		2	0.04		1		1	0.03		1		1	0.03	1			1	0.03
チオ硫酸ソーダ，炭酸カリウム，硫酸銅，ホウ酸，鉄ミョウバン	3～18		1		1	0.02												1	1	2	0.07		4		4	0.11
② **有機化合物の合成**							1	16	9	26	0.54		10	6	16	0.42		8	7	15	0.52					0.00
酢酸エチル	3～20	1	22	7	30	0.57	6	2	4	12	0.25	7	4	2	13	0.34	4	3	1	8	0.28		13	6	19	0.51
石鹸，合成洗剤	3～20	2	7	2	11	0.21				0	0.00				0	0.00		1		1	0.03		1	2	3	0.08
ブドウ糖（蔗糖の加水分解法）	5～6		1		1	0.02		23	18	41	0.85		17	11	28	0.74		10	7	17	0.59			1	1	0.03
ニトロベンゼン	3～24		35	8	43	0.81		21	21	42	0.88		18	12	30	0.79		11	7	18	0.62		13	7	20	0.54
アニリン	2～24		34	11	45	0.85		15	20	35	0.73		10	10	20	0.53		7	6	13	0.45		16	8	24	0.65
アセトアニリド	2～20		19	6	25	0.47		15	16	31	0.65		12	5	17	0.45		7	6	13	0.45		8	4	12	0.32
スルファニル酸（Na の塩含む）	3～15		20	14	34	0.64		2	4	6	0.13		1	1	2	0.05		1	2	3	0.10		11	6	17	0.46
メチルオレンジ	2～16		2	2	4	0.08		17	24	41	0.85		11	11	22	0.58		5	12	17	0.59		2	2	4	0.11
オレンジⅡ	3～18		20	16	36	0.68			1	1	0.02			1	1	0.03		1		1	0.03		13	11	24	0.65
フェノール樹脂	5～10		3	3	6	0.11		2	4	6	0.13	1	1	2	4	0.11				0	0.00			1	1	0.03

尿素樹脂	5～10		4	3	7	0.13		1	1	2	0.04			2	2	0.05				0	0.00			1	1	0.03
ニトロアニリン（m または p）	8～10		1	2	3	0.06		2		2	0.04				0	0.00				0	0.00				0	0.00
ブロムベンゼン	4～8		3	2	5	0.09		1	1	2	0.04				0	0.00				0	0.00				0	0.00
サッカリン	5～12		2	2	4	0.08		2	6	8	0.17		1	4	5	0.13		3	2	5	0.17		1	1	2	0.05
酢酸ビニルの重合	1.5～21		5	6	11	0.21		3	6	9	0.19		1	3	4	0.11		4		4	0.14		4	3	7	0.19
安息香酸	3～24		6	7	13	0.25			1	1	0.02				0	0.00				0	0.00		1	6	7	0.19
アセトフェノン	6～10		1	2	3	0.06				0	0.00				0	0.00				0	0.00				0	0.00
βナフタリンスルホン酸	6			2	2	0.04				0	0.00				0	0.00				0	0.00				0	0.00
ヨードホルム	3～6		1	1	2	0.04		1	1	2	0.04				0	0.00		1	1	2	0.07				0	0.00
ポリビニルアルコール	3～6		2	2	4	0.08		1	1	2	0.04			1	1	0.03			1	1	0.03		1		1	0.03
ピクリン酸	4～6		1	1	2	0.04				0	0.00				0	0.00				0	0.00				0	0.00
ニトロフェノール	9～20		1	2	3	0.06				0	0.00				0	0.00				0	0.00				0	0.00
アミノ酸ショウ油	3	1			1	0.02				0	0.00		1	2	3	0.08				0	0.00				0	0.00
ハロゲン化，重合等の反応					0	0.00				0	0.00				0	0.00		3	1	4	0.14				0	0.00
重合等の反応	3～9				0	0.00										0.00		2	4	6	0.21			1	1	0.03
ナイロン合成	3～10												1	1	2	0.05		8	4	12	0.41				0	0.00
ニトロアセトアニリド，サリチル酸メチル，アルキッド「樹脂，塩化ベンゼンジアニウム，安息香酸エチル，銀鏡反応，アジピン酸，テレフタル酸，アセチルサリチル酸，使い捨てカイロ，サリチル酸メタル，銅合金，FRP，水あめ，二酢酸ヒドロキノン，繊維の合成（レーヨン・ナイロン），透明せっけん	3～20												1	1	2	0.05		8	4	12	0.41		2	4	6	0.16
合計		10	198	101	309		16	133	138	287		17	97	73	187		11	95	67	173		2	99	66	167	
1校あたりの実施テーマ数					5.83					5.98					4.92					6.18					4.51	

⑤ 物理化学

調査年　回答校数		第1回（1976年）53校					第2回（1987年）48校					第3回（1996年）38校					第4回（2005年）29校					第5回（2015年）37校				
実習（作業）テーマ・内容	時間数	1学年	2学年	3学年	計	実施率	1学年	2学年	3学年	計	実施率	1学年	2学年	3学年	計	実施率	1学年	2学年	3学年	計	実施率	1学年	2学年	3学年	計	実施率
密度（比重）測定	2～15	2	34	8	44	0.83	1	24	9	34	0.71	1	18	7	26	0.68		13	5	18	0.62	1	12	2	15	0.41
屈折率測定	2～12		25	11	36	0.68		20	10	30	0.63		14	6	20	0.53		3	4	7	0.24		6	1	7	0.19
粘度測定	2～12		37	14	51	0.96		24	11	35	0.73		15	6	21	0.55		14	4	18	0.62	1	15	2	18	0.49
表面張力測定	3～14	1	30	11	42	0.79		21	9	30	0.63		14	3	17	0.45		5	1	6	0.21		8		8	0.22
旋光度測定	2～12		23	10	33	0.62		14	11	25	0.52		9	4	13	0.34		5	2	7	0.24		5	1	6	0.16
温度計	2～7	1	6	4	11	0.21		7		7	0.15		2	1	3	0.08		2	1	3	0.10	1	2		3	0.08
引火点，発火点測定	2～9		9	4	13	0.25		3	2	5	0.10		1	1	2	0.05		3	1	4	0.14				0	0.00
比熱の測定	2～6		2		2	0.04		2		2	0.04		1	2	3	0.08		1		1	0.03		3		3	0.08

熱電対温度計	3		1	5	6	0.11		1	2	3	0.06		1		1	0.03				0	0.00		1		1	0.03
抵抗温度計	3～4			3	3	0.06		3	2	5	0.10		2		2	0.05		1	1	2	0.07				0	0.00
分子量測定（凝固点降下法）	3～12		15	8	23	0.43		15	10	25	0.52		14	1	15	0.39		8	1	9	0.31		6		6	0.16
分子量測定（沸点上昇法）	3～4		1	3	4	0.08		1	2	3	0.06				0	0.00		1		1	0.03				0	0.00
分子量測定（蒸気密度測定法）	3～11	1	8	1	10	0.19		5	3	8	0.17		2	2	4	0.11		3	1	4	0.14		1	2	3	0.08
分子量測定（方法不明）	3～7	1	8	2	11	0.21		2	4	6	0.13		2		2	0.05			1	1	0.03		1		1	0.03
酢酸エチルの加水分解速度	3～14		2	2	4	0.08		3	5	8	0.17		3	4	7	0.18			1	1	0.03		1		1	0.03
反応速度	3～16		12	10	22	0.42		6	8	14	0.29		2	2	4	0.11		3	1	4	0.14		3	2	5	0.14
化学平衡（平衡定数）	2～15		10	6	16	0.30		3	6	9	0.19		4	3	7	0.18		2	3	5	0.17		1	1	2	0.05
溶液の PH の測定	2～12		14	11	25	0.47	1	13	10	24	0.50	1	8	7	16	0.42		9	4	13	0.45	2	8	2	12	0.32
電位差（起電力）測定	3～24		18	15	33	0.62		8	12	20	0.42		4	3	7	0.18	1	3	2	6	0.21		5	2	7	0.19
導伝率（伝導度）測定	3～24		8	14	22	0.42		5	14	19	0.40		7	3	10	0.26		3		3	0.10		4		4	0.11
分解電圧の測定	1～14	1	16	11	28	0.53		11	14	25	0.52		7	2	9	0.24		2	2	4	0.14		1	2	3	0.08
ホイートストーン及びコールラウシュブリッジ	2～12	1	3	3	7	0.13	1	9	7	17	0.35		4	4	8	0.21		2	1	3	0.10			1	1	0.03
輪率の測定	4		1	1	2	0.04			2	2	0.04				0	0.00				0	0.00				0	0.00
電気量の測定	3～24	1	2		3	0.06			2	2	0.04				0	0.00				0	0.00		2		2	0.05
ファラデーの法則	3～12		2	4	6	0.11		8	7	15	0.31		3	3	6	0.16		3	2	5	0.17	2	4	1	7	0.19
オームの法則，抵抗測定	1～30		4	1	5	0.09	1	6	3	10	0.21	2	4	1	7	0.18	2	1	1	4	0.14	1	3	1	5	0.14
溶解熱の測定	1～7	1	3	4	8	0.15		2	1	3	0.06		1	1	2	0.05	1			1	0.03		4		4	0.11
中和熱の測定	1～8	1	11		12	0.23		10	1	11	0.23		7	2	9	0.24	1	4	1	6	0.21		7		7	0.19
GM 管の動作測定	2～4		3	7	10	0.19		3	3	6	0.13		1		1	0.03			1	1	0.03				0	0.00
シンチレーション管の動作測定	2～4		2	5	7	0.13		4	2	6	0.13				0	0.00			1	1	0.03		1		1	0.03
半減期，壊変定数の測定	3～9		1	6	7	0.13		1		1	0.02			1	1	0.03				0	0.00		1		1	0.03
γ線またはβ線の吸収	3～6		1	4	5	0.09		1		1	0.02		1	1	2	0.05		1	1	2	0.07		1		1	0.03
逆自乗の法則			1	2	3	0.06		2		2	0.04				0	0.00				0	0.00				0	0.00
β線の最大飛程とエネルギー	6		1	3	4	0.08		1		1	0.02			1	1	0.03				0	0.00				0	0.00
コンプトン散乱，In(OH)の生成				1	1	0.02				0	0.00				0	0.00				0	0.00				0	0.00
放射線測定（うちわけ不明）	3～12		5	6	11	0.21		1	1	2	0.04			2	2	0.05			1	1	0.03				0	0.00
吸着（溶液中から固体表面へ）	3～11		9	9	18	0.34		3	10	13	0.27		5	6	11	0.29		3	1	4	0.14		4	3	7	0.19
分配の法則	2～12		13	10	23	0.43		3	8	11	0.23		2	3	5	0.13		1	1	2	0.07		1	1	2	0.05
固体の溶解度	2～12	1	5	2	8	0.15	2	3	3	8	0.17		3	1	4	0.11	2	3		5	0.17	2	1		3	0.08
液体の相互溶解度	2～12	1	5	2	8	0.15		4	1	5	0.10		1	1	2	0.05		2		2	0.07			1	1	0.03
二成分系の沸点	3～5		1	1	2	0.04			1	1	0.02		2		2	0.05		1	1	2	0.07			1	1	0.03
液体の蒸気圧の測定	4			2	2	0.04		1	2	3	0.06				0	0.00				0	0.00				0	0.00

三成分系状態図	4～8		1	1	2	0.04		1	1	2	0.04				0	0.00				0	0.00				0	0.00
相状態図の作成	6		1		1	0.02		1	2	3	0.06				0	0.00				0	0.00				0	0.00
合金の状態図	4～10			1	1	0.02				0	0.00		2	3	5	0.13				0	0.00				0	0.00
コロイド溶液の調製と透析				1	1	0.02				0	0.00				0	0.00				0	0.00				0	0.00
難溶塩の溶解度				1	1	0.02				0	0.00				0	0.00				0	0.00				0	0.00
酸化還元電位の測定	3～4			1	1	0.02				0	0.00				0	0.00		1		1	0.03		1		1	0.03
燃料電池の測定	3～70																						1	1	2	0.05
太陽電池，超伝導，原子吸光，融点測定，緩衝溶液	3～12																1	1	2	4	0.14		2		2	0.05
合計		13	354	231	598		6	255	201	462		4	166	87	257		8	104	49	161		10	116	27	153	
1校あたりの実施テーマ数					11.28					9.63					6.76					5.75					4.14	

⑥ 機器分析

調査年　回答校数		第1回（1976年）53校					第2回（1987年）48校					第3回（1996年）38校					第4回（2005年）29校					第5回（2015年）37校				
実習（作業）テーマ・内容	時間数	1学年	2学年	3学年	計	実施率	1学年	2学年	3学年	計	実施率	1学年	2学年	3学年	計	実施率	1学年	2学年	3学年	計	実施率	1学年	2学年	3学年	計	実施率
電位差滴定	3～15		6	30	36	0.68		8	24	32	0.67		9	10	19	0.50		7	4	11	0.38		4	4	8	0.22
伝導度（導電率）滴定	3～18		6	29	35	0.66		9	19	28	0.58		9	10	19	0.50		4	3	7	0.24		7	2	9	0.24
高周波滴定	6		1	3	4	0.08		1	2	3	0.06				0	0.00				0	0.00				0	0.00
吸光光度測定による分析	2～32		9	47	56	1.06		5	39	44	0.92		11	30	41	1.08		6	18	24	0.83		15	19	34	0.92
電解分析	3～18		10	5	15	0.28		3	8	11	0.23		3	3	6	0.16				0	0.00				0	0.00
ガスクロマトグラフィー	2～28		3	47	50	0.94		2	46	48	1.00		5	31	36	0.95		4	19	23	0.79		9	24	33	0.89
ポーラログラム	3～16		2	43	45	0.85			12	12	0.25			2	2	0.05				0	0.00				0	0.00
赤外線吸収スペクトル	2～18			38	38	0.72			21	21	0.44			14	14	0.37		3	10	13	0.45		4	12	16	0.43
原子吸光	2～32			23	23	0.43		1	40	41	0.85		5	24	29	0.76		3	18	21	0.72		5	20	25	0.68
電気泳動			1	1	2	0.04				0	0.00				0	0.00				0	0.00				0	0.00
イオン交換クロマト	3～10		1	1	2	0.04			1	1	0.02			3	3	0.08		1	2	3	0.10		1	4	5	0.14
元素分析	3～16		1	9	10	0.19			6	6	0.13			1	1	0.03			1	1	0.03		1	1	2	0.05
電子計算機実習	6～105			5	5	0.09	6	9	14	29	0.60	4	10	14	28	0.74	1	1	1	3	0.10		1	1	2	0.05
発光分析	3～6		1		1	0.02			1	1	0.02				0	0.00		1		1	0.03		1	2	3	0.08
ペーパークロマト	2～9			1	1	0.02		2	3	5	0.10	1			1	0.03		1	2	3	0.10	1		2	3	0.08
光電分光	3																		1	1	0.03				0	0.00
電子顕微鏡	3～8																	2	1	3	0.10		1		1	0.03
示差熱分析				1	1	0.02				0	0.00				0	0.00				0	0.00				0	0.00
高速液体クロマト	3～70								3	3	0.06				0	0.00		3	4	7	0.24		1	6	7	0.19
X 線分析，蛍光 X 線	3～6																	1	1	2	0.07		1		1	0.03

pH メーター	9																							1	1	0.03
合計			41	283	324		6	40	239	285		5	52	142	199		1	37	85	123		1	51	98	150	
1校あたりの実施テーマ数					6.11					5.94					5.24					4.39					4.05	

⑦ 化学工学

調査年	回答校数	第1回（1976年）53校					第2回（1987年）48校					第3回（1996年）38校					第4回（2005年）29校					第5回（2015年）37校				
実習（作業）テーマ・内容	時間数	1学年	2学年	3学年	計	実施率	1学年	2学年	3学年	計	実施率	1学年	2学年	3学年	計	実施率	1学年	2学年	3学年	計	実施率	1学年	2学年	3学年	計	実施率
単蒸留	2～15			23	23	0.43		3	28	31	0.65	2	2	12	16	0.42	2	1	5	8	0.28		2	7	9	0.24
精留	3～21			46	46	0.87			34	34	0.71		2	19	21	0.55		1	11	12	0.41		1	12	13	0.35
粉砕	2～14		6	17	23	0.43		3	16	19	0.40		2	7	9	0.24		1	6	7	0.24		1	3	4	0.11
粒度分析，サイクロン試験	2～15		4	30	34	0.64		2	20	22	0.46			4	4	0.11			3	3	0.10				0	0.00
熱伝導，熱交換	3～18		7	39	46	0.87		5	31	36	0.75		4	18	22	0.58		4	13	17	0.59		3	10	13	0.35
乾燥	2～16		1	20	21	0.40			16	16	0.33			4	4	0.11			5	5	0.17			1	1	0.03
流量，流動測定	2～20		9	41	50	0.94		10	35	45	0.94		5	21	26	0.68		4	13	17	0.59		4	13	17	0.46
ガス吸収	3～12			17	17	0.32			9	9	0.19			6	6	0.16			1	1	0.03			1	1	0.03
ろ過試験	2～12		2	17	19	0.36		3	14	17	0.35		5	4	9	0.24		1		1	0.03		1	1	2	0.05
撹拌試験	5～10			5	5	0.09			2	2	0.04				0	0.00		2	2	4	0.14				0	0.00
平衡蒸留	3～18		2	14	16	0.30			16	16	0.33			6	6	0.16		2	2	4	0.14		1	1	2	0.05
蒸発	2～15			7	7	0.13			6	6	0.13			1	1	0.03	1		3	4	0.14		1	2	3	0.08
沈降分離	3～12			4	4	0.08			2	2	0.04				0	0.00				0	0.00			2	2	0.05
ボイラー試験	2～18			7	7	0.13			12	12	0.25			4	4	0.11			1	1	0.03		1	2	3	0.08
集塵実験	4～8			2	2	0.04			1	1	0.02				0	0.00			1	1	0.03				0	0.00
自動制御（流量，液面等）	2～32		1	9	10	0.19		1	10	11	0.23			5	5	0.13			5	5	0.17		1	4	5	0.14
金属顕微鏡，衝撃試験，引張り試験	6～32		1		1	0.02			1	1	0.02			1	1	0.03				0	0.00		1		1	0.03
プラント実習	3～44							1	14	15	0.31		1	8	9	0.24		1	9	10	0.34		1	13	14	0.38
石鹸の製造	3～12			2	2	0.04			5	5	0.10	4	1	2	7	0.18	1	2		3	0.10		1		1	0.03
フェノール樹脂製造	16～54			4	4	0.08			4	4	0.08			1	1	0.03				0	0.00				0	0.00
水性及び油性ワックス	3～60			5	5	0.09		1	7	8	0.17			4	4	0.11			3	3	0.10			3	3	0.08
合成洗剤製造	21～122			2	2	0.04			1	1	0.02			1	1	0.03				0	0.00				0	0.00
でん粉糖化	8～44			5	5	0.09			2	2	0.04			1	1	0.03				0	0.00			1	1	0.03
排水処理	3～46		1	5	6	0.11			13	13	0.27		2	6	8	0.21			5	5	0.17		4	6	10	0.27
乳化剤製造	3～16			3	3	0.06		1	2	3	0.06			4	4	0.11			2	2	0.07			3	3	0.08
精留プラント	3～24			2	2	0.04			12	12	0.25			3	3	0.08			6	6	0.21			7	7	0.19
BDF 製造	5～15																						1	1	2	0.05

冷却速度,旋盤,溶接,品質管理,パイピング	4～12																	3	2	5	0.17		1	2	3	0.08
合計		0	34	326	360		0	30	313	343		6	24	142	172		4	22	98	124		0	25	95	120	
1校あたりの実施テーマ数					6.79					7.15					4.53					4.43					3.24	

⑧ 工業分析　その他

調査年　回答校数		第1回（1976年）53校					第2回（1987年）48校					第3回（1996年）38校					第4回（2005年）29校					第5回（2015年）37校				
実習（作業）テーマ・内容	時間数	1学年	2学年	3学年	計	実施率	1学年	2学年	3学年	計	実施率	1学年	2学年	3学年	計	実施率	1学年	2学年	3学年	計	実施率	1学年	2学年	3学年	計	実施率
ガス分析	3～12		8	4	12	0.23		3	1	4	0.08		2		2	0.05								2	2	0.05
セメント分析	4～52		17		17	0.32		8	2	10	0.21		4	1	5	0.13		3	1	4	0.14		2		2	0.05
油脂の分析	3～27		25	7	32	0.60		16	5	21	0.44		8	3	11	0.29		4	3	7	0.24		3	4	7	0.19
燃料の発熱量	2～20		7	8	15	0.28		3	8	11	0.23		2	3	5	0.13		3	2	5	0.17			2	2	0.05
合金の分析	3～24		11	2	13	0.25		3	3	6	0.13			1	1	0.03				0	0.00				0	0.00
水の硬度測定	3～20		15	5	20	0.38		21	6	27	0.56		8	1	9	0.24		7	1	8	0.28		8	8	16	0.43
水中の塩素イオンの分析	2～12		12	1	13	0.25		10	2	12	0.25		4	2	6	0.16	1	3		4	0.14			1	1	0.03
COD の測定	3～24		14	3	17	0.32		21	7	28	0.58		11	6	17	0.45		7	1	8	0.28		11	5	16	0.43
水の分析（分類不明）	3～27		15	2	17	0.32	1	13	4	18	0.38		4	6	10	0.26		4	3	7	0.24		3	3	6	0.16
石炭の分析	3～12		8	2	10	0.19		4	3	7	0.15		3	1	4	0.11		2	1	3	0.10		1		1	0.03
鉄鉱石の分析	3～10		7		7	0.13		2		2	0.04		1	1	2	0.05				0	0.00		1		1	0.03
水中の溶存酸素の分析	3～20		3	1	4	0.08		4	2	6	0.13			3	3	0.08	1			1	0.03		1	3	4	0.11
肥料の分析	6～20		3	1	4	0.08		1	1	2	0.04				0	0.00				0	0.00				0	0.00
食品分析（蛋白質，糖分）	4～24		11	2	13	0.25		6	2	8	0.17		4	4	8	0.21		1	1	2	0.07			5	5	0.14
排気ガス分析	3～7			2	2	0.04				0	0.00			1	1	0.03			2	2	0.07		1		1	0.03
鉄中のＳの定量	3～12			1	1	0.02		1		1	0.02		1		1	0.03				0	0.00				0	0.00
粉塵中の鉄の定量				1	1	0.02				0	0.00		1		1	0.03				0	0.00				0	0.00
空気中の粉塵の測定	20			1	1	0.02				0	0.00			1	1	0.03				0	0.00			1	1	0.03
大気中の悪臭成分				1	1	0.02				0	0.00			1	1	0.03				0	0.00		1	1	2	0.05
NOx，SO_2の分析	3～20			1	1	0.02				0	0.00				0	0		2	3	5	0.17		1	2	3	0.08
アルミ溶融，環境科学，プラスチックの性質，陰イオン界面活性剤測定，酸性雨分析，燐酸イオンの分析，セラミックの製造，バイオテクノロジー実習，パソコン，溶接，製図CAD，七宝焼，廃液処理。	3～70																	4	3	7	0.24					0.00
合計			156	45	201		1	116	46	163			53	35	88		2	40	21	63		0	33	37	70	
1校あたりの実施テーマ数					3.79					3.40					2.32					2.25					1.89	

情報技術科　集計元データ

(1) 直流回路

調査年　回答校数		第1回（1976年）9校					第2回（1987年）12校					第3回（1996年）23校					第4回（2005年）19校					第5回（2015年）27校				
実習（作業）テーマ・内容	時間数	1学年	2学年	3学年	計	実施率	1学年	2学年	3学年	計	実施率	1学年	2学年	3学年	計	実施率	1学年	2学年	3学年	計	実施率	1学年	2学年	3学年	計	実施率
オームの法則の実験	1～9	2			2	0.22	5			5	0.42	16			16	0.70	10			10	0.53	20			20	0.74
キルヒホッフの法則の実験	1～8	4			4	0.44	6			6	0.50	14			14	0.61	11			11	0.58	13			13	0.48
ジュール熱の測定	3				0	0.00				0	0.00	1			1	0.04	1			1	0.05		1		1	0.04
最大供給電力の条件	3	1			1	0.11				0	0.00				0	0.00	1		1	2	0.11				0	0.00
抵抗の合成	1～8	2			2	0.22	5			5	0.42	9			9	0.39	6			6	0.32	12			12	0.44
電位降下法による抵抗の測定	2～8	5			5	0.56	2	1		3	0.25	3	1		4	0.17	2			2	0.11	3			3	0.11
抵抗の温度係数	3	1			1	0.11	1			1	0.08				0	0.00	3			3	0.16				0	0.00
倍率器の実験	1～8	1			1	0.11	3			3	0.25	10			10	0.43	5			5	0.26	8			8	0.30
分流器の実験	1～8	2			2	0.22	3			3	0.25	10			10	0.43	6			6	0.32	8			8	0.30
ホイートストンブリッジによる抵抗測定	1～8	6			6	0.67	8	1		9	0.75	5	3		8	0.35	8			8	0.42	7			7	0.26
ケルビンダブルブリッジによる抵抗測定	1.5～3	2			2	0.22	2	1		3	0.25				0	0.00				0	0.00				0	0.00
置換法による抵抗測定	3	2			2	0.22	1			1	0.08				0	0.00	1			1	0.05				0	0.00
メートルブリッジによる抵抗測定	3	1			1	0.11				0	0.00				0	0.00				0	0.00				0	0.00
コールラウシュブリッジによる抵抗測定	1.5～4	3			3	0.33	2			2	0.17				0	0.00				0	0.00				0	0.00
接地抵抗の測定	1.5～4	2	1		3	0.33	1	1		2	0.17				0	0.00				0	0.00				0	0.00
絶縁抵抗の測定	2～4	1			1	0.11		1		1	0.08				0	0.00				0	0.00				0	0.00
乾電池の特性測定	2～4				0	0.00				0	0.00				0	0.00	1			1	0.05		1		1	0.04
熱電対の特性測定	1～3	1			1	0.11	1	1		2	0.17		1		1	0.04				0	0.00				0	0.00
熱電対による熱起電力の測定	3	1			1	0.11				0	0.00				0	0.00	1			1	0.05				0	0.00
合計		37	1	0	38		40	6	0	46		68	5	0	73		56	0	1	57		71	2	0	73	
1校あたりの実施テーマ数					0.72					0.96					1.92					2.04					1.97	

(2) 磁気と静電気

調査年　回答校数		第1回（1976年）9校					第2回（1987年）12校					第3回（1996年）23校					第4回（2005年）19校					第5回（2015年）27校				
実習（作業）テーマ・内容	時間数	1学年	2学年	3学年	計	実施率	1学年	2学年	3学年	計	実施率	1学年	2学年	3学年	計	実施率	1学年	2学年	3学年	計	実施率	1学年	2学年	3学年	計	実施率
フレミングの左手の法則の実験	3～4	1			1	0.11	1			1	0.08	1			1	0.04				0	0.00				0	0.00
円形コイルの磁界測定	3～4	2			2	0.22	2			2	0.17				0	0.00				0	0.00				0	0.00
自己インダクタンスの実験	3					0.00					0.00		1		1	0.04		1		1	0.05				0	0.00
磁束計による B-H 曲線の測定	2～4	5	1		6	0.67	2			2	0.17	1			1	0.04				0	0.00				0	0.00
電位分布の測定	1～4	1			1	0.11	2			2	0.17	1			1	0.04				0	0.00				0	0.00
コンデンサの実験	1～6	1			1	0.11	3	1		4	0.33	2	1		3	0.13	1	2		3	0.16	4			4	0.15

合計		10	1	0	11		10	1	0	11		5	2	0	7		1	3	0	4		4	0	0	4	
1校あたりの実施テーマ数					0.21					0.23					0.18					0.14					0.11	

(3) 交流回路

調査年　回答校数		第1回（1976年）9校					第2回（1987年）12校					第3回（1996年）23校					第4回（2005年）19校					第5回（2015年）27校				
実習（作業）テーマ・内容	時間数	1学年	2学年	3学年	計	実施率	1学年	2学年	3学年	計	実施率	1学年	2学年	3学年	計	実施率	1学年	2学年	3学年	計	実施率	1学年	2学年	3学年	計	実施率
交流回路基礎実験	1～21	2	3		5	0.56	1	5		6	0.50	1	6		7	0.30		3		3	0.16		5	1	6	0.22
電球の電圧および電力の測定	3～6	1			1	0.11	1	1		2	0.17				0	0.00	1			1	0.05				0	0.00
負荷の端子電圧および電力の測定	2～3	1			1	0.11				0	0.00		1		1	0.04		1		1	0.05				0	0.00
交流電力・力率の測定	1～4	2	2		4	0.44	1	4		5	0.42		3		3	0.13		2		2	0.11		1		1	0.04
交流ブリッジによるR，L，Cの測定	1～6	1	6		7	0.78	1	1	1	3	0.25		1		1	0.04		1		1	0.05		2		2	0.07
ベクトル軌跡の実験	3		1		1	0.11		1		1	0.08				0	0.00				0	0.00				0	0.00
直列共振回路の特性	1～9	1	5		6	0.67		3		3	0.25		5	1	6	0.26		6	1	7	0.37		5		5	0.19
並列共振回路の波形観測	1～4	1	2		3	0.33		1		1	0.08		3	1	4	0.17			1	1	0.05		2		2	0.07
三相交流回路の電圧・電流	8		1		1	0.11				0	0.00				0	0.00				0	0.00				0	0.00
三相電力の測定	3		1		1	0.11			1	1	0.08				0	0.00			1	1	0.05				0	0.00
過度現象の実験	2～4		1	2	3	0.33				0	0.00		1		1	0.04			2	2	0.11		1		1	0.04
合計		9	22	2	33		4	16	2	22		1	20	2	23		1	13	5	19		0	16	1	17	
1校あたりの実施テーマ数					0.62					0.46					0.61					0.68					0.46	

(4) 電気・電子計測

調査年　回答校数		第1回（1976年）9校					第2回（1987年）12校					第3回（1996年）23校					第4回（2005年）19校					第5回（2015年）27校				
実習（作業）テーマ・内容	時間数	1学年	2学年	3学年	計	実施率	1学年	2学年	3学年	計	実施率	1学年	2学年	3学年	計	実施率	1学年	2学年	3学年	計	実施率	1学年	2学年	3学年	計	実施率
電圧計・電流計の取扱い	1～6	5			5	0.56	6			6	0.50	13			13	0.57	5	1		6	0.32	7			7	0.26
電流計の校正	1～3	1			1	0.11				0	0.00				0	0.00				0	0.00	2			2	0.07
テスターの取扱い	1～6	2			2	0.22	5	1		6	0.50	9			9	0.39	6			6	0.32	5			5	0.19
テスターの校正試験	3～4		1		1	0.11	2			2	0.17	3			3	0.13				0	0.00	4			4	0.15
検流計の取扱い	1～4	1			1	0.11	3			3	0.25	3			3	0.13				0	0.00				0	0.00
検流計の内部抵抗と感度測定	3～4	3			3	0.33	1			1	0.08				0	0.00				0	0.00				0	0.00
抵抗器の使用法	1～4	2			2	0.22	2			2	0.17	5			5	0.22	1	1		2	0.11	1			1	0.04
直流電位差計の目盛り定め試験	3～4	5	1		6	0.67	2	1		3	0.25	2	1		3	0.13		1		1	0.05				0	0.00
Qメーターによる R，L，Cの測定	4～6		3		3	0.33		1		1	0.08				0	0.00				0	0.00				0	0.00
シンクロスコープ（波形・周波数測定）	1～15	5	2		7	0.78	6	2		8	0.67	8		13	21	0.91	6	5		11	0.58	6	14	1	21	0.78
シンクロスコープ（リサージュ図形・位相差）	1～6	2	3	1	6	0.67	6	2		8	0.67		8		8	0.35		2		2	0.11		1	1	2	0.07
遅延型シンクロスコープ	3～9			2	2	0.22				0	0.00				0	0.00				0	0.00			1	1	0.04
X-Yプロッタ	4～35			3	3	0.33	1	1	2	4	0.33				0	0.00				0	0.00				0	0.00

カウンタによる周波数測定	1～4		1		1	0.11		2		2	0.17				0	0.00			1	1	0.05				0	0.00
合計		26	11	6	43		34	10	2	46		43	9	13	65		18	10	1	29		25	15	3	43	
1校あたりの実施テーマ数					0.81					0.96					1.71					1.04					1.16	

(5-1) 半導体と電子管

調査年　回答校数		第1回（1976年）9校					第2回（1987年）12校					第3回（1996年）23校					第4回（2005年）19校					第5回（2015年）27校				
実習（作業）テーマ・内容	時間数	1学年	2学年	3学年	計	実施率	1学年	2学年	3学年	計	実施率	1学年	2学年	3学年	計	実施率	1学年	2学年	3学年	計	実施率	1学年	2学年	3学年	計	実施率
二極管の静特性	3～4	1	1		2	0.22				0	0.00				0	0.00				0	0.00				0	0.00
三極管の静特性	3～5	1	6		7	0.78				0	0.00				0	0.00				0	0.00				0	0.00
真空管三定数の計算	4～6		1	1	2	0.22				0	0.00				0	0.00				0	0.00				0	0.00
定電圧放電管の特性	4		1		1	0.11				0	0.00				0	0.00				0	0.00				0	0.00
光電管・光電素子の特性	1.5～4	2	1		3	0.33				0	0.00				0	0.00				0	0.00	1			1	0.04
ツェナーダイオードの特性	1～6		1		1	0.11	1	1		2	0.17		3		3	0.13				0	0.00	1	5		6	0.22
エサキダイオードの特性	4		1		1	0.11				0	0.00				0	0.00				0	0.00				0	0.00
トランジスタの静特性	1～12	2	5		7	0.78	1	8		9	0.75	3	13	1	17	0.74		10	1	11	0.58	1	19		20	0.74
トランジスタのｈ定数の測定	3～12			1	1	0.11		1		1	0.08		4		4	0.17				0	0.00		2		2	0.07
トランジスタの使い方	1～4					0.00					0.00		1		1	0.04		2		2	0.11	1	5		6	0.22
ホトトランジスタの特性	1～4		1		1	0.11		3		3	0.25		2		2	0.09		2		2	0.11		1	1	2	0.07
FET の特性	1～6	1	3		4	0.44		3	1	4	0.33		1	1	2	0.09		3		3	0.16		5		5	0.19
セレン整流器の特性	1～3	1			1	0.11		1		1	0.08				0	0.00				0	0.00				0	0.00
SCR の特性	1～4		5	1	6	0.67		1	1	2	0.17		1	1	2	0.09				0	0.00				0	0.00
バリスタ，サーミスタの特性	1～4		2		2	0.22	1	2		3	0.25	1	2	1	4	0.17				0	0.00				0	0.00
センサの特性と使い方	3～16				0	0.00				0	0.00		2	2	4	0.17		1		1	0.05		1		1	0.04
IC の実験	1～36		2		2	0.22	1	1		2	0.17	3	3	2	8	0.35		3		3	0.16	1	2	2	5	0.19
デジタル IC の特性	1～6		1		1	0.11	1	2	1	4	0.33	1	4		5	0.22		1		1	0.05	1	4	1	6	0.22
半導体素子の特性	3				0	0.00				0	0.00				0	0.00			1	1	0.05		1		1	0.04
ダイオードの静特性	3	4	1		5	0.56	2	4		6	0.50	1	10	1	12	0.52				0	0.00		1		1	0.04
サイリスタの静特性	3				0	0				0	0				0	0				0	0			1	1	0.04
合計		12	32	3	47		7	27	3	37		9	46	9	64		0	22	2	24		6	46	5	57	
1校あたりの実施テーマ数					0.89					0.77					1.68					0.86					1.54	

(5-2) 電子回路

調査年　回答校数		第1回（1976年）9校					第2回（1987年）12校					第3回（1996年）23校					第4回（2005年）19校					第5回（2015年）27校				
実習（作業）テーマ・内容	時間数	1学年	2学年	3学年	計	実施率	1学年	2学年	3学年	計	実施率	1学年	2学年	3学年	計	実施率	1学年	2学年	3学年	計	実施率	1学年	2学年	3学年	計	実施率
ダイオードの回路	1～12					0.00					0.00					0.00		8		8	0.42	4	5		9	0.33
FET 電圧増幅回路	3～6			1	1	0.11				0	0.00		1		1	0.04				0	0.00		1		1	0.04

実習（作業）テーマ・内容	時間数	1学年	2学年	3学年	計	実施率	1学年	2学年	3学年	計	実施率	1学年	2学年	3学年	計	実施率	1学年	2学年	3学年	計	実施率	1学年	2学年	3学年	計	実施率
オペアンプ回路	1～16		2	1	3	0.33		3	2	5	0.42		6	4	10	0.43		7	2	9	0.47	1	7	4	12	0.44
電力増幅回路の実験	2～6					0.00					0.00				0	0.00		1		1	0.05		1	2	3	0.11
整流および平滑回路の波形観測	1～10		3		3	0.33		3	1	4	0.33	1	4		5	0.22	1	2		3	0.16		2	3	5	0.19
CR 発振回路	2～5		1		1	0.11		2	1	3	0.25		1	3	4	0.17		3		3	0.16		1	1	2	0.07
微分積分回路	1～12		3	1	4	0.44		1		1	0.08		3	1	4	0.17			2	2	0.11				0	0.00
フィルタ回路の特性	3～6		1	2	3	0.33				0	0.00				0	0.00				0	0.00				0	0.00
波形変換回路	3～4			1	1	0.11		1		1	0.08		2		2	0.09		3		3	0.16		1		1	0.04
FM の変調・復調回路	6			1	1	0.11			2	2	0.17				0	0.00				0	0.00				0	0.00
スピーカーの特性測定	3～6				0	0.00				0	0.00				0	0.00			1	1	0.05			1	1	0.04
整流回路	4				0	0.00				0	0.00				0	0.00				0	0.00		1		1	0.04
合計		0	10	7	17		0	10	6	16		1	17	8	26		1	24	5	30		5	19	11	35	
1校あたりの実施テーマ数					0.32					0.33					0.68					1.07					0.95	

(6) 電気機器

調査年　回答校数		第1回（1976年）9校					第2回（1987年）12校					第3回（1996年）23校					第4回（2005年）19校					第5回（2015年）27校				
実習（作業）テーマ・内容	時間数	1学年	2学年	3学年	計	実施率	1学年	2学年	3学年	計	実施率	1学年	2学年	3学年	計	実施率	1学年	2学年	3学年	計	実施率	1学年	2学年	3学年	計	実施率
直流機の特性試験	3～9		1	1	2	0.22				0	0.00				0	0				0	0				0	0
直流電動機の速度制御	2～3			1	1	0.11				0	0.00				0	0				0	0				0	0
単相変圧器の特性試験	3～4		2	2	4	0.44				0	0.00				0	0				0	0				0	0
三相および単相誘導電動機の実験	3～9			4	4	0.44			1	1	0.08				0	0				0	0				0	0
同期機の特性試験	4～6			2	2	0.22				0	0.00				0	0				0	0				0	0
合計		0	3	10	13		0	0	1	1		0	0	0	0		0	0	0	0		0	0	0	0	
1校あたりの実施テーマ数					0.25					0.02					0.00					0.00					0.00	

(7) 電力技術

調査年　回答校数		第1回（1976年）9校					第2回（1987年）12校					第3回（1996年）23校					第4回（2005年）19校					第5回（2015年）27校				
実習（作業）テーマ・内容	時間数	1学年	2学年	3学年	計	実施率	1学年	2学年	3学年	計	実施率	1学年	2学年	3学年	計	実施率	1学年	2学年	3学年	計	実施率	1学年	2学年	3学年	計	実施率

(8) 通信技術

調査年　回答校数		第1回（1976年）9校					第2回（1987年）12校					第3回（1996年）23校					第4回（2005年）19校					第5回（2015年）27校				
実習（作業）テーマ・内容	時間数	1学年	2学年	3学年	計	実施率	1学年	2学年	3学年	計	実施率	1学年	2学年	3学年	計	実施率	1学年	2学年	3学年	計	実施率	1学年	2学年	3学年	計	実施率
ラジオ受信機の総合特性の測定	3～6		1		1	0.11				0	0.00				0	0.00				0	0.00				0	0.00
テレビ受像機の特性測定	3～9			2	2	0.22				0	0.00			1	1	0.04	1		1	2	0.11				0	0.00
光通信	3～4				0	0.00				0	0.00		1		1	0.04			1	1	0.05		2	1	3	0.11
二陸特長期養成講座	12				0	0.00				0	0.00				0	0.00				0	0.00		1		1	0.04

合計		0	1	2	3	0.333	0	0	0	0	0	0	1	1	2	0.087	1	0	2	3	0.158	0	3	1	4	0.148
1校あたりの実施テーマ数					0.06					0.00					0.05					0.11					0.11	

(9) 自動制御

調査年　回答校数		第1回（1976年）9校					第2回（1987年）12校					第3回（1996年）23校					第4回（2005年）19校					第5回（2015年）27校				
実習（作業）テーマ・内容	時間数	1学年	2学年	3学年	計	実施率	1学年	2学年	3学年	計	実施率	1学年	2学年	3学年	計	実施率	1学年	2学年	3学年	計	実施率	1学年	2学年	3学年	計	実施率
自動制御の実験	3～21			2	2	0.22			3	3	0.25	1	1	3	5	0.22		2	3	5	0.26		2	2	4	0.15
リレーによる制御	3～20				0	0.00				0	0.00				0	0.00	1			1	0.05	2	7	2	11	0.41
シーケンス制御	3～30		1	1	2	0.22		3	1	4	0.33		4	4	8	0.35	1	7	5	13	0.68	4	7	12	23	0.85
SCR によるモーターの制御	1～6		1		1	0.11		1	1	2	0.17		1	2	3	0.13				0	0.00		1		1	0.04
パルスモーターの実験	1～20			1	1	0.11	1	1	4	6	0.50		3	4	7	0.30			3	3	0.16				0	0.00
差動変圧器の特性	6			1	1	0.11				0	0.00				0	0.00				0	0.00				0	0.00
サーボ機構の実験	3～10		1	1	2	0.22		2	1	3	0.25			1	1	0.04				0	0.00				0	0.00
アセンブラによるコンピュータ制御	3～24					0.00					0.00		1		1	0.04			5	5	0.26		1		1	0.04
C 言語によるコンピュータ制御	3～29					0.00					0.00			1	1	0.04	2	8	1	11	0.58	1	5	9	15	0.56
ステッピングモーターの制御	3～6					0.00					0.00			1	1	0.04	1	3	3	7	0.37		1	3	4	0.15
ポケコンによる制御	3～27					0.00					0.00	1	2	1	4	0.17	1	6	1	8	0.42		2		2	0.07
PIC による制御	3～15					0.00					0.00					0.00			2	2	0.11	2	9	2	13	0.48
アームロボットの制御	6～10					0.00					0.00					0.00		1	2	3	0.16	1	2	1	4	0.15
LEGO(Mindstorm)ロボット制御	6～16					0.00					0.00					0.00			1	1	0.05	1		1	2	0.07
NC プログラミング	6～35			3	3	0.33	1		2	3	0.25			1	1	0.04				0	0.00	1	2	2	5	0.19
FA システム	9～10					0.00					0.00					0.00			1	1	0.05		1	1	2	0.07
プロロボ	6					0.00					0.00					0.00					0.00		1		1	0.04
Arduino（組み込み）	6					0.00					0.00					0.00				0	0.00		1		1	0.04
合計		0	3	9	12		2	7	12	21		2	12	18	32		6	27	27	60		12	42	35	89	
1校あたりの実施テーマ数					0.23					0.44					0.84					2.14					2.41	

(10-1) コンピュータの電子回路とハードウェア

調査年　回答校数		第1回（1976年）9校					第2回（1987年）12校					第3回（1996年）23校					第4回（2005年）19校					第5回（2015年）27校				
実習（作業）テーマ・内容	時間数	1学年	2学年	3学年	計	実施率	1学年	2学年	3学年	計	実施率	1学年	2学年	3学年	計	実施率	1学年	2学年	3学年	計	実施率	1学年	2学年	3学年	計	実施率
パルス回路の実験	1～6		1	1	2	0.22		4	1	5	0.42		2	2	4	0.17			2	2	0.11			1	1	0.04
のこぎり波・波形整形回路	3～12		3	2	5	0.56		4		4	0.33		4	2	6	0.26				0	0.00				0	0.00
論理回路の実験	3～36				0	0.00				0	0.00		1		1	0.04	3	6		9	0.47	9	10	1	20	0.74
マルチバイブレータ	3～12		1	3	4	0.44		3		3	0.25		3	2	5	0.22			1	1	0.05		2	1	3	0.11
D-A 変換	1～6				0	0.00			1	1	0.08		1	1	2	0.09		1	2	3	0.16		3	4	7	0.26
A-D 変換	1～6				0	0.00			1	1	0.08			3	3	0.13		1	2	3	0.16		3	5	8	0.30

8255による入出力制御	3～16				0	0.00		1		1	0.08			1	1	0.04		2	2	4	0.21				0	0.00
オンライン実習	3～12				0	0.00				0	0.00					0.00		1		1	0.05				0	0.00
ミニコンピュータ	3～225	2	1	1	4	0.44	1	8	8	17	1.42		1		1	0.04				0	0.00				0	0.00
マイクロコンピュータ	6～150			1	1	0.11	2	4	8	14	1.17	2	2	4	8	0.35		1		1	0.05	1	2	4	7	0.26
PIC の基礎	2～16				0	0.00				0	0.00				0	0.00		1		1	0.05	3	7	1	11	0.41
パソコン通信	2～21					0.00			3	3	0.25			1	1	0.04				0	0.00			1	1	0.04
インターネット	3～10					0.00				0	0.00			2	2	0.09	2		1	3	0.16			1	1	0.04
ネットワーク制御	2～18					0.00				0	0.00					0.00			2	2	0.11		3	6	9	0.33
Windows によるネットワーク実習	3～40					0.00				0	0.00					0.00			1	1	0.05	1	3	4	8	0.30
Linux によるネットワーク実習	3～20					0.00				0	0.00					0.00		1	1	2	0.11		1	6	7	0.26
IP 通信						0.00				0	0.00					0.00			1	1	0.05				0	0.00
GP-IB	3					0.00				0	0.00					0.00			1	1	0.05				0	0.00
Web サーバーの構築	1～3					0.00				0	0.00					0.00			1	1	0.05			3	3	0.11
アナログコンピュータ	3～12		1	3	4	0.44				0	0.00				0	0.00				0	0.00				0	0.00
Unix サーバー構築	6					0.00				0	0.00					0.00			1	1	0.05			1	1	0.04
アプリケーション開発	2					0.00				0	0.00	1			1	0.04	1	4	5	10	0.53			1	1	0.04
ポケコン通信	21					0.00				0	0.00					0.00	1	6	1	8	0.42			1	1	0.04
合計		2	7	11	20		3	24	22	49		3	14	18	35		7	24	24	55		14	34	41	89	
1校あたりの実施テーマ数					0.38					1.02					0.92					1.96					2.41	

(10-2) コンピュータ・ソフトウェア

調査年	回答校数	第1回（1976年）9校					第2回（1987年）12校					第3回（1996年）23校					第4回（2005年）19校					第5回（2015年）27校				
実習（作業）テーマ・内容	時間数	1学年	2学年	3学年	計	実施率	1学年	2学年	3学年	計	実施率	1学年	2学年	3学年	計	実施率	1学年	2学年	3学年	計	実施率	1学年	2学年	3学年	計	実施率
機械語	6～40			1	1	0.11	1	3	7	11	0.92	1	3	2	6	0.26				0	0.00		2	1	3	0.11
アセンブラ	3～100		8	11	19	2.11	1	9	7	17	1.42		8	7	15	0.65		2	4	6	0.32	1	4	2	7	0.26
FORTRAN	3～200	5	5	5	15	1.67	9	9	6	24	2.00	2	6	3	11	0.48				0	0.00				0	0.00
COBOL	6～48		1	4	5	0.56		1	9	10	0.83		3	8	11	0.48				0	0.00				0	0.00
BASIC	4～80			1	1	0.11	7	3	2	12	1.00	10	1	1	12	0.52	2		1	3	0.16	1	1		2	0.07
Visual BASIC	3～79				0	0.00				0	0.00			1	1	0.04	1	4	5	10	0.53	2	6	7	15	0.56
Pascal	42～70				0	0.00			1	1	0.08		1	1	2	0.09				0	0.00				0	0.00
Delphi プログラミング	18					0.00				0	0.00				0	0.00		1		1	0.05				0	0.00
CASL	3～21					0.00				0	0.00		1	1	2	0.09	1	4		5	0.26				0	0.00
C 言語	3～210					0.00		2	1	3	0.25	4	9	9	22	0.96	11	8	5	24	1.26	11	15	7	33	1.22
Windows プログラミング	3～15					0.00				0	0.00			1	1	0.04	1			1	0.05		1		1	0.04
ゲームプログラミング	3～16					0.00				0	0.00					0.00			1	1	0.05	1		2	3	0.11
ネットワークプログラミング	6～10					0.00				0	0.00					0.00			1	1	0.05			1	1	0.04

UNIX	3～8					0.00				0	0.00					0.00			1	1	0.05	1	1	2	4	0.15
OS（オペレーティングシステム）	3～35			2	2	0.22		1	7	8	0.67	5	5	7	17	0.74	2	3	5	10	0.53	1			1	0.04
Latex	3					0.00				0	0.00					0.00		1		1	0.05				0	0.00
Java	3～40					0.00				0	0.00					0.00			4	4	0.21		2	3	5	0.19
HTML	1.5～24					0.00				0	0.00					0.00	1	3	1	5	0.26	5	4	4	13	0.48
CGI	4～24					0.00				0	0.00					0.00			2	2	0.11			1	1	0.04
GNU-Plot	6					0.00				0	0.00					0.00	1	1		2	0.11				0	0.00
BSch（Basic Shematics）	3					0.00				0	0.00					0.00		1		1	0.05				0	0.00
P-SPICE	3～6					0.00				0	0.00					0.00			1	1	0.05	1		1	2	0.07
Visio	6					0.00				0	0.00					0.00			1	1	0.05				0	0.00
Flash	6～12					0.00				0	0.00					0.00		1		1	0.05		1	2	3	0.11
数値計算法	4～72		2	4	6	0.67		3	4	7	0.58		1		1	0.04				0	0.00	1			1	0.04
ワープロ	3～15					0.00			1	1	0.08	3	2		5	0.22	11		1	12	0.63	25	6	2	33	1.22
表計算	3～21					0.00				0	0.00		3	1	4	0.17	6	4	3	13	0.68	13	7	3	23	0.85
データベース	3～18					0.00				0	0.00			3	3	0.13	3	4	5	12	0.63	2	5	4	11	0.41
画像処理	3～12					0.00				0	0.00					0.00			1	1	0.05	6	7	2	15	0.56
グラフィックス	2～66					0.00				0	0.00					0.00		1		1	0.05		4	3	7	0.26
マルチメディア	1～8					0.00				0	0.00					0.00			1	1	0.05	1	4	5	10	0.37
CAD	3～30					0.00			2	2	0.17		2	6	8	0.35	2	1	5	8	0.42	4	3	9	16	0.59
CAD/CAM	6～12					0.00				0	0.00					0.00			1	1	0.05			1	1	0.04
セキュリティ	3					0.00				0	0.00					0.00				0	0.00	1			1	0.04
C# 言語	40					0.00				0	0.00					0.00				0	0.00		1	1	2	0.07
プレゼンテーション	12					0.00				0	0.00					0.00				0	0.00		1		1	0.04
パワーポイント	3					0.00				0	0.00					0.00				0	0.00			1	1	0.04
Android アプリ開発	3～12					0.00				0	0.00					0.00				0	0.00		1	1	2	0.07
Linux	6					0.00				0	0.00					0.00		1		1	0.05		1		1	0.04
3D-CG アニメーション	21					0.00				0	0.00					0.00				0	0.00			1	1	0.04
Web デザイン	12～21					0.00				0	0.00					0.00				0	0.00	1		1	2	0.07
Web アプリ	3					0.00				0	0.00					0.00				0	0.00			1	1	0.04
Android	3					0.00				0	0.00					0.00				0	0.00			1	1	0.04
PHD	3					0.00				0	0.00					0.00				0	0.00			1	1	0.04
合計		5	16	28	49		18	31	47	96		25	45	51	121		42	40	49	131		78	77	70	225	
1校あたりの実施テーマ数					0.92					2.00					3.18					4.68					6.08	

(11) 製作実習

調査年　回答校数		第1回（1976年）9校					第2回（1987年）12校					第3回（1996年）23校					第4回（2005年）19校					第5回（2015年）27校				
実習（作業）テーマ・内容	時間数	1学年	2学年	3学年	計	実施率	1学年	2学年	3学年	計	実施率	1学年	2学年	3学年	計	実施率	1学年	2学年	3学年	計	実施率	1学年	2学年	3学年	計	実施率
1 機械工作																										
手仕上げ	1～12	2			2	0.22	2			2	0.17	1			1	0.04	1	1		2	0.11	1			1	0.04
板金・溶接	1～16	1			1	0.11	2			2	0.17	2			2	0.09		2	1	3	0.16	1			1	0.04
ボール盤実習	1～6	1			1	0.11	3	1		4	0.33	3	1		4	0.17				0	0.00	1			1	0.04
旋盤実習	3～24	3			3	0.33	2	1	1	4	0.33	3	1		4	0.17	1		1	2	0.11	1			1	0.04
フライス盤実習	6～24	1	1		2	0.22	1			1	0.08		1	1	2	0.09				0	0.00				0	0.00
硬度試験	1～5		2		2	0.22	1			1	0.08				0	0.00				0	0.00				0	0.00
引張・曲げ試験	1～9		2		2	0.22	1			1	0.08	1			1	0.04				0	0.00				0	0.00
はんだ付け	1～24	2			2	0.22	4	1	1	6	0.50	14	2		16	0.70	8	3		11	0.58	4	1		5	0.19
2 電気・電子工作																										
電線接続工事	2～15	1	1		2	0.22		1		1	0.08	2			2	0.09	2	1		3	0.16				0	0.00
電気工事	1～18					0.00					0.00	1	1		2	0.09	3	1		4	0.21	3	2		5	0.19
シャーシ・プリント基板の製作	2～30	2			2	0.22	2	3	2	7	0.58	2	2		4	0.17	4			4	0.21				0	0.00
テスターの製作	3～18	5			5	0.56	4	1		5	0.42	9			9	0.39	7			7	0.37	1			1	0.04
電卓の製作	15					0.00					0.00					0.00		1		1	0.05				0	0.00
フリップフロップの設計と製作	2～9		2	1	3	0.33	2	4		6	0.50		5	1	6	0.26	2	4		6	0.32	1			1	0.04
低周波増幅回路の製作と特性測定	3～18					0.00					0.00					0.00					0.00				0	0.00
発振回路の設計と製作	2～9			1	1	0.11	1	3		4	0.33		1		1	0.04		1		1	0.05				0	0.00
センサアラームの製作	3～18					0.00					0.00	1			1	0.04	1	1	1	3	0.16				0	0.00
センサ駆動回路の製作	4					0.00		1		1	0.08					0.00		1		1	0.05				0	0.00
電源装置の製作	10～12				0	0.00				0	0.00				0	0.00	1			1	0.05			1	1	0.04
電子サイレンの製作	6					0.00	2			2	0.17					0.00		1		1	0.05				0	0.00
6石ラジオの製作	6～9		1	2	3	0.33				0	0.00				0	0.00		1		1	0.05				0	0.00
パルスアンプの設計と製作	6	1			1	0.11			2	2	0.17				0	0.00				0	0.00				0	0.00
カレントスイッチの設計と製作	3	1			1	0.11				0	0.00				0	0.00				0	0.00				0	0.00
デジタルICの工作	3～30		2	2	4	0.44	3	3	1	7	0.58	2	3	2	7	0.30	4	1	1	6	0.32	1			1	0.04
論理回路の製作	2～27	1	14	4	19	2.11	4	10	3	17	1.42	6	14	7	27	1.17	4	2		6	0.32				0	0.00
カウンタ・レジスタの製作	3～12		2		2	0.22	1	4		5	0.42		7	1	8	0.35	1	5		6	0.32	1			1	0.04
エンコーダ・デコーダの製作	3～6		1		1	0.11	1	4		5	0.42	2	7	1	10	0.43				0	0.00	1			1	0.04
表示回路・入出力回路の製作	3～9		1		1	0.11	1	2		3	0.25	1	3	2	6	0.26			1	1	0.05				0	0.00
加算器の設計と製作	3～4			1	1	0.11	1	2		3	0.25	1	2	2	5	0.22	1	3	1	5	0.26				0	0.00
インターフェイスの製作	3～60			1	1	0.11		2	4	6	0.50	2	6	2	10	0.43	1	2		3	0.16				0	0.00
デジタル電圧計の製作	27～30			1	1	0.11				0	0.00	1			1	0.04				0	0.00				0	0.00

PIC タイマーの製作	6				0	0.00				0	0.00				0	0.00			1	1	0.05				0	0.00
パソコン組み立てとネットワーク構築	4.5～12				0	0.00				0	0.00				0	0.00			1	1	0.05	1	1	2	4	0.15
ネットワーク工事	4～10				0	0.00				0	0.00				0	0.00			1	1	0.05			1	1	0.04
ワンボード・マイコン用電源の製作	12				0	0.00	1			1	0.08				0	0.00				0	0.00				0	0.00
ワンボード・マイコンの製作	18～48				0	0.00	1		1	2	0.17				0	0.00				0	0.00				0	0.00
調光器付電気スタンドの製作	6				0	0.00	1			1	0.08				0	0.00				0	0.00				0	0.00
合計		21	29	13	63		41	43	15	99		54	56	19	129		41	31	9	81		17	4	4	25	
1校あたりの実施テーマ数					1.19					2.06					3.39					2.89					0.68	

(12) その他

調査年	回答校数	第1回（1976年）9校					第2回（1987年）12校					第3回（1996年）23校					第4回（2005年）19校					第5回（2015年）27校				
実習（作業）テーマ・内容	時間数	1学年	2学年	3学年	計	実施率	1学年	2学年	3学年	計	実施率	1学年	2学年	3学年	計	実施率	1学年	2学年	3学年	計	実施率	1学年	2学年	3学年	計	実施率
オリエンテーション（ガイダンス）	2～9										0.00	1			1	0.04	8	3	2	13	0.68	6	1	1	8	0.30
工場見学	3～18										0.00	1			1	0.04	3	8	5	16	0.84	3	4	3	10	0.37
卒業研究	40～60								2	2	0.17															
課題研究									1	1	0.08															
合計									3	3		2	0	0	2		11	11	7	29		9	5	4	18	
1校あたりの実施テーマ数					0.00					0.06					0.05					1.04					0.49	

電子機械科　集計元データ

① 機械関係実習

調査回・年　回答校数		第2回（1987年）5校				第3回（1996年）35校				第4回（2005年）21校				第5回（2015年）20校			
実習テーマ	時間数	1学年	2学年	3学年	計	1学年	2学年	3学年	計	1学年	2学年	3学年	計	1学年	2学年	3学年	計
豆ジャッキの製作	15～21	1			1	2	1		3		1		1				0
コンパスの製作	18	1			1				0				0				0
溶接（ガス，アーク，ガス切断）	2～72	2	2		4	13	12	3	28	7	10	2	19	14	7	3	24
X-Y テーブルの製作	9～20		1		1		2	2	4		1	1	2		1		1
板金・仕上実習（フラワースタンド，ボルト・ナット，文鎮，ミニファンのカバーの製作）	2～80	2	1		3	8	4		12	4		1	5	6	1		7
鋳造実習（メダル，平ベルト車，中子，型，ミニファンの台座，シェル型の製作）	5～60	2	1		3	2	3		5		2	1	3		2		2
鍛造実習（バイト，角柱，パスの製作）	3～15	2			2	2			2	1			1		2		2
旋盤実習（歯車素材，段付丸棒，テストピース，文鎮のツマミ，栓抜き等の製作）	6～96	4	2		6	13	21	7	41	14	15	6	35	19	9	6	34
• 高速旋盤	6～36		1		1	4	2	1	7	1	1		2				0
• NC 旋盤	6～18	1			1		4		4		2	4	6		2	1	3
• CNC 旋盤	4～122		1		1	1	13	6	20		5	1	6	1	5	3	9
• ならい旋盤	3～16		2		2		1		1			1	1		1		1
特殊機械実習	2～24				0				0			4	4		1		1
• ホブ盤	3～12		1		1		5	4	9		3	3	6		1	2	3
• フライス盤	2～66	2	2		4	6	14	7	27	3	10	6	19	1	7	6	14
• 円筒研削盤・平面研削盤	2～10		1		1		7	4	11		6	3	9			3	3
• 形削盤	2～12	1	2		3		5	3	8		3	2	5			1	1
• ラジアルボール盤	1～6			1	1		2	2	4			1	1	2	1	3	6
自動機械実習					0				0				0				0
• NC フライス（オートプログラム，2・3次元加工）	6～36			1	1	1	5	3	9		2	5	7			1	1
• MC（プログラムと加工）	4～82			2	2		10	16	26		6	11	17		6	8	14
• NC 工作，FMC，FMS，ロボット，FA ロボット	3～33			2	2		4	17	21	1	4	7	12	1	1		2
材料試験					0				0	1	2		3		2		2
• 引張試験	0.7～12	3			3	8	4	2	14	4	3	2	9	1	4	2	7
• 衝撃試験	1～5	2			2	6	4	1	11	3	3	1	7		2	1	3
• 硬さ試験	0.7～6	3			3	7	3	1	11	3	3	2	8		3	1	4
• 熱処理試験	2～4	2			2	3	1	1	5	1	1	1	3		2		2
• 金属組織試験	0.7～6	2			2	5	1		6	1	2	2	5		2		2

• 火花試験	1～4	1			1	1			1	1		1	2		1		1
• 圧縮試験		1			1				0				0				0
原動機実験		3			3				0				0				0
• ディーゼルエンジンの性能試験	3～6			1	1			3	3		1	1	2				0
• ガソリンエンジンの性能試験	3～15			1	1			5	5		2	2	4				0
• 三角せきによる流量測定	3～8			1	1			2	2			1	1			1	1
• 管路抵抗，オリフィス，ベンチュリ計	3～8			1	1			1	1			1	1			1	1
• うず巻きポンプの性能試験	3～8			1	1			2	2			2	2				0
• 油圧実験，空気実験	3～4				0			3	3			1	1			1	1
自動車実習（エンジンの分解・組立・測定）	3～24	18		1	19	1		6	7		1	4	5		2	3	5
安全教育	1～15		1		1	3	2	1	6	8	3	3	14	7	2	2	11
• 小形万力の製作	6～36				0		1	1	2				0	1	1	1	3
• 手仕上（ヤスリかけ）	1～24				0	6	4		10	5	4		9	7			7
• 表面処理（メッキ・エッチング）	9				0				0				0	1			1
• ワイヤカット放電加工機	5～18				0		1	1	2		2		2		1		1
単軸テーブルの製作	14～21				0		1		1		1	1	2				0
レーザー加工実習	8															1	1
合計		53	18	12	83	92	137	105	334	58	99	84	241	61	69	51	181
1校あたりの実施テーマ数		10.6	3.6	2.4	16.6	2.6	3.9	3.0	9.5	2.8	4.7	4.0	11.5	3.1	3.5	2.6	9.1

② 電気・電子関係実習

調査回・年　回答校数		第2回（1987年）5校				第3回（1996年）35校				第4回（2005年）21校				第5回（2015年）20校			
実習テーマ	時間数	1学年	2学年	3学年	計	1学年	2学年	3学年	計	1学年	2学年	3学年	計	1学年	2学年	3学年	計
電気基礎実験	3～18				0				0	3			3	2	1		3
• 電圧計と電流計による抵抗測定	1～6	2			2	13	5	1	19	10			10	3	1	1	5
• 電圧計・電流計の測定範囲の拡大	1～6	1			1	7			7	3			3	1	1	1	3
• ホイートストンブリッジによる抵抗測定	1～5	2			2	4	1		5	3	1		4	1			1
• 抵抗の温度係数測定	1.5	1			1				0				0				0
• 電位差計による電池の起電力測定（電池の測定）	3～5	2			2	2	1		3				0				0
• 電圧降下法によるインピーダンス測定	3	1			1		1		1				0				0
• RC 直列回路の電流と電源電圧の位相差	1～4	1			1	1		1	2		1		1		1		1
• 電気基礎	1～24	1			1	8	6		14	4	3		7	1			1
• オシロスコープ	1～10	2	1	2	5	11	11	8	30	4	8	1	13	1	4	2	7
• 電気測定の基礎とオームの法則	1～12	1			1	13	2		15	7	1		8	5	1	1	7
• キルヒホッフの法則	3													1			1

・ヒューズの溶断測定試験	3	1			1				0				0	2			2
・単相電力測定	2～4			1	1	1	2		3		1		1		1	1	2
・三相電動機の特性				1	1				0				0				0
・トランジスタの静特性	1～8		3		3	4	16	4	24	3	5		8		3		3
・トランジスタの定数測定	1～6		1		1	1	2	1	4	1	1		2				0
・ダイオード	1～8		1		1	7	11	3	21	4	5	1	10	1	4	1	6
・充放電	1～4		1		1				0		1		1		1	1	2
・テスターの使い方	1～9	2		1	3	14	4		18	8			8	6	2	1	9
電気・電子工作	12～15				0				0	1		1	2	1			1
・テスターの製作	2～24	3			3	11			11	7			7	8			8
・Z80ワンマンボードマイコンの製作(プログラミング,制御など)	8～28		1	1	2	3	3	2	8		1		1		1		1
・2ヶのランプ回路の製作	3～13	1			1	1		1	2				0				0
・パルスモータ回路の製作と制御・DCモータ回路	1～27		1	1	2		5	6	11		2	1	3				0
・制御用パルスドライバ基盤の製作とソフトの開発	3～6		1		1		2	1	3		1		1				0
・LEDライトの製作	6													1			1
・ステレオアンプの製作	20															1	1
・ライントレーサーの製作	10～15										1		1	2			2
電子回路	3～18				0		3	1	4		1		1		1		1
・トランジスタ回路	2～12		1		1		11	5	16	1	2		3	1	1	2	4
・交流回路	2～6		1		1	1	7		8		1		1				0
・共振回路	2～5	1	1		2		2		2		1		1				0
・ディジタル回路	2～15		1	1	2	1	8	2	11	2	4	1	7				0
・トランジスタ固定バイアス回路における安定度の測定	2～6		1		1	1	2		3	1			1		1		1
・トランジスタ電流帰還バイアス回路における安定度の測定	2～6		1		1		2		2	1			1		1		1
・IC（OPアンプ）の反転増幅回路直流・交流における入出力特性，増幅度測定	2～18		1		1		5	6	11	1	3	1	5		3		3
・論理回路（エンコーダ・デコーダ，フリップ・フロップ回路，シフトレジスタ回路等）	2～21		1	1	2	5	10	8	23	3	7	2	12		2		2
・ディジタルIC，リニアIC	2～20				0		4	2	6	1	2		3				0
・パルス回路	2～10				0		2	2	4				0				0
・整流回路と平滑回路	3															1	1
・フィルタ回路	3															1	1
・直流（安定化）電源回路の製作	6～21				0	3	3		6	1			1				0
・電気工事	2～70				0	3	3	1	7	4	2		6	6	2		8
・半田ごての使い方	1～24				0	5	2		7	5			5	3		1	4

・LEDによるロジックチェッカーの製作	1~8				0	2	2		4				0				0
・インターフェイスの製作	3~15				0	2	4	4	10	1		2	3				0
・ポケコン自動車（ポケットバイク）の製作	1~24				0	5	1	1	7				0				0
・調光器の製作	3~15				0		1		1	1			1				0
・センサーとその使い方	6~12				0			1	1		1		1		1		1
・波形整形回路	10~15															1	1
・電子機器組み立て	12														1		1
・回路シミュレーション	12															1	1
合計		22	18	9	49	129	144	61	334	80	56	10	146	46	34	17	97
1校あたりの実施テーマ数		4.4	3.6	1.8	9.8	3.7	4.1	1.7	9.5	3.8	2.7	0.5	7.0	2.3	1.7	0.9	4.9

③ 計測実習

調査回・年　回答校数		第2回（1987年）5校				第3回（1996年）35校				第4回（2005年）21校				第5回（2015年）20校			
実習テーマ	時間数	1学年	2学年	3学年	計	1学年	2学年	3学年	計	1学年	2学年	3学年	計	1学年	2学年	3学年	計
ノギスによる測定とデータ処理	1~9	1			1	7	1		8	9	3	3	15	8		1	9
円柱体積の測定	0.5~6	1			1	1		1	2				0		1		1
マイクロメータの精度検査	0.5~4	2		1	3	4	2	2	8	2		2	4	5	1	1	7
ダイヤルゲージ	1~4	1		1	2	2		2	4	4	1	2	7	4		1	5
表面あらさ計によるあらさ測定	0.5~5	1		1	2	2	1	1	4			1	1		2	1	3
ねじの測定（工具顕微鏡）	0.5~5	1		2	3	1		2	3				0		1		1
電気マイクロメータによる精度測定	0.5~4	1		1	2	1		1	2			1	1		1	1	2
電気マイクロメータによるバラツキの測定	3		1		1				0				0				0
ひずみ測定（電気的変換方法と指示方法）	3~8		1		1			1	1	1		1	2				0
電気計測の基礎	1~21	1			1	3	2		5				0	1			1
歯車精度	3~5	1		1	2			1	1				0				0
旋盤精度	5			1	1				0				0				0
オートコリメータによる測定	0.5~3	1			1			3	3				0		1		1
正規分布曲線による精度の測定	3		1		1				0				0				0
熱電対の温度・起電力の関係	3	1			1				0				0				0
熱電対による温度測定	3		1		1				0				0				0
振動・傾斜測定・時間の計測	6			1	1				0				0				0
ブリッジ	5		1		1				0				0				0
三次元測定機	4~12				0			2	2			2	2				0
万能投影機による形状測定	0.5~6			1	1		1	2	3		1	1	2		1		1
空気マイクロメータによる測定	1~2			1	1		1	1	2				0				0

工具顕微鏡，サインバーによる測定	1～3			1	1			2	2			1	1			1	1
パソコン計測（自由落下），流量計測，測定の基礎，レーザー測定				1	1				0				0				0
（センサー・インターフェイス）				1	1				0				0				0
センサーディバイス，インターフェイス	3～6			1	1			1	1				0				0
抵抗線歪計と AD コンバータ回路	3			1	1				0				0				0
マイコンによる AD 変換	3～6			1	1		1	4	5				0		1		1
マイコンと DA 変換	3～4			1	1			3	3				0				0
DA 変換による制御	3～6			1	1	1	1	3	5				0				0
センサー	3～12			1	1	1	3	4	8				0				0
各種センサー，モータ制御，インバータ回路	2～15			1	1	1	3	5	9			1	1			1	1
DA・AD 変換，パソコン計測，リニアモータカー	3～30			1	1		1	2	3			1	1				0
電子顕微鏡	2														1		1
ブロックゲージ，オプチカルフラットの取扱い	1/2														1		1
シリンダーゲージによる測定とデータ処理	4													1			1
合計		12	5	22	39	24	17	43	84	16	5	16	37	19	11	7	37
1校あたりの実施テーマ数		2.4	1.0	4.4	7.8	0.7	0.5	1.2	2.4	0.8	0.2	0.8	1.8	1.0	0.6	0.4	1.9

④ 制御実習

調査回・年　回答校数		第2回（1987年）5校				第3回（1996年）35校				第4回（2005年）21校				第5回（2015年）20校			
実習テーマ	時間数	1学年	2学年	3学年	計	1学年	2学年	3学年	計	1学年	2学年	3学年	計	1学年	2学年	3学年	計
教育ロボットの制御	2～30	1			1	1	4	8	13		1	4	5	1	2	1	4
制御の基盤	3～21	1			1	3	3	4	10		2		2				0
低圧屋内配線工事	9～10	1			1				0	1			1				0
シーケンス制御の基礎，回路	1～24	1	1	1	3	2	12	5	19	1	9	3	13	4	6	2	12
リレーシーケンス回路による制御	1～24			1	1	1	14	6	21	3	7	3	13	4	6		10
シーケンスによる入出力制御	1～36		1	1	2		15	13	28		6	3	9	2	4	6	12
電気制御の基礎と自己保持回路	1～15		1		1	1	5	1	7		3		3		2		2
搬送用リフトの制御回路	3		1		1				0		1		1				0
空気圧回路	1～20		2	1	3		3	6	9		2	1	3			3	3
PC	2～45			1	1		5	7	12		5	6	11	2	3	5	10
インターロック回路と空気圧プレス	2～12		1		1		1	1	2		1		1		1		1
フィードバック制御	3～24															1	1
位置制御実習	3～16		1		1		3		3			1	1				0
パソコン制御の基礎	3～24		1	1	2	1	6	7	14	1	1	1	3	3	2		5
ポケコン制御の基礎	3～21		1		1	6	8	8	22	2	1	1	4		1	1	2

プロコンによる動力用のモータ制御	6~9		1		1			1	1				0				0
サーボモータ，AC，DCの特性・制御	3~15			1	1			5	5		1	1	2			1	1
サーボ機構の特性	2~6			1	1			1	1				0				0
一次・二次遅れ伝達関数（プロセス制御）	6			1	1				0				0			1	1
自動機械制御（MC，CNC旋盤）	3~34			1	1	1	3	4	8		2	3	5		1	2	3
ロボット制御（多関節形ロボット制御，FNS）	2~30			1	1		3	14	17		1	3	4	1	3	2	6
ワンボードマイコン制御の基礎	2~36						5	6	11			4	4		3	3	6
プリント基板加工機の制御	15														1		1
ミニマイコンカーの制御	12															1	1
7セグメントLED回路の製作と制御	6~9						1		1		2	1	3				0
LEGOマインドストローム	12													1			1
合計		4	11	11	26	16	91	97	204	8	45	35	88	18	35	29	82
1校あたりの実施テーマ数		0.8	2.2	2.2	5.2	0.5	2.6	2.8	5.8	0.4	2.1	1.7	4.2	0.9	1.8	1.5	4.1

⑤ 電算機実習

調査回・年　回答校数		第2回（1987年）5校				第3回（1996年）35校				第4回（2005年）21校				第5回（2015年）20校			
実習テーマ	時間数	1学年	2学年	3学年	計	1学年	2学年	3学年	計	1学年	2学年	3学年	計	1学年	2学年	3学年	計
BASICプログラミング	3~40	4	1		5	13	9		22	2			2				0
アセンブラによるプログラミング	4~36	1		1	2	1	6	7	14		2	1	3		1	1	2
フォートランによるプログラミング	9~28		2		2		4	1	5				0				0
ムーブマスター	2~15		1		1		2	8	10		1	1	2				0
X-Yプロッタ	1~4		1	1	2		2	3	5			1	1				0
配列	3~10		1	1	2	5	3		8				0				0
グラフィック	4~8			1	1	5	4		9				0				0
多関節ロボットの制御	2~10	1		1	2		3	3	6			1	1	1	1		2
COBOL（ファイルのマッチング処理，データチェックなど）	18			1	1				0				0				0
OSとJCL	3~8			1	1		1	1	2				0				0
周辺装置とオペレーション	2~6			1	1		1	1	2				0				0
大量データ処理技術	6			1	1				0				0				0
C言語	3~48				0	1	7	9	17	3	2	3	8	3	5	2	10
アプリケーションソフト（ワープロ・表計算・パソコン通信）	2~24				0	5	2	6	13	2	3	7	12	6	2		8
MS-DOSの基礎	2~9				0	2	4	5	11				0		1		1
CAD/CAM	2~15				0				0		3	11	14	1	5	5	11
CADシステムの考え方と利用	1~170		1		1	2	4	13	19	1	4	4	9	1	2	5	8
CAD端末の基本操作法	1~210		1		1	1	8	10	19		4	7	11	3	4	10	17

部品・組立図のシミュレーション	3～120		1		1			6	6		2	1	3				0
品目欄と属性	3～6		1		1			12	12				0				0
NC インターフェイスによる加工情報の作成	3～10		1		1		1	2	3		1	1	2				0
CAM，CAMM1～3の操作	2～18		1		1			2	2		1	2	3				0
VB	6～9														1		1
パスカル言語，センサーとインターフェイスの応用			1		1												0
合計		6	13	9	28	35	61	89	185	8	23	40	71	15	22	23	60
1校あたりの実施テーマ数		1.2	2.6	1.8	5.6	1.0	1.7	2.5	5.3	0.4	1.1	1.9	3.4	0.8	1.1	1.2	3.0

⑥ 総合実習・工作，選択実習

調査回・年　回答校数		第2回（1987年）5校				第3回（1996年）35校				第4回（2005年）21校				第5回（2015年）20校			
実習テーマ	時間数	1学年	2学年	3学年	計	1学年	2学年	3学年	計	1学年	2学年	3学年	計	1学年	2学年	3学年	計
FA システム（ワーク選別システム，FM システム，多軸ロボット・クロステーブルの製作）	3～105			1	1			12	12		1	5	6	1	1	3	5
HA システム（空調管理システム，各種ロボットの製作）	105			1	1				0				0				0
エレベータ・電子回路実習装置の製作	16～105			1	1			1	1		1	1	2				0
マイクロマウス・プリント基板の製作	9～30			1	1	1		1	2	1			1				0
2軸制御機器の製作	87			1	1				0				0				0
選択実習（ハードウェア，ソフトウェア，FA システム）	12～80			1	1		2	3	5				0			1	1
電気機関車の制御盤製作				1	1				0				0				0
ワンボードマイコンの製作	15			1	1				0				0	1	1	1	3
工場見学	3～12													7	5	4	16
PIC 制御カーの製作	12															1	1
ミニバイスの製作	15														1		1
経営概論	8														1		1
合計		0	0	8	8	1	2	17	20	1	2	6	9	9	9	10	28
1校あたりの実施テーマ数		0.0	0.0	1.6	1.6	0.0	0.1	0.5	0.6	0.0	0.1	0.3	0.4	0.5	0.5	0.5	1.4

索　　引

あ 行

か 行

さ 行

た　行

な　行

は　行

ま 行

ら 行

執筆者紹介

丸山剛史（まるやまつよし）　第1章第1節・第2節，第4章第2節
1971年静岡県磐田市生まれ。2004年東京学芸大学大学院連合学校教育学研究科（博士課程）修了。博士（教育学）。宇都宮大学共同教育学部教授。主著に，『技術教育の諸相』（分担，田中喜美編，学文社，2016年），主な論文は，「工学部工業教員養成課程の創設と拡張―中央産業教育審議会における工業教育学科設置構想に注目して―」職業教育学研究　52(1)，2022年1月。

佐藤史人（さとうふみと）　第1章第3節
1963年東京都生まれ。1999年名古屋大学大学院教育学研究科博士課程後期課程単位取得満期。修士（教育学）。和歌山大学教育学部元教授。主著に，『日本と世界の職業教育』（共著，法律文化社，2013年），「高校職業学科の教育実践における実習助手の職務に関する研究―工業科・農業科の事例を中心に―」和歌山大学教育学部付属教育実践総合センター紀要，No.14，2004年。

辰巳育男（たつみいくお）　第2章第2節，第3章第1節
1980年千葉県生まれ。2005年東京学芸大学大学院教育学研究科修士課程修了。修士（教育学）。都立工業高校，東京工業大学附属科学技術高等学校教諭を経て，2022年大阪工業大学教職教室特任教授。主著に，『高校生ものづくりの魅力―実感のある学びで社会とつながる』（分担，技術教育研究会編，一藝社，2019年）等。

荻野和俊（おぎのかずとし）　第2章第3節・第4章，第4章第3節
1951年神奈川県秦野市生まれ。1976年東京都立大学工学部電気工学科卒業。京都市立洛陽工業高校教諭などを歴任。2012年大阪工業大学教職教室特任教授。主な論文に，「職業高校の学科改編における実習指導計画に関する研究―R工業高校のコンピュータ学科の経験に学ぶ―」大阪工業大学教職教室紀要 Vol.57，No.2，2012年等。

坂田桂一（さかたけいいち）　第2章第5節・第6節，第3章第3節
1985年栃木県宇都宮市生まれ。2015年東京学芸大学連合学校教育学研究科（博士課程）修了。博士（教育学）。2015年鹿児島大学法文教育学域教育学系講師。主な論文に，「工業高校建築科における実験及び実習の変化とその要因」鹿児島大学教育学部教育実践研究紀要，第26巻，2018年等。

竹谷尚人（たけやひさと）　第2章第7節
1978年東京都江戸川区生まれ。2003年青山学院大学大学院理工学研究科機械工学専攻博士前期課程修了。2006年千葉大学大学院教育学研究科カリキュラム開発専攻修

士課程修了。2022年千葉大学大学院人文社会科学研究科博士後期課程単位取得退学。修士（工学），修士（教育学）。東京都立北豊島工科高等学校定時制課程主幹教諭。主著に，『First Stage シリーズ　機械設計入門』（分担，実教出版，2014年）等。

疋田祥人（ひきだよしと）　第2章第8節，第4章第1節
1975年静岡県浜名郡可美村（現浜松市）生まれ。2004年東京学芸大学連合学校教育学研究科（博士課程）修了。博士（教育学）。大阪工業大学教職教室教授。主著に，『技術教育のための教員養成担当者養成の史的研究―東京高等師範学校図画手工専修科の役割と意義―』（大学教育出版，2022年）等。

内田徹（うちだとおる）　第2章第9節，第4章第2節
1980年埼玉県南埼玉郡菖蒲町（現久喜市）生まれ。2010年東京学芸大学大学院連合学校教育学研究科（博士課程）修了。博士（教育学）。浦和大学こども学部准教授。主著に，『3次元ディジタル作品の設計・制作～「立体グリグリ」と「グリロボ」による簡易CAD/CAM実習～』（共著，技術教育研究会，2012年）。主な論文に，「実業学校教員検定無試験検定による教員免許状授与の実態」『浦和論叢』71号，2024年等。

稲森龍一（いなもりりゅういち）　第3章第3節
1940年鹿児島県鹿児島市出身。1963年千葉工業大学卒業。鹿児島県立工業高校教諭歴任。主な論文に，「教材用スターリングエンジンの製作と応用」（興味と理論をつなぐもの作り教育）日本機械学会第4回スターリングサイクルシンポジウム2000年。「教材開発における高校工業科教師の力量形成に関する事例研究」鹿児島大学教育学部研究紀要教育科学編，第73巻，2022年等。

石田正治（いしだしょうじ）　第3章第4節，第4章第3節
1949年愛知県豊橋市生まれ。1972年名城大学理工学部機械工学科卒，㈱大隈鐵工所，ドイツ留学を経て，愛知県立工業高校教諭。愛知県立豊橋工科高等学校非常勤講師。名古屋工業大学等非常勤講師。1990年技術教育のための教材開発と産業遺産研究の功績により中日教育賞受賞。2002年名古屋大学大学院教育発達科学研究科修了。主著に，『三遠南信産業遺産』春夏秋冬叢書，2006年。主な論文に，「高等学校工業科の科目「実習」，「工業基礎」の内容と専門性の質的変化に関する考察―愛知県A工業高校機械科の教育内容に即して―」『産業教育学研究』第39巻第1号，2009年等。

編著者プロフィール

長谷川　雅康（はせがわ　まさやす）　序章，第２章第１節・第２節・第10節・第11節，第３章第１節・第２節，第４章第３節，第５章，終章，あとがき

1947年愛知県名古屋市生まれ。1972年名古屋大学大学院工学研究科修士課程修了。工学修士。同大教育学部研究生を経て，1973年東京工業大学工学部附属工業高等学校教諭。1993年鹿児島大学教育学部助教授（技術教育講座）。1998年同大教授。2012年同大名誉教授。2014年東京学芸大学個人研究員（坂口謙一研究室）。株式会社ヒノデ紡機役員。

主な著書に，『工業科「課題研究」指導の手引』（分担，東京工業大学工学部附属工業高等学校編，実教出版，1988年），『新版　技術科教育法』（分担，佐々木享他編，学文社，1990年），『技術科の授業を創る—学力への挑戦—』（分担，河野義顕他編，学文社，1999年），『工業高校の挑戦—高校教育再生への道—』（分担，斎藤武雄他編，学文社，2005年），『技術と教育，文化の探究』（単著，一藝社，2022年）他。

主な論文は，「工業高校機械科の教育課程の変遷—高等学校学習指導要領1978年改訂の影響—」工業技術教育研究第16巻１号，2011年３月，「工業高校における工業基礎・工業技術基礎の変遷と課題—1987年から2015年の調査結果を基に—」坂田桂一と共著，鹿児島大学教育学部研究紀要第69巻教育科学編，2018年３月他。

1970年代以降の高等学校工業科の実習—制度と実態・担当教員養成—

2024年12月20日　第１版第１刷発行　　〈検印省略〉

編著者　長谷川雅康
発行者　田中千津子
発行所　株式会社　学文社

郵便番号　153-0064　東京都目黒区下目黒3-6-1
電話（03）3715-1501（代表）振替　00130-9-98842

乱丁・落丁本は，本社にてお取替え致します。印刷／株式会社亨有堂印刷所
定価は，カバーに表示してあります。

ISBN978-4-7620-3385-8